Melanie Fehring
Eva von Hessert
Stella Huwendiek
Heike Tenta
Katrin Weitzer

Themenbuch
für die Kindergartenpraxis

Gestalten mit Kindern von 2 bis 6 Jahren

ALSVERLAG

Herausgeber: Kreide, Dietzenbach
Idee und Gesamtkonzept: ALS-Verlag GmbH, Dietzenbach
Texte und Fotos: Melanie Fehring, Oliver Feld, Eva von Hessert, Stella Huwendiek, Heike Tenta, Katrin Weitzer, Matthias Wenger, ALS-Verlag GmbH
Satz, Repro und Druck: ALS-Verlag GmbH, Dietzenbach
Weiterverarbeitung: Buchbinderei Schaumann GmbH, Darmstadt
Bestell-Nr. 29.812
ISBN 978-3-89135-172-7

Bibliografische Information der Deutschen Nationalbibliothek
Die Deutsche Nationalbibliothek verzeichnet diese Publikation in der Deutschen Nationalbibliografie; detaillierte bibliografische Daten sind im Internet über <http://dnb.d-nb.de> abrufbar.

Allgemeiner Lehrer-Service
ALS-Verlag GmbH
Postfach 1440
63114 Dietzenbach

Tel.: 06074/8216-0
Fax: 06074/8216-75
E-Mail: info@als-verlag.de
www.als-verlag.de

Zum Umgang mit diesem Buch

Freundschaften schließen, mit anderen Kindern spielen, lachen, streiten und sich wieder versöhnen, den Jahreslauf erleben, Feste feiern, mit Farben, Formen und Musik experimentieren, den eigenen Körper kennenlernen – die Lebenswirklichkeit unserer Kinder ist vielfältig, spannend und bunt. Egal, ob sie diese Erfahrungen in der Familie oder der Einrichtung machen, es ist stets wichtig, mit ihnen über ihre neuen Eindrücke zu sprechen. Dadurch können sie das Erlebte verarbeiten, aktiv reflektieren und auf weitere Situationen des Lebens übertragen.

Erfahrungen einzuordnen, zu verstehen und umzusetzen gelingt besonders gut im handelnden und gestalterischen Umgang. Durch das Abbilden erlebter Phänomene und Situationen wird der Blick des Kindes für das Wesentliche geschärft und es kann sich intensiv mit sich und seiner Umwelt auseinandersetzen. Während des Gestaltens entstehen automatisch Gespräche, die dabei helfen, die neuen Eindrücke zu verarbeiten.

Darüber hinaus brauchen Kinder auch Situationen und Umgebungen, in denen sie sich nonverbal äußern können, dürfen und sollen. Die Ausdrucksformen Tanz, Musik, Malerei und künstlerisches Gestalten sind vor allem für jüngere Kinder ideal.

Die neun großen Themenbereiche dieses Buches decken die Anforderungen des Bildungsplans ab und ermöglichen ein Lernen mit allen Sinnen.

© yanlev – Fotolia.com

Alle Themen sind in der Praxis erprobt und orientieren sich an den Interessen, Vorlieben und Bedürfnissen der Kinder. Die vielfältigen Ideen ermöglichen ganzheitliche Lernerfahrungen, wie sie in den Bildungs- und Erziehungsplänen gefordert sind.
Dabei stärken die Kinder im entdeckenden, spielerischen, eigenständigen und kooperativen Lernen ganz nebenbei ihre Basiskompetenzen.

So werden der eigene Körper sowie die verschiedenen Gefühle näher untersucht. Auch der Umgang mit den Mitmenschen und die Sprache erfahren eine intensive Betrachtung. Die Umwelt nah und fern, die Natur, Tier- und Pflanzenwelt sind Bereiche, die Kinder sehr interessieren und die kreativ umgesetzt werden können. Die Jahreszeiten sowie die Feste im Jahreslauf nehmen einen großen Raum im Kindergartenalltag ein und werden auch hier mit zahlreichen Anregungen begleitet. Naturwissenschaftliche Experimente regen den Forschergeist der Kinder an und auch der Sinn für Ästhetik, Kunst, Musik und Kultur wird spielerisch geweckt.

Beim Umgang mit diesen lebensnahen Themen erlernen die Kinder parallel Techniken des Malens, Gestaltens, Modellierens, Klebens und Schneidens. Unterschiedliche Materialien und Techniken fördern die Kreativität, lassen die Kinder Erfahrungen sammeln und später im Alltag auf verschiedenste Weise umsetzen. Der Umgang damit schult spielerisch die Feinmotorik sowie die Hand-Augen-Koordination.

Doch liegt der Schwerpunkt nicht auf dem reinen Ausüben und Erlernen einer technischen Fertigkeit, vielmehr kommt es darauf an, dass das Kind seine Umwelt mit wachen Augen wahrnimmt, eine Möglichkeit erhält, das Gesehene auszudrücken und im Austausch mit anderen reflektiert.

Dieser Bildungsprozess stärkt das Selbstbewusstsein, denn die Kinder erfahren, dass ihre ausgedrückten Erlebnisse und Gefühle sowie ihr Wissen ernst genommen werden und einen festen Platz im Alltag erhalten.

Allgemeine Hinweise

Sicherheit

Alle Anregungen lassen sich mit altersgerechten Werkzeugen, Materialien und Techniken umsetzen. Dennoch muss beim Arbeiten mit spitzen oder scharfen Gegenständen stets ein Erwachsener ein achtsames Auge auf die Kinder haben. Der Umgang mit Tacker, der Heißklebepistole, dem Elektromesser oder Sprühlack ist ausschließlich von Erwachsenen durchzuführen. Hantieren die Kinder mit dem Hammer, der Prickelnadel, scharfen oder spitzen Scheren sowie Nadel und Faden, erfordert dies besonders aufmerksame Aufsicht.
Beim Gestalten mit Kindern unter 3 Jahren ist zudem darauf zu achten, dass keine Farben, Materialien etc. in den Mund wandern.

© nadezhda1906 – Fotolia.com

Techniken

Sie finden am Anfang jeder Anregung den Hinweis, welche technischen Schwerpunkte vorliegen.

Bezeichnung	Tätigkeiten
Gestaltungsarbeit	malen und arrangieren
Mal- und Druckarbeit	malen und drucken
Bastel- und Druckarbeit	basteln und drucken
Bastelarbeit	basteln, schneiden, kleben
Mal- und Bastelarbeit	malen, basteln, schneiden, kleben
Werkarbeit	mit Holz, Metall etc. umgehen
Werk- und Bastelarbeit	mit Holz, Metall, Papier umgehen, basteln, schneiden, kleben
Modellierarbeit	mit Ton, Knetmasse, Modelliermasse umgehen
Collage	verschiedene Materialien flächig aufeinanderkleben
Textilarbeit	mit Textilien umgehen, nähen

Altersstufe/Sozialform/Zeit

Die angegebene Altersstufe, die Sozialform (Einzelarbeit oder Gruppenarbeit) sowie die Zeitangabe (ohne Trockenzeit) sollen nur einen ungefähren Richtwert darstellen.

Material

Die Materialangaben beinhalten die für die jeweiligen Anregungen verwendeten Werkstoffe. Diese dienen nur der Orientierung und können selbstverständlich nach eigenem Geschmack oder den zur Verfügung stehenden Mitteln verändert, variiert oder vereinfacht werden.

© Gennadiy Poznyakov – Fotolia.com

Nicht separat aufgeführt werden Wassertöpfchen bei der Verwendung von Deckfarben, Malerlappen, Malkittel sowie Zeitungen oder Folien zum Abdecken der Tische.

Motivbogen

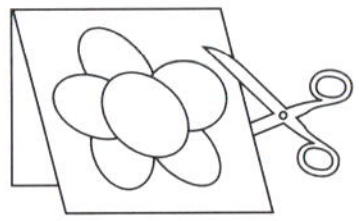

Zu einigen Gestaltungsideen liegen Vorlagen auf dem beigefügten Motivbogen vor. Dieses Symbol zeigt an, dass auf dem Motivbogen eine Vorlage zu finden ist. Sind mehrere Vorlagen vorhanden, wird dies ebenfalls vermerkt. Die Vorlage lässt sich mithilfe der Seitenzahl und der genauen Bezeichnung eindeutig der entsprechenden Bastelidee zuordnen.

Autorinnen

Die Anregungen dieses Themenbuchs wurden speziell für Kinder zwischen 2 und 6 Jahren konzipiert und von unseren Autorinnen in der Praxis erprobt. Da die Themenbereiche aber auch für ältere Kinder interessant sind, können die Gestaltungsideen auch mit Grundschulkindern umgesetzt werden.

Melanie Fehring (MF)
ist gelernte Erzieherin mit unterschiedlichen Qualifikationen. Sie arbeitete 17 Jahre in einer Kindertagesstätte, später Familienzentrum, mit nebenberuflicher Tätigkeit als Leiterin kreativer Workshops mit Kindern im Alter von 1 bis 15 Jahren. Seit 2013 hat sie ihre Leidenschaft zum Beruf gemacht und ist deutschlandweit hauptberuflich Dozentin für kreative Bildung. Kleinstkinder, Kita-Kinder, Grundschulkinder, Eltern und pädagogisches Fachpersonal besuchen ihre bunten Entdecker-Tage mit ganzheitlichen Lern- und Erfahrungsangeboten, sowie selbstbestimmten Bildungsprozessen.

Eva von Hessert (EvH)
ist seit 35 Jahren als Erzieherin in verschiedenen Kindertagesstätten tätig. Neben gestalterischen Angeboten liegt ihr Schwerpunkt im Bereich der Sprachförderung und Musikerziehung. Freiberuflich arbeitet sie mit geistig behinderten Menschen. Durch den Einsatz von Klangschalen ergänzt sie die Gesundheitsförderung der Kinder und unterstützt den Sprach- und Musikbereich.

Stella Huwendiek (SH)
war nach einem Studium der Theaterwissenschaft Kostümbildnerin und Puppenspielerin in einem Berliner Kindertheater. Viele Jahre war sie als Tagesmutter und Kreativkursleiterin in Kindertagesstätten, mit Schulkindergruppen und Erwachsenen tätig. Inzwischen arbeitet sie als Erzieherin hauptsächlich mit Ein- bis Zweijährigen.

Heike Tenta (HT)
ist gelernte Erzieherin, Heilpädagogin und Fachlehrerin für Werken und Gestalten. Sie unterrichtete viele Jahre an einer Montessori-Grundschule und an der Fachakademie für Sozialpädagogik. Seit über 20 Jahren ist sie als Werk- und Kunstlehrerin an unterschiedlichen Fachschulen tätig und bildet angehende Erzieherinnen und Erzieher aus.

Katrin Weitzer (KW)
ist ausgebildete Kleinkindpädagogin und Horterzieherin. Sie arbeitet seit mehreren Jahren in einer Integrationsgruppe eines Kindergartens in Niederösterreich mit Kindern im Alter von 2½ bis 6 Jahren. Nebenberuflich ist sie als Referentin in der Weiterbildung für Kleinkindpädagoginnen und -pädagogen tätig.

Inhalt

Altersangaben
In Klammern finden Sie die Angaben, ab welchem Alter die jeweilige Anregung umgesetzt werden kann.

1. Mein Körper und ich

So sehe ich aus

Mein Körper

Das kann ich

So bleibe ich gesund

2. Meine Gefühle

Das mag ich

So fühle ich mich

Meine Ängste und Wünsche

3. Meine Mitmenschen

Meine Familie

Meine Kindergartengruppe

4. Sprache

Geschichten, Märchen, Fabeln

Literacy

Medien und Kommunikation

5. Meine Umwelt

Pflanzen und Tiere

Unser Dorf, unsere Stadt

Unsere Erde

Andere Länder

Altersangaben
In Klammern finden Sie die Angaben, ab welchem Alter die jeweilige Anregung umgesetzt werden kann.

6. Jahreszeiten

7. Feste

8. Naturwissenschaften

9. Kunst, Musik, Kultur

1. Mein Körper und ich

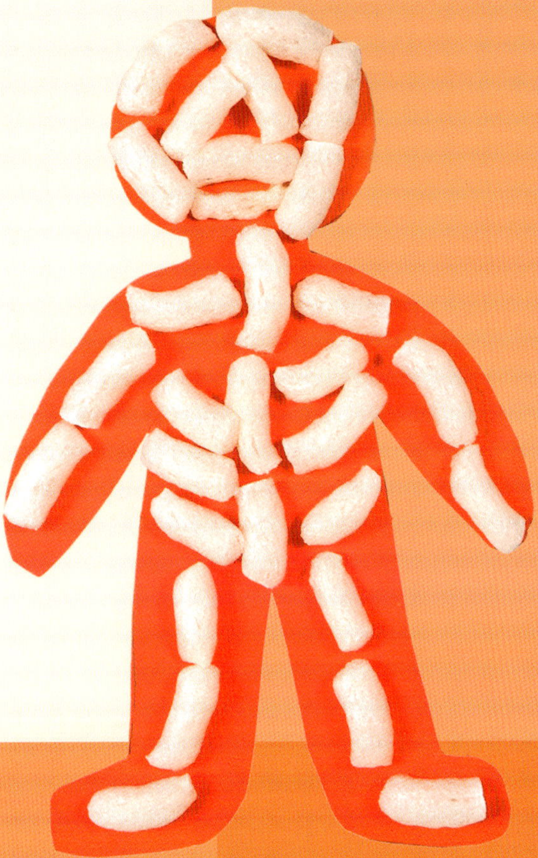

Schon kleine Kinder nehmen sich selbst als eigenständige Personen wahr. Sie erfahren ihr eigenes Ich und probieren ihre Wirkung auf die Umwelt aus. Interessiert erforschen sie ihren Körper, indem sie die unterschiedlichen Körperteile betrachten und befühlen. Spielerisch setzen sie diese ein und lernen sie auch zu benennen. Ab etwa zwei Jahren erkennen die Kinder sich selbst im Spiegel oder auf einem Foto wieder. Sie wissen, wie sie aussehen und können sich von anderen Kindern unterscheiden. Für Kindergartenkinder sind messbare Parameter interessant, die sie vergleichen können. Merkmale wie Haar- und Augenfarbe, Größe und Gewicht bieten viele Gesprächs- und Gestaltungsanlässe. Auch das kindliche Wachstum ist ein spannendes Phänomen. Die Kinder erkennen sich auf Babyfotos wieder, erinnern sich an Zeiten, in denen sie kleiner bzw. jünger waren und können ihre körperliche und motorische Entwicklung in Worte fassen.

Ebenso wird auch der gezielte Einsatz des eigenen Körpers erprobt. Das Gehen, Springen, Hüpfen, Balancieren, Laufen und Klettern sind Leistungen, die das Kind mit Eifer übt und perfektioniert. Die feinmotorischen Fähigkeiten werden nach und nach ausgebildet und die Hand-Auge-Koordination verbessert. So kann ein Kindergartenkind gezielt auf Dinge deuten, malen, schneiden, kleben, modellieren, mit einem Stift oder Werkzeug umgehen und vieles mehr.

Wenn der eigene Körper thematisiert wird, ist es naheliegend, auch seine Gesunderhaltung zu besprechen. Schon Kindergartenkinder sollten selbstverantwortlich mit ihrem Körper umgehen. Folgende Fragen können gemeinsam mit den Kindern besprochen werden: Was brauche ich, um gesund zu bleiben? Wie verhalte ich mich, wenn ich krank bin? Durch die Wahrnehmung des eigenen Körpers und der Dinge, die er zu leisten imstande ist, erlangen die Kinder ein deutlich größeres Selbstvertrauen. Sie erfahren, dass sie in der Lage sind, Neues zu lernen. Dieses Wissen führt zu einer emotionalen Stabilität, die sie befähigt, mit den Herausforderungen des Alltags kompetent umzugehen.

Altersstufe
ab 3 Jahre

Zeit
Einzelarbeit
ca. 30 Minuten

Porträt
Bastelarbeit

Material
Buntes Tonpapier (DIN A4), orangefarbene Papierschnur, Wollreste, Papiertaschentuch, Fasermaler, roter Buntstift, Bleistift, Spiegel, Klebstoff, Schere

So wird's gemacht
Um ein Eigenporträt zu erstellen, zeichnen die Kinder mit Bleistift möglichst formatfüllend den Kopfumriss mit Ohren und Hals auf hautfarbenem Tonpapier auf.

Diese Bleistiftstriche werden in mehreren Abschnitten mit Klebstoff eingestrichen. Jetzt legen die Kinder die Papierschnur auf die Klebeflächen und drücken diese fest an. Die Schnur muss nicht an einem Stück verlegt werden, Einzelteile, wie z. B. für die Ohren oder den Hals, können separat abgeschnitten und hinzugefügt werden.

Ist die Schnur am Tonpapier befestigt, schneiden die Kinder den Kopf entlang der Umrisse neben der Schnur aus und kleben ihn danach auf kontrastfarbigem Tonpapier mittig auf.

Das Gesicht entsteht nun aus ausgeschnittenen Einzelteilen aus Tonpapier wie Mund, Nase, Augen und Augenbrauen.

Tipp
Betrachten Sie zusammen mit den Kindern vor Beginn der Arbeit genau die Gesichter der Anwesenden. Wo sitzen die Augen, die Augenbrauen, die Nase, der Mund? Welche Formen, Farben und Eigenheiten sehen die Kinder? Habe ich ein rundes, längliches, herzförmiges oder ovales Gesicht? Auch die Augenfarben sind unterschiedlich. Nasen und Münder können dick, dünn, schmal oder breiter sein. Welche Haarfarbe passt?

Zusätzliche Details wie Wimpern und Pupillen malen die Kinder je nach Wunsch mit Fasermalern dazu. Rote Wangen entstehen mit einem Buntstift, der nach dem Aufmalen mit den Fingern oder einem Papiertaschentuch verstrichen wird.

Die Haare werden aus Wolle zurechtgeschnitten und in der passenden Länge am Kopf mit Klebstoff fixiert.

Aus bunten Papierresten entsteht der Oberkörper. Die Kinder schneiden ein Rechteck aus, das jeweils an den Seiten für die Schultern abgerundet wird. Nachdem das Papierstück am unteren Rand des Bildes aufgeklebt ist, können die Kinder den Oberkörper ganz nach Wunsch mit Mustern, Knöpfen, Kragen etc. bemalen.

Erfahrung
Auch während der Arbeit betrachteten die Kinder sich immer wieder im Spiegel, um die richtige Augenfarbe auszuwählen, die passende Kopfform zu bestimmen oder die Haarlänge besser einschätzen zu können. Deswegen empfiehlt es sich, einen Handspiegel direkt am Tisch bereitzuhalten. *(HT)*

So werde ich gesehen

Gestaltungsarbeit

Material

Ausrangierte Schubladen, Regalböden oder andere Holzbretter, weiße Wandfarbe, bunte Acrylfarbe, Fasermaler, Pinsel, Terpentinersatz, Plastikbecher, Nägel, bunte Paketschnur, Hammer

So wird's gemacht

Wie nehmen mich die anderen wahr?
Wie sehe ich meine Freunde? Bereits Kindergartenkinder orientieren sich an ihren Freunden und freuen sich, wenn sich diese intensiv mit ihnen beschäftigen und dabei eine farbenfrohe Gestaltung ihrer eigenen Person entsteht.

Füllen Sie die Wandfarbe für die kindgerechte Handhabung in leere Margarine- oder Quarkbecher. Dann malen die Kinder die Schubladen von innen mit weißer Farbe gründlich aus. Drei bis vier Schichten sind für ein späteres, leuchtendes Ergebnis erforderlich. Die Kinder sollten dabei feste Malerkittel oder alte Kleidung tragen.

Es ist ratsam, dass ein Erwachsener nach dem Malen direkt die Pinsel mit Terpentinersatz gründlich säubert. Dies sollte in einem gut belüfteten Raum geschehen, ohne dass die Kinder anwesend sind.

Nach einem Tag Trockenzeit wählen die kleinen Maler einen Freund aus, der sich als Modell zur Verfügung stellt. Der Maler betrachtet seinen Freund sehr genau und gestaltet dessen Abbild mit bunter Acrylfarbe und Pinsel auf das Holz.

Das gemalte Kind kann dabei Hilfestellung bei der Farbauswahl geben oder auch bei anderen aufkommenden Schwierigkeiten mit Worten helfen. Jüngeren Kindern fällt es leichter, wenn sie ein Erwachsener ebenfalls verbal unterstützt. Es ist ratsam, beim Malen mit dem Kopf zu beginnen, das Gesicht und die Haare zu gestalten und erst später die Kleidung dazuzumalen. Zusätzlich sollte ein Erwachsener beim Mischen der Hautfarbe helfen.
Je nach Hautfarbe kann viel weiße Farbe mit Rosa, Rot, Orange oder Braun angemischt werden.

Ist das Ganzkörperporträt von Künstler und Modell akzeptiert, schreiben beide Kinder ihren Namen mit Fasermaler auf das Holz, z. B. „Yavuz gemalt von Cara". Für die Kinder, die ihren Namen noch nicht schreiben können, schreibt ein Erwachsener diesen vor und ergänzt die Wörter „gemalt von". Außerdem wird der Tag der Malaktion notiert.

Zum Schluss schlagen die Kinder mit Unterstützung eines Erwachsenen oben an den Seiten des Bildes jeweils einen stabilen Nagel in das Holz. Das Band zum Aufhängen wird jeweils an den Enden an einen Nagel geknotet.

Erfahrung

Die Kinder haben viel Freude beim Malen und Gemaltwerden. Da der Maler in der Regel sein Kunstwerk mit nach Hause nimmt, ist es ratsam, bei dieser Aktion den Künstler, das Modell und das Kunstwerk nach dem Malen zu fotografieren. So erhält der Gemalte später eine Aufnahme und behält die Aktion in Erinnerung. *(MF)*

So sehe ich aus

Altersstufe
ab 3 Jahre

Zeit
Partnerarbeit
ca. 90 Minuten
(ohne Trockenzeit)

Mein Spiegelbild

Mal- und Bastelarbeit

Material

Korkplatten, Spiegelfliesen (ca. 10 x 10 cm), bunter Fotokarton, bunte Holzspatel, kleine Holzperlen, Kunstbast, bunte Acrylfarbe, Buntstifte, Pinsel, Klebstoff, Heißklebepistole, Schere, Lochzange

Altersstufe

ab 4 Jahre

Zeit

Einzelarbeit
ca. 30 Minuten
(ohne Trockenzeit)

So wird's gemacht

Obwohl jedes Gesicht dieselben Merkmale aufweist (zwei Augen, eine Nase, ein Mund etc.), ist jedes Gesicht etwas Besonderes. Dies finden die Kinder heraus, wenn sie sich einmal intensiv damit befassen und das eigene Gesicht sowie die Gesichter der anderen Kinder genau betrachten.

Um ein Selbstporträt herzustellen, erhalten die Kinder eine Spiegelfliese und schauen sich darin genau an. Sie halten die Fliese so, dass sie ihr gesamtes Gesicht gut betrachten können und begutachten zunächst ihre Gesichtsform. Es gibt runde, ovale, kantige, herzförmige oder eher längliche Gesichter. Die Kinder achten dabei auch auf die Haar- und Augenfarbe, die Farbe sowie den Schwung der Augenbrauen. Wie und wo verläuft der Haaransatz? Sind die Augen groß oder klein? Wie sehen die Wimpern aus? Ist die Nase eher breit oder schmal? Sind Sommersprossen zu sehen? Wie sieht der Mund aus? Sind besondere Merkmale im Gesicht zu erkennen?

Während sie sich in der Spiegelfliese betrachten, malen sie mit Pinsel und Acrylfarbe formatfüllend ihr eigenes Porträt auf. Ideal sind hier pastose Farben, da zu flüssige Farbe auf der glatten Oberfläche nicht so gut hält.

Während des Malens kann das Kind seine Zeichnung immer wieder mit dem eigenen Spiegelbild vergleichen und entsprechend anpassen. Es ist auch möglich, ein anderes Kind zu gestalten. Dies kann während des Malvorgangs immer wieder in die Spiegelfliese sehen und das Gemalte kommentieren. Wurde alles nach Wunsch abgebildet, legen die Kinder die Spiegelfliese zum Trocknen zur Seite.

Aus Korkplatten wird der Hintergrund gestaltet. Für diesen schneiden die Kinder zunächst ein Quadrat (ca. 20 x 20 cm) aus. Die Seiten bringen sie nach Wunsch wellenförmig, zackig etc. mit der Schere in Form.

Ist die Farbe auf der Spiegelfliese trocken, klebt ein Erwachsener diese mit Heißkleber mittig auf die Korkplatte auf. Die Kinder gestalten nun den Rahmen nach Belieben mit bunten Holzspateln, indem sie diese einfach mit Klebstoff auf der Korkplatte fixieren.

Nun schneiden sie ein Fotokartonstück (ca. 2 x 10 cm) aus, notieren darauf mit Buntstiften ihren eigenen Namen beziehungsweise den Namen des gemalten Kindes und kleben dieses oberhalb der Spiegelfliese auf der Korkplatte an. Wer möchte, kann auch Familienmitglieder auf der Spiegelfliese gestalten.

Um das Bild aufhängen zu können, wird aus drei Kunstbastschnüren (Länge ca. 30 cm) ein Zopf geflochten, an den Enden verknotet und mit Heißkleber sowie einem kleinen Fotokartonstück an den oberen Ecken der Korkplatte befestigt. Alternativ kann auch mit einer Lochzange rechts und links ein Loch in die Korkplatte gestanzt werden, sodass sich der Bastzopf dort hindurchfädeln lässt. Hier ist es ratsam, die Löcher nicht zu nah am Rand zu stanzen, damit diese nicht ausreißen.

Schön sieht es aus, wenn bei der Gestaltung des Gesichts zusätzlich noch einige plastische Elemente eingesetzt werden. Beispielsweise kann man die Haare mit aufgeklebten Baststücken oder eine Kette mit kleinen Holzperlen dreidimensional darstellen.

Tipp

Wer keine Spiegelfliesen zur Verfügung hat, kann auch Spiegelfolienplatten im DIN-A4-Format verwenden. Eine solche Platte ergibt sechs Spiegelfliesen, die auf den Korkhintergrund aufgeklebt werden können.

Erfahrung

Wird diese Aktion mit jüngeren Kindern durchgeführt, ist es ratsam, keine Acrylfarbe zu verwenden. Hier kann die Gestaltung auch mit Fenstermalkreiden vorgenommen werden. Diese werden wie Wachsmalstifte verwendet und lassen sich bei Bedarf mühelos wieder abwaschen.

(KW)

Altersstufe
ab 6 Jahre

Zeit
Einzelarbeit
ca. 30 Minuten

Fotopräsentation mit Drehmoment

Bastelarbeit

Material

Dünne Korkplatten, drei Fotos von jedem Kind, Mobilefolie, bunte Wellpappe, Metallfolie, Fotokarton, Muscheln, Seidenblumen, Kunstblätter, getrocknete Blumen, Bast, Glitterglue, Fasermaler, Klebstoff, Lineal, Tacker, Schere

So wird's gemacht

Für diese Anregung benötigt jedes Kind drei Fotos von sich, die es gerne präsentieren möchte. Wichtig ist hier, dass das Kind die Auswahl selbst bestimmen darf. Es betrachtet die Fotos und überlegt, auf welchem es sich gut getroffen findet, sodass es das Bild für diese Gestaltungsidee verwenden möchte.

In der folgenden Aktion wird eine Fotorolle hergestellt, die so beschaffen ist, dass man die Fotos durch ein Sichtfenster betrachten kann. Durch Drehen der innenliegenden, mit Fotos versehenen Röhre kann man das gewünschte Foto am Sichtfenster platzieren und somit gezielt präsentieren.

Die Kinder erhalten eine dünne Korkplatte oder ein Wellpappestück im DIN-A4-Format. Gemeinsam mit einem Erwachsenen kleben sie ihre drei ausgewählten Fotos untereinander auf. Werden Fotos mit einem Format von 9 x 13 cm verwendet, kleben sie diese mittig mit einem Abstand von etwa einem halben Zentimeter auf.

Jetzt heftet ein Erwachsener die Enden der mit Fotos beklebten Korkplatte oder Wellpappe mit einem Tacker zusammen. Schon ist die innere Fotorolle gestaltet.

Damit man diese besser greifen kann, stellen die Kinder aus einem Wellpappestreifen (ca. 4 x 12 cm) einen „Henkel" her. Dieser wird nach Belieben mit aufgeklebten Muscheln oder Seidenblumen verziert und mit den Enden an einer Seite der Rolle innen eingeklebt.

Diese Rolle soll sich im Inneren einer weiteren Rolle drehen. Die äußere Rolle weist ein Fenster auf, das den Blick auf eines der Fotos freigibt. Durch Drehen der inneren Rolle wird immer das nächste Foto im Fenster sichtbar.

Um diese äußere Rolle zu gestalten, erhalten die Kinder eine weitere Korkplatte oder einen weiteren Wellpappebogen, der allerdings etwa um ein Drittel kürzer ist als der vorhergehende Bogen (ca. 21 x 20 cm). Diese Fläche verzieren die Kinder z. B. mit aufgeklebten Muscheln, aus Fotokarton ausgeschnittenen Blumen oder Seidenblumen, Aufschriften mit Glitterglue, aufgeklebten Wellpappestücken oder aus Metallfolie ausgeschnittenen Fischen und aufgeklebten Bastschnüren. Danach wird die Platte zum Trocknen beiseitegelegt.

Tipp

Beim Aufkleben der Fotos und beim Zusammenfügen der Rollen benötigen die Kinder in der Regel etwas Unterstützung. Die hier angegebenen Maße beziehen sich auf Standardfotos im Format 9 x 13 cm. Werden größere oder kleinere Fotos verwendet, müssen die Maße der Rollen angepasst werden.

Als Nächstes machen sich die Kinder an die Gestaltung des Sichtfensters an der äußeren Rolle. Sie schneiden aus transparenter Mobilefolie ein Rechteck (ca. 21 x 14 cm) aus, was der Breite der Korkplatte und der Höhe der verwendeten Fotos plus einer Zugabe entspricht.

Die Mobilefolie wird an die Enden der gestalteten äußeren Korkplatte bzw. Wellpappe geklebt, wodurch sich eine weitere Rolle bildet. Damit die Kinder auch diese besser greifen und drehen können, wird ebenfalls ein gestalteter Wellpappestreifen als „Henkel" mit den Enden an einer Seite der Rolle außen mit Klebstoff angebracht.

Zuletzt wird die mit Fotos versehene Röhre so in die Rolle mit Blickfenster gesteckt, dass die beiden Wellpappehalterungen einander gegenüberliegen. Die Kinder fassen nun ihre Rollen an den Henkeln und können diese nach Belieben drehen und sich die Fotos einzeln anschauen.

Erfahrung

Über die drehbaren Fotorollen wollten die Kinder ihre Fotos besonders gerne präsentieren. Es entstanden Gesprächsrunden und sogar kurze Erlebnisberichte, in denen die Kinder stolz von ihrem Urlaub, einer Feier oder einem Ausflug berichteten.

Folgerichtiges Erzählen kann man mit Kindern üben, wenn Fotoserien gestaltet werden, bei denen sich die Bildinhalte sprachlich chronologisch miteinander verknüpfen lassen. Wird zum Beispiel ein Foto mit einem vollen Glas, danach ein Kind beim Trinken und als drittes Foto ein leeres Glas gezeigt, kann das Kind diese Entwicklung sprachlich umsetzen. *(KW)*

So sah ich als Baby aus

Gestaltungsarbeit

Material

Mitgebrachte Babyfotos der Kinder, weiße Blätter (DIN A3), bunter Fotokarton (50 x 35 cm), Wachsmalstifte, bunte Deckfarbe, Pinsel, Schwamm, Klebstoff, Schere

Altersstufe
ab 3 Jahre

Zeit
Einzelarbeit
ca. 60 Minuten
(ohne Trockenzeit)

So wird's gemacht

Wie habe ich mich verändert seit ich ein Baby war? Die Kinder können dies anhand alter Kleidungsstücke erkennen, die sie noch vor einigen Jahren getragen haben. Auch Babyfotos zeigen die Entwicklung, die die Kinder gemacht haben, ganz deutlich.

Die Kinder bringen Babyfotos von zu Hause mit, betrachten diese und besprechen zunächst, wie sie sich verändert haben, seitdem das Bild aufgenommen wurde. Wie viel sind sie seither gewachsen? Wie viel wogen sie als Baby und welches Gewicht bringen sie heute auf die Waage?

Was haben sie seitdem alles gelernt? Die Kinder erkennen, dass sie viele Fähigkeiten erlangt haben. Sie können gehen, sprechen, tanzen, klettern, singen, malen und vieles mehr.

Sie legen eines ihrer Babyfotos neben ein weißes Blatt vor sich auf den Tisch. Danach beginnen sie, mit einem hautfarbenen Wachsmalstift in der Blattmitte das Gesicht zu malen. Im Anschluss werden Gesicht und Körper eventuell mit Kleidung gemalt.

Beim Malen achten die Kinder darauf, die Wachsmalstifte kräftig auf das Papier zu drücken und die Flächen vollständig bunt auszumalen.

Im Anschluss daran bestreichen die Kinder das gemalte Baby komplett mit Klebstoff. Diese Klebstoffschicht bewirkt, dass die Deckfarbe, die später über das ganze Bild hinweg aufgetragen wird, abperlt. Je nach den Fähigkeiten der Kinder können sie auch ihren Namen mit einem Wachsmalstift auf das Bild schreiben und diesen Namenszug ebenfalls mit Klebstoff bestreichen.

Nach 24 Stunden Trockenzeit bemalen die Kinder das Papier formatfüllend mit Deckfarben und stellen so eine

Erfahrung

Die Kinder haben große Freude beim Betrachten des eigenen Bildes und der Babyfotos. Nehmen Sie sich viel Zeit für die Besichtigung, die Kinder haben meist viel zu erzählen. Eine Babycollage aus den mitgebrachten Fotos für die Gruppenwand schafft immer wiederkehrende Gesprächsmomente.

(MF)

Babydecke dar. Die Decke kann ganz nach Belieben gestaltet werden, wichtig ist nur, dass das ganze Papier ausgefüllt wird, sodass keine weiße Stelle mehr zu sehen ist. Dabei kann die Deckfarbe auch über das gemalte Baby aufgetragen werden, da die Farbe durch die Klebstoffschicht abperlt. Bleibt dennoch etwas Farbe auf der Wachsmalfarbenmalerei liegen, kann diese mit einem Schwamm schnell und einfach abgetupft werden.

Die Deckfarbe ist bereits nach etwa zwei Stunden getrocknet. Jedes Kind bestreicht nun die Rückseite seines Bildes mit Klebstoff und klebt das Papier mittig auf einen Fotokarton in der Farbe seiner Wahl. Abschließend schneiden die Kinder den gesamten Rand des Fotokartons mit der Schere etwa 3 cm weit ein, sodass schmale Streifen entstehen, die wie die Fransen der Krabbeldecke wirken.

Tipp

Wer die Arbeit mit dem Klebstoff oder dessen lange Trockenzeit scheut, kann auch das Baby auf einem separaten Papier mit Wachsmalern vormalen. Wenn auf dem großen, weißen Papierbogen mit Deckfarben die Krabbeldecke gestaltet wurde und die Farbe getrocknet ist, kann das Baby ausgeschnitten und dann direkt in die Mitte der bunten Krabbeldecke geklebt werden.

Altersstufe
ab 4 Jahre

Zeit
Einzelarbeit/
Gruppenarbeit
ca. 90 Minuten
(ohne Trockenzeit)

Meine Ich-Puppe

Bastelarbeit

Material

Bunter Fotokarton, braune, gelbe, rote und schwarze Wolle, je Puppe ein ausrangierter Pullover, Stoffhärter (ca. 1 Liter für 4–5 Kleidungsstücke), Buntstifte, bunte Acrylfarbe, Pinsel, Rührschüssel, Wäscheklammern, Wäscheständer, Schutzhandschuhe, Klebstoff, evtl. Heißklebepistole, Schere

So wird's gemacht

Zunächst wird überlegt, ob jedes Kind seine eigene Ich-Puppe herstellen möchte oder ob gemeinsam ein oder zwei Figuren dargestellt werden sollen, die etwa so groß sind wie die Kinder der Gruppe. Diese selbst gestalteten Figuren in Lebensgröße können nun vielerlei Funktionen übernehmen: Beispielsweise sind sie wunderbare Zuhörer, wenn ein Kind sich etwas von der Seele reden möchte. Vor allem schüchterne Kinder sprechen zunächst lieber mit diesen Figuren, als sich einem Erwachsenen anzuvertrauen. Auf diese Weise können Blockaden gelöst und Sprechanlässe gefunden werden. Auch als Zuschauer oder als Statisten für kleine Theaterstücke können diese Puppen fungieren.

Um eine solche Figur zu gestalten, füllt ein Erwachsener etwa 250 ml Stoffhärter in eine Plastikschüssel. Das Kind legt seinen ausgewählten Pullover zusammengefaltet in die Schüssel und verknetet ihn mit dem Härter, bis alle Stellen benetzt sind. Hierfür bitte unbedingt Schutzhandschuhe verwenden!

Der Stoff wird durch den Stoffhärter kurzzeitig weiß. Der Pullover wird ausgebreitet und kopfüber mit Wäscheklammern an mehreren Reihen des Wäscheständers befestigt. Hierbei wird er schon in die spätere gewünschte Form gebracht. Auch die Ärmel sollten an der Leine des Wäscheständers befestigt werden, damit diese nicht nach unten fallen.

Bei allen Bündchen sollte der Stoff so fixiert werden, dass dort jeweils eine Öffnung mit Hohlraum entsteht und der Stoff nicht zusammenklebt. Während der Trockenzeit von rund drei Tagen sollte immer mal wieder das Stück begutachtet und in Form gezupft werden.

Ist der Pullover hart und hat wieder seine ursprüngliche Farbe, gestalten die Kinder mit Fotokarton ihren Kopf, die Arme mit Händen und die Beine mit Füßen in Originalgröße. Hierfür legen sie sich auf einen Fotokarton in der gewünschten Farbe und lassen die jeweiligen Körperteile von einem weiteren Kind mit Buntstift ummalen.

Dann werden alle Körperteile mit der Schere ausgeschnitten und an den Pullover bzw. die passenden Körperteile geklebt. Es ist ratsam, die einzelnen Körperteile separat an den Pullover anzusetzen, da man den gehärteten Stoff nicht über die Fotokartonfigur ziehen kann. Wird ein Rollkragenpullover verwendet, kann der Kopf direkt am Halsausschnitt aufgesetzt werden. Wird ein Oberteil mit einem

Tipp

Haben alle Kinder ihrer Gruppe eine Puppe nach ihrem Vorbild hergestellt, können Sie zunächst ein Gruppenfoto von allen Kindern machen. Anschließend werden die Puppen aufgestellt bzw. auf die Stühle der Kinder gesetzt und erneut ein Foto geschossen. Auf dem ersten Foto sind alle Kinder zu sehen, auf dem zweiten Foto sitzen und stehen die Figuren an derselben Stelle. Die Betrachter der Bilder werden über die Ähnlichkeiten sehr überrascht sein.

Rundhalsausschnitt verwendet, sollte zusätzlich noch ein Hals gestaltet werden, da der Kopf sonst direkt auf den Schultern sitzt.

Damit die Figuren später stabil halten, kann ein Erwachsener den Karton mit der Heißklebepistole direkt an den Kleidungsstücken befestigen. Vorsicht: Hierbei muss ein Sicherheitsabstand zu den Kindern eingehalten werden!

Sind alle Teile zusammengefügt, schneiden die Kinder je nach Haarfarbe und -länge passende Wollstücke ab und kleben diese auf den Papierkopf. Auch Haarbänder und Mützen können hier zum Einsatz kommen. Zum Abschluss werden die Gesichter, Hosentaschen, Schuhschleifen und andere Details mit Acrylfarbe aufgetragen. Hierbei können Spiegel und Gespräche über Besonderheiten (z. B. Brille, Muttermale, Armbanduhren, Knöpfe, Applikationen oder Reißverschlüsse) helfen.

Erfahrung

Die Figuren wirken im Sitzen besonders schön. Setzen Sie diese auf Möbelelemente, auf die Garderobenbank, auf Stühle in den Flur oder Eingangsbereich und schmücken Sie so die gesamte Einrichtung. *(MF)*

Das-bin-ich-Lampe

Mal- und Bastelarbeit

Altersstufe
ab 3 Jahre

Zeit
Einzelarbeit
ca. 60 Minuten

Material

Pro Lampe zwei selbstklebende Lampenfolien (DIN A4) oder Crea Pop Lampenfolie, weißes Papier (DIN A4), ein Ausdruck eines Fotos jeden Kindes (DIN A4), bunte Schnüre oder Schleifenband (ca. 1 m lang pro Lampenseite), leere Marmeladengläser, große Teelichter, Dekorationsmaterial (Perlen, Sterne, Glitter, Bastelfedern, Golddraht), bunte Fasermaler, Locher, Klebefilm, Schere

So wird's gemacht

Zur Vorbereitung sprechen Sie mit jedem Kind über das Bastelvorhaben und fotografieren es an seinem Lieblingsplatz in der Einrichtung (Puppenecke, Bücherei oder im Garten). Anschließend drucken Sie dieses Foto auf einem weißen DIN-A4-Blatt aus.

Die Kinder stellen sich auf einem weiteren Blatt mit Fasermalern selbst dar. Es ist auch möglich, dass sie Dinge malen, die sie gerne mögen und die wichtig für sie sind, wie zum Beispiel das Haus, in dem sie wohnen, ihr Lieblingsspielzeug, einen lieben Menschen usw. Nach Belieben kann dieses Blatt zusätzlich mit Glitter oder Sternen dekoriert werden.

Wird selbstklebende Lampenfolie im DIN-A4-Format verwendet, lösen die Kinder einfach die Schutzfolie ab, legen das gemalte Bild und das Fotopapier jeweils mit der bemalten bzw. bedruckten Seite auf eine Lampenfolie und streichen diese mit den Fingern glatt. Bei der fertigen Lampe zeigen die Papiere ins Innere der Lampe und sind durch die Lampenfolie hindurch zu sehen.

Verwenden Sie die Crea Pop Lampenfolie mit den Maßen 64,7 x 33 cm, wird diese im Vorfeld gedrittelt, sodass drei Bogen entstehen, die etwa der DIN-A4-Größe entsprechen.

Anschließend legen die Kinder ihre Bilder auf die Lampenfolie und fixieren diese am Rand rundum mit Klebefilm. Klebstoff sollte nicht verwendet werden, da sich dieser in der Regel nach einiger Zeit von der Lampenfolie ablöst.

Im Anschluss daran werden die Seiten der Lampen gelocht, mit einem Band zusammengeschnürt und wie beim Schuhebinden fest verknotet. Nun können Bastelfedern oder Perlen auf die Enden der Bänder aufgefädelt und verknotet werden.

Damit die Lampe gefahrlos leuchtet, wird das Teelicht in der Lampenmitte in ein leeres Marmeladenglas gestellt. Alternativ kann auch ein elektrisches Teelicht verwendet werden.

Erfahrung

Die Kinder werden ihre eigene Lampe lieben und sich darauf mit Stolz betrachten. Die Lampen eignen sich auch gut dazu, innerhalb der Kindergruppe im Sitzkreis über sich, die eigenen Stärken, Ängste, Vorlieben oder auch Freundschaften zu sprechen. Die warme, leuchtende Atmosphäre schenkt Zeit zum Reden, Denken und Zuhören.

(MF)

Körperumrisse in Lebensgröße

Gestaltungsarbeit

Material

Papier von der Rolle, dicker Fasermaler, bunte Acryl- oder Schulmalfarbe, Pinsel, Schere, Gewichte zum Beschweren (z. B. Bücher, Steine, Schuhe)

So wird's gemacht

Um den Kindern ihre eigene Größe und die Umrisse ihres Körpers plastisch vor Augen zu führen, wird ein Abbild in Lebensgröße geschaffen. Wird dieses Gestaltungsangebot regelmäßig wiederholt, können die Kinder die verschiedenen Körperumrisse prima miteinander vergleichen und erkennen so, wie viel sie seit dem letzten Mal gewachsen sind. Das Vergleichen der Körperumrisse macht das Wachstum für die Kinder besser begreifbar als dies beispielsweise mithilfe einer Messlatte möglich ist.

Zunächst wird das großformatige Papier auf dem Boden ausgerollt. Sollte es sich leicht wieder einrollen, können die Ecken mit Gewichten beschwert werden.

Ein Kind legt sich mit leicht gespreizten Armen und Beinen auf die Papierbahn. Ein zweites Kind legt weite Kleidung und lange Haare des Modells, die möglicherweise vom Körperumriss abstehen, an den Körper an. Dann fährt es die Körperumrisse mit einem dicken Fasermaler nach.

Das gemalte Kind steht auf und kann nun „sich" auf dem Papier bestaunen und mit Farbe und Pinsel ausmalen. Dabei bieten sich Gespräche an, wie „Welche Farbe haben deine Haare? Deine Augen? Wie sieht dein Pulli aus?".

Wer möchte, kann seine Figur nach dem Trocknen der Farbe ausschneiden.

Erfahrung

Das Ausschneiden der Figuren vor dem Bemalen mit Farbe ist nicht ratsam, da sich das Papier gerade an langen, schmalen Stücken, wie Armen oder Beinen, stark rollt und so das Malen unnötig erschwert wird. *(SH)*

Tipp

Die Figuren sehen sehr eindrucksvoll aus, wenn man sie an der Wand befestigt. Die Füße sollten dabei am Boden sein, so stimmen auch die Größenverhältnisse der Kinder untereinander. Veranstalten Sie doch einmal mit allen Kindern ein Ratespiel: Welche Figur stellt welches Kind dar?

Altersstufe
ab 3 Jahre

Zeit
Gruppenarbeit
ca. 30 Minuten

Walk of Fame – Hand und Fußabdrücke

Modellierarbeit

Altersstufe
ab 2 Jahre

Zeit
Einzelarbeit
ca. 20 Minuten
(ohne Trockenzeit)

Material

Weiße, lufttrocknende Modelliermasse oder Abdruckmasse, eventuell rote Fingerfarbe und Glitterglue, Pinsel, Nudelholz, Messer, Modellierhölzchen, Plätzchenausstecher in Sternform, abwaschbare Arbeitsunterlage oder Holzbrett

So wird's gemacht

Im Vorfeld erfahren die Kinder, dass es in Hollywood den berühmten Walk of Fame gibt. Hierbei handelt es sich um einen Gehweg, in den zahlreiche Sterne eingelassen sind, welche die Namen von prominenten Künstlern tragen.

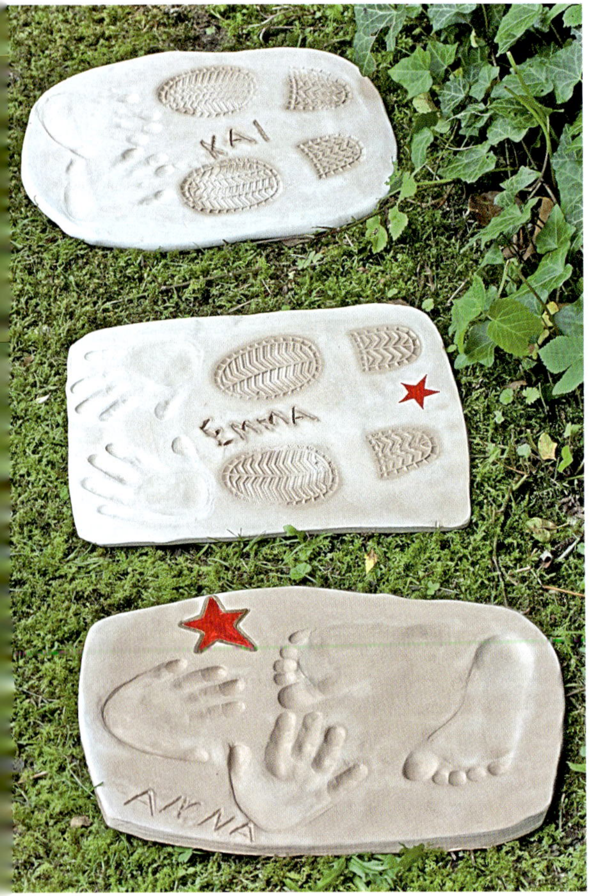

Vor dem Grauman's Chinese Theatre, das ganz in der Nähe des Walk of Fame liegt, haben prominente Künstler ihre Hand- und Fußabdrücke in Beton hinterlassen.

Wir wollen mit dieser Gestaltungsaktion einen Mix zwischen dem Walk of Fame und den Hand- bzw. Fußabdrücken der prominenten Künstler herstellen.

Hierzu wird ein größerer Klumpen Modelliermasse zunächst mit der Hand flachgedrückt und anschließend mit einem Nudelholz wie ein Kuchenteig zu einem Rechteck (etwa 40 x 30 cm) ausgerollt.

Damit die Platte eine gleichmäßige Stärke von mindestens 1,5 cm erhält, empfiehlt es sich, diese auf einer glatten Unterlage auszurollen und dabei mehrmals zu wenden. Jüngere Kinder benötigen bei diesem Arbeitsschritt meistens Hilfestellung.

Ein Erwachsener schneidet die Grundplatte in einer rechteckigen oder runden Form zu. Die Kinder verstreichen alle Kanten und runden sie auf diese Weise ab.

Die Platte sollte auf einer glatten Unterlage am besten auf dem Boden liegen, wenn die Kinder ihre Füße und Hände in den Ton drücken. Dann werden beide Hände mit leicht gespreizten Fingern so an den Rand der Platte mit viel Kraft hineingepresst, dass noch genügend Platz für den Fußabdruck bleibt.

Danach stellen sich die Kinder direkt auf die Platte, um ihre Fußabdrücke zu hinterlassen. Dabei sollte ein Erwachsener die Füße der Kinder etwas führen, damit die Handabdrücke nicht verwischt werden.

Zum Schluss ritzen die Kinder mit der Unterstützung eines Erwachsenen ihren Namen ein und notieren, falls gewünscht, auch das Datum. Wer möchte, kann mit einem Plätzchenausstecher zusätzlich einen Stern in seine Tonplatte drücken.

Die fertigen Platten müssen danach mindestens 24 Stunden trocknen, bevor sie weiterverarbeitet werden können.

Wer einen Stern in seine Platte gedrückt hat, kann diesen anschließend mit roter Fingerfarbe und goldenem Glitterglue passend bemalen.

Erfahrung

Kinder hinterlassen sehr gerne ihre Spuren, deshalb bereitete ihnen die Gestaltung eines eigenen Walk of Fame sehr viel Freude. Wenn sie später ihre Hände oder Füße auf die Abdrücke der Platte legen, erkennen die Kinder deutlich, wie viel sie seit der Gestaltung der Platte gewachsen sind.

(HT)

Ich trage eine Brille

Gestaltungsarbeit

Material

Weißes Papier (DIN A3), bunte Aquarell- oder Deckfarbe, Pinsel, Schwämme, bunte Pfeifenputzer (ca. 50 cm lang, Ø 14 mm), Spiegel, Brille, Schere, Klebstoff

So wird's gemacht

Die Kinder betrachten zunächst ganz genau im Spiegel ihr Gesicht: Wo sitzen die Augen? Welche Farbe haben sie? Wo sind Augenbrauen, Nase und der Mund? Welche Formen, Farben und Eigenheiten zeigen mein Gesicht und meine Haare?

Manche Menschen tragen eine Brille. Die Kinder, die selbst eine Sehhilfe tragen, können den anderen Kindern berichten, wie sie diese empfinden, ob sie ihre Brille mögen oder diese eher als störend empfinden.

Die Kinder, die keine Brille tragen, erhalten die Möglichkeit, eine Brille aufzusetzen. Wie verändert sich mein Gesicht dadurch? Wo sitzt die Brille genau? Wofür brauchen wir eine Brille? Welche Farben, Formen, welche Brillenmodelle gibt es?

Nun malen die Kinder ein Porträt von sich selbst und beginnen mit der Kopfform, die durch Hals und Schultern ergänzt wird.

Nach einer kurzen Trockenzeit malen sie die weiteren Gesichtszüge wie Augen, Augenbrauen, Wimpern, Nase und Mund auf. Sollten dennoch Farben ineinanderfließen, können diese mit einem Malerlappen aufgefangen werden.

Die Haare werden mit Schwämmen aufgedruckt. Während das vorher gemalte Bild noch trocknet, probieren die Kinder verschiedene Schwämme auf einem Probeblatt aus. Die Schwämme werden in Farbe getupft und auf das Blatt gedrückt. Dabei testen die Kinder auch die Wirkung mit aufgedruckten Ecken, Kanten, der Schmal- und Breitseiten der Schwämme. Sind sie mit dem Ergebnis zufrieden, wird die Frisur auf dem Porträt ausgestaltet. Wer möchte, malt noch den Hintergrund mit einer hellen Farbe aus.

Während der Trockenzeit stellen die Kinder ihre Brille her. Dazu suchen sie sich einen Pfeifenputzer in der gewünschten Farbe aus, der mittig leicht geknickt wird. Von dieser Mitte ausgehend biegen die Kinder rechts und links einen Kreis, wobei ein kleiner Steg in der Mitte stehenbleibt.

Die Pfeifenputzer werden nun jeweils im Kreis verknotet. Achtung, die kurzen Enden werden noch nicht zum Bügel gebogen, sondern bleiben zunächst gerade, da diese noch durch ein Loch im Blatt geschoben werden müssen.

Nun kontrollieren die Kinder, ob die Brille zu ihrem Bild passt und biegen sie gegebenenfalls noch etwas zurecht. An den passenden Stellen am Porträt stechen sie mit einer Schere je ein kleines Loch, schieben dort die beiden Pfeifenputzerenden hindurch und biegen sie von hinten am Bild um, wodurch die typischen Brillenbügel entstehen. Zum Schluss wird die Brille noch in die gewünschte Form gebogen und mit etwas Klebstoff am Bild befestigt.

Erfahrung

Die 50 cm langen Pfeifenputzer hatten genau die richtige Länge und passten gut für dieses Bildformat. Nach dieser Gestaltungsarbeit waren Brillen sehr aktuell bei den Kindern und boten über eine längere Zeit viel Gesprächsstoff. Selbst Puppen und weitere Spielfiguren wurden mit Brillen dekoriert. *(HT)*

Hinweis: Wenn normalsichtige Kinder Brillen anprobieren, ist es ratsam, reine Brillengestelle, also Brillen ohne Gläser, Brillen ohne Stärke oder Sonnenbrillen zu verwenden. Alternativ können auch Spaßbrillen aus Karton verwendet werden. Diese sind zur Faschingszeit oder auch im Spielwarenbedarf ganzjährig erhältlich.

Altersstufe
ab 4 Jahre

Zeit
Einzelarbeit
ca. 35 Minuten
(ohne Trockenzeit)

Verschiedene Frisuren

Gestaltungsarbeit

Altersstufe

ab 5 Jahre

Zeit

Einzelarbeit
ca. 60 Minuten
(ohne Trockenzeit)

Material

Keilrahmen (20x20cm), Wattekugeln (Ø ca. 20mm), dicke Wolle, Pfeifenputzer und Märchenwolle in Haarfarben, verschiedene Gegenstände zum Dekorieren (z.B. Perlen, ausgedienter Modeschmuck, Haarklammern, Bänder), bunte Acrylfarbe, Bleistift, Glitterglue, Pinsel in verschiedenen Größen, Farbpalette, Schere, Klebstoff

So wird's gemacht

Frisuren faszinieren Kinder besonders, da man diese verändern und dadurch das Aussehen einer Person enorm beeinflussen kann. Bei Erwachsenen erleben die Kinder häufig Farbveränderungen, Strukturveränderungen (Dauerwelle, Glätteisen) und auch selbst haben sie schon erlebt, wie es ist, wenn die Haare anders frisiert, gekämmt, zu Zöpfen gebunden, geflochten oder geschnitten werden.

Die folgende Gestaltung befasst sich intensiv mit den unterschiedlichen Haarfarben und Frisuren. Zunächst grundieren die Kinder mit einem dicken Pinsel in einer hellen Farbe den Keilrahmen, wobei auch die Kanten farbig angemalt werden. Während der kurzen Trockenzeit kann die Gesichtsfarbe angemischt werden. Mit weißer Acrylfarbe als Hauptfarbe, etwas roter Farbe und einem winzig kleinen Klecks Braun entsteht ein schöner Teint.

Ein Erwachsener halbiert die Wattekugel für die Nase mit einer Schere oder einem Messer. Diese Halbkugel bemalen die Kinder nun ebenfalls mit der Gesichtsfarbe und legen sie zum Trocknen beiseite. Etwas rote Farbe, an

der Nasenspitze aufgetragen, lässt die Nase später plastischer erscheinen.

Nun werden der Kopf, der Hals und die Schultern in den gewünschten Farben formatfüllend auf den Keilrahmen gemalt. Dabei sollte im oberen Drittel des Keilrahmens genügend Platz für die Haare eingeplant werden. Wer möchte, kann mithilfe eines Bleistiftes die Umrisse vorzeichnen. Nach einer kurzen Trockenzeit kleben die Kinder die Nase passend in das Bild und gestalten Mund und Augen mit feinen Pinseln nach Wunsch. Wird dabei in die Pupille ein kleiner Lichtpunkt mit weißer Farbe gesetzt, wirken die Augen lebendiger.

Jetzt wählt jedes Kind ein Material in der gewünschten Haarfarbe aus. Lange Wollstränge können zu Zöpfen geflochten werden. Rund um das Gesicht geklebt, entsprechend zugeschnitten und mit bunten Bändern versehen, wirkt diese Frisur sehr dekorativ. Dichte Locken entstehen, wenn Pfeifenputzer in kleinere Stücke geschnitten und eingerollt werden. So aufgeklebt, auch übereinander geschichtet, ergibt es einen lustigen Lockenkopf. Mit dicker Wolle, in gleich lange Stücke geschnitten, geschichtet und stufenweise angeklebt, können die Kinder eine freche Frisur mit Scheitel gestalten.

Wird Märchenwolle verwendet, die in längeren Strängen zugeschnitten, zurechtgezupft und passend am Bild aufgeklebt wird, entsteht eine mädchenhafte Frisur.

Hier können die Kinder ausprobieren, ordnen und sortieren, bevor sie sich endgültig für eine Frisur entscheiden, die dann um den gemalten Kopf geklebt wird.

Wer möchte, kann sein Bild danach noch weiter ausgestalten. Aufgetupfte Glitzerfarbe oder aufgeklebte Perlen ergeben eine Kette. Kleinere Haarspangen können direkt in die Frisur geklebt oder gesteckt werden. Zurechtgeschnittene Bänder können z.B. zur Gestaltung von Hosenträgern verwendet werden.
Ob und wie die Kinder ihr Bild weiter dekorieren, hängt von den zur Verfügung stehenden Gegenständen und dem Geschmack der Kinder ab.

Erfahrung

Da Acrylfarben nach dem Trocknen wasserfest sind, sollte man auf keinen Fall auf eine Unterlage am Arbeitsplatz und auf den Malerkittel zum Schutz der Kleidung verzichten. Auch das sorgfältige Auswaschen der Pinsel nach der Arbeit darf nicht vergessen werden. Diese schnell trocknenden, deckenden und leuchtenden Farben eignen sich für diese Mischtechnik aber besonders gut, da Acrylfarbe auch nicht absplittert oder springt, selbst wenn sie in dicken Schichten aufgetragen wird. Die elastische Farbe kann mit Wasser vermalt werden und die kurze Trockenzeit ist bei der Arbeit mit Kindern von großem Vorteil.
Die Farben sind untereinander mischbar, behalten ihre Leuchtkraft und eignen sich für alle Malgründe. Die Kinder gingen mit diesen Materialien sehr behutsam und konzentriert um. Das Malen auf den Keilrahmen motivierte sie zudem, sich besonders viel Mühe zu geben. *(HT)*

Tipp

Vor Beginn der Arbeit können sich die Kinder im Spiegel betrachten: Welche Haarfarbe habe ich? Wie lang sind meine Haare? Welche Frisur trage ich? Wo sitzen die Augenbrauen, die Augen, die Nase und der Mund? Welche besonderen Merkmale hat mein Gesicht und wie sind meine Haare beschaffen? Habe ich glattes oder gelocktes Haar? Einen Scheitel rechts oder links? Wie sehen die anderen Kinder aus?

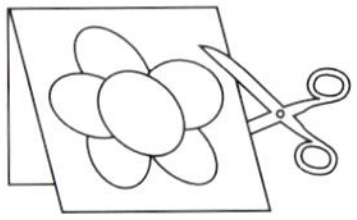

2 Vorlagen
siehe Motivbogen

Altersstufe
ab 3 Jahre

Zeit
Einzelarbeit
ca. 30–40 Minuten
(je nach gewählter Version)

Hampelskelette

Bastelarbeit

Material

Bunter Fotokarton, weiße Verpackungs-Chips aus Maisstärke oder Spielmais aus dem Bastelbedarf, dünne Schnur, Bleistift, feuchter Schwamm oder Lappen, Prickelnadel, Musterbeutelklammern, Schere

So wird's gemacht

Nachdem die Kinder sich mit dem äußeren Erscheinungsbild des Körpers befasst haben, wenden wir uns nun dem Körperinneren zu. In einem Gespräch kann die Gruppe gemeinsam überlegen, was sich wohl im Inneren des Körpers befindet. Die meisten Kinder wissen schon, dass der Körper aus einem Knochengerüst besteht, das für Stabilität sorgt.

In einem Lexikon oder Sachbuch kann ein solches menschliches Skelett zunächst genauer betrachtet werden. Welche Knochen sehen wir dort? Welche Knochen kennen wir? Haben manche Kinder vielleicht schon Knochenbrüche erlebt? Welche Knochen spüren wir durch die Haut? Die Kieferknochen, die Knöchel an Fingern, Armen und Beinen, die Knie, die Hüftknochen, die Wirbelsäule und die Rippen lassen sich deutlich erspüren.

In der folgenden Bastelarbeit soll nun das Skelett dargestellt werden. Alle Knochen kann man hierbei natürlich nicht berücksichtigen, aber man kann ein Skelett gestalten, das jeder Betrachter sofort als solches erkennt.

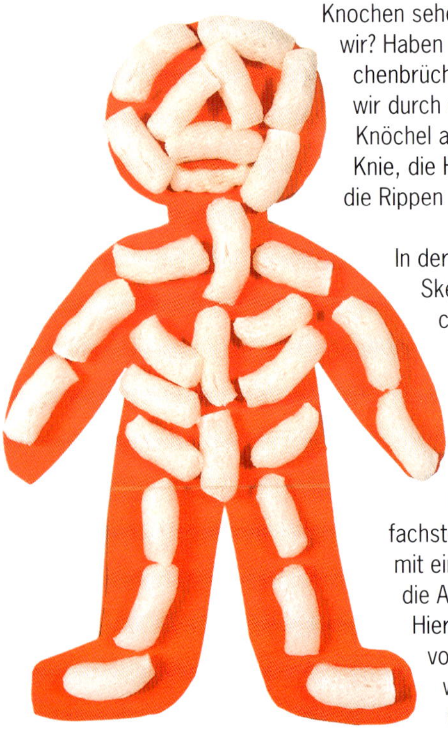

Unbewegliches Skelett: Die einfachste Version, bei der ein Körperumriss mit einigen Knochen gestaltet wird, ist für die Arbeit mit jüngeren Kindern ideal. Hierzu wird die einteilige Körpervorlage vom Motivbogen verwendet. Die Form wird zunächst auf farbigen Fotokarton übertragen und ausgeschnitten.

Nun wird die Form mit den „Knochen" versehen. Hierzu erhalten die Kinder weiße Mais-Chips oder weiße Spielmaisstücke sowie feuchte Lappen oder Schwämme. Sie feuchten die Mais-Chips leicht an und drücken sie auf den Fotokarton. Durch die angelöste Stärke kleben die Chips auf der Unterlage fest.

Bewegliches Skelett mit Musterbeutelklammern: Bei der Variante für etwas geschicktere Bastler lässt sich die Figur im Anschluss an den Gelenken bewegen. Hierfür wird die neunteilige Körpervorlage vom Motivbogen verwendet. Die Kinder übertragen die Einzelteile auf farbigen Fotokarton und schneiden sie aus.

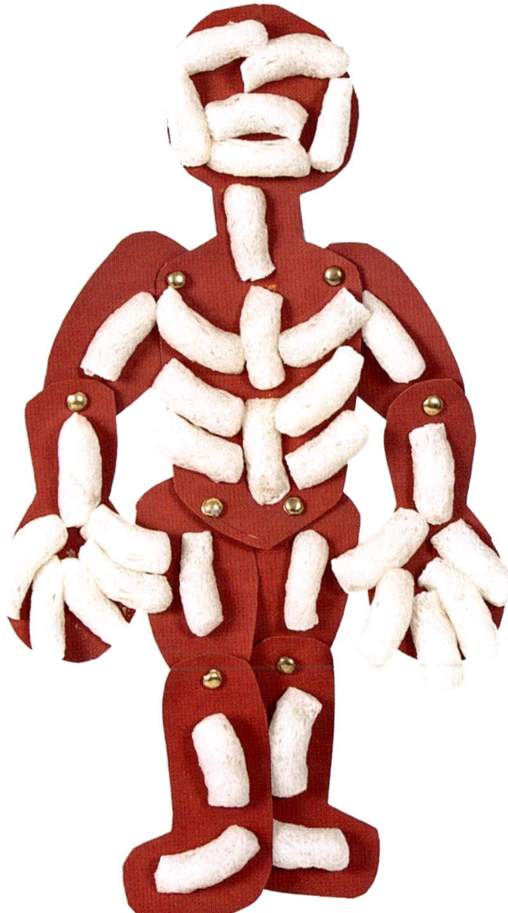

Mit einer Prickelnadel werden die Punkte auf den Körperteilen durchbohrt. Die Kinder ordnen die einzelnen Teile so an, dass ein Körper entsteht, und verbinden diese Teile an den vorgebohrten Löchern mithilfe von Musterbeutelklammern. Danach wird die bewegliche Form in der oben beschriebenen Weise mit „Knochen" versehen.

Hampel-Skelett: Die Bastelprofis können sich auch an die schwierigste Variante wagen, bei der ein Hampelmann mit Zugschnur hergestellt wird.

Hierzu werden die neun Körperteile wie in der vorigen Version auf bunten Tonkarton aufgemalt und ausgeschnitten sowie die vorgezeichneten Punkte mit einer Prickelnadel durchbohrt. Die Stellen, die mit einem kleinen Kreuz gekennzeichnet sind, werden nun ebenfalls durchbohrt. Hier wird später der Faden hindurchgeführt.

Wenn die Kinder die einzelnen Körperteile anordnen, um sie mit den Musterbeutelklammern zu verbinden, ist es wichtig, dass die vier Stellen, an denen später die Fäden hindurchgeführt werden, innen liegen. Das bedeutet, dass die beiden Oberarmstücke sowie die beiden Oberschenkelstücke so mit dem Körper verbunden werden, dass die kleinen Fadenlöcher zur Körpermitte zeigen.

Nachdem die einzelnen Körperteile mit Musterbeutelklammern aneinander fixiert wurden, werden vier Fäden (etwa 35 cm lang) durch die vier dafür vorgesehenen Löcher gefädelt. Die Schnurenden hängen zunächst lang herunter. Diese führt man nun zusammen und verknotet sie ungefähr auf Kniehöhe der Figur miteinander. Dabei sollte darauf geachtet werden, dass alle Schnüre gleich lang sind und so ein gleichmäßiger Zug auf alle Gliedmaßen ausgeübt wird.

Zieht man nun am Knoten oder an den unteren Fadenenden, bewegt die Figur Arme und Beine wie ein richtiger Hampelmann.

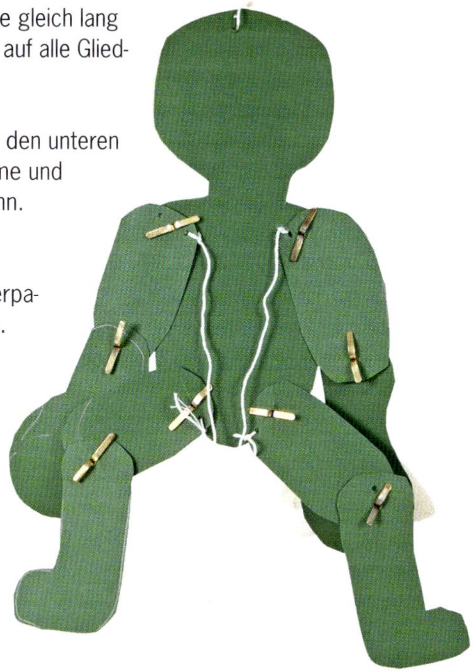

Erfahrung

Manche Kinder neigen dazu, die Verpackungs-Chips in Wasser zu tränken. Doch bei zu hoher Feuchtigkeit schmelzen die Chips und der Fotokarton wellt sich unschön. Deshalb ist es ratsam, die Chips nur an den gewünschten Auflageflächen leicht anzufeuchten. *(SH)*

Tipp

Sehr viele Pakete sind inzwischen mit dem Füllmaterial aus Maisstärke gepolstert. Wer keine Maisstärke-Chips oder Spielmaisstücke zur Verfügung hat, kann auch Styropor-Chips verwenden. Diese müssen allerdings mit Klebstoff am Fotokarton befestigt werden.

Ich kann eine Schleife binden

Mal- und Bastelarbeit

Material

Heller Fotokarton (50 x 70 cm), weißes Papier (DIN A4), Glitter, 3 Schnürsenkel, Schleifenband zum Aufhängen, selbstklebende Buchfolie, Fasermaler, bunte Fingerfarbe, Pinsel, Pantoffeln der Kinder als Schablone, Klebefilm, Lochzange, Klebstoff, Prickelnadel mit Kissen, Schere

Altersstufe
ab 4 Jahre

Zeit
Gruppenarbeit
ca. 90 Minuten
(ohne Trockenzeit)

So wird's gemacht

Die Kinder malen mit Fasermalern mehrere kleine Schuhformen sowie drei große Schuhformen auf weißes Papier. Die großen Schuhformen entstehen mithilfe des eigenen Hausschuhs. Dafür stellen die Kinder ihren Fuß mit Hausschuh auf ein Blatt und umfahren den Fuß mit dem Fasermaler.

Sie malen die verschiedenen Schuhformen nach eigenen Wünschen bunt an und schneiden sie nach dem Ausmalen aus.

Nun erhalten die Kinder den großen Fotokarton. Am unteren Rand bringen sie mittig das weiße Papier an. Dies dient als Platzhalter für die Stelle, an der später ein weiteres weißes Papier befestigt wird, auf dem dann die Kinder ihren Namen notieren, welche das Schleifebinden beherrschen.

Sobald das weiße Papier aufgeklebt wurde, versehen die Kinder den Fotokartonbogen ringsum mit einem etwa 3 cm breiten Rahmen mit Fingerfarbe im Farbton ihrer Wahl.

Zusätzlich wird der Satz „Ich kann eine Schleife binden" von einem Erwachsenen auf das Plakat geschrieben.

Anschließend kleben sie die ausgeschnittenen Schuhformen auf den verbliebenen Platz des Fotokartons. Die großen Umrissformen kleben sie in der oberen Hälfte in gleichen Abständen auf, die vielen kleinen Schuhe werden dekorativ als Rahmen am Rand verteilt.

Nach einem Tag Trockenzeit wird der Fotokarton von einem Erwachsenen mit Buchfolie beklebt, damit eine lange Haltbarkeit gewährleistet ist.

Im Anschluss prickeln die Kinder mit der Prickelnadel acht bis zehn Löcher in die großen Schuhformen, ähnlich einem realen Schnürschuh. Mit Unterstützung eines Erwachsenen wird jeweils für jeden Übungsschuh ein Schnürsenkel eingefädelt. Auch hier orientieren sich die Kinder an realen Modellen.

Nachdem mit der Lochzange am oberen Rand des Plakates zwei Löcher für das Band zum Aufhängen gestanzt wurden, wird das Schleifenband fest verknotet.

Sobald auf der weißen Fläche ein weiteres weißes Papier mit etwas Klebefilm angebracht wurde, kann das Üben beginnen. Jedes Kind, das eine Schleife binden kann, notiert seinen Namen darauf. Ist dieses Blatt nach einiger Zeit mit vielen Unterschriften gefüllt, wird es abgenommen und ein neues weißes Blatt kann die Unterschriften der Kinder, welche die Kunst des Schleifenbindens beherrschen, aufnehmen.

Erfahrung

Hängen Sie das Plakat an einen zentralen Ort, z. B. im Flur der Einrichtung. So können die Kinder motiviert üben und sichtbar präsentieren, wenn sie das Schleifenbinden beherrschen. *(MF)*

Tipp

Manchen Kindern geht das Binden einer Schleife nicht einfach von der Hand. Gestalten Sie mit diesen Kindern Einzelbilder in DIN-A4-Größe, laminieren das Papier mit Folie und einem Laminiergerät und geben es mit nach Hause. So kann mit viel Ruhe noch öfter geübt werden.

Ich kann mich bewegen
Mal- und Bastelarbeit

Das kann ich

Altersstufe
ab 5 Jahre

Zeit
Einzelarbeit
ca. 50 Minuten

Material
Weißer Fotokarton, Schuhkarton, Wollreste, Naturbastreste, Watte, schwarzer Fasermaler, Wachsmalblöcke, Buntstifte, Unterlegscheiben aus Metall, Magnet (mindestens Ø 2 cm und 3 mm stark), Klebstoff, Schere

So wird's gemacht
Die Kinder überlegen, welche Bewegungen sie ausführen können und stellen diese zunächst pantomimisch dar. So sind manche Kinder beim Gehen, Rennen oder Hüpfen anzutreffen. Auch Sportarten können auf diese Weise dargestellt werden.

Nachdem die Kinder die unterschiedlichen Körperhaltungen bei den jeweiligen Tätigkeiten untersucht haben, entscheiden sie nun, welche Bewegung sie gerne darstellen wollen und zeichnen eine entsprechende Figur mit schwarzem Fasermaler in Umrissen auf den weißen Fotokarton.

Mit Farbstiften wird diese Spielfigur bunt ausgemalt und danach so ausgeschnitten, dass am Fußende ein Rand von ungefähr zwei Zentimetern zusätzlich stehenbleibt. Dieser Rand wird nach hinten als Klebelasche umgeknickt.

Auf ein weiteres Stück Fotokarton zeichnen die Kinder nun einen kleinen Kreis, der als Stellfläche für die Figur dient, und schneiden diesen aus. Damit die Figur auf dem Kreis stehen kann, kleben die Kinder die umgeknickte Klebelasche darauf fest. Unter diesem aufgeklebten Kreis wird nun mit Klebstoff die Unterlegscheibe befestigt.

Jetzt wird die Figur weiter ausgestaltet. Die Haare entstehen durch aufgeklebte Woll- oder Bastreste. Wer möchte, kann seine Figur mit weiteren Details ausschmücken, wie z. B. mit einer aus Fotokarton zugeschnittenen Mütze, die bemalt und passend aufgeklebt wird.

Ein Schuhkarton, passend der Länge nach geteilt und zurechtgeschnitten, wird zur Bühne. Diese Bühne kann mit dicken Wachsmalblöcken bemalt und je nach Thema weiter ausgestaltet werden. So kann beispielsweise aus Watte eine Schneelandschaft für den Eisläufer entstehen. Zurechtgeschnittene, bemalte und aufgeklebte Fotokartonstreifen stellen die Pflanzen dar, die am Ufer des zugefrorenen Sees wachsen.

Die Kinder können nun ihre Figuren hin- und herbewegen, indem sie unter die Bühne greifen und einen Magneten an die Unterseite halten. Der Magnet zieht die Metallscheibe an, die sich auf der Sockelfläche des Eisläufers befindet und bewegt somit durch den Karton hindurch die Spielfigur.

So kann ein Schlittschuhläufer seine Kreise oder eine Tänzerin ihre Pirouetten drehen. Auf diese Weise können unterschiedliche Bewegungen dargestellt und ausprobiert werden. Wie wäre es mit einem Skifahrer, der den Berg hinunterwedelt? Oder mit einem Bergsteiger, der einen steilen Felsen erklimmt?

Erfahrung
Es ist ratsam, die Kraft des zur Verfügung stehenden Magneten vor Beginn der Gestaltungsarbeit auszuprobieren. Es kann passieren, dass manche Kartons zu dick sind und die Kraft des Magneten ungenügend durch die Pappe hindurch wirkt. Dann lässt sich die Spielfigur schwerer bewegen. In diesem Fall kann die Bühne leicht selbst hergestellt werden, indem ein dünnerer Karton zu einem entsprechend langem Rechteck zurechtgeschnitten und an beiden Seiten umgeknickt wird. *(HT)*

Meine Sinne

Bastelarbeit

Altersstufe

ab 4 Jahre

Zeit

Einzelarbeit
ca. 30 Minuten

Material

Bunter Fotokarton, buntes Tonpapier, Krepppapier, Glitzerfolie, kleine Stücke von Jute- oder Samtstoff, Schellen, Säckchen, Joghurtbecher, Zimtnelken, Fruchtgummi, getrocknete Früchte oder Nüsse, Kunstbast, Fasermaler, Bleistift, Buntstifte, Musterbeutelklammern, Lineal, Prickelnadel, Schere, ggf. Geodreieck und Zirkel

So wird's gemacht

Das Erforschen der fünf Sinne ist für Kinder ein spannendes Erlebnisfeld. In der folgenden Anregung wird eine Möglichkeit geschaffen, die Sinne mit den Kindern bewusst zu erleben und zu benennen.

Für jede Drehuhr werden zunächst zwei gleich große Kreise (Durchmesser ca. Ø 20 cm) aus buntem Fotokarton benötigt. Der Fotokartonkreis, der später hinten liegt, wird sternförmig mit einem Lineal und einem Fasermaler in fünf etwa gleich große Segmente unterteilt. Auf dem zweiten Fotokartonkreis, der anschließend als Drehscheibe Verwendung findet, wird mit einem Fasermaler ein Segment (in der Größe der fünf Segmente des anderen Kreises) angezeichnet und mit einer Schere ausgeschnitten.

Wer die fünf Segmente des unteren Kreises sowie das ausgeschnittene Segment der Drehscheibe ganz exakt aufmalen möchte, kann dies mithilfe eines Geodreiecks und eines Zirkels tun. Jedes Segment muss dabei 72° betragen.

Nun machen sich die Kinder an die Gestaltung der Deckscheibe. Der Rahmen kann beispielsweise mit Krepppapierstreifen oder Glitzerfolienstücken verziert werden. Das ausgeschnittene Segment kann einen weiteren Rahmen in Kontrastfarbe erhalten. Aufschriften wie „Sinne" oder „Riechen, Hören, Sehen, Schmecken und Fühlen" verraten, dass diese Drehscheibe die Sinne stimulieren soll. Nach der gewünschten Gestaltung wird der Fotokartonkreis zum Trocknen beiseitegelegt.

Die fünf Segmente der zweiten Scheibe werden mit Symbolen, Schriftbildern und Versuchsproben den fünf Sinnen, „Riechen", „Sehen", „Hören", „Schmecken" und „Fühlen", zugeordnet und entsprechend gestaltet.

So kann man zum Beispiel das Feld, welches für den **Geruchssinn** reserviert ist, durch eine Nase kennzeichnen. Diese kann direkt in das Segment gemalt werden, es ist aber auch möglich, die Nase auf hautfarbenes Tonpapier aufzumalen, auszuschneiden und in das Feld zu kleben. Kinder, die bereits mit Buchstaben vertraut sind, können das Symbol mit Schriftbildern ergänzen.

Damit die Kinder nun ihren Geruchssinn auch gleich testen können, kleben sie am oberen Rand beispielsweise einige Zimtnelken oder anderes intensiv duftendes Material auf.

Für den **Tastsinn** kann aus hautfarbenem Tonpapier eine Hand aufgezeichnet und ausgeschnitten werden. Als Fühlmaterial bieten sich aufgeklebte, raue Jute- oder weiche Samtstoffe an.

Um das **Sehen** und **Hören** darzustellen, können Augen und Ohren gemalt oder aus farblich passendem Tonpapier ausgeschnitten und aufgeklebt werden. Als Versuchsprobe für das Sehen dienen aufgeklebte Glitzerfolienstücke und das Hören kann mithilfe einer angebrachten Schelle getestet werden. Hierfür wird am oberen Rand der Scheibe mit einer Prickelnadel ein Loch gebohrt und die Schelle mit einem Stück einer Bastschnur darin verknotet.

Für den **Geschmackssinn** einen ausgeschnittenen Mund mit einer Zunge aufkleben. Um den Kindern eine sofortige Geschmacksprobe zu ermöglichen, kann beispielsweise ein kleines Säckchen oder Tütchen mit Fruchtgummi am Rand mit einer Bastschnur angebracht werden oder ein kleiner, gut ausgespülter Joghurtbecher, welcher mit getrockneten Früchten, Gemüse etc. gefüllt ist.

Nun über die fertig gestaltete Scheibe den anderen Fotokartonkreis legen, in der Mitte der beiden Kreise mit einer Prickelnadel ein Loch bohren und durch eine Musterbeutelklammer miteinander verbinden.

Jetzt lässt sich die Sinnesscheibe drehen. Durch das ausgeschnittene Segment der Drehscheibe kommt jeweils nur ein Sinn zum Vorschein, der gezielt unter die Lupe genommen werden kann.

Erfahrung

Die Kinder entwickelten daraus ein richtiges Sinnesspiel. Hierzu gestalteten sie einen Würfel, welcher auf fünf Seiten mit den verschiedenen Sinnessymbolen beklebt wurde. Die sechste Seite stellte einen Joker dar, bei dem man frei einen der Sinne wählen konnte. Nun wurde reihum gewürfelt und jeder Spieler suchte anschließend auf der Drehscheibe den auf dem Würfel angezeigten Sinn. *(KW)*

Tipp

Je größer die Drehscheibe ausfällt, desto mehr Versuchsproben können zu den jeweiligen Sinnen in den Kreissegmenten gestaltet werden.

Ich kann ein Freund sein

Bastelarbeit

Altersstufe
ab 3 Jahre

Zeit
Einzelarbeit
ca. 90 Minuten
(ohne Trockenzeit)

Material

Unterschiedlich geformte Schachteln und Dosen, ausrangierte CDs, gold- und silberfarbene Kosmetikdeckel, Toilettenpapier (eine Rolle ergibt vier Pokale), goldene und silberne Acrylfarbe, Pinsel, Lackmaler, Glitter, Dekorationsmaterial (Sterne, Herzen, Pompons, Lametta, evtl. Fotos der Kinder), Klebstoff, Kleister, Schere

So wird's gemacht

Zunächst sprechen die Kinder über die Symbolik von Pokalen. Einige Kinder wissen sicher schon, dass es in verschiedenen Bereichen üblich ist, für herausragende Leistungen eine solche Auszeichnung zu erhalten. Gemeinsam finden sie heraus, dass häufig bei sportlichen Wettbewerben, wie zum Beispiel beim Fußball oder Handball, bei Pferderennen, beim Automobil- und Radsport Pokale überreicht werden.

Pokale haben häufig eine Vasen- oder Schalenform. Es gibt aber auch Film- und Musikpreise, welche die Form von Statuen oder anderen abstrakten Objekten haben. Als Beispiel können der Oscar, die Golden Globes, der Grammy oder der Echo angeführt werden.

All diesen Auszeichnungen gemeinsam ist, dass sie eine besondere Leistung honorieren. Deshalb sehen diese Preise in der Regel edel und wertvoll aus. Häufig befindet sich eine Gravur darauf, die deutlich macht, wer der Preisträger ist und um welche Art von Wettbewerb es sich handelt.

Eine solche Auszeichnung wollen wir nun für unseren Freund herstellen. Sich wie ein Freund zu verhalten, dem anderen zu helfen, ihm zuzuhören oder zu trösten ist ebenfalls eine herausragende Leistung, die gewürdigt werden sollte.

Die Kinder finden in der Mitte des Tisches eine gut sortierte Auswahl an Dosen, Kartons und CDs aus den verschiedensten Materialien. Sie beginnen, die Dinge zu stapeln und so ihre Pokale und Auszeichnungen aufzubauen. Hierbei sollten sie viel Zeit zum Ausprobieren und Experimentieren bekommen, bevor die Materialien mit viel Klebstoff zusammengefügt werden.

Nach einem Tag Trockenzeit reißen die Kinder die Blätter einer Toilettenpapierrolle einzeln ab und kleben diese mit angerührtem Kleister auf ihren Pokal. Die weiße, komplett aufgetragene Papierschicht ermöglicht, dass die Farbe später überall gut hält und schön leuchtet.

Haben die Kinder silber- und goldfarbene Kosmetikdeckel verwendet, werden diese Stellen nicht mit Papier beklebt, sodass die Farbe sichtbar bleibt.

Nach weiteren drei Tagen ist der Kleister getrocknet und die Kinder bemalen die Trophäe in der gewünschten Farbe. Solange die Farbe noch feucht ist, kann man den gesamten Pokal mit einer Prise Glitter bestreuen.

Ist die Farbe nach etwa zehn weiteren Stunden getrocknet, bekommen die selbst gestalteten Türme den letzten Schliff. Mit Lackmalern können die Namen der Preisträger notiert werden. Aufgeklebte Fotos oder weitere Dekorationen mit Sternen, Herzen, Pompons etc. werden aufgeklebt, bevor der Freund diese besondere Überraschung erhält.

Erfahrung

Werden die Pokale in einem offiziellen Rahmen mit Siegertreppe und Publikum (Eltern der Kinder) überreicht, fühlen sich die Kinder besonders geehrt.

Wer möchte, kann den Pokal mit dem folgenden kleinen Vers überreichen.

Der Pokal hier ist für dich.
Denn du bist ein echter Freund für mich.
Es ist schön, mit dir zu lachen,
mit dir ein Puzzlespiel zu machen.
Spielen und spazieren gehn –
mit dir ist einfach alles schön! (MF)

Tipp

Wer ohne Kleister und Toilettenpapier arbeiten möchte, kann als Alternative auch die zusammengeklebten Schachteln mit weißer Wandfarbe bemalen. Hierbei an sicheren Kleiderschutz denken!

Ich kann sehen, wie es dir geht

Mal- und Bastelarbeit

Material

Pappe oder Tortenuntersetzer, bunte Papierreste, Wolle, Buntstifte, Fasermaler, Wachsmalstifte, Prickelnadel, Kleister, Schere

Altersstufe
ab 4 Jahre

Zeit
Einzelarbeit
ca. 45 Minuten
(ohne Trockenzeit)

So wird's gemacht

Gemeinsam mit der Gruppe werden verschiedene Situationen besprochen, in denen die Kinder traurig oder fröhlich waren, in denen sie Angst hatten, sich vor etwas ekelten, erschrocken oder erstaunt waren. Wer möchte, kann unterstützend einige Bilderbücher anbieten, in denen Personen mit verschiedenen Emotionen dargestellt sind.

Zunächst befassen sich die Kinder mit den Gesichtsausdrücken, die von diesen Emotionen begleitet werden. Wie sieht mein Gesicht aus, wenn ich mich freue oder wenn ich traurig bin? Sehe ich einem anderen Kind am Gesicht an, wie es sich fühlt? Dass die Kinder einem anderen Kind ansehen, wie sich dieses fühlt, ist nicht selbstverständlich. Dieses Einfühlungsvermögen muss geübt werden und entwickelt sich nach und nach.

Wenn die Kinder die unterschiedlichen Mienenspiele szenisch dargestellt und besprochen haben, machen sie sich an die Gestaltung ihrer Gesichter. Hierzu entscheiden sie sich, welche Stimmung sie gerne zu Papier bringen möchten, und malen auf einer hellen, runden Pappe (z.B. Tortenuntersetzer) ein reduziertes Gesicht mit Fasermalern oder Buntstiften auf.

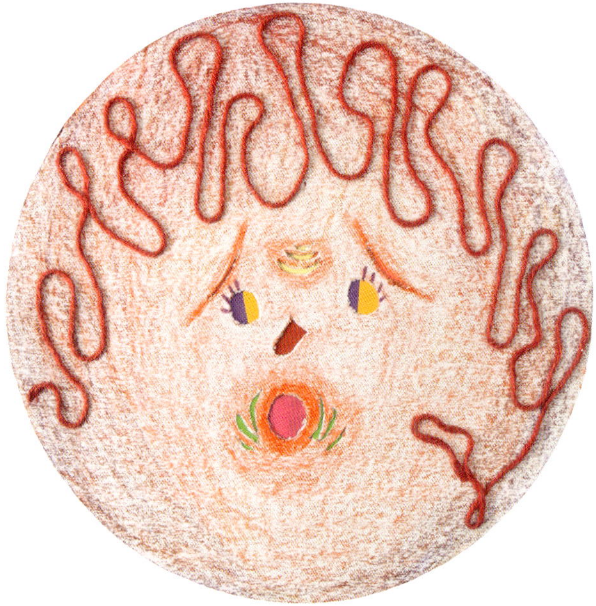

Anhand der vorhergehenden Beobachtung und Besprechung malen sie für ein fröhliches Gesicht die Augen offen und die Mundwinkel nach oben gezogen. Erstaunen wird durch größere Augen sowie einen zu einem „O" geöffneten Mund dargestellt. Eine traurige Miene entsteht, wenn die

Augen kleiner und tiefer liegend gezeichnet werden und die Mundwinkel nach unten weisen. Missbilligung lässt sich mit einem waagerecht angelegtem Mund und einer hochgezogenen Augenbraue darstellen, Wut oder Ärger zeigt sich in schräggestellten Augenbrauen, kleinen Augenschlitzen und einem schiefen Mund oder gebleckten Zähnen.

Passend zur dargestellten Stimmung wählen die Kinder die Farbe aus, in der sie ihr Mimikbild gestalten. Positive Stimmungen werden durch fröhliche, helle und klare Farben unterstrichen, negative Stimmungen durch dunkle, blasse und eher triste Farbtöne.

Sie tragen die gewählte Farbe mit Wachsmalblöcken auf und verstärken einzelne Elemente anschließend mit Buntstiften. Lebendiger wird das Mimikbild, wenn die Augen und der Mund ausgeprickelt werden und die Kinder diese Stellen mit bunten Papierresten hinterkleben.

Um die Haare zu gestalten, tauchen sie verschieden lange Wollfäden in Kleister und ziehen sie wieder heraus. Diese legen sie nun wellenförmig auf die Pappe. Liegen genug Wollfäden auf der Pappe, schieben die Kinder die einzelnen Haare mit den Fingern in die gewünschte Form.

Anschließend legen sie die Bilder einen Tag lang zum Trocknen beiseite. Danach können die Mimikbilder für verschiedene Rollenspiele eingesetzt werden.

Erfahrung

Soll ein Mimikgesicht verschiedene Farben erhalten, kann ein Erwachsener eventuell mit einer feinen Bleistiftlinie die verschiedenen Gesichtspartien kennzeichnen. So fällt es den Kindern leichter, die Farbflächen sauber auszumalen.

Eventuelle Kleisterrückstände müssen nicht abgewischt werden, da diese nach dem Trocknen nicht mehr zu sehen sind. *(EvH)*

Tipp

Klebt man Holzleisten an die Rückseite der Mimikgesichter, kann man sie als Stabpuppen für ein Puppentheater nutzen. Diese besonderen Stabpuppen eignen sich wunderbar dazu, einen Streit, der sich innerhalb der Gruppe zugetragen hat, nachzuspielen und auf diese Weise aufzuarbeiten. Die Kinder lernen so, über ihre Gefühle zu sprechen und die Gefühle anderer Menschen zu erkennen und zu berücksichtigen.

Meine Fingerspitzen fühlen was

Bastelarbeit

Altersstufe
ab 2 Jahre

Zeit
Einzel- oder Gruppenarbeit
ca. 20 Minuten

Material

Sperrholzplatte (ca. 30 x 30 cm), Rest- und Abfallmaterialien mit unterschiedlichen Oberflächenstrukturen (Bastelfilz-, Stoff- und Plüschreste, Luftpolsterfolie, diverse Verpackungsmaterialien, Watte, Wolle, Kieselsteine, Holzstücke, Schnüre, Bastelfedern, Moosgummi, Wellpappe, Sandpapier, Korken, Glassteine), bunte Deckfarbe, dicker Pinsel, Kordel zum Aufhängen, ggf. Handbohrer, Schere, Klebstoff, evtl. Heißklebepistole

So wird's gemacht

Zu Beginn wird der Tastsinn gezielt untersucht. Was können wir mit den Fingerspitzen wahrnehmen? Wie fühlt es sich an, wenn eine Feder unsere Wange kitzelt? Empfinden wir das Kitzeln am Unterarm genauso wie am Hals oder am Knie? Durch einige Versuche erkennen die Kinder, dass sie zwar an manchen Körperstellen empfindsamer auf unterschiedliche Berührungen reagieren, dass sich aber die Fingerspitzen ganz wunderbar dazu eignen, verschiedene Materialbeschaffenheiten zu ertasten und wahrzunehmen.

Um diese Fähigkeit weiter auszubilden, gestalten wir nun ein Tastbrett, das mannigfaltige Fühlmomente bietet.

Vor Arbeitsbeginn werden Materialien mit unterschiedlich strukturierten Oberflächen gesammelt, die sich zum Aufkleben eignen. Schön ist es, wenn Materialien verwendet werden, die sehr abwechslungsreiche Fühlerlebnisse bieten, und die sich gut benennen lassen.

So können Gegenstände verwendet werden, die sich rau, flauschig, stachelig, spitz, kratzig, glatt, weich, wellig, samtig, kühl, leicht klebrig, fest, nachgiebig, glitschig, formbar, kantig oder rund anfühlen. Auch kann dabei verbalisiert werden, welche der Oberflächen vom Kind eher als angenehm und welche eher als unangenehm wahrgenommen werden.

Für Kinder unter drei Jahren ist es wichtig, entsprechendes Material anzubieten, Kleinteile müssen aussortiert werden und die einzelnen Materialflächen sollten größer ausfallen.

Wenn alle Materialien bereitliegen, bemalen die Kinder die Holzfläche mit einer zuvor ausgewählten Deckfarbe und legen die Platte zum Trocknen beiseite.

Ist die Farbe getrocknet, wird das Material auf dem Bildträger aufgelegt und nach Wunsch angeordnet. Jedes Kind darf dabei sein Tastbrett individuell gestalten und mit den bevorzugten Materialien bekleben. Wenn nötig, werden einzelne Materialien passend zurechtgeschnitten, geknüllt, gerollt oder gerafft, bevor sie befestigt werden. Schwerere Einzelteile können mit der Unterstützung eines Erwachsenen mit einer Heißklebepistole am Untergrund fixiert werden.

Das Tastbrett kann auf dem Boden liegend oder auch hängend eingesetzt werden. Wer es aufhängen möchte, bohrt in den beiden oberen Ecken jeweils ein Loch und fädelt eine Kordel hindurch, die an den Enden verknotet wird.

Nachdem das Tastbrett fertiggestellt ist, tasten die Kinder mit geschlossenen oder verbundenen Augen die Oberflächen ab und benennen die Materialien und deren Eigenschaften.

Es können auch ganze Bildszenen angeordnet und aufgeklebt werden. Auf einem Tastbrett oder in solch einer Tastlandschaft können die Kinder mit ihren Fingern oder Handflächen auf Erkundungsreise gehen. Wie fühlt sich das an? Wer findet unter allen Tastbrettern sein eigenes Bild mit verbundenen Augen wieder?

Erfahrung

Die Kinder probierten lange aus und überlegten genau, welche Materialien sie in welcher Anordnung auf ihrer Trägerplatte haben wollten. Das haptische Erlebnis im Umgang mit den unterschiedlichen Materialien sprach alle Kinder sofort an. Dabei wurde spielerisch der Wortschatz erweitert, wurden Begriffe veranschaulicht, verstanden und umgesetzt. *(HT)*

Tipp

Eine große Tastwand in Form eines Schmetterlings fasziniert die Kinder und wirkt gleichzeitig als Wandschmuck sehr dekorativ. Hierzu wird eine große Holzplatte (1 x 1 m) von einem Erwachsenen mit der Stichsäge ausgesägt und die vorbereiteten Materialien symmetrisch als Gemeinschaftsarbeit mit älteren Kindern aufgeklebt, d. h. zuerst wurde ein Flügel mit verschiedenen Materialien beklebt und das passende Gegenstück am anderen Flügel befestigt. Auf diese Weise können die Kinder später mit verbundenen Augen die jeweiligen Oberflächen mit beiden Händen suchen und zuordnen.

Altersstufe
ab 4 Jahre

Zeit
Einzelarbeit
ca. 30 Minuten
(ohne Trockenzeit)

Gipsarm

Mal- und Bastelarbeit

Material

Gipsbinden, leere, gut ausgespülte Plastikflaschen, hautfarbener Fotokarton, bunte Schulmalfarbe, Fasermaler, Schere, Pinsel, Cutter, Wasserschüssel

So wird's gemacht

Viele Kinder haben schon einmal jemanden mit Gipsarm oder Gipsbein gesehen. In der Runde sprechen sie darüber, dass eine solche Gipsumhüllung bei gebrochenen Körperteilen eingesetzt wird. Dieses steife Gerüst soll den entsprechenden Bereich stillhalten, damit der Knochen wieder in der richtigen Lage anwachsen kann.

Um sich spielerisch mit dieser Thematik auseinanderzusetzen, gestalten die Kinder einen Gipsarm. Hierzu entfernt ein Erwachsener zunächst mithilfe eines Cutters das obere Drittel der Plastikflasche. Am Reststück der Flasche schneidet er das offene Ende an zwei Stellen senkrecht ca. 8 cm tief ein. In diese Schlitze wird später die aus Fotokarton gestaltete Hand des Kindes hineingeschoben.

Als Nächstes schneiden die Kinder die Gipsbinden mit einer Schere in handgroße Stücke und wickeln diese um die Flasche. Hierbei muss beachtet werden, dass nicht die gesamte Flasche eingegipst werden darf. Die Enden der Flasche, die einen Teil des Arms darstellen, bleiben frei. Damit man den fertigen Arm auch gut erkennen kann, werden diese Enden später mit hautfarbener Schulmalfarbe bemalt.

Nun tauchen die Kinder ihre Hände in eine bereitstehende Wasserschüssel ein und befeuchten und modellieren den Gips damit. Ältere Kinder können auch die Gipsbinde kurz in das Wasser tauchen und die nassen Gipsbindenstücke um die Flasche legen. Die letztgenannte Handhabung ist etwas schwieriger, da die nassen Bindenstücke manchmal zusammenkleben und nur schwer über die Flasche zu legen sind. Es werden drei bis vier Schichten gebraucht, um einen stabilen Gipsarm zu erhalten.
Im Anschluss daran legen die Kinder die Gipsflasche nun einige Zeit zum Trocknen beiseite.

Währenddessen zeichnen die Kinder die Umrisse ihrer Hand auf den hautfarbenen Fotokarton. Damit die Hand später breit genug ist, um in die vorgeschnittenen Schlitze der Flasche geschoben werden zu können, wird ein Armansatz dazugemalt, der etwas breiter als die Flasche ist. Nachdem die Hand mit dem verbreiterten Armansatz ausgeschnitten wurde, kann die Fotokartonhand in die beiden senkrechten Schlitze der Flasche eingeschoben werden.

Den getrockneten Gips verzieren die Kinder nun rundum mit Fasermalern. Trost- und Besserungswünsche oder aufheiternde Symbole und Zeichnungen lassen jeden gebrochenen Arm schneller heilen.

Nun bemalen die Kinder die Enden der Plastikflasche, die nicht mit Gips ummantelt wurden, mit hautfarbener Schulmalfarbe. Sobald alles getrocknet ist, kann der ausgeschnittene Kartonarm mit der rechteckigen Verbreiterung in die vorbereiteten Schlitze des offenen Flaschenendes gesteckt werden – schon ist der Gipsarm fertig.

Erfahrung

Das Eingipsen der Flasche bereitete den Kindern sehr viel Freude. Beim Zuschneiden des hautfarbenen Kartonarms mit der angefügten Konstruktion zum Einschieben in die Schlitze benötigten die Kinder etwas Unterstützung. *(KW)*

Tipp
Die Gipsbinden bei der Arbeit mit jüngeren Kindern unbedingt schon vor dem Modellieren zuschneiden, währenddessen gibt es sonst eine große Kleckserei. Je jünger die Kinder sind, desto kleiner sollten die Gipsbindenstücke sein, da sie dann leichter aufgelegt werden können.

Pflasterbilder

Gestaltungsarbeit

Material

Bunter Tonkarton, Pflaster, Taschentücher, Mullbinden, Buntstifte, Klebstoff, Schere

So wird's gemacht

Wer hat sich nicht schon das Knie oder den Ellbogen aufgeschürft und erfahren, dass ein Pflaster den Schmerz vergessen lässt? Außerdem schützt ein Pflaster die Wunde vor Schmutz und sorgt dafür, dass alles wieder gut verheilt.

Bevor sich die Kinder an die Gestaltung ihres Bildes machen, reflektieren sie Situationen, in denen sie verletzt waren und ein Pflaster auf die Wunde geklebt wurde.

Anschließend setzen die Kinder ihr Erlebnis gestalterisch um. Auf einem bunten Tonkarton malen sie mit Buntstiften sich selbst oder einen Freund mit einer erkennbaren Verletzung auf. Beispielsweise stellen sie sich mit einem aufgeschlagenen Knie, einer Verletzung am Kopf, am Arm oder am Bein dar.

Nun schneiden sie einen Pflasterstreifen mit einer Schere zu und kleben diesen über die aufgezeichnete Verletzung. Ebenso können sie zum Beispiel ein Stück eines Taschentuchs mit Klebstoff auf die Hand des gemalten Kindes kleben, welches symbolisch die Tränen trocknet.

Tröstende Sätze wie „Alles wird wieder gut!", „Das Pflaster hilft" oder auch Trostsprüche verleihen dem Bild einen beruhigenden Charakter.

Mit aufgeklebten Pflastern kann nun noch ein Rahmen für das Bild gestaltet werden. Besonders interessant sieht es aus, wenn dünne Bahnen von Mullbinden um den Rand des Tonkartonbildes verwebt werden. Hierfür werden rund um den Rand des Kartons in beliebigem Abstand etwa 4 cm lange Schlitze eingeschnitten, in welche die Kinder ihre Mullbinde verweben.

Erfahrung

Wenn sich Kinder verletzt haben, brauchen sie besonders viel Zuwendung, Trost und die Zuversicht, dass es wieder gut wird. Neben einer ruhigen Begleitung bei der Erstversorgung ist für viele Kinder auch eine Aufarbeitung der Situation in einem Gespräch wichtig. Auch beim kreativen Gestalten können sie ihren Emotionen einen ganz besonderen Ausdruck verleihen und das Erlebte dadurch besser verarbeiten. *(KW)*

Tipp

Die Zeichnung kann auch als Deckblatt für ein Notfallbuch bei Verletzungen dienen. Auf Zeichnungen wird abgebildet, was den Kindern bei Verletzungen am besten hilft und womit man sie trösten kann, zum Beispiel ein aufgemaltes Kuscheltier, ein Tröstlied oder das „Wegpusten" der Schmerzen.

Altersstufe

ab 4 Jahre

Zeit

Einzelarbeit
ca. 20 Minuten

Erste-Hilfe-Box

Bastelarbeit

Altersstufe
ab 4 Jahre

Zeit
Einzelarbeit
ca. 30 Minuten

Material

Verschließbare, transparente Plastikboxen (von Cocktailtomaten, Weintrauben, Beeren etc.), kleiner Plastikbecher, Wellpappe, Fotokarton, bunte, selbstklebende Folie, Glitter, Holzspatel, Mullbinden, Pflaster, Papiertaschentücher, Watte, Wattepads, Buntstifte, Lackmaler, Prickelnadel, Tacker, Klebefilm, Klebstoff, Schere

So wird's gemacht

Den Erste-Hilfe-Kasten in der Einrichtung, im Auto oder beim Arzt kennen manche Kinder sicher. Einige Kinder haben vielleicht auch einen Arztkoffer als Spielzeug zu Hause. Gemeinsam besprechen sie, dass ein solcher Koffer eine Grundausstattung zur Erstversorgung von Verletzungen darstellt und überlegen, was sich darin alles befinden könnte.

Erste-Hilfe-Box: Die Kinder betrachten ihre Plastikbox und schneiden mit einer Schere aus bunter, selbstklebender Folie jene Motive aus, mit welchen sie ihre Box an den Außenseiten gerne bekleben möchten. Dies können beispielsweise Kreuze als Symbole für „Erste Hilfe" sein, das Gesicht eines weinenden Kindes oder auch Symbole, die denjenigen, der sich verletzt hat, trösten können, wie beispielsweise eine Sonne oder ein Herz. Der Fantasie der Kinder sind hierbei keinerlei Grenzen gesetzt.

Haben die Kinder die Außenseiten ihrer Box verziert, sieht es besonders hübsch aus, wenn diese mit einem Lackmaler mit tröstenden Worten oder dem Verwendungszweck versehen wird. Alternativ können auch Schriftkärtchen aus Fotokarton gestaltet und auf die Box geklebt werden. Verzierungen aus Glitter lassen das Ganze zauberhaft wirken und trösten schon allein durch den Anblick.

Damit dieses wichtige Utensil gut transportiert werden kann, wird ein Henkel benötigt. Hierzu bohren die Kinder am oberen Rand des Deckels mit einer Prickelnadel rechts und links je ein Loch, fädeln ein etwa 30 cm langes Stück Mullbinde hindurch und verknoten die Enden. Die Mullbinde ist sehr stabil und so lässt sich das kleine Köfferchen sehr gut tragen.

Inhalt der Box: So eine Erste-Hilfe-Box kann sehr fantasiereich bestückt werden. All jene Dinge, die so aussehen, als hätten sie Heil- oder Zauberkräfte, sind ein optimaler Inhalt für kleine Notfälle.

Papiertaschentücher sind zum Beispiel unabdingbar, um Tränen zu trocknen. Um diese praktischen Helfer hübsch zusammenzuhalten, kann man beispielsweise einen Wellpappestreifen zu einem Ring zusammenkleben und mit einem Fotokartonherz sowie etwas Glitter verzieren. Zieht man ein Papiertaschentuch aus dieser liebevoll gestalteten Halterung, sind die Tränen schon fast getrocknet.

Ein weiteres Zauberutensil wäre beispielsweise ein Streichelstab. Für diesen bekleben die Kinder einen Holzspatel mit Glittersternen und kleben an einem Ende einen weichen Wattebausch auf. Wird mit diesem Streichelstab vorsichtig über die Stirn oder den Arm gestrichen, verschwinden Traurigkeit oder Heimweh ganz von selbst.

Auch ein Schluck „Heilwasser“, aus einem „Alles wird gut“-Becher getrunken, unterstützt die Selbstheilungskräfte der Kinder auf wundersame Weise.

Hierzu wird der transparente Plastikbecher einfach mit einem Lackmaler mit der Aufschrift „Alles wird gut!“ und aufgeklebten Glitterherzen verziert und schon ist dieser einsatzbereit.

Pflaster werden in jedem Erste-Hilfe-Koffer gebraucht. Diese kann man in einer zauberhaften Hülle aufbewahren. Hierfür falten die Kinder ein rechteckiges Stück Fotokarton einmal in der Mitte und fixieren die Enden mit einem Tacker oder mithilfe von Klebefilmstreifen. Das Pflaster-Etui kann noch zusätzlich mit bunten Holzspateln und Glitter verziert werden und zeigt somit, dass die darin befindlichen Zauberpflaster magische Kräfte haben.

Erfahrung

Gerade in Ausnahmesituationen (bei leichten Verletzungen, bei Trennungsschmerzen, Heimweh) sind kleine Rituale für Kinder hilfreich, um sich selbst etwas zu beruhigen. Ganz nebenbei fördert dieses Angebot auch den Erwerb der sozialen Kompetenzen der Kinder, da sie aufmerksam auf die Gefühle anderer werden und gerne beim Bringen und der Anwendung der Erste-Hilfe-Box helfen. *(KW)*

Tipp

Beim Abziehen der selbstklebenden Folie ist es hilfreich, wenn die Kanten etwas umgebogen werden.
Diese Box sollte immer am gleichen Platz stehen, damit sie bei Notfällen rasch gefunden wird. Am besten suchen Sie hierfür gemeinsam mit den Kindern einen optimalen Platz im Gruppenraum aus.

Altersstufe
ab 5 Jahre

Zeit
Einzelarbeit
ca. 60 Minuten
(ohne Trockenzeit)

Handwärmer

Textilarbeit

Material

Transparente Mobilefolie oder Laminierfolie (DIN A4), Bastelfilz, Plüsch- und/oder Fleecestoff, Wolle, kleine Holzperlen, Lackmaler, Lochzange, Stoffschere, Schere, gut haftender Klebstoff (z. B. Marvin Bastelkleber)

So wird's gemacht

Vor allem im Winter sind warme Hände wichtig. Doch Handschuhe stören häufig, wenn die Kinder etwas aufheben oder vorsichtig anfassen möchten. Dann geschieht oft Folgendes: Sie ziehen den Handschuh aus, legen ihn zur Seite und vergessen diesen dort. Wird ein Handwärmer gestaltet, der um den Hals getragen wird, bleiben die Hände immer herrlich warm. Die Kinder können die Hände dabei jederzeit herausnehmen und die wärmende Hülle bleibt an Ort und Stelle.

Um einen solchen hübschen Handwärmer zu gestalten, legen die Kinder die transparente Mobilefolie oder die Laminierfolie quer vor sich hin. Ein Erwachsener markiert mit einem Lackmaler entlang des Randes beider Schmalseiten mehrere Punkte im Abstand von etwa 3 cm. Diese Punktreihe sollte nicht ganz dicht am Rand angesetzt werden, ideal ist ein Abstand von etwa 2 cm zur Außenkante. Beim Anzeichnen der Punkte ist darüber hinaus wichtig, dass die Punkte rechts und links etwa auf der gleichen Höhe liegen.

Die Kinder überlegen, mit welchem Stoff sie ihren Handwärmer auf der Außenseite verzieren möchten und welcher den Handwärmer innen schön kuschlig machen soll.

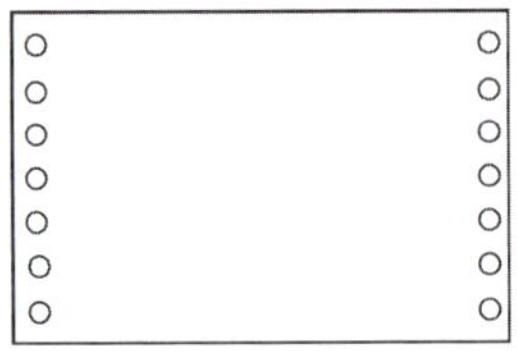

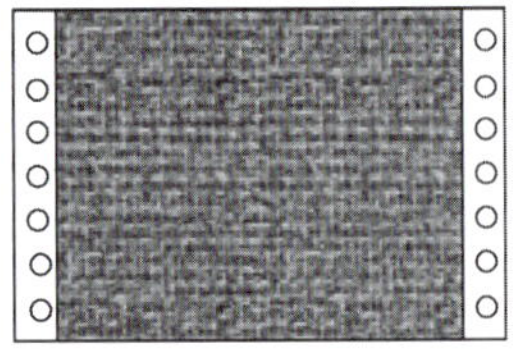

Sie legen die Mobilefolie auf die Rückseite des gewünschten Stoffes, umfahren diese mit einem Fasermaler und schneiden ein Stoffstück für die Außen- und eines für die Innenseite mit der Stoffschere zu. Hierbei beachten sie, dass die Mobilefolie im Bereich der ausgestanzten Löcher frei bleibt. Jedes Stoffrechteck hat also ungefähr die Maße 21 x 25 cm.

Zunächst wird die Außenseite des Handwärmers gestaltet. Die Kinder tragen reichlich Klebstoff auf die Mobilefolie auf und kleben den Stoff, den sie sich für die Außenseite ausgewählt haben, auf. Die beklebte Folie wird nun zum Trocknen beiseitegelegt.

Nach dem Trocknen wenden die Kinder die beklebte Folie und versehen nun die andere Seite mit dem Stoff, den sie für die Innenseite des Handwärmers gedacht hatten. Erneut wird das Ganze zum Trocknen beiseitegelegt.

In der Zwischenzeit wird überlegt, mit welchen Motiven der Handwärmer außen verziert werden soll. Dementsprechend schneiden die Kinder aus buntem Bastelfilz die gewünschten Elemente, wie beispielsweise Herzen, geometrische Formen, eine Sonne oder auch den eigenen Namen, zu und legen die verschiedenen Motive beiseite.

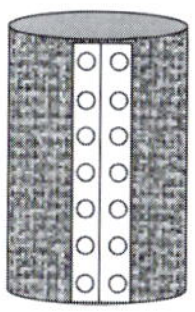

Nun werden die gelochten Ränder der Mobilefolie so zueinandergebogen, dass eine Röhre entsteht. Bei diesem Arbeitsschritt benötigen die Kinder die Unterstützung eines Erwachsenen, welcher die gebogene Röhre gut festhält. Nun fädeln sie einen dicken Wollfaden durch die gestanzten Löcher und verbinden die beiden Enden damit. Hierbei muss der Faden sehr straff gespannt und fest verknotet werden, damit die Röhre gut hält.

Bei diesem Arbeitsschritt zeigt sich auch, warum es von Vorteil ist, die Löcher beider Seiten auf der gleichen Höhe anzubringen. Denn liegen die Löcher paarweise auf einer Höhe, gelingt ein gerader Abschluss, ohne dass sich die Folie verschiebt.

In das letzte Loch der rechten und linken Seite des Handwärmers fädeln die Kinder nun zusätzlich noch einen dickeren Wollfaden oder eine Kordel mit einer Länge von etwa 50 cm ein und verknoten die Enden am Loch. Dieser Faden bzw. die Kordel dient als Umhängevorrichtung, damit die Kinder ihren Handwärmer auch um den Hals hängen können.

Ganz zum Schluss bekleben die Kinder die Außenseite mit den ausgeschnittenen Filzmotiven und verleihen somit ihrem Handwärmer eine ganz persönliche Note.

Zusätzlich kann ein Wollfaden als Verzierung noch mit Holzperlen bestückt und über den Handwärmer gewickelt werden. Die Enden werden zum Schluss wieder in den ausgestanzten Löchern verknotet.

Erfahrung

Beim Schneiden des Stoffes war es für die Kinder hilfreich, wenn dieser dabei straff gespannt wurde. *(KW)*

Tipp

Es ist ratsam, für das Grundgerüst des Handwärmers Folie zu verwenden, da diese im Gegensatz zu Karton auch ohne Probleme nass werden kann bzw. auch an den „Nahtstellen“ entsprechende Stabilität gewährleistet.

Altersstufe
ab 4 Jahre

Zeit
Einzelarbeit
ca. 30 Minuten

Meine Bewegungsuhr

Mal- und Bastelarbeit

Material

Bunter und weißer Fotokarton, Fasermaler, Wolle, Wäscheklammern, Musterbeutelklammern, Prickelnadel, Lineal, Klebstoff, Schere, ggf. Zirkel

So wird's gemacht

Bewegung ist wichtig für unsere Gesundheit. Manchmal müssen wir allerdings daran erinnert werden, uns zu bewegen. Eine Bewegungsuhr kann uns kreative Anregungen für verschiedene Bewegungen geben und uns zur Mobilität motivieren.

Im Gespräch sammeln die Kinder gemeinsam kreative Bewegungsvorschläge, die sie im Anschluss auf ihrer Bewegungsuhr zeichnerisch darstellen möchten.

Danach schneiden sie aus einem weißen Fotokartonstück einen Kreis mit einem Durchmesser von etwa 20 cm aus. Mithilfe eines Lineals und eines Fasermalers wird der Kreis in vier gleich große Segmente unterteilt. Bei diesem Arbeitsschritt benötigen die Kinder die Unterstützung eines Erwachsenen.

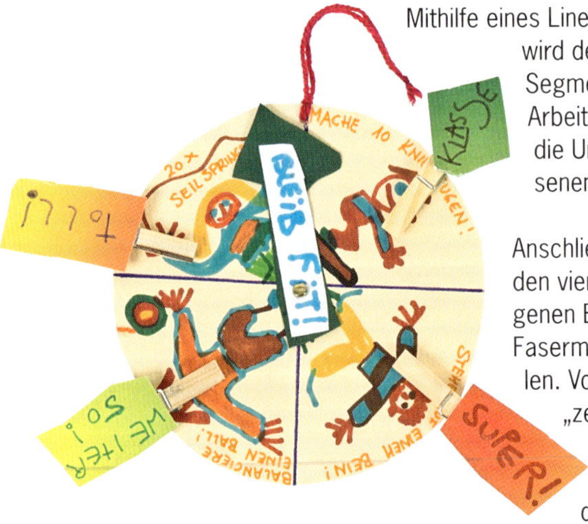

Anschließend können die Kinder auf den vier Segmenten die vorgeschlagenen Bewegungsübungen mit Fasermalern zeichnerisch darstellen. Vorschläge wie beispielsweise „zehnmal in die Luft springen!“, „fünf Runden mit dem Roller fahren“, „auf allen vieren durch den Gruppenraum krabbeln“ u. v. m. können durch Zeichnungen symbolisch dargestellt werden.

Zum besseren Verständnis schreibt ein Erwachsener die Aufgabenstellung mit den Worten der Kinder in das jeweilige Segment.

Als Nächstes zeichnen die Kinder auf einem bunten Fotokartonstück freihand einen etwas größeren Pfeil auf und schneiden diesen aus. Wird mittig am Pfeilende sowie durch die Kreismitte mit einer Prickelnadel jeweils ein Loch gestanzt, kann man den Pfeil mithilfe einer Musterbeutelklammer mit der Scheibe verbinden.

Der Pfeil kann nun gedreht werden und die Kinder platzieren diesen bei der gewünschten Übung. Wer möchte, kann auch den Pfeil mit motivierenden Worten oder Elementen versehen.

Um die Motivation und Ausdauer der Kinder für ihre Bewegungsübung zu steigern, werden kleine Fotokartonstücke mit den Aufschriften „geschafft!“, „super!“ oder „gut gemacht!“ vorbereitet. Diese werden mit Klebstoff an Wäscheklammern fixiert. Haben die Kinder eine Übung geschafft, können sie die Wäscheklammer am Rand der Bewegungsuhr im entsprechenden Segment anklammern.

Soll die Bewegungsuhr aufgehängt werden, einfach mit einer Prickelnadel am Rand ein Loch bohren und ein Wollstück darin verknoten.

Erfahrung

Die Kinder hatten sehr viele kreative Bewegungsvorschläge, welche sie mit Freude und Ausdauer nach dem Gestalten der Bewegungsuhr ausprobieren wollten. *(KW)*

Tipp
So eine Bewegungsuhr mit einfachen, kürzeren Übungen könnte den Kindern auch als Mitmachritual beispielsweise am Morgen angeboten werden, damit sie fit in den Tag starten können.

Zähneputzen ist wichtig

Bastelarbeit

Material

Große Holzkugeln (Kugel Ø 7 cm, Bohrung Ø 2,5 cm), alternativ lufttrocknende Modelliermasse, Rundstab, bunte Acryl- oder Schulmalfarbe, Mosaiksteine, Schmucksteine in Blumenform, Moosgummi, Pailletten, Pinsel, Holzleim, Klebstoff, Heißklebepistole, Schere

So wird's gemacht

Damit die Zähne gesund bleiben, müssen sie täglich geputzt werden. Großen Spaß macht es den Kindern, wenn sie sich einen eigenen, bunten Zahnbürstenständer gestalten dürfen.

Hierzu erhalten die Kinder zwei große Holzkugeln mit einer Bohrung von 2,5 cm. Sie kleben diese so aufeinander, dass die Bohrungen genau übereinander liegen und einen Hohlraum schaffen, der die Zahnbürste im Anschluss daran aufnehmen kann.

Wer keine solch großen Holzkugeln mit großer Bohrung zur Verfügung hat, kann sich diese auch selbst herstellen. Hierzu erhalten die Kinder zwei gleich große Stücke lufttrocknender Modelliermasse und formen daraus zwei gleich große Kugeln.

Nun bohren sie den Rundstab durch die Mitte beider Kugeln und schaffen auf diese Weise eine Öffnung mit einem Durchmesser von etwa 2,5 cm, in der später eine Kinderzahnbürste Platz findet.

Die Kugeln werden zum Trocknen beiseitegelegt und danach so zusammengeklebt, dass die Löcher direkt übereinander liegen und Platz für die Zahnbürste bieten.

Ist alles gut getrocknet und stabil miteinander verbunden, bemalen die Kinder die Kugeln bunt mit Acryl- oder Schulmalfarben ganz nach ihren Vorstellungen.

Dafür können abstrakte Muster, aber auch konkrete Darstellungsmotive, wie beispielsweise Blumen, Schmetterlinge, Sterne u. v. m. zum Einsatz kommen.

Tipp

Der Holzleim sollte beim Verbinden der beiden Kugeln nicht zu sparsam aufgetragen werden und auch vor dem Bemalen über eine längere Zeit (am besten über Nacht) trocknen.

Nachdem die Farbe getrocknet ist, verleihen die Kinder ihrem Zahnbürstenständer noch durch Mosaiksteinchen, Schmucksteine in Blumenform, Pailletten, kleine Sternchen oder ausgeschnittene und aufgeklebte Moosgummielemente ein individuelles Aussehen.

Damit der Zahnbürstenständer stabil steht, benötigt er eine größere Standfläche. Hierzu schneiden die Kinder aus einem Moosgummistück eine Kreisform aus. Dieses Moosgummistück sollte in der Mitte ein Loch aufweisen, damit eventuelle Feuchtigkeit der Zahnbürste ablaufen kann. Nun kann der Moosgummiring von einem Erwachsenen am unteren Ende des Zahnbürstenhalters mit einer Heißklebepistole aufgeklebt werden.

Schon kann die Zahnbürste durch die Lochbohrung des Zahnbürstenständers gesteckt und im Badezimmer oder Waschraum des Kindergartens dekorativ platziert werden. Mit Sicherheit motiviert dieser Hingucker so manches Kind zum Zähneputzen.

Erfahrung

Aus hygienischen Gründen sollten keine tropfnassen Zahnbürsten in den Ständer gestellt werden. Ideal ist es, wenn diese vor der Platzierung im Ständer gründlich abgespült und abgetrocknet werden. (KW)

Altersstufe

ab 3 Jahre

Zeit

Einzelarbeit
ca. 20 Minuten
(ohne Trockenzeit)

2. Meine Gefühle

Kinder erleben ihren Alltag anders als Erwachsene. Die neuen Eindrücke, die täglich auf sie einprasseln, werden äußerst emotional erlebt. Vieles ist aufregend, überraschend, erheiternd und manchmal auch beängstigend. Kinder können diese intensiven Emotionen oft nur schwer einordnen. Deshalb ist es wichtig, mit ihnen über die verschiedenen Gefühle zu sprechen und sie spielerisch darzustellen. Mit einer Stimmungsuhr oder Gefühlepuppen spüren die Kinder nach, wie es ihnen im Moment geht. Bin ich fröhlich, traurig, überrascht, wütend, fühle ich mich einsam oder übergangen und wünsche mir Trost? All das sind Fragen, mit denen man sich im Gespräch und beim kreativen Gestalten befassen kann.

Um andere verstehen zu können, muss man sich zunächst mit sich selbst auseinandersetzen. Im Spiel finden die Kinder heraus, welche Farben sie mögen, welche Gerichte ihnen schmecken und was ihnen generell Freude macht oder ihnen Unbehagen bereitet. Dieses Wissen bietet eine sichere Orientierung und befähigt sie, selbstständig Entscheidungen zu treffen. Wer die eigenen Vorlieben kennt, kann auch mit denen anderer Menschen besser umgehen.

Auch Wünsche oder Ängste wahrzunehmen und zu verbalisieren, ist nicht einfach. Kinderängste, wie die Angst vor dem Monster im Schrank oder vor dem Spott der anderen Kinder, werden von Erwachsenen häufig nicht ernst genommen. Zukunftsträume oder Wünsche nach einem magischen Gegenstand, der sie beschützt oder bestimmte Fähigkeiten verleiht, lassen Rückschlüsse auf die aktuelle Befindlichkeit des Kindes zu. Im Gespräch und im gemeinsamen Tun entstehen viele Sprechanlässe, die es Kindern ermöglichen, zu formulieren, was sie brauchen und sich wünschen. Über die eigenen Ängste zu sprechen, ist wichtig und befreiend. Auf diese Weise machen die Kinder sich ihre Ängste bewusst und sie können sich ihnen stellen und sie bewältigen.

Die eigenen Gefühle, Vorlieben, Wünsche und Ängste zu erkennen und diese in Worte zu fassen macht Kinder stark, sodass sie selbstbewusst mit den Anforderungen des Lebens umgehen können.

Das esse ich gern

Modellierarbeit

Altersstufe

ab 2 Jahre

Zeit

Einzelarbeit
ca. 30 Minuten
(ohne Trockenzeit)

Material

Mehl, Salz, Wasser, Lebensmittelfarben aus dem Backregal, Papiermuffinförmchen, Backofen, Backblech, Backpapier, Modellierhölzchen, ggf. Deckfarben, Supermarktprospekte

So wird's gemacht

Jedes Kind entscheidet sich für ein Nahrungsmittel oder ein Gericht, das es gestalten möchte. Wer sich unsicher ist, wie es aussieht, kann in Supermarktprospekten nach passendem Bildmaterial schauen und sich somit eine geeignete Vorlage zurechtlegen.

Zunächst verkneten die Kinder einen Teil Salz und zwei Teile Mehl mit etwas Wasser zu einem geschmeidigen Teig. Ist dieser zu klebrig geraten, hilft etwas Mehl an den Händen. Ist er zu bröselig, kann ein wenig Wasser Abhilfe schaffen.

Die Masse in mehrere gleich große Stücke aufteilen und mit Lebensmittelfarbe verkneten. Gründliches Kneten ergibt einen gleichmäßigen Farbton, eine kürzere Knetzeit führt zu tollen Marmormustern. Wer möchte, kann auch unterschiedliche Farben hinzugeben, da diese untereinander mischbar sind.

Aus Grundformen, die schon die Kleinsten spontan formen, wie Kügelchen, Wülsten oder flachen Fladen, kann man z. B. Nahrungsmittel wie Nudeln, Würstchen, Brötchen, Äpfel oder Birnen herstellen. Mit spitzen Hölzchen lassen sich Rillen, Linien, Löcher, Punkte einritzen. Eine gelbe Fläche

wird mit roten und grünen Tupfen im Nu zu einer Pizza. Bunte, kleinere Salzteigstücke, die in einem Muffin- oder Pralinenpapier gesammelt werden, stellen kleine Törtchen dar. Die Kinder können hier mit viel Fantasie an die Arbeit gehen. Man sollte lediglich darauf achten, dass die Objekte alle ungefähr gleich groß sind, damit die Trockenzeiten nicht zu unterschiedlich ausfallen.

Die fertigen Objekte auf ein mit Backpapier ausgelegtes Backblech legen und bei niedrigster Stufe im Ofen etwa eine Stunde trocknen.

Achten Sie dabei auf die Einstellung des Backofens: Hohe Temperaturen und lange Backzeiten färben die Objekte braun. Das kann bei ungefärbten Objekten reizvoll aussehen, bei eingefärbter Salzteigmasse werden die Farben durch zu hohe Temperaturen unansehnlich. Mehr als 100 °C sollten deswegen nicht erreicht werden. Senken Sie lieber die Temperatur und lassen Sie die fertigen Objekte dafür länger im Ofen.

Dass die modellierten Elemente aus dem Ofen genommen werden können, erkennt man daran, dass sie hohl klingen, wenn man vorsichtig dagegenklopft. Klingen sie dumpf, müssen sie noch ein wenig länger im Ofen bleiben.

Wer möchte, kann die Modelle nach dem Trocknen noch mit Deckfarben weiter ausgestalten und vereinzelte farbliche Akzente setzen.

Erfahrung

Die Kinder überlegen vor der Gestaltung zunächst, was sie gerne essen und besprechen ihre Vorlieben in der Gruppe. Wird die Frage sehr offen gestellt, werden zumeist kombinierte Gerichte wie Pizza oder Spaghetti genannt. Detailliertere Ergebnisse erhält man, wenn verschiedene Lebensmittelgruppen genannt werden, aus

denen die Kinder das favorisierte Nahrungsmittel auswählen können. Beispielsweise nennen viele Kinder aus dem Bereich Brot und Backwaren Brezeln oder Brötchen. Im Bereich Gemüse werden häufig Karotten oder Essiggurken erwähnt.

Diese Vorbesprechung und das anschließende Spielen mit den hergestellten Objekten ist ideal, um mit den Kindern das Einordnen von Nahrungsmitteln in Lebensmittelkategorien zu üben: Teilen Sie die Salzteigobjekte in Gruppen wie Obst und Gemüse, Süßigkeiten oder Teigwaren ein und überlegen Sie gemeinsam, zu welchen Mahlzeiten und Gelegenheiten man sie verspeist. *(SH)*

Tipp

Wer kleine, flache Salzteigmodelle geformt hat, muss diese nicht im Ofen trocknen. Diese kann man auch einfach an der Luft trocknen lassen. Ideal ist hierfür ein warmer, trockener Ort. Werden die Objekte auf einen Gitterrost gelegt, trocknen sie von allen Seiten gleichmäßig. Mit dieser Methode brauchen die Formen etwa eine Woche, bis sie trocken sind.

Streichelweiche Kuscheltiere

Textilarbeit

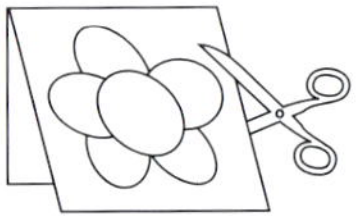

Vorlage siehe Motivbogen

Altersstufe
ab 5 Jahre

Zeit
Einzelarbeit
ca. 40 Minuten

Material

Dünne Pappe, Handarbeitsgarn in unterschiedlichen Farben, bunte Pfeifenputzer, Stickperlen mit einer 1,5-mm-Bohrung, Wackelaugen, Bleistift, Klebstoff, spitze Schere

So wird's gemacht

Kinder mögen bunte Kuscheltiere, die gute Laune verbreiten, so weich sind, dass sie beim Trösten nicht kratzen und klein genug sind, um überallhin mitgenommen zu werden.

Der Körper des Kuscheltiers besteht aus einem Pompon aus Wolle. Um diesen gestalten zu können, benötigen die Kinder je zwei runde Pappscheiben von etwa 6 cm Durchmesser, die einen Innenkreis von etwa 2 cm besitzen. Diese Kreise können mit einem Zirkel oder mithilfe der Vorlage des Motivbogens auf dünne Pappe aufgemalt und ausgeschnitten werden. Soll der Körper des Kuscheltiers größer ausfallen, wird einfach ein größerer Kreis mit etwas größerem Innendurchmesser gewählt.

Die Kinder überlegen nun, welche Farbe ihr Kuscheltier haben soll und wählen die entsprechende Wolle aus.

Nun legen sie ihre beiden Pappringe deckungsgleich übereinander und umwickeln diese mit der Wolle, indem sie einen Wollfaden durch den offenen Innenkreis fädeln, außen um die beiden Pappringe führen und erneut durch den Innenkreis fädeln. So fahren sie fort, bis der ganze Papprand mit Wolle umkleidet ist. Dieser Arbeitsschritt gelingt leichter, wenn ein längerer Wollfaden doppelt gelegt durch die Scheiben gezogen wird. Ist der Wollfaden am Ende angelangt, schneiden die Kinder den nächsten Faden vom Knäuel ab und wickeln weiter.

Je weiter die Kinder wickeln, desto mehr verkleinert sich das innere Loch. Bevor es sich ganz mit Wolle schließt, wird eine spitze Schere zwischen die beiden Pappringe geschoben und die Wollfäden rundum aufgeschnitten. Dieser Arbeitsschritt kann von einem Erwachsenen übernommen werden.

Nun schieben die Kinder beide Pappringe vorsichtig auseinander und legen einen doppelten Wollfaden dazwischen. Dieser Faden wird nun fest angezogen und die

Enden verknotet, wodurch die einzelnen Wollfäden in der Mitte fixiert werden. Die überstehenden Enden können später gleich zum Aufhängen benutzt werden.

Die Pappringe werden jetzt durchgeschnitten und der so entstandene Pompon herausgezogen.

Aus einem etwa 20 cm langen, farblich zur Wolle passenden Pfeifenputzer entstehen die Beine des Kuscheltiers. Mit etwas Mühe lässt sich der Pfeifenputzer direkt durch die Mitte des Pompons schieben, sodass die Beine rechts und links herausschauen. Anschließend biegen die Kinder diese Beine in Form und achten dabei darauf, dass der Faden zum Aufhängen oben liegt.

An den Enden der Pfeifenputzer fädeln die Kinder jeweils zwei farblich passende Perlen so weit auf, dass das Ende des Pfeifenputzers noch umgebogen werden kann und die Perlen nicht herausrutschen. Danach wählen die Kinder Wackelaugen aus und kleben diese in den Pompon. Mit einem roten Stück Pfeifenputzer, passend gebogen und aufgeklebt, entsteht der Mund – fertig ist ein selbst gemachtes Kuscheltier.

Tipp

Kinder lieben Märchen. Erfinden Sie doch mit den Kindern zusammen, wie dieses kuschelige Wesen heißen könnte. Ob es möglicherweise Zauberkräfte hat? Wo kommt es wohl her? Stammt es vielleicht von einem anderen Stern, hat es sich im Wald verlaufen, ist es über das Meer hergeschwommen, über Berge geklettert oder gar viele tausend Kilometer weit bis zu den Kindern geflogen?

Erfahrung

Die Pappscheiben stellten wir den Kindern bereits vorgefertigt zur Verfügung, da sich auch jüngere Kinder beteiligen wollten.

An diesen Figuren hatten sie sehr viel Spaß. Die Kuscheltiere wurden als Glücksbringer verschenkt oder an Rucksäcke und Taschen gehängt. *(HT)*

Wandschmuck in meinen Lieblingsfarben

Gestaltungsarbeit

Altersstufe
ab 2 Jahre

Zeit
Einzelarbeit
ca. 20 Minuten
(ohne Trockenzeit)

Material

Alufolie, vorgefertigte runde oder eckige Passepartouts, ggf. Fotokarton, bunte Fingerfarbe, Streuglitter, Silberdraht, Perlen mit Bohrung, Locher, Mischpalette, ggf. Bleistift, Klebstoff, Schere

So wird's gemacht

Auf selbst gestaltete Bilder sind Kinder immer besonders stolz. Wenn diese dann auch noch mit den Lieblingsfarben versehen wurden, entsteht ein ganz individuelles Werk.

Dieser dekorative Wandschmuck lässt sich schon mit den Jüngsten leicht herstellen, da die Technik einfach umzusetzen ist.

Die Kinder arbeiten mit einem ungefähr 40 cm großen Stück Alufolie, das vor ihnen auf dem Tisch liegt. Zeitungspapier als Unterlage und ein Malerkittel schützen den Arbeitsplatz sowie die Kleidung.

Die verschiedenen Fingerfarben werden in die einzelnen Näpfe einer Palette gegeben und stehen bereit. Die Kinder überlegen, welche Farben sie gerne mögen und hier verwenden möchten.

Sie nehmen mit den Fingern die gewünschten Farben auf und verteilen diese großzügig auf der Folie, die danach von einem Erwachsenen zusammengeklappt wird.

Mit zuvor gesäuberten Händen streichen die Kinder nun wieder über diese gefaltete Folie und verteilen so im Inneren die zuvor aufgetragene Farbe.

Nun wird die Folie vorsichtig auseinandergezogen und wieder aufgeklappt. Mit dieser Technik entstehen wunderschöne und interessante Farbstrukturen, die auf der glänzenden Alufolie einen besonderen Effekt erzielen. Diese Wirkung wird verstärkt, indem die Kinder in die noch feuchte Farbe etwas Glitter streuen.

Die Passepartouts können weiß bleiben oder ebenfalls mit Farbe versehen werden. Es ist allerdings ratsam, die farbliche Verzierung nicht zu dominant zu gestalten, da ansonsten das Folienbild an Wirkung verlieren würde. Sehr schön passt ein hellgrauer Rahmen dazu, der den Farbton der Alufolie aufgreift und das Bild dezent einrahmt.

Nachdem die Folienbilder und gegebenenfalls auch das bemalte Passepartout getrocknet sind, wird das Passepartout von hinten an den Rändern mit etwas Klebstoff versehen und direkt auf den gewünschten Bildausschnitt geklebt. Überstehende Ränder schneiden die Kinder rundum ab oder klappen die Folie einfach nach hinten um.

Mit einem Locher stanzen sie anschließend oben in das Passepartout ein Loch und befestigen ein ungefähr 30 cm langes Stück Draht daran. Nun können einige Perlen auf

den Draht gefädelt werden. Dessen Ende wird so verbogen, dass die Perlen nicht mehr herausrutschen können. Der dekorative Wandschmuck kann nun aufgehängt werden.

Da diese Bilder direkt an der Wand hängen, muss man die Rückseite nicht unbedingt abdecken. Wer die Rückseite kaschieren möchte, kann das Passepartout auf einen farblich passenden Fotokarton legen, mit einem Bleistift umfahren und ausschneiden. Diese Rückwand wird nun direkt auf die Folie geklebt und während des Trockenvorgangs mit einem dicken Buch beschwert. So ist das Wandbild von vorn und hinten attraktiv. Wer möchte, kann auf der Rückseite noch einen Wunsch für den Beschenkten, den eigenen Namen oder das Entstehungsdatum notieren.

Wer diese Folienbilder frei im Raum aufhängen möchte, gestaltet einfach zwei solcher Bilder und klebt sie Rücken an Rücken zusammen. So können sie an der Decke, einer Lampe oder am Fenster aufgehängt werden und schwingen bei jedem Lufthauch leicht hin und her.

Erfahrung

Bei der Herstellung der Folienbilder konnten sogar sehr junge Kinder problemlos mitmachen und arbeiteten mit viel Freude mit. Das Auftragen des Glitters hat sich mit Dosen, die mit einer Streuklappe und unterschiedlichen Öffnungen ausgestattet sind, bewährt. So konnte der Glitter dosiert aufgetragen werden.

Hilfestellung war bei der Weiterverarbeitung der Folienbilder bei den Jüngsten nötig. Ein Erwachsener oder ältere Kinder halfen bei den verschiedenen Arbeitsschritten, wie zum Beispiel beim Anbringen des Drahtes oder beim Auffädeln der Perlen. *(HT)*

Tipp

Die Farben können auch mit einem Schwamm, einem Pinsel oder direkt aus der Flasche auftragen werden, dann entfällt die Säuberung der Hände zwischen den Arbeitsschritten.
Diese Technik ist auch unter „Decalcomanie“ (franz. Abziehbild) bekannt.

Mein Lieblingsduft

Bastelarbeit

Material

Plastikschachteln mit Deckel, bunter Fotokarton, 3-D-Liner, Duftmaterialien (z. B. getrocknete Lavendelblüten, getrocknete Gewürze), Lackmaler, Klebstoff, Schere, ggf. Föhn

Altersstufe

ab 4 Jahre

Zeit

Einzelarbeit
ca. 40 Minuten
(ohne Trockenzeit)

So wird's gemacht

Zunächst entscheiden die Kinder, ob sie eine Duftschachtel für sich selbst herstellen oder ob sie diese verschenken möchten.

Soll die Schachtel für den eigenen Gebrauch bestimmt sein, schnuppern die Kinder an den Duftmaterialien und finden heraus, welcher Duft ihnen am meisten zusagt. Möchten sie die Schachtel für einen Freund oder eine Freundin gestalten, muss das jeweilige Kind zu seiner Meinung befragt werden.

Auf diese Weise entsteht eine rege Diskussion rund um Düfte und die eigene Wahrnehmung und Einschätzung der verschiedenen Aromen.

Danach machen sich die Kinder an die Gestaltung der Schachtel. Besonders interessant sieht es aus, wenn diese an den Außenseiten mit bunter Farbe mit 3-D-Effekt gestaltet wird. Auf diese Weise können bunte Linien, Punkte, Wellen, Blumen, Herzen, eine Sonne etc. auf die Schachtel gemalt werden.

Auch Wörter wie „Für dich!", „Das mag ich!" oder „Lieblingsduft" lassen sich mit Lackmalern sehr gut an den Außenseiten der Schachtel anbringen.

Tipp

Wenn sich die Kinder für Kräuterinhalte entscheiden, sollten diese im Vorfeld gemörsert werden. So lassen sich die Kräuter gut in kleinen Behältnissen unterbringen und auch ihr Duft entfaltet sich besser.

Danach muss die aufgetragene 3-D-Farbe über Nacht trocknen. Wenn es schneller gehen soll, kann diese auch mit einem Föhn getrocknet werden.

Nach dem Trocknen kann die besondere Schachtel mit duftendem Inhalt gefüllt werden. Dafür können sowohl getrocknete Blüten wie Lavendel, Rosen als auch getrocknete Kräuter wie beispielsweise Thymian, Zitronenmelisse oder Basilikum verwendet werden.

Kleine ausgeschnittene Motive aus Fotokarton, wie beispielsweise Herzen, Blumen, Schmetterlinge, werden mit kurzen Grüßen oder auch mit dem Namen des Duftinhalts beschriftet und ebenfalls in die Schachtel gelegt. Wer möchte, kann aufgeschriebene Grüße an seine Freunde oder eine andere Beschriftung auf einem Fotokartonstück anbringen und an der Innenseite des Deckels mit Klebstoff fixieren.

Diese besondere Schachtel bietet jedes Mal beim Öffnen ein wahres Dufterlebnis.

Erfahrung

Schachteln, die keinen Schraubverschluss haben, sollte man mit einem Geschenk- oder einem Gummiband zusätzlich verschließen. *(KW)*

Freunde-Domino

Mal- und Bastelarbeit

Material

Weißes Papier (DIN A4), buntes Tonpapier, Buntstifte, Fasermaler, große, bunte Büroklammern, Locher, Laminiergerät, Laminierfolie, Klebstoff, Schere

So wird's gemacht

Kinder lieben Dominospiele. Wenn sie sich eines gestalten, bei dem sie und ihre Freunde in den Mittelpunkt rücken, macht das Gestalten und Spielen besonders großen Spaß.

Als Vorbereitung werden weiße Blätter im DIN-A4-Format der Länge nach in der Mitte gefaltet. Da auf jedem Blatt zwei Kinder Platz finden, werden halb so viele Blätter, wie Kinder in der Gruppe sind, benötigt.

Um das Blatt für die Kinder optisch deutlicher zu trennen, kann man Trennlinien aus buntem Tonpapier herstellen. Hierzu einfach aus buntem Tonpapier einen ca. 2 cm breiten Streifen ausschneiden und in die Mitte des Blattes kleben. Die Länge des Streifens orientiert sich an der Breite des Blattes.

Nun stehen den Kindern die vorbereiteten Blatthälften zum Gestalten zur Verfügung. Sie legen die Blätter quer vor sich und können nun ganz nach Belieben mit Buntstiften oder Fasermalern ihr Selbstporträt in eine Blatthälfte malen. Jedes Blatt mit zwei gemalten Kindern stellt nun einen Dominostein dar.

Nachdem sich jedes Kind auf einer Blatthälfte abgebildet hat, werden bunte Rechtecke aus Tonpapier in jeweils doppelter Ausführung vorbereitet. Ebenso benötigt man große, bunte Büroklammern in denselben Farben.

Bei der Auswahl der bunten Rechtecke für die Spielkarten ist es wichtig zu beachten, dass jede Farbe immer doppelt vorkommt. Nur so ist gewährleistet, dass man die Dominokarten auch wirklich anlegen kann.
Die Rechtecke werden nun mit Klebstoff rechts und links an den Schmalseiten der Dominosteine aufgeklebt. Wer möchte, kann darauf auch seinen Namen schreiben.

Hat jedes Blatt, also jeder Dominostein, rechts und links ein buntes Rechteck erhalten, können die Blätter laminiert werden. Auf diese Weise erhalten sie eine höhere Stabilität.

Danach stanzt man mit einem Locher in der Mitte der bunten Rechtecke ein Loch und fädelt eine farblich passende Büroklammer hindurch.

Schon ist das Riesen- Dominospiel einsatzbereit.
Die Spielregeln ähneln denen des herkömmlichen Dominospiels. Während beim Spieleklassiker identische Mengen verbunden werden, sind hier passende Farben gefragt.

Erfahrung

Die Größe der Spielkarten hatte für viele Kinder einen besonderen Aufforderungscharakter. Besonders viel Freude bereitete es ihnen, die riesige Freunde-Dominokette im Anschluss quer über den Gruppenraum an einer Schnur aufzuhängen. Das Zusammenhängen der Spielkarten durch die Büroklammern erforderte von den Kindern auch feinmotorisches Geschick. Jüngere Kinder brauchten hierbei manchmal Unterstützung. *(KW)*

Das mag ich

Altersstufe
ab 3 Jahre

Zeit
Gruppenarbeit
ca. 40 Minuten

Gefühle-Spielpuppen

Mal- und Bastelarbeit

Altersstufe
ab 4 Jahre

Zeit
Einzelarbeit
ca. 30 Minuten

Material

Weißer Fotokarton, Wachsmalkreiden oder dicke Buntstifte, Stoffreste, Kordeln, Knöpfe, Bänder, Wollreste, Rundstab (40–50 cm lang), Klebstoff, Klebefilm, Schere, ggf. Motivschere

So wird's gemacht

Besprechen Sie vor Beginn der Arbeit mit den Kindern, wie sie sich im Moment fühlen. Anschließend können im Gespräch weitere Situationen erörtert werden, die unterschiedliche Gefühle hervorrufen.

Es werden Begebenheiten oder Anlässe gefunden, die uns traurig, froh, neugierig oder wütend machen. Diese Gefühle werden zunächst besprochen und von den Kindern szenisch dargestellt. Dabei erkennen sie, dass sie je nach Stimmung einen anderen Gesichtsausdruck und auch eine andere Körperhaltung einnehmen und dass unser körperlicher Ausdruck unsere Gefühle widerspiegelt.

In diesem Zusammenhang kann auch besprochen werden, wie das auf unser Gegenüber wirkt. Dieser Perspektivenwechsel fördert die Empathie der Kinder und sie lernen spielerisch, die Verfassung ihrer Mitmenschen wahrzunehmen und zuzuordnen.

Nun machen sich die Kinder daran, nach Wunsch ihre eigene Spielpuppe zu gestalten. Sie überlegen zunächst, welche Stimmung sie zeigen möchten und vergegenwärtigen sich die passende Körperhaltung dazu. Soll eine traurige Figur dargestellt werden, kann dies zusätzlich durch hängende Schultern und einen gesenkten Kopf verdeutlicht werden. Ärger kann sich durch geballte Fäuste und das wütende Aufstampfen mit dem Fuß zeigen. Schreck wird durch angewinkelte, leicht angehobene Arme gezeigt und Freude kann körpersprachlich durch in die Luft geworfene Arme verstärkt werden.

Im Anschluss an diese Überlegungen malen sie die Figur ihrer Puppe freihand mit Kopf, Körper, Arme und Füßen auf Fotokarton und schneiden sie aus.

Nun werden die Gesichtszüge eingezeichnet. Dabei wird je nach Wunsch ein bestimmter Gesichtsausdruck (Wut, Trauer, Angst, Freude) thematisiert. Hier kann ein Erwachsener Tipps und Hilfestellung geben, wie die gewünschte Mimik wirkungsvoll durch Augen, Augenbrauen und Mund dargestellt werden kann. Ein weit geöffneter, lachender Mund wirkt fröhlich, ein runder Mund und aufgerissene

Augen stellen Erschrecken dar. Soll eine wütende Figur symbolisiert werden, unterstreichen nach unten gezogene Mundwinkel mit eingezeichneten Zähnen sowie zusammengekniffene Augen mit schräg gestellten Augenbrauen diese Stimmung. Ein trauriges Gesicht entsteht durch nach unten gebogene Augen und einen traurigen Mund, der nur aus einem dünnen Strich besteht. Auch Tränen können aufgemalt werden.

Aus Wollresten entstehen die Haare. Auch beim Aufkleben der Haare können verschiedene Gefühlsregungen zusätzlich verstärkend dargestellt werden. So stehen einer Figur die „Haare zu Berge", bei einer anderen hängen die Haare traurig herunter.

Aus Stoffresten wird anschließend der Körper ausgeschnitten und aufgeklebt. Bei der Farbauswahl können auch hier die jeweiligen Gefühlsregungen unterstrichen werden. So wirken z. B. triste, dunkle Farben eher traurig, helle Farben und fröhliche Muster heben dagegen die Stimmung und haben eine heitere Wirkung.

Sehr schön wirkt es, wenn die Kleider mit einer Motivschere ausgeschnitten werden. Auch Bänder, Knöpfe, Kordeln, Spitzenbänder etc. können verzierend angebracht werden.

Nachdem die Kinder alle Einzelteile ausgeschnitten haben, werden diese auf dem Fotokarton angeordnet und festgeklebt.

Sind alle Einzelteile fest fixiert, kleben die Kinder den Rundstab an der Rückseite der Figur fest und fixieren diesen mit einigen Streifen Klebefilm. Und schon können die Stimmungspuppen bei einem kleinen Tischtheater zum Einsatz kommen.

Erfahrung

Mit diesen Stabfiguren entwickelten sich fantasievolle, unterschiedliche Rollenspiele.
Auch Streitgespräche ließen sich mit diesen Puppen gut darstellen, was die Kinder dazu veranlasste, sich zu überlegen, wodurch Streit entsteht und wie man diesen wieder schlichten kann.

Beim Ausschneiden der Figuren aus dem festen Tonkarton und beim Aufzeichnen des jeweiligen Gesichtsausdruckes wünschten sich einige Kinder Hilfestellung.

Der Haltestab kann für einen noch stabileren Halt mit Heißkleber befestigt werden. *(HT)*

Tipp

Sollte ein Spiegel in der Nähe sein, lassen Sie die Kinder bei der Darstellung von Gefühlen sich selbst mit ihrer jeweiligen Gestik und Mimik darin beobachten. Sehr interessant ist es auch, die gespielten Szenen mit einer Videokamera aufzunehmen.

Stimmungsuhr

Bastelarbeit

Material

Weißer Fotokarton (DIN A3), bunter Tonkarton (DIN A4), weißes Papier, Bleistift, Hologrammfolie, Glitter, Weihnachtsgirlande, Schnur, Lochzange, Musterbeutelklammer, Kamera, Stimmungsfotos der Kinder, Klebstoff, Klebefilm, Schere

Altersstufe

ab 2 Jahre

Zeit

Einzelarbeit/ Gruppenarbeit
ca. 70 Minuten

So wird's gemacht

Die Kinder setzen sich zusammen und fühlen in sich hinein. Wie fühle ich mich im Moment? Im Anschluss daran besprechen sie die unterschiedlichen Gefühle, die sie kennen. Wie fühle ich mich, wenn ich Geburtstag habe und ein Geschenk vor mir liegt, das ich gleich auspacken darf? Wie geht es mir, wenn ich gerade hingefallen bin und mein Knie blutet? Wie geht es mir, wenn ich in den dunklen Keller muss oder nachts aufwache und seltsame Geräusche höre? Wie empfinde ich, wenn mich jemand ärgert oder verspottet?

In der Regel konzentrieren sich die Kinder auf vier Empfindungen: Freude, Traurigkeit, Angst und Wut. Spielen Sie mit den Kindern diese verschiedenen Stimmungen in unterschiedlichen Szenen nach und machen ausdrucksstarke Einzelaufnahmen der vier verschiedenen Gefühlszustände. Im Anschluss daran drucken Sie die vier Bilder direkt aus oder besuchen in Begleitung der Fotomodelle eine Fotoshop-Box, z. B. in einem Drogeriemarkt.

Danach wählen die Kinder vier Farben zu ihren Stimmungen aus und erhalten in jeder Farbe ein Tonkartonstück (ca. 15 x 20 cm).

Diese vier Tonkartonstücke kleben sie neben- und untereinander auf den weißen Fotokartonbogen, sodass das Format gefüllt ist.

Freihand malen die Kinder nun mit Bleistift einen Kreis oder ein Oval auf das mit vier Farben beklebte Blatt und schneiden die Umrissform aus.

Nun wird ein Pfeil benötigt. Dieser wird in ausreichender Größe auf einen Fotokartonbogen in der gewünschten Farbe gemalt und nach Wunsch mit Glitter verziert. Anschließend wird der Pfeil am unteren Ende und die Uhr in der Mitte der vier Segmente gelocht. Danach kann der Pfeil mit einer Musterbeutelklammer in der Mitte der Uhr befestigt werden.

Jetzt werden die vier Stimmungsfotos mittig auf das jeweils ausgewählte Kreisviertel geklebt. Die Stimmung wird nochmals benannt und ein Erwachsener klebt die Wörter „wütend", „fröhlich", „ängstlich" oder „traurig" passend dazu unter die Fotos. Wer andere Stimmungen gewählt hat, passt die Wörter entsprechend an.

Damit die einzelnen Kreisviertel gut an der Unterlage festkleben und sich durch das Drehen des Pfeils nicht lösen, ist es ratsam, alle Kanten mit Klebefilm nochmals zu umkleben und somit zu fixieren.

Mithilfe einer Lochzange und einer Schnur kann ein Aufhänger am oberen Uhrenrand befestigt werden. Weil Gefühle immer einen besonderen Platz erhalten und geehrt werden sollten, gestalten die Kinder den Uhrenrand zum Schluss besonders aufwendig mit Hologrammfolie oder mit einer Weihnachtsgirlande.

Die Stimmungsuhr kann für jedes Kind separat angefertigt, aber auch als eine große Uhr für den Gruppenraum gestaltet werden. Wenn jedes Kind seine eigene Uhr mit seinen Mimikfotos zur Verfügung hat, hat es den Vorteil, dass es seine eigene Stimmung immer wieder neu erfühlen und auf der Uhr einstellen kann. Vor allem schüchterne Kinder, die ungern im Mittelpunkt stehen, tun sich auf diese Weise leichter, ihre Gefühle zum Ausdruck zu bringen.

Auch ein anschließendes Gespräch über den Grund der jeweils vorherrschenden Stimmung trägt dazu bei, dass die Kinder ihre Gefühle intensiver wahrnehmen, in Worte fassen und damit umgehen können.

Großen Spaß macht den Kindern auch folgendes Spiel: Zwei Kinder sitzen einander gegenüber und stellen mimisch eines der vier Gefühle dar. Das andere Kind vergleicht die Gesichtsausdrücke mit den auf der Uhr befestigten Fotos und dreht den Zeiger in die entsprechende Richtung. Hat es das Gefühl seines Gegenübers richtig erkannt?

Erfahrung

Einige Kinder wollten gern einen „richtigen" Kreis und kein Oval als Form für ihre Uhr haben. Manche Kinder wollten ihren Kreis mit einem Zirkel zeichnen, andere zeichneten die Kreisform mit einem an einem Band befestigten Stift. Hierbei hält ein Erwachsener das gestreckte Band in der Kreismitte fest und das Kind malt einen Kreis, indem es den Stift mit dem Band einmal im Kreis herumführt. *(MF)*

Tipp

Gefühle werden in der Literatur häufig in vier Grundgefühle einsortiert: Freude, Trauer, Wut und Angst. Weitere Gefühle wie z. B. Eifersucht oder Liebe können in die Grundgefühle sortiert werden. Sammeln Sie mit den Kindern Gefühlszustände und ordnen diese den Grundgefühlen zu. Wichtig hierbei ist, dass die Gefühle nicht bewertet werden oder in gute und schlechte Gefühle aufgeteilt werden. Jedes Gefühl ist wichtig, sollte seinen Platz bekommen und ernst genommen werden.

Altersstufe
ab 5 Jahre

Zeit
Einzelarbeit
ca. 20 Minuten
(pro Sprechblase)
Gruppenarbeit
Baum:
ca. 15 Minuten

Sprechblasen
Bastelarbeit

Material
Transparente Plastikkugeln zum Zusammenstecken (Ø ca. 12 cm), bunter Fotokarton, Krepppapier, Pappröhre, Aludraht, großes Gurkenglas, Steine, Buntstifte, Lackmaler, bunte Acrylfarbe, Rundzange, Wäscheklammern, Pinsel, Klebstoff, Heißklebepistole, Schere

So wird's gemacht
Manchmal kann man Gefühle, Gedanken oder Wünsche nicht durch die gesprochene Sprache zum Ausdruck bringen. Diese Sprechblasen helfen dabei, sich dennoch erfolgreich mitzuteilen.

Sprechblasen: Zunächst bemalen die Kinder mit Lackmalern die Plastikkugeln mit dem gewünschten Muster.

Sie überlegen dann, welche Nachricht sie in ihrer Sprechblase verpacken möchten. Beispielsweise eine Frage, eine Freundschaftsbotschaft oder einen wichtigen Hinweis.

Nun malen oder schreiben sie ihre Botschaften auf ein Fotokartonstück. Sie malen zum Beispiel einen Blumenstrauß oder eine Sonne, wenn sie jemandem eine Freude machen möchten. Suchen sie einen Spielpartner für ein Spiel, malen sie eine Spielkarte, einen Dominostein oder einen Ball auf, legen das Fotokartonstück mit dem gemalten Bild in die Sprechblase hinein und verschließen das Ganze.

Nun ein Stück Aludraht (ca. 15 cm lang) durch die Aufhängevorrichtung der Plastikkugel hindurchstecken, zu einer Schlinge biegen und die Enden ineinander verdrehen.

An einer Hälfte der Plastikkugel wird nun mit Klebstoff ein Krepppapierstreifen angebracht und der Name des Kindes notiert, das die Sprechblase gestaltet hat. Des Weiteren wird auch der Name des Empfängerkindes oder eine Kopie des Garderobenzeichens auf einem zweiten Fotokartonstück notiert. Diese Namenskärtchen lassen sich mit Wäscheklammern ganz einfach am Krepppapierstreifen befestigen.

Sprechblasenbaum: Für diesen benötigt man eine längere Pappröhre (beispielsweise von Geschenkpapier). An einem Ende der Röhre befestigen die Kinder mit Klebstoff einen Krepppapierstreifen und wickeln diesen straff um die Röhre herum. Ist dieser komplett aufgewickelt, wird das zweite Ende an der Pappröhre festgeklebt.

Ein Erwachsener bereitet mehrere Aludrahtstücke (20 cm lang) vor und biegt ein Ende jeweils mit der Rundzange zu einem Ring im Durchmesser der Röhre. Nun schieben die Kinder die Drahtringe auf die Pappröhre und drücken den Draht zusätzlich etwas ein, sodass dieser nicht verrutschen kann. Die freien Enden werden zu Haken oder Ösen gebogen.

Auf diese Weise können beliebig viele Drahtstücke, die als Aufhängevorrichtung für die Sprechblasen dienen, an der Röhre angebracht werden.

Zuletzt wird die Pappröhre in ein Gurkenglas gesteckt. Damit dieses stabiler steht, kann man kleine Steine in das Glas legen. Wird das Gurkenglas zusätzlich mit Acrylfarbe und Lackmalern, beispielsweise mit der Aufschrift „Sprechblasenbaum" gestaltet, erkennt jeder sofort, wofür diese Konstruktion gedacht ist.

Erfahrung
Jüngere Kinder malten ihre Nachrichten nur auf bunte Fotokartonstücke. Nachdem die Kartonteile gelocht wurden, hängten die Kinder diese mit einem bunten Band am Baum auf. *(KW)*

Kleine Trösterchen

Textilarbeit

Material

Filz-Eierwärmer, bunte Märchenwolle, Filznadeln (mittlere Stärke), Schaumstoff (ca. 5 cm dick) als Unterlage, Schere

So wird's gemacht

Manchmal braucht man einfach etwas Trost. Diese weichen Trösterchen sind schnell hergestellt und bei Bedarf helfend zur Stelle.

In die Eierwärmer, die aus stabilem Textilfilz bestehen, werden passend zurechtgeschnittene Schaumstoffstücke gesteckt. Da beim Trockenfilzen die Filznadeln bei jedem Stich weit durch die Wolle und den Textilfilz gestochen werden, ist diese Schaumstoffunterlage, die die Stiche auffängt, äußerst wichtig. Dadurch verringert sich die Gefahr, die Nadel in den Finger oder in die Hand zu stechen. Außerdem verbiegen sich die Filznadeln auf diese Weise weniger und brechen nicht so schnell ab.

Für das Trösterchen suchen sich die Kinder ein kleines Büschel Märchenwolle in der gewünschten Farbe aus, zupfen die Wolle in eine runde oder ovale Form und legen das Stück flach auf den Eierwärmer. Die Ränder werden umgeschlagen und in die gewünschte Wolkenform gelegt.

Mit der Filznadel stechen sie nun vorsichtig und gleichmäßig durch die Wolle und den Textilfilz, so verbinden sich beide Materialien fest miteinander. Die Nadel sollte so weit eingestochen werden, dass alle Widerhaken in der Wolle sind. Je länger die Kinder die Form mit der Nadel filzen, desto fester und haltbarer werden die Wollfasern ineinandergeschoben und miteinander verfilzt.

Sollte die Wolle einmal nicht ausreichen, so kann problemlos ein zusätzliches Stück aufgefilzt werden. Dazu einfach auf die durchscheinende Stelle ein weiteres Stück Wolle legen und durch mehrmaliges Einstechen mit der Filznadel befestigen.

Überschüssige Wolle wird einfach weggezupft oder in Falten eingeschlagen und festgefilzt. Die sichtbaren Löcher, die durch die Nadeln entstehen, verschwinden sehr schnell, wenn man mit dem Finger vorsichtig darüberstreicht.

Sind die Kinder mit der Form der aufgefilzten Wolke zufrieden, wird das Gesicht ausgestaltet.

Aus dunklerer Märchenwolle drehen sie kleine Kugeln für die Augen und befestigen diese mit einigen Nadelstichen an der Wolke. Der Mund entsteht anschließend aus einem kleinen Strang gedrehter, roter Wolle und wird an der entsprechenden Stelle am Gesicht aufgefilzt – fertig ist das Trösterchen!

Erfahrung

Zu Beginn dieser Arbeit mussten die Kinder noch den richtigen Umgang mit den Filznadeln lernen. Sie übten dabei, ihren Krafteinsatz zu dosieren und die Filznadeln immer gerade zu führen, da sie sich sonst leicht verbiegen oder abbrechen können.

Trotz des sorgfältigen Umgangs zerbrechen immer wieder Nadeln, deswegen ist es ratsam, Ersatznadeln bereitzuhalten.
Eine große Hilfe bei jüngeren Kindern war ein Filznadelhalter, in den ein oder mehrere Nadeln gesteckt werden können. *(HT)*

Altersstufe
ab 5 Jahre

Zeit
Einzelarbeit
ca. 20 Minuten

Ich bin überrascht

Mal- und Bastelarbeit

Altersstufe
ab 3 Jahre

Zeit
Einzelarbeit
ca. 45 Minuten
(ohne Trockenzeit)

Material

Kartonboxen mit Deckel, weißer Fotokarton, bunte Acryl- oder Deckfarben, Schmuck- und Mosaiksteine, Bastelfedern, bunte Bänder, Glitzerfolie, Moosgummidekorstücke, Musterbeutelklammern, Prickelnadel, Pinsel, Buntstifte, Schere

So wird's gemacht

Im Vorfeld überlegen die Kinder im Zuge eines Gesprächs, wie es sich anfühlt, wenn man mit Spannung auf eine Überraschung wartet und sich im Anschluss auch darüber freut.

Diese Gefühlszustände, Spannung und Freude, werden an der Vorder- und an der Rückseite eines weißen Fotokartonstücks mit Buntstiften dargestellt. Wörter oder Zeichen, wie beispielsweise Fragezeichen oder die Aufschrift „Hurra!", unterstreichen die zeichnerisch dargestellten Gefühle.

Die Kinder falten den unteren Rand des Fotokartons nun etwa 1 cm nach innen und bohren durch die Mitte der gefalteten Fläche mit einer Prickelnadel ein Loch.

Als Nächstes bemalen sie die Kartonbox an den Außenseiten mit Acryl- oder Deckfarben ganz nach ihren Vorstellungen und legen sie zum Trocknen beiseite.

Um der Überraschungsbox ein ansprechendes Äußeres zu verleihen, kann diese anschließend mit verschiedensten Schmuckutensilien, wie beispielsweise aufgeklebten Maschen aus bunten Bändern, Moosgummidekor, Glitzerfolienstücken, Bastelfedern, Mosaiksteinen etc. verziert werden.

Zuletzt wird durch die Mitte des Schachteldeckels mit einer Prickelnadel ein Loch gebohrt und das Fotokartonstück mit dem aufgemalten Selbstbildnis der Kinder an der durchbohrten Stelle durch eine Musterbeutelklammer mit dem Deckel verbunden.

Nun kann man das Fotokartonstück am Deckel nach Herzenslust drehen und das aufgemalte Männchen je nach Stimmung entweder gespannt oder freudig zu sich drehen.

Erfahrung

Mit dieser Schachtel entwickelten manche Kinder ein wahres Überraschungs-Versteckspiel, indem sie gezielt überlegten, womit sie ihrem Geschenkempfänger eine Freude bereiten können. Manche Kinder spielten vor dem Öffnen der Schachtel ein Ratespiel zu deren Inhalt. *(KW)*

Ich fühle mich nicht mehr einsam

Modellierarbeit

Material

Lufttrocknende Modelliermasse (z. B. FIMO air light), Fotokarton, Klettverschlussband (etwa 2–3 cm pro Figur), Teppichrest oder Fußmatte, bunte Deckfarbe, Buntstifte, Fasermaler, Pinsel, Klebstoff, Schere

So wird's gemacht

Zunächst wird besprochen, wie es sich anfühlt, allein zu sein, niemanden zum Spielen oder Lachen zu haben. Die Kinder stellen sich vor, wie es wäre, wenn sie alleine auf einem Spielplatz wären. Dann überlegen sie, wie sich die Situation ändert, wenn weitere Kinder auf den Spielplatz kommen, die man mag und mit denen man spielen kann. Diesen Wechsel der Situation stellen die Kinder nun in der folgenden Anregung dar.

Jedes Kind erhält etwas Modelliermasse und knetet eine Figur von ungefähr 8 cm Größe. Diese sollte nicht zu dick ausfallen und eine flache Rückseite aufweisen, da dort später ein Stück Klettband aufgeklebt wird. Eine flache Rückseite erhält man, wenn die Modellierform flach auf der Unterlage aufgedrückt und nur die Vorderseite plastisch geformt wird.

Nach einer Trockenzeit von einigen Tagen werden die Figuren mit Deckfarben bunt bemalt. Auf die Rückseite der Figuren werden 2–3 cm lange Abschnitte der „klettenden Seite" eines Klettbandes aufgeklebt.

Nun wird die Spielumgebung gestaltet. Die Kinder malen auf Fotokarton Häuser, Bäume, Spielgeräte eines Spielplatzes, Wege etc. vor und schneiden sie aus. Diese Elemente können ebenfalls auf der Rückseite mit einem Klettbandstück versehen werden.

Die Kinder erhalten ein Teppichstück, eine Fußmatte oder eine andere Unterlage, auf der die Klettverschlüsse gut haften, und ordnen zunächst ihre Landschaft an. Wer die Fotokartonstücke mit den Landschaftselementen nicht mit Klettband versehen möchte, kann diese auch aufkleben und somit fest fixieren.

Nun beginnen die Kinder, die ursprünglich besprochene Situation mit den Figuren aus Modelliermasse nachzuspielen. Ein Kind kommt alleine auf den Spielplatz. Wie fühlt es sich, was sagt es, was denkt es wohl? Nach und nach kommen weitere Kinder dazu, es entstehen Gespräche und verschiedene Spiele. Durch den Klettverschluss auf der Rückseite können die Figuren immer wieder neu gruppiert werden. Dies bietet verschiedene Sprechanlässe. Wo bin ich? Wo sind die anderen? Wer ist mein bester Freund? Mit wem spiele ich oft? Wen kenne ich nicht so gut?

Erfahrung

In gut sortierten Kurzwarensortimenten gibt es selbstklebendes Klettband. Klettband ohne Klebebeschichtung kann mit Klebstoff aufgeklebt werden.

Kinder neigen dazu, menschliche Figuren aus einzelnen Teilen (Kugeln für Kopf und Bauch, Würstchen für Arme) zusammenzusetzen. Bei herkömmlicher Knetmasse ist das kein Problem, aber bei den besonders leichten Modelliermassen hat sich gezeigt, dass solche Konstruktionen oft beim Trocknen auseinanderfallen. Besser ist es, die Figuren aus einem Stück zu fertigen, z. B. eine länglich-ovale Grundform zu wählen und durch Einschnitte Arme, Beine und Kopf herauszuarbeiten. *(SH)*

Altersstufe

ab 4 Jahre

Zeit

Gruppenarbeit
ca. 30 Minuten
(ohne Trockenzeit)

Altersstufe
ab 3 Jahre

Zeit
Einzelarbeit
ca. 20 Minuten

Der Traum vom Fliegen

Collage

Material

Blauer Tonkarton (DIN A4), bunte Tonpapierreste, selbstklebende Glitzerfolie in verschiedenen Farben, Alufolie, Buntstifte, Fasermaler, Klebstoff, Schere

So wird's gemacht

Der Traum der Menschheit ist es schon seit jeher, fliegen zu können. Auch Kinder haben häufig diesen Wunsch, schwerelos über der Erde zu schweben. Im Gesprächskreis wird gemeinsam überlegt, wie sich das realisieren lassen könnte. Vielleicht wird es die Technik in einigen Jahren ermöglichen, dass kleine Geräte erfunden werden, die uns durch die Lüfte tragen.

Im Anschluss an dieses Gespräch beginnen die Kinder mit der Bildgestaltung.

Damit deutlich wird, dass sich die Figur auf dem Bild in der Luft befindet, werden zunächst am unteren Bildrand Häuser gestaltet. Die Kinder schneiden aus Glitzerfolie einige Häuser mit Dächern aus und kleben diese am unteren Rand des quer liegenden Tonkartons fest. Die schillernde Optik und die schönen Effekte der Folie kommen am besten auf einfarbigem Papier zur Geltung.

Anschließend gestalten die Kinder ihre fliegende Figur. Sie malen hierzu alle Einzelteile auf bunte Tonpapierreste auf und schneiden sie aus. Zunächst fertigen sie den Oberkörper mit ausgebreiteten Armen, danach werden die Beine und der Kopf aufgemalt und ausgeschnitten.
Die Einzelteile legen die Kinder zunächst auf den Tonkarton und sortieren alles, um zu sehen, ob vielleicht etwas gekürzt oder anders zurechtgeschnitten werden muss. Sind die Kinder mit ihrer Anordnung zufrieden, kleben sie den Körper über den Häusern auf.

Nun kommt das Wichtigste: die Flugmaschine. Einige Kinder hatten die Vorstellung, die Flugmaschine könnte so klein und praktisch wie ein Rucksack sein, der bei Bedarf einfach umgeschnallt wird.
Um diese innovative Maschine zu gestalten, drücken und knüllen die Kinder ein Stück Alufolie in eine rechteckige Form und kleben die Maschine am Rücken der Figur fest. Weitere Details, wie zum Beispiel ein Halteriemen oder Knöpfe zum An- und Ausschalten, können die Kinder beliebig anbringen.

Damit die Figuren auch wieder sanft landen, benötigen sie spezielles Schuhwerk mit Spiralfedern. Entsprechend geformte und aufgeklebte Alufolie sorgt dafür, dass bei der Landung der Schwung abgefedert wird.

Natürlich muss auch beim Fliegen auf Sicherheit geachtet werden, deshalb erhalten die Figuren auch noch einen stabilen Helm aus Glitzerfolie. Die Kinder schneiden einen solchen aus, kleben ihn am Kopf fest und verzieren ihn zusätzlich mit andersfarbigen Folienresten.

Zum Schluss werden mit Farbstiften die Gesichtsmerkmale und Hände dazu gemalt – fertig ist das fliegende Kind der Zukunft.

Erfahrung

Die Kinder hatten im Vorfeld beim Gespräch erstaunlich originelle Ideen, wie eine Flugmaschine aussehen könnte. Im Zuge dieses Gesprächs entwickelte sich auch eine lebhafte Diskussion darüber, wie die Welt in 100 Jahren aussehen könnte und welche Erfindungen es bis dahin vielleicht geben würde. *(HT)*

Ich wünsche mir ein Haustier

Textilarbeit

Material

Papprollen (Küchenrollen, Stoffrollen, Toilettenpapierrollen), Fotokarton oder Pappe, schwarzer Plüschstoff, rote Holzperle (Ø ca. 1 cm), schwarze, weiße und rote Märchenwolle, Wackelaugen, Fasermaler, Wasser mit aufgelöster Seife, Klebstoff, Heißklebepistole, Cutter, Schere

So wird's gemacht

Viele Kinder wünschen sich ein Haustier. Im Folgenden wird die Gestaltung einer Katze vorgestellt, es ist in dieser Technik aber ebenso gut möglich, einen Hund, ein Kaninchen oder einen Hamster zu gestalten.

Die Kinder erhalten eine Papprolle mit einer Länge von etwa 10 cm und schwarzen Plüschstoff. Die Größe des Stoffes zeichnet ein Erwachsener vorher mit Fasermaler passend zur Papprolle auf der Stoffrückseite vor, sodass die Kinder das markierte Stück herausschneiden können. Nach dem Ausschneiden versehen sie das Plüschstück auf der Rückseite mit Klebstoff und bekleben ihre Papprolle rundum damit.

Mithilfe der Vorlage auf dem Motivbogen übertragen die Kinder den Katzenkopf auf ein Fotokartonstück oder ein Stück Pappe und schneiden die Form aus.

Sie kleben das Kartonstück auf die Rückseite eines weiteren Plüschstückes und schneiden den aufgeklebten Stoff rund um die Vorlage so aus, dass der Stoff ringsum etwas übersteht.

Bevor der Kopf am Körper befestigt wird, gestalten die Kinder das Katzengesicht. Mit Klebstoff werden die Wackelaugen und die rote Perle als Schnauze angeklebt. Schnurrhaare und Maul entstehen aus kleinen Wollstückchen, die aus roter und weißer Märchenwolle herausgezupft und zwischen den Fingern zu dünnen Rollen gedreht werden. Diese Einzelteile kleben die Kinder mit etwas Klebstoff passend am Gesicht der Katze an.

Mit Heißkleber befestigt nun ein Erwachsener den Kopf am oberen Rand des Körpers, wobei die beklebte Papprolle hochkant steht.

Anschließend wird der Katzenschwanz aus einem etwa 20 cm langen Stück schwarzer Märchenwolle geformt. Dazu befeuchten die Kinder ihre Hände mit Seifenwasser und rollen den Strang Märchenwolle leicht zwischen den Handflächen hin und her.

Vorlage siehe Motivbogen

Zum Schluss klebt ein Erwachsener den Schwanz mit Heißkleber hinten am Körper fest.

Erfahrung

Da wir stabile Papprollen unterschiedlicher Herkunft benutzten (u.a. von Stoffrollen, Küchenpapier), mussten diese vor Beginn der Arbeit von einem Erwachsenen mit einem Cutter auf die gewünschte Länge zugeschnitten werden. Werden Toilettenpapierrollen verwendet, entfällt das Zuschneiden, da diese bereits die richtige Größe haben. *(HT)*

Altersstufe
Ab 5 Jahre

Zeit
Einzelarbeit
40 Minuten

Altersstufe
ab 5 Jahre

Zeit
Einzelarbeit
ca. 30 Minuten
(ohne Trockenzeit)

Wunschsternschnuppen

Bastelarbeit

Material

Dünne Rundstäbe (ca. 30 cm lang), bunter Fotokarton, Wellpappe, stabile Pappröhren, Transparentpapier, transparente Mobilefolie, Alufolienstücke, Bastschnüre, buntes Lametta, Glitter, Styroporring (Größe nach Belieben), Bleistift, Buntstifte, schwarzer und goldener Lackmaler, bunte Acrylfarbe, Pinsel, Prickelnadel, Klebstoff, Heißklebepistole, Cutter, Zirkel, Schere

So wird's gemacht

Bevor sich die Kinder an die Gestaltung ihrer Wunschsternschnuppe machen, überlegen sie sich einen Wunsch, welcher in Erfüllung gehen soll.

Nun wird ein Kreis als Mitte der Sternschnuppe gestaltet. Hierzu stellt ein Erwachsener mithilfe eines Zirkels aus stabiler Pappe eine Kreisschablone mit einem Durchmesser von ca. 10 cm her. Die Kinder umfahren diese auf einem Fotokarton oder auf transparenter Mobilefolie mit einem Buntstift bzw. einem Lackmaler und schneiden den Kreis mit der Schere aus.

Die Kinder gestalten den Kreis als Sternenmitte mit Acrylfarben ganz nach Belieben und legen ihn danach einige Zeit zum Trocknen beiseite.

Währenddessen schneiden sie aus Fotokarton, Wellpappe oder Transparentpapier 5–8 Zacken für ihre Sterne aus. Auch Sternzacken aus Alufolie sehen toll aus. Kindern, denen das Schneiden der Zacken schwerfällt, kann man einige längliche Dreiecke als Unterstützung vorzeichnen oder eine Zackenschablone anbieten.

Ist die Sternmitte getrocknet, schreiben die Kinder, welche schon mit Buchstaben vertraut sind, mit einem goldenen Lackmaler oder mit Buntstiften ihre Wünsche auf. Der Wunsch kann auch auf einen aus Fotokarton ausgeschnittenen Stern geschrieben werden, der in den gestalteten Kreis geklebt wird. Manche Kinder nennen den Wunsch lieber einem Erwachsenen, der ihn mit Bleistift in großen Buchstaben so vorschreibt, dass das Wort mit Fasermalern gut nachgefahren werden kann. Der Wunsch kann ebenso aufgemalt werden.

Um den Schweif der Sternschnuppe darzustellen, erhalten die Kinder ein auf ca. 5 cm gekürztes Stück einer Papprröhre, das von einem Erwachsenen am oberen Rand mit einem Cutter diagonal etwa 2 cm tief eingeschnitten wird.

Die Kinder bemalen das Papprröhrenstück mit Acrylfarbe passend zum Innenkreis des Sterns und verzieren es mit Glitter. Sobald die Farbe getrocknet ist, stecken sie das äußere Ende ihres gestalteten Sterns in die beiden Schlitze der Papprröhre.

Nun können die Sternzacken rund um den Innenkreis herum angebracht werden. An der Innenseite der Papprröhre werden nun am hinteren Ende einige glitzernde

Lamettafäden angebracht, die blinken und blitzen und damit wie zahlreiche, echte Sternschnuppen aussehen.

Wer den Glitzerlook mag, kann noch etwas Klebstoff auf seinem Stern verstreichen und bunten Glitter aufstreuen.

Zuletzt bohrt ein Erwachsener mit einer Prickelnadel zwei Löcher in die Papprӧhre, schiebt den Rundstab hindurch und befestigt diesen zusätzlich mit Heißkleber. Fertig ist die Sternschnuppe, die am Rundstab durch den Raum getragen oder in einen Blumentopf gesteckt werden kann.

Jüngere Kinder können die Sternschnuppe auch ohne die Papprӧhrenkonstruktion gestalten. Der Rundstab wird in diesem Fall direkt an der Rückseite des Sterns mit Heißkleber befestigt. Die glitzernden Lamettafäden, die den Sternenschweif darstellen, können dabei einfach am unteren Ende des Sterns angeklebt werden.

Tipp

Möchte man die Sternschnuppen aufhängen, verwendet man statt des Rundstabes eine Schnur, die direkt am Stern angebracht wird.

Wer mehrere Sternschnuppen zusammen auf einen Tisch stellen möchte, kann als Halterung einen größeren Styroporring mit Acrylfarbe, Glitter sowie mit ausgeschnittenen und aufgeklebten Alufoliensternen verzieren und seine Sternschnuppen rundum in den Ring stecken. Dieses Gesteck wirkt zauberhaft und regt dazu an, sich mit seinen Wünschen und Träumen zu beschäftigen.

Erfahrung

Im Vorfeld wurde mit den Kindern besprochen, welche Wünsche sie haben und dass nicht nur die materiellen, sondern auch die ideellen Wünsche wichtig sind. Diese Sternschnuppen kann man auch wunderbar als „Adventskalender der etwas anderen Art“ einsetzen, indem ein Sternenweg entsteht, bei dem an jedem Dezembertag eine weitere Sternschnuppe hinzukommt, bis es 24 Stück sind. Dazu wird mit den Kindern auch ein kleiner Brief formuliert, welcher ihren Wunsch mit ein paar Sätzen näher beschreibt. *(KW)*

Wir erfinden eine Streichelmaschine

Bastelarbeit

Material

Wellpappe-Kreise (ggf. aus dem Wellpappe-Restepack), bunte Holzspatel, bunte Pompons (Ø 3–5 cm), Gummiband, Klebstoff, Schere

Altersstufe
ab 3 Jahre

Zeit
Einzelarbeit
ca. 30 Minuten

So wird's gemacht

Im Zuge der Überlegungen, was sich die Kinder alles wünschen, besprachen wir auch Erfindungen, welche die Wünsche der Kinder realisieren konnten. Die besten Ideen entstehen, wenn die Kinder in kleineren Gruppen im Sitzkreis zusammensitzen und überlegen, was sie gerne hätten, was sie gerne können würden oder vermissen. Gemeinsam wird beraten, wie eine Erfindung aussehen könnte, die dies realisiert.

Da sich einige Kinder in unserer Gruppe mehr Streicheleinheiten wünschten, erfanden sie kurzerhand eine Streichelmaschine.

Aus den vorgestanzten geometrischen Formen des Wellpappe-Restepacks suchen sich die Kinder zunächst zwei gleich große Kreise aus. Wenn kein solcher Restepack vorhanden ist, werden die Kreise entweder mit dem Zirkel aufgemalt oder die Kinder legen einen runden Gegenstand (z. B. einen Teller) auf die Wellpappe oder auf ein Fotokartonstück, umfahren die Form zweimal und schneiden die beiden Kreise aus.

Sie legen einen der ausgeschnittenen Kreise vor sich. Wurde dieser aus Wellpappe gestaltet, legen sie ihn so auf den Tisch, dass die glatte Seite (also die Rückseite) nach oben zeigt. Die Kinder wählen 6–8 bunte Holzspatel aus und ordnen sie strahlenförmig rund um den Kreis herum an.

Wenn sie mit der Anordnung zufrieden sind, befestigen sie die Spatel mit Klebstoff am Kreis. Dabei sollten die Spatelenden mindestens zwei Zentimeter auf der Kreisfläche aufliegen, damit die Streichelmaschine später auch stabil wird und lange benutzt werden kann.

Nachdem alle Holzspatel befestigt sind, wird ein etwa 15 cm langes Gummiband als Haltegriff ebenfalls an der Kreisrückseite befestigt. Hierzu wird einfach ein Ende des Bandes am rechten Kreisrand neben den Holzspateln festgeklebt und das andere Ende am linken Kreisrand fixiert.

Jetzt bestreichen die Kinder die glatte Seite des zweiten Kreises großzügig mit Klebstoff und drücken ihn direkt auf den ersten Kreis. Achtung, dabei nicht das Gummiband, sondern nur dessen Enden verdecken. Die Gummibandenden und die Enden der Holzspatel liegen nun zwischen den beiden Kreisen. Das Mittelstück des Gummibandes liegt außen und kann als Handschlaufe verwendet werden.

Zum Schluss befestigen die Kinder mit viel Klebstoff die Pompons an den herausstehenden Enden der Holzspatel.

Nachdem alle Einzelteile fest verbunden sind und der Klebstoff getrocknet ist, können die Kinder ihre Streichelmaschine benutzen, indem sie von hinten die Hand durch das Gummiband schieben, das als Handschlaufe dient.

Ist die Handschlaufe etwas zu lang geraten, kann sie mit einem oder mehreren Knoten verkürzt werden.

Variante für ältere Kinder: Eine Gruppe von älteren Kindern baute die Idee der Streichelmaschine noch etwas aus und fertigte ein bewegliches Modell. Dieses erhielt in der Kreismitte ein Loch, durch das ein kurzer Stift als Achse gesteckt werden konnte. Die Handschlaufe in Form eines Gummibandes entfiel, dafür klebten die Kinder an einer Außenseite des Kreises den Plastikdeckel einer Trinkflasche fest.

Die Streichelmaschine konnte nun mithilfe des Plastikdeckels um den Stift gedreht werden, sodass die Bewegungsform der Maschine einem Wasserrad ähnelte. Nun konnte das Gerät an eine Stelle gehalten werden und ermöglichte durch Drehen des Kreises nahezu automatische Streicheleinheiten.

Erfahrung

Die Ideen der Kinder, was alles erfunden werden könnte, waren sehr kreativ und fantasievoll. Die Vorschläge reichten von Bruderwegwerfgeräten und Langeweileentferner über Süßigkeitenmaschinen, bis hin zu Putzrobotern für den Hamsterkäfig und Aufräumhelferchen für das Kinderzimmer. Die hier vorgestellte Streichelmaschine begeisterte alle Kinder und so entschieden sie einstimmig, diese Anregung gestalterisch umzusetzen. Sie beratschlagten, wie diese Maschine aussehen könnte, skizzierten im Vorfeld den groben Aufbau und setzten den Plan unter Berücksichtigung des vorhandenen Materials um. *(HT)*

Tipp

Geben Sie den Kindern Zeit, Raum und Material zum Erfinden, Erproben und Experimentieren. Sie werden erstaunt sein, welch originelle Ideen und verblüffende Wünsche die Kinder entwickeln, wenn sie durch einleitende Gespräche Impulse erhalten.
Welche Erfindungen könnten das Leben und den Alltag erleichtern? Welche Erfindungen machen einfach nur Spaß?

Das Ungeheuer im Schrank macht mir Angst

Bastelarbeit

Altersstufe
ab 5 Jahre

Zeit
Einzelarbeit
ca. 40 Minuten
(ohne Trockenzeit)

Material

Abnehmbarer Deckel einer stabilen Schachtel (etwa 20 x 30 cm), schwarzer Tonkarton (DIN A4), ausgediente Knöpfe, braune und schwarze Deckfarbe, helle Wachsmalkreiden, Farbpalette, dicker Pinsel, Lineal, Klebstoff, Cutter, Schere

So wird's gemacht

Im Vorfeld besprechen die Kinder, wovor sie Angst haben. Was verursacht ein mulmiges Gefühl in der Magengegend? Wichtig ist, dass jede Äußerung ernst genommen wird. Niemand sollte die vorgetragenen Bedenken kleinreden, darüber lachen oder sich über die Ängste eines anderen Kindes lustig machen. Nur so entsteht eine Atmosphäre, in der sich auch schüchterne Kinder zu Wort melden und sagen, was ihnen Angst macht.

Einige Kinder unserer Runde nannten das Monster oder Ungeheuer, das sich im Schrank, unter dem Bett, im Keller oder in anderen dunklen Ecken versteckt. Nach einiger Überlegung einigten sie sich darauf, das Monster im Schrank zu gestalten.

Um den Schrank darzustellen, erhalten die Kinder den Deckel einer Schachtel. Dies kann ein Schuhkartondeckel sein, aber auch der Deckel einer Druckerpapierverpackung eignet sich gut.

Die Außenseite des Deckels stellt die Front des Schranks mit den Schranktüren dar und wird mithilfe eines dicken Pinsels mit dunklen Deckfarben bemalt. Dazu mischen die Kinder nach Belieben braune und schwarze Farbe miteinander an. Wie eine Holzmaserung wirkt die Gestaltung der Schrankfront, wenn einzelne Pinselstreifen zu sehen sind oder die Farbe nicht ganz gleichmäßig vermischt ist, sodass einige dunklere Streifen sichtbar werden. Sobald alles bemalt ist, legen sie den Deckel zum Trocknen beiseite.

Während der Deckel trocknet, beginnen die Kinder, ihr Ungeheuer zu gestalten. Sie zeichnen auf schwarzem Tonkarton das Ungeheuer nach ihrer Vorstellung mit weißen Wachsmalkreiden auf. Das Monster kann einen großen Kopf mit Hörnern erhalten. Auch ausgebreitete Arme und gespreizte Finger bzw. Klauen wirken furchteinflößend. Hierbei sollte darauf geachtet werden, dass das Monster nicht größer als der Schrank gezeichnet wird.

Anschließend schneiden die Kinder die Form an den Umrissen entlang so aus, dass der helle Kreiderand stehenbleibt.

Je nach Wunsch kann dieses Ungeheuer nun weiter ausdifferenziert werden. Zum Beispiel kann mit einzelnen Strichen ein dichtes Fell dargestellt werden. Auch schräg stehende Augenbrauen, Narben, lange, spitze Zähne, rote Augen oder scharfe Krallen lassen das Ungeheuer gefährlich aussehen.

herausschaut. Die Kinder schieben das Wesen so lange hin und her, bis ihnen die Platzierung gefällt. Soll nur der Kopf herausschauen, nur die Hände mit den scharfen Krallen oder sind vielleicht nur die Hörner zu sehen?

Das Ungeheuer kann nun festgeklebt werden. Es besteht aber auch die Möglichkeit, das Wesen nicht mit Klebstoff zu fixieren, damit es von der offenen Deckelrückseite aus bewegt werden kann. Großen Spaß macht es den Kindern, das Ungeheuer zunächst ganz im Schrank zu verstecken und es dann ganz langsam von hinten durch die offenen Schranktürritzen zu schieben. Wer fürchtet sich vor diesem Ungeheuer?

Bevor das Ungeheuer aus dem Schrank schauen kann, muss dieser geöffnet werden. Hierzu bringt nun ein Erwachsener mit einem Cutter die beiden Schranktüren an.

Am besten gelingt dies, wenn die Schnittlinien mithilfe eines Lineals und eines Bleistiftes vorgezeichnet werden. Zunächst wird ein senkrechter Schnitt in der Mitte des Deckels angebracht. Aber Achtung: Am oberen und unteren Rand des Schranks verbleibt ein Rahmen. Damit sich die Schranktüren auch öffnen lassen, wird die Pappe oben und unten entlang jeweils waagrecht zusätzlich eingeschnitten. Auch hier wird der Schnitt nicht ganz bis zum Rand gezogen, sodass ringsum ein Rahmen wie bei einem echten Schrank stehenbleibt.

Türgriffe entstehen durch angeklebte Knöpfe, die passend an den Schranktüren festgeklebt werden. Schön wirkt es, wenn zwei gleiche Knöpfe verwendet werden. Wer keine Knöpfe zur Verfügung hat, kann auch kleine Holzstücke oder Holzperlen verwenden.

Nun wird das Ungeheuer so zwischen die geöffneten Türflügel geschoben, dass es ein wenig aus einer Schranktür

Erfahrung

Die Kinder hatten klare Vorstellungen von ihrem persönlichen Ungeheuer und kannten diese Furcht, wenn es am Abend im Kinderzimmer dunkel wird.
Mit dieser Gestaltungsarbeit konnten sie sich ihren Ängsten stellen und durch zusätzliche Gespräche verarbeiten. Sie gaben sich sogar untereinander Tipps, wie man Ungeheuer und Monster vertreiben kann. Einige Kinder hatten die Idee, ein kleines Nachtlicht anzuknipsen, ein fröhliches Lied zu singen oder einen Zauberspruch aufzusagen, der das Ungeheuer verjagt. *(HT)*

Tipp

Sollten sich die Schranktüren durch den Anstrich etwas wellen, können diese stabilisiert werden, indem die Rückseite zusätzlich mit einem Stück Karton beklebt wird. Am besten benutzen Sie dazu schwarzes Papier, so wirkt der Schrank auch von innen dunkel.

Altersstufe
ab 4 Jahre

Zeit
Einzelarbeit
ca. 35 Minuten

Angstfresserchen

Mal- und Bastelarbeit

Material

Weiße Papiertaschen mit Henkel, bunter Fotokarton, bunte Wachsmalkreiden, Buntstifte, Wäscheklammern, Klebstoff, Schere

So wird's gemacht

Manche Ängste kann man nicht alleine bewältigen. Da hilft es, sich diese von der Seele zu reden. Doch manchmal haben die Eltern keine Zeit, Freunde und Geschwister sind nicht verfügbar oder man weiß nicht so genau, wie die Angst in Worte gefasst werden könnte. Für solche Fälle gestalten die Kinder nun ein kleines Angstfresserchen, das alle Ängste und Sorgen vertilgt und die Kinder auf diese Weise davon befreit.

Zunächst erhalten die Kinder jeweils eine Papiertasche und überlegen, welche Gestalt sie ihrem Angstfresserchen verleihen möchten.
Sie malen es mit Wachsmalkreiden auf die Vorder- und Rückseite ihrer Papiertasche. Hierbei gestalten sie das Tier auf der Vorder- und Rückseite der Tüte so in der Seitenansicht, dass der Mund ihres Angstfresserchens am oberen Rand der Tasche aufgezeichnet wird.

Schön sieht es aus, wenn das Motiv formatfüllend angelegt wird, denn je größer das Angstfresserchen ist, desto mehr Ängste kann man später hineinfüllen.

Damit das Angstfresserchen auch mit großen Ängsten gut fertig wird, braucht es scharfe Zähne. Hierfür werden mehrere dreieckige oder rechteckige Fotokartonstücke ausgeschnitten und mit Klebstoff an der Innenseite des oberen Taschenrandes fixiert. Die Zähne sollten einige Zentimeter über den Taschenrand hinausragen, damit diese auch gut erkennbar sind. Um das Maul des Tieres geschlossen zu halten und nur bei Bedarf zu öffnen, verschließen die Kinder die Griffe der Papiertasche mit einer Wäscheklammer.

Auf die Wäscheklammer kann ein kleines Fotokartonstück aufgeklebt werden, welches beispielsweise mit Aufschriften wie „Platz für Ängste" oder „Ängste hier hinein" oder einfach mit einem Pfeil versehen wird.

Schon ist das Angstfresserchen fertig und die Kinder sind eingeladen, ihre Ängste auf ein Papierstück aufzumalen oder zu schreiben und in die Angsttasche zu werfen, wo diese dann „neutralisiert" werden.

Das Angstfresserchen ist für die Kinder nicht gefährlich, denn es frisst nur Ängste und Sorgen. Man kann dem gefährlich aussehenden Maul also getrost sehr nahe kommen und auch hineinsprechen, was einem Sorgen bereitet. Wenn jüngere Kinder noch nicht in der Lage sind, ihre Gefühle in konkrete Worte zu fassen, können sie auch einfach nur fest daran denken, was ihnen Angst einjagt, und diese Gedanken direkt in das Maul des Angstfresserchens pusten.

Erfahrung

Die Taschen mit den Angstfresserchen lassen sich auch sehr gut an einer Schnur aufhängen und können so den Kindern in einem geeigneten Bereich im Gruppenraum jederzeit zur Verfügung stehen. *(KW)*

Ein Zauberwesen macht mir Mut

Mal- und Bastelarbeit

Material

Fotokarton, Seidenpapier, Transparentpapier, selbstklebende Glitzerfolie, Joghurtbecher, Styroporkugel (Ø 8 cm), Aludraht, Naturbast, bunte Acrylfarbe, Glitterglue, Lackmaler, Pinsel, Klebstoff, Schere, Motivschere

So wird's gemacht

Kinder mögen magische Elemente und haben großes Vertrauen in deren Wirksamkeit. Es liegt also nahe, Ängste oder Sorgen auf magische Weise zu beheben. Dabei kann ihnen ein Zauberwesen helfen. Dieses kann furchteinflößende Dinge oder Situationen entschärfen, verzaubern oder dem Kind selbst Kraft und Mut verleihen, sodass es mit seinen Ängsten besser umgehen kann.

Um den Körper des Zauberwesens zu gestalten, stellen die Kinder zunächst einen gut ausgespülten Joghurtbecher mit der Öffnung nach unten vor sich hin. Sie bemalen ihn nach Wunsch mit verschiedenen Acrylfarben und stellen ihn anschließend zum Trocknen zur Seite.

Währenddessen gestalten sie das Gesicht ihres Zauberwesens. Dafür bekleben sie die Styroporkugel rundum mit rosarotem oder hautfarbenem Seidenpapier und malen die Augen, die Nase und den Mund mit Lackmalern auf. Für die Haare bietet sich bunter Naturbast an, der mit Klebstoff an der Oberseite des Kopfes fixiert wird.

Besonders magisch wirkt das kleine Wesen, wenn ein bunter Schmetterling direkt über seinem Kopf schwebt. Hierzu wird eine Schmetterlingsform in doppelter Ausführung auf Transparentpapier vorgemalt und mit einer Zickzackschere ausgeschnitten. Sehr schön sieht der Schmetterling aus, wenn man seine Flügel mit Glitterglue oder Glitzerfolienstücken verziert.

Wenn die Flügel fertig gestaltet sind, kleben die Kinder zwischen die beiden Schmetterlingshälften ein etwa 5 cm langes Aludrahtstück, sodass der Draht unterhalb der Flügel herausragt. Die Fühler des Schmetterlings können mit kleinen, angeklebten Baststücken dargestellt werden.

Um den Schmetterling am Zauberwesen zu befestigen, sticht man einfach den Aludraht durch die Styroporkugel, die den Kopf des Zauberwesens darstellt.

Der fertig gestaltete Kopf des Wesens wird an der Unterseite mit Klebstoff versehen und mittig auf dem bunt bemalten Joghurtbecher platziert.

Da Zauberwesen meist auch fliegen können, dürfen aufgeklebte Flügel aus buntem Transparentpapier nicht fehlen. Hierfür schneiden die Kinder ein beliebig großes Rechteck aus Transparentpapier aus und gestalten den Rand mit einer Motivschere zackig oder wellenförmig. Anschließend raffen sie das Transparentpapierrechteck in der Mitte etwas zusammen und verknoten es dort mit einer Bastschnur. Die Kinder können die Flügel noch mit Stücken aus selbstklebender Glitzerfolie oder Glitterglue verzieren, bevor sie diese mit Klebstoff am Rücken des Zauberwesens befestigen.

Erfahrung

Beim Bekleben der Styroporkugel mit Seidenpapier darf nicht zu viel Flüssigkleber aufgetragen werden, da das Seidenpapier sonst einreißen kann. Jüngeren Kindern kann man als Alternative einen Klebestift anbieten. *(KW)*

Tipp

Manche Kinder wollten einen kleinen Brief im Körper des Zauberwesens (Joghurtbecher) verstecken, auf welchem sie ihre Wünsche oder auch Ängste aufmalten oder -schrieben. Mit einem Stück Alufolie, das über die Joghurtbecheröffnung und über dem Rand des Bechers fixiert wird, lässt sich das Geheimfach verschließen.

Altersstufe
ab 4 Jahre

Zeit
Einzelarbeit
ca. 40 Minuten
(ohne Trockenzeit)

3. Meine Mitmenschen

Schon Babys reagieren auf ihre Umwelt. Anfangs sind die Eltern die Hauptbezugspersonen und somit die wichtigsten Konstanten, in deren Gegenwart sie sich sicher und geborgen fühlen. Auch Geschwister sind prägend und werden bereits früh wahrgenommen. In diesem engen Kontakt mit den verschiedenen Familienmitgliedern eignen sich Kinder bereits wichtige soziale Kompetenzen an. Sie versuchen, sich ihren Mitmenschen mitzuteilen, sie zu lesen und deren Reaktionen abzuschätzen. Sie kennen die Rituale innerhalb der Familie, können Tonlagen oder die Mimik der Familienmitglieder einordnen und ahmen deren Verhaltensweisen, Reaktionen und Sprache nach. Auf diese Weise orientieren sie sich an ihrer unmittelbaren Umwelt und lernen diese Schritt für Schritt kennen.

Die erste Abnabelung von den Eltern geschieht, wenn sich die Kinder ihrer entfernteren Umwelt zuwenden. Sie nehmen nun auch Menschen außerhalb der Familie wahr und interessieren sich für diese. Sobald sich der Kreis der Personen um das Kind herum erweitert, meist beim Eintritt in die Krippe oder den Kindergarten, werden auch diese für das Kind zu einem wichtigen Element. Sie erkennen, dass in einer anderen Umgebung andere Regeln gelten als zu Hause und dass diese Mitmenschen in ihren Verhaltensweisen und Reaktionen von dem bisher bekannten Muster abweichen können.

Je älter die Kinder werden, desto wichtiger werden Freundschaften unter Gleichaltrigen. Sie bemühen sich um Anerkennung und genießen den Kontakt auf Augenhöhe. Im Umgang mit Erwachsenen nehmen Kinder eine bestimmte Rolle ein, die sich von der unterscheidet, die sie bei Geschwistern oder Freunden verkörpern. Mit einem Freund gelingt ein Austausch auf gleicher Ebene, der in dieser Form mit einem Erwachsenen nicht möglich ist. Sie lernen in dieser Konstellation mit komplexen Situationen und Gefühlen umzugehen, Probleme selbstständig zu lösen und Kompromisse zu schließen.

Meine Familie **Seite 78**
Meine Kindergartengruppe **Seite 84**

Beim gemeinsamen Malen, Basteln, Singen oder in Rollenspielen kommen die Kinder einander näher. Sie lernen sich kennen und entwickeln ein Gefühl für sich und andere.

Die Säulen meiner Familie

Mal- und Bastelarbeit

Altersstufe
ab 4 Jahre

Zeit
Einzelarbeit
ca. 90 Minuten

Material

Fotokarton (DIN A4), Tonpapier (DIN A4), weißes Papier, Buntpapier, Bleistift, Buntstifte, Fasermaler, Klebestift, Schere

So wird's gemacht

Die Familie ist ein einzigartiges System, in dem alle Mitglieder untereinander in Beziehung stehen. Jeder hat seine Rolle und seinen Wirkungskreis und doch sind alle Personen irgendwie miteinander verbunden.

Die folgende Arbeit stellt dieses Gefüge der einzelnen Familienmitglieder dar, die alle unter einem Dach leben. Die einzelnen Säulen symbolisieren die Stützen, welche die Familie als solche tragen.

Zunächst schneiden die Kinder aus einem Blatt Tonpapier von einer Längsseite her so viele Rechtecke aus, wie Säulen benötigt werden und kleben sie auf. Es ist auch möglich, einen Fotokartonbogen mit Bleistiftlinien so aufzuteilen, dass jedes Familienmitglied ein Element für sich hat. Später werden dann die Tonpapiersäulen dazwischengeklebt.

Nun malen sie die einzelnen Familienmitglieder direkt in die gezeichneten Abschnitte hinein. Wer möchte, kann die Figuren auch auf weißem Papier vorzeichnen, mit bunten Stiften ausgestalten, ausschneiden und sie den einzelnen Zimmern bzw. Säulen ihres Hauses zuordnen.

Im Anschluss daran kann die Hausform noch weiter ausgestaltet werden. Aus Tonpapier oder mit bunten Stiften kann ein Dach entstehen und das Haus kann mit Buntstiften und Fasermalern individuell bemalt werden. Bunte Blumen, Haustiere, Wolken am Himmel etc. gestalten die Szenerie außerhalb des Hauses weiter aus.

Erfahrung

Da viele Kinder mehr Räume gestalten, als Familienmitglieder mit ihnen unter einem Dach leben, können sie auch die Großeltern, Onkel und Tanten oder Cousinen hinzunehmen. Manche Kinder gestalten auch gerne nicht existente Geschwister, die sie sich als Spielkameraden wünschen.

(EvH)

Tipp

Diese Arbeit eignet sich wunderbar als Gesprächsanlass, wenn die Figuren nicht aufgeklebt, sondern mit selbstklebender Magnetfolie wieder ablösbar fixiert werden. Hierzu einfach ein kleines Stück Magnetfolie in den einzelnen Räumen bzw. Säulen sowie auf der Rückseite der Figuren aufkleben. So können die Figuren ihre Positionen verändern, das Haus verlassen, um z. B. zum Einkaufen, zur Arbeit oder in den Kindergarten zu gehen, und anschließend wieder zurückkehren.

So wohnen wir

Bastelarbeit

Material

Bunter Fotokarton, buntes Kokospapier, weißes Transparentpapier, weißes Papier, Kunstbast, Buntstifte, Bleistift, Klebstoff, ggf. Prickelnadel, Lochzange oder Locher, Cutter, Schere

So wird's gemacht

Zunächst überlegen die Kinder, wie ihr Zuhause aussieht. Ist das Dach des Hauses spitz oder flach? Hat das Haus viele Fenster? Gibt es einen Balkon? Sind die wichtigsten Fragen geklärt, machen sie sich an die Gestaltung.

Nun falten sie ein Fotokartonstück in DIN-A4-Größe in der Mitte. Je nachdem, ob das Haus höher oder breiter werden soll, wird der Fotokarton der Länge oder der Breite nach gefaltet.

Jetzt zeichnen die Kinder die Umrisse ihres Hauses auf einer Außenseite des Fotokartons auf und schneiden es mit der Schere aus. Wichtig ist, dass hierbei die Faltstelle nicht durchgeschnitten wird.

An der Vorderseite des Falthauses zeichnen sie die Haustür und Fenster mit Bleistift an. Die Fenster schneidet ein Erwachsener mit einem Cutter heraus. Alternativ können die Kinder diese auch mit einer Prickelnadel herausprickeln. Die Tür wird so mit dem Cutter beziehungsweise der Prickelnadel bearbeitet, dass sie nur noch an einer Seite mit dem Fotokarton verbunden ist. An dieser Stelle kann die Tür nun auf- und zugeklappt werden.

Als Nächstes gestalten die Kinder das Dach des Hauses mit aufgeklebtem Kokospapier in beliebiger Farbe. Die Fenster hinterkleben sie an der Innenseite des Falthauses mit weißem Transparentpapier und malen mit Buntstiften Fensterrahmen oder Vorhänge auf.

Am Rand der offenen Hausseite stanzen sie mit der Lochzange oder dem Locher ein Loch durch beide Fotokartonseiten und knoten je ein kurzes Baststück daran. Damit kann man das Haus später „verschließen". Nun notieren sie mit Buntstiften ihre Adresse darauf oder schreiben darauf, wer dort wohnt. Die Hausfassade kann mit bunten Stiften oder ausgeschnittenen Elementen aus buntem Fotokarton ganz nach Wunsch weiter ausgestaltet werden. Mit etwas Fantasie können Mauern, Klingelschilder, Briefkästen, Blumenkästen oder Schornsteine aufgemalt oder aufgeklebt werden.

Als Nächstes machen sich die Kinder an den Innenausbau. Hierfür passen sie ein weißes Papier der Innenseite des Falthauses an, schneiden es aus und befestigen es mit Klebstoff. Nun können die Räumlichkeiten nach Belieben mit Buntstiften gestaltet werden. Welche Zimmer sind zu sehen? Gibt es eine Treppe? Wie sind die Zimmer eingerichtet? Wo ist die Küche? Wo das Badezimmer? Wie kann man von einem Zimmer ins nächste gelangen?

Altersstufe
ab 5 Jahre

Zeit
Einzelarbeit
ca. 20 Minuten

Erfahrung

Auch Kinder, die nicht in einem Haus, sondern in einer Wohnung wohnen, hatten großen Spaß daran, ihre Wohnsituation als Haus zu gestalten. Sie ordneten die verschiedenen Zimmer, die eigentlich alle auf einer Wohnebene liegen, für diese Anregung einfach in verschiedenen Etagen an. *(KW)*

Familienritual: Vorlesen

Collage

Material

Weißes Papier, bunter Tonkarton, Abbildungen der jeweiligen Lieblingsbücher der Kinder, ggf. ein Foto der Kinder, Buntstifte, bunte Fingerfarbe, unterschiedliche Restmaterialien (Folienreste, Verpackungsreste, Stoffreste, Drahtreste etc.), Klebstoff, Schere

Altersstufe

ab 3 Jahre

Zeit

Einzelarbeit
ca. 30 Minuten

So wird's gemacht

In jeder Familie gibt es verschiedene Rituale, die die Kinder lieben und die ihnen Halt und Sicherheit vermitteln. Gemeinsam besprechen die Kinder in der Gruppe, welche regelmäßigen Traditionen sie gerne mögen. Meist werden täglich wiederkehrende Rituale genannt, die den Tag strukturieren und beim Aufstehen, Zähneputzen, beim Baden, den Mahlzeiten oder beim Zubettgehen eingesetzt werden.

Häufig wird von Kindern das Vorlesen als liebstes Ritual genannt, weil sie diese Aktion als besonders intensiven Eltern-Kind-Kontakt wahrnehmen. Über das Vorlesen kommen Kinder erstmals in Kontakt mit Büchern. Sie blättern darin, betrachten die Bilder und hören der Geschichte zu.

Da nicht alle Kinder ungehinderten Zugang zu Kinderliteratur haben, ist es ratsam, diese Gestaltungsanregung im Anschluss an ein Vorlese- und Schmökerprojekt anzubieten. Gemeinsam mit den Kindern kann eine Leseecke mit verschiedenen Kinderbüchern eingerichtet werden.

Für diese Gestaltungsanregung bringen die Kinder ihr Lieblingsbuch von Zuhause mit oder suchen es sich aus der Leseecke des Gruppenraumes aus.

Die Vorderseite des Buches wird für jedes Kind entweder kopiert, fotografiert und ausgedruckt oder aus entsprechendem Werbematerial ausgeschnitten.

Dieses Coverbild legen die Kinder zunächst auf bunten Tonkarton. Danach erzählen alle reihum, wer in ihrem Lieblingsbuch vorkommt, worum es geht und warum ihnen gerade dieses Buch so gut gefällt.

Diese Zeichnungen werden danach ausgeschnitten und auf dem Tonkarton rund um das Coverbild angeordnet. Je nach Thema des Buches kann die Collage mit weiteren Materialien ausgestaltet werden, um den Inhalt mit besonders markanten Merkmalen oder Begebenheiten darzustellen.

Sind die Kinder mit ihrer Anordnung zufrieden, kleben sie alle Einzelteile mit Klebstoff fest. Wer gerne selbst ein Teil dieser Geschichte sein möchte, kann auch noch ein Foto von sich selbst dazukleben.

Erfahrung

Die Kinder untersuchten im Zuge dieses Projektes die Rituale ihrer Familie. Sie erkannten, dass solche familiären Traditionen etwas ganz Besonderes sind, die ihre eigene Familie ausmachen. *(HT)*

Das Ausformulieren, warum ihnen etwas gefällt, fällt Kindern häufig noch schwer, ist aber für die Sprachentwicklung und die Verbalisierung von Gedanken und Gefühlen eine wichtige Übung. Die folgenden Fragen helfen dabei, den eigenen Empfindungen auf die Spur zu kommen:
Welche Figuren im Buch gefallen dir am besten und warum?
Welche Charaktereigenschaften zeigen sie?
Was macht sie besonders?
Welche Abenteuer erleben sie? Was würdest du selbst gerne erleben?
Gibt es Bilder im Buch? Welche Abbildungen, Zeichnungen oder Fotos gefallen dir besonders gut?

Nachdem die Gesprächsrunde beendet ist, beginnen die Kinder mit ihrem Werk. Sie malen je nach Wunsch Figuren, die in diesem Buch vorkommen, ganze Bildszenen oder eigene Fantasien mit Buntstiften auf weißes Papier.

Tipp

Hängen Sie diese Collagen gut sichtbar für alle aus, um auch das Interesse der Eltern, Großeltern oder Freunde zu wecken. So können sich alle informieren und erhalten auf diese Weise vielleicht sogar einen neuen Buchtipp oder Impulse zum Vorlesen zu Hause.

Altersstufe
ab 4 Jahre

Zeit
Einzelarbeit
ca. 30 Minuten

Das Haustier gehört zur Familie

Mal- und Bastelarbeit

Material

Heller Fotokarton, Plüschreste, Bastelfedern, Baststücke, Buntstifte, Fasermaler, Prickelnadel, Klebstoff, Schere

So wird's gemacht

Wenn die Kinder gebeten werden, ihre Familienmitglieder aufzuzählen, nennen sie häufig auch ihre Haustiere. Da Hunde, Katzen, Hamster, Kaninchen, Vögel, Mäuse und sogar Fische von vielen Kindern als der Familie zugehörig empfunden werden, kann dieses Thema besprochen und im Anschluss auch gestalterisch umgesetzt werden.

Ein einfarbiger, heller Fotokarton in beliebiger Größe wird mit einer Schere in eine gewünschte Form gebracht. Diese kann viereckig, oval oder rund ausfallen.

Anschließend malen die Kinder mit Buntstiften oder Fasermalern ihr Haustier oder ihr Wunschhaustier, welches sie vielleicht in Zukunft gerne haben möchten, auf. Um das Haustier „echter“ erscheinen zu lassen, verzieren sie einzelne, aufgemalte Körperteile mit aufgeklebten Plüschstücken oder Bastelfedern.

Mit denselben Materialien kann auch der Rahmen des Tierbildes geschmückt werden. Dafür schneiden die Kinder mit der Schere einen längeren oder mehrere kürzere Streifen aus dem Plüschrest zu (die Breite sollte 3–4 cm betragen) und kleben den Plüsch ringsum am Bildrand an. Ältere Kinder sind in der Lage, einen längeren Streifen anzukleben, bei jüngeren Kindern ist es einfacher, kurze Plüschstücke zu verwenden und diese nacheinander aufzukleben, bis der ganze Bildrahmen gefüllt ist. Wer möchte, kann auch den Namen des Tieres auf das Bild schreiben.

Damit sich das Tierbild auch aufhängen lässt, bohrt man mit einer Prickelnadel in der Mitte des oberen Randes ein Loch, fädelt ein Stück einer Bastschnur hindurch und verknotet die Enden miteinander.

Erfahrung

Manche Kinder möchten ihr Tier sehr groß gestalten, sodass kein Platz mehr bleibt, um den plüschigen Rahmen an der Vorderseite aufzukleben. In diesem Fall kann der Rahmen auch rund um den Rand der Rückseite des Bildes aufgeklebt werden. *(KW)*

Tipp

Für das Schneiden des Stoffes sollte den Kindern eine spitze, gut schneidende Schere angeboten werden.

Wärmendes Geschenk

Textilarbeit

Material

Fester Baumwollstoff (ca. 15 x 15 cm), Kirschkerne, Garn, Fasermaler, ggf. Stoffmalfarbe, Pinsel, Nähnadel, Trichter, Stoffschere, Nähmaschine

So wird's gemacht

Wenn man an seine Lieben denkt, wird es einem häufig warm ums Herz. Diesem Gefühl kann man mit einem kleinen Wärmekissen Ausdruck verleihen.

Zunächst erhalten die Kinder zwei Stoffstücke in der Größe von etwa 15 x 15 cm. Sie legen ein solches Stoffstück vor sich hin, zeichnen eine einfache Form, wie beispielsweise ein Kreis oder ein Herz, auf und schneiden diese mit einer Stoffschere aus. Danach legen sie das ausgeschnittene Element auf das zweite Stoffstück, umfahren es mit dem Fasermaler und schneiden auch das zweite Motiv aus.

Nun näht ein Erwachsener gemeinsam mit den Kindern die beiden ausgeschnittenen Formen linksseitig zusammen, wobei eine kleine Öffnung bestehen bleibt, die später zum Einfüllen der Kerne dient.

Die Kinder wenden das entstehende Kissen auf die andere Seite und halten einen Trichter in die Öffnung. Sie unterstützen sich gegenseitig beim Einfüllen der Kerne in die Stoffhülle.

Mit einer Nähnadel nähen die Kinder mit Unterstützung eines Erwachsenen das verbliebene Loch mit vielen kleinen Schlingstichen zu.

Tipp

Kirschkernkissen sollten nicht in der Mikrowelle erwärmt werden, weil dort, anders als im Backofen, die Energie punktuell zugeführt wird. So kann es im Kissen zu lokalen Überhitzungen kommen, die man unter Umständen nicht gleich bemerkt. Doch auch nach dem Erwärmen in der Mikrowelle kann ein auf diese Weise überhitztes Körnerkissen noch einen Brand verursachen.

Die Kissen sehen auch ohne zusätzliche Dekoration sehr hübsch aus. Wer eine weitere Verzierung anbringen möchte, kann mit Stoffmalfarbe noch ein Motiv darauf malen und die Farbe einen Tag trocknen lassen.

Die Kissen können im Backofen oder auf der Heizung erwärmt werden und halten die Wärme dank der Kerne im Inneren recht lange.

Erfahrung

Die Kissen sollten nicht zu prall gefüllt sein, da sie sich sonst nicht gut an die zu wärmenden Körperstellen anschmiegen. Die Kinder testeten ihre Wärmekissen gleich nach der Fertigstellung. Nachdem diese im Backofen aufgewärmt wurden, legten sie diese auf verschiedene Körperstellen auf, um zu spüren, wie angenehm warm sie sich anfühlen.
Später wurden die Wärmekissen zusammen mit einer Gebrauchsanleitung an ein Familienmitglied verschenkt.

(MF)

Altersstufe
ab 4 Jahre

Zeit
Einzelarbeit
ca. 30 Minuten
(ohne Trockenzeit)

Altersstufe
ab 5 Jahre

Zeit
Gruppenarbeit
ca. 60 Minuten
(ohne Trockenzeit)

Wir sind ein Team

Bastelarbeit

Material

2 Bogen weißer Fotokarton (50 x 70 cm), weiße Fotokartonreste (10 x 5 cm), flauschiger, grüner Stoff oder hellgrüner Bastelfilz, weiße Fingerfarbe, Perlen mit 3-mm-Bohrung, Buchenrundstäbe (15 bzw. 22 cm lang, Ø 3 mm), Draht, Obst oder Gemüsenetz, alte Zeitungen, Gruppenfoto der Kinder, Buntstifte, Fasermaler, Wattekugel, Pinsel, Klebstoff, Klebefilm, Schere

So wird's gemacht

Die Kindergartengruppe besteht aus vielen Individuen, die zu einer Gemeinschaft, zu einem Team zusammenwachsen sollen. Die folgende Gruppenarbeit macht den Teamgedanken deutlich und bereitet den Kindern großen Spaß.

Spieler: Um einen Spieler herzustellen, knicken die Kinder ein weißes Fotokartonstück (ca. 10 x 5 cm) am unteren Ende etwa 2 cm breit um, sodass eine Standfläche entsteht, die später am Spielfeld festgeklebt werden kann. Auf das restliche Fotokartonstück malen sie den Fußballspieler und gestalten die Figur mit Fasermalern oder Buntstiften aus. Im Anschluss daran schneiden sie den Spieler aus. Auf diese Weise werden zwanzig Spieler, zwei Torwarte sowie ein Schiedsrichter hergestellt.

Stadion: Zwei große Fotokartonbogen, die mit Klebefilm aneinander fixiert werden, bilden die Grundlage des Stadions. Danach schneidet ein Erwachsener die vier Ecken des Stadions etwa 15 cm weit ein und schiebt die eingeschnittenen Stücke so übereinander, dass sich die Ecken halbrund wölben. Damit alles gut hält, wird jede Ecke mit Klebefilm in dieser Position fixiert.

Das Spielfeld entsteht aus grünem Stoff oder Bastelfilz und wird in die Mitte des Stadions geklebt. Mit weißer Fingerfarbe kann man anschließend die Spielfeldlinien ziehen.

Die beiden Tore entstehen aus jeweils drei Buchenrundstäben (15 bzw. 22 cm lang), die an den Enden rechtwinklig so mit Draht zusammengebunden werden, dass die Latte sowie die beiden Pfosten gut erkennbar sind.

Die Tore stehen besser, wenn die beiden Pfosten jeweils mit dem freien Ende in eine Perle mit großem Bohrloch gesteckt und dann auf das Fußballfeld geklebt werden. Das Netz des Tors entsteht aus aufgeklebten Obst- oder Gemüsenetzen.

Die Zuschauer und Fans werden aus alten Zeitungen ausgeschnitten. Großen Spaß macht es Kindern, wenn sie aus Gruppenfotos die eigenen Köpfe ausschneiden und diese zwischen den Zuschauern im Stadion platzieren können.

Jetzt werden die Fußballspieler mit der unteren umgeknickten Lasche auf das Spielfeld geklebt. Auch eine mit schwarzem Fasermaler als Fußball gestaltete Wattekugel findet auf dem Feld Platz.

Erfahrung

Zwei links und rechts aufgestellte Tischleuchten wirken wie Flutlichter und sorgen für eine echte Stadionatmosphäre.

(MF)

Tipp

Werden die Zuschauer aus jeweils gleichen Zeitungsausgaben ausgeschnitten, kann ein Suchspiel entstehen. Wer erkennt im Getümmel des Fußballstadions jeweils die Zwillingspaare?

Meine Gruppe

Bastelarbeit

Material

Bunter Fotokarton, Tonpapier, Märchenwolle, Bleistift, Buntstifte, Fasermaler, Motivlocher, Klebstoff, Schere

So wird's gemacht

Diese Gestaltungsarbeit symbolisiert die Kindergartengruppe, wie die Kinder im Kreis stehen oder sitzen und sich einander an den Händen halten.

Immer vier Kinder gestalten gemeinsam einen Kreis. Die vier Kinder der Gruppe umfahren eine ihrer Hände mit Bleistift auf buntem Tonpapier und schneiden die Formen aus.

Mit Bleistift oder Buntstiften gestalten sie die Fingerspitzen ihrer Tonpapierhand mit einem Gesicht sowie einem Körper, Armen und Beinen.

Bei jüngeren Kindern ist es hilfreich, wenn ein Erwachsener mit Bleistift die Größe der Gesichtsfläche, des Körpers mit Armen und die Länge der Beine mit einem kleinen Strich andeutet.

Um die gemalten Figuren kräftiger zu gestalten, fahren die Kinder einige Linien mit Fasermalern nach und malen auch einzelne Flächen bunt aus.

Die Haare der kleinen Figuren entstehen aus bunter Märchenwolle, indem kleine Büschel abgezupft und hinter den Fingerspitzen am Kopfbereich angeklebt werden. Knickt man die Figuren etwas nach vorn, wirken sie schön plastisch.

Nun ordnen die Kinder ihre gestalteten Hände in Kreisform an und legen sie auf den Fotokarton. Um den Innenbereich bunt zu gestalten, schneiden sie einen Kreis aus Tonpapier zu und kleben ihn in die Mitte. Dieser kann nun passend zum Gruppennamen, z. B. Sonnengruppe, Marienkäfergruppe, bemalt und beklebt werden. Sehr schnell lassen sich die Gruppensymbole auch mithilfe eines Motivlochers herstellen.

Erfahrung

Wir haben diese Aktion auf zwei Tage verteilt. An einem Tag erfolgte das Umfahren und Ausschneiden der Hände und am nächsten Tag das Bemalen und Verzieren. Jüngere Kinder, die sich das Ausschneiden der Hände nicht zutrauten, erhielten vorgefertigte Tonpapierhände zum Gestalten. *(EvH)*

Altersstufe
ab 4 Jahre

Zeit
Gruppenarbeit
ca. 60 Minuten

Freundestanz

Bastelarbeit

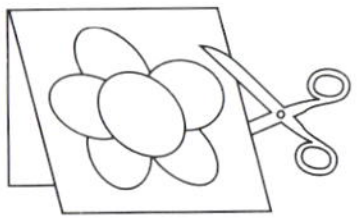

Vorlage siehe Motivbogen

Altersstufe

ab 5 Jahre

Zeit

Einzelarbeit
ca. 30 Minuten
(ohne Trockenzeit)

Material

Transparente Mobilefolie, bunter Fotokarton, Pfeifenputzer, Bast, kleine Glasperlen, Glitterglue, Lackmaler, Buntstifte, Bleistift, bunte Acrylfarbe, Pinsel, Klebstoff, Heißklebepistole, Schere

So wird's gemacht

Um sich die Situation, die hier dargestellt wird, gut vorstellen zu können, tun sich die Kinder zunächst paarweise mit ihrem Freund oder ihrer Freundin zusammen. Sie halten sich an den Händen und tanzen im Kreis.

Wenn die Kinder diese Situation verinnerlicht haben, beginnen sie mit der Gestaltung. Zunächst skizzieren sie mit einem Bleistift auf Fotokarton oder mit einem Lackmaler auf transparenter Mobilefolie die Umrisse eines Herzens und schneiden dieses mit der Schere aus.

Nun gestalten sie ihr Herz beliebig mit Glitterglue, Acrylfarbe oder mit aufgeklebten Glasperlen.

Als Nächstes skizzieren die Kinder mit Lackmaler entweder auf der transparenten Mobilefolie oder mit Bleistift auf dem Fotokarton die Umrisse eines Körpers (Größe etwa 15 cm) mit ausgebreiteten Armen und Beinen. Diese Figur kann freihand oder aber mithilfe der Vorlage auf dem Motivbogen gestaltet werden.

Die ausgeschnittene Form dient nun als Schablone und wird ebenfalls auf Folie oder Fotokarton aufgelegt, mit Lackmaler umfahren und ausgeschnitten. So erhalten die Kinder zwei gleichartige Körperformen.

Die ausgeschnittenen Figuren bekommen ein Gesicht und farbenfrohe Kleidung. Anschließend können sie mit Acrylfarbe, mit Lackmalern oder mit Buntstiften weiter ausgestaltet werden. Die Haare können entweder aus aufgeklebten Krepppapierschnipseln, aus Bast-, Woll- oder Pfeifenputzerstücken entstehen.

Ist die Dekoration getrocknet, falten die Kinder die Enden der Arme und Beine etwa 2 cm nach innen und platzieren die Figuren so auf dem Herz, dass diese einander gegenüberstehen. Die umgeknickten Laschen der Hände werden von den Kindern mit Klebstoff versehen, sodass sich die beiden Figuren an den Händen zusammenkleben lassen.

Die Klebelaschen an den Füßen erhalten von einem Erwachsenen einen Klebepunkt mit Heißkleber, sodass diese auf dem Folienherz befestigt werden können.

Erfahrung

Wird die Figur freihand gestaltet, ist es ratsam, die Arme und Beine ein wenig zu lang anzulegen, da später noch die Klebelaschen abgeknickt werden.

Wenn man die Beine in Kniehöhe etwas knickt, stehen die Figuren stabiler und sehen dynamischer aus. *(KW)*

Schmetterlinge lernen sich kennen

Mal- und Bastelarbeit

Material

Bunter Fotokarton (50 x 70 cm), bunte Fingerfarbe, Pinsel, Lochzange, Gummiband, Bleistift, Schere

So wird's gemacht

Wenn eine neue Kindergartengruppe entsteht, müssen sich die einzelnen Mitglieder erst einmal beschnuppern und kennenlernen. Mit diesen Schmetterlingsflügeln kann man ein lustiges Kennenlernspiel gestalten, bei dem sich die Kinder spielerisch näherkommen können. Auch später, wenn die Kinder sich schon eine Weile kennen, spielen sie dieses Schmetterlingsspiel sehr gerne, um noch mehr über die anderen Kinder der Gruppe zu erfahren.

Um diese Flügel herzustellen, erhalten die Kinder zwei Fotokartonbogen und malen auf einem formatfüllend einen Schmetterlingsflügel auf.

Sie schneiden den Flügel aus und legen ihn auf den zweiten Fotokartonbogen. Sie umfahren ihn dort mit Bleistift und schneiden auch den zweiten Flügel aus.

Nun legen sie die beiden Flügelteile so aneinander, wie sie später als Flügelpaar liegen sollen. Sie bemalen ihre beiden Flügelhälften mit Fingerfarbe und bemühen sich dabei um eine symmetrische Gestaltung beider Teile. Anschließend legen sie die Flügel zum Trocknen beiseite.

Nach dem Trocknen stanzt ein Erwachsener mit einer Lochzange je zwei Löcher in die geraden Kanten der beiden Flügel. Die Löcher sollten einander gegenüberliegen und einen Abstand von etwa 10 cm aufweisen. Durch diese Löcher fädeln die Kinder mit der Unterstützung eines Erwachsenen ein etwa 30 cm langes Gummiband so hindurch, dass zunächst das erste Loch des einen Flügels mit dem des anderen Flügels verbunden wird. Dann führen sie das Gummiband über Kreuz in die noch offenen Löcher der beiden Flügel und verknoten die Bandenden, sodass schließlich beide Flügel durch das Gummiband miteinander verbunden sind.

Damit die Kinder die Flügel gut halten und bewegen können, wird an jedem Flügelelement noch ein Haltegriff benötigt. Hierzu werden am äußeren Rand im oberen Bereich der Flügel zwei Löcher gestanzt. Fädelt man hier jeweils ein Stück Gummiband so hindurch, dass eine Schlaufe entsteht, können die Kinder dort ihre Hände platzieren und die Schmetterlingsflügel auf- und zuklappen.

Die Kinder legen nun ihre Schmetterlingsflügel auf den Rücken, greifen mit den Händen in die Schlaufen und gehen durch den Raum. Beim Gehen bewegen sie die Flügel auf und zu, sodass es wirkt, als flögen sie durch das Zimmer. Nun fliegen sie von einem Kind zum nächsten und verweilen bei jedem eine Weile. Wer möchte, nennt seinen Namen und fragt das andere Schmetterlingskind nach seiner Lieblingsfarbe, seinem Lieblingsessen, wann es Geburtstag hat, ob es Geschwister hat etc.

Erfahrung

Durch diese Aktion lernen sich die Kinder spielerisch kennen. Dadurch, dass der Schwerpunkt auf dem Fliegen mit den Schmetterlingsflügeln liegt, trauen sich auch schüchterne Kinder, auf andere zuzugehen und Kontakt aufzunehmen. *(MF)*

Altersstufe

ab 4 Jahre

Zeit

Einzelarbeit
ca. 45 Minuten
(ohne Trockenzeit)

Auch Freunde streiten sich manchmal

Bastelarbeit

Material

Gesammelte Finger- und Fausthandschuhe in allen Größen, weißes Papier, rote Pfeifenputzer oder rote Wolle, Fasermaler, bunte Hölzer, Perlen, Bastelfedern, Pompons, evtl. Wackelaugen, Spiegel, Klebstoff, Schere

Altersstufe
ab 2 Jahre

Zeit
Einzelarbeit
ca. 30 Minuten

So wird's gemacht

Dort, wo sich mehrere Menschen arrangieren müssen, kann es sogar unter Freunden zu Missverständnissen oder Uneinigkeit kommen. Aus einer hitzigen Diskussion, wer das gewünschte Spielzeug bekommt oder welches Spiel gespielt werden soll, kann schnell ein Streit entstehen.

Um diese Gefühle, die dabei entstehen, näher zu beleuchten, treffen sich die Kinder vor einer großen Spiegelfläche und sprechen mit der Unterstützung eines Erwachsenen darüber, wie sie Streit in der Kindergartengruppe empfinden. Sie überlegen gemeinsam, was häufige Streitpunkte sind und wie man diese entweder vermeiden kann oder wie man den Streit beilegen und sich wieder versöhnen kann.

Im Anschluss daran inszenieren die Kinder einige kurze Rollenspiele. Dabei betrachten sie ihre Gesichter im Spiegel und erkennen die verschiedenen Gesichtsausdrücke. Ältere Kinder können versuchen, zu verbalisieren, wie sie sich fühlen, wenn sie sich mit einem anderen Kind streiten und wie man sich in einem solchen Fall wieder versöhnen kann.

Aus Erfahrung wissen die Kinder, dass man während eines Streits oder während man gerade schmollt, oft nicht in der Lage ist, seine Gefühle neutral zu zeigen. Gemeinsam wird überlegt, dass vielleicht ein Gefühlehandschuh dabei helfen könnte, zu zeigen, wie man sich gerade fühlt und vielleicht schafft er es auch auf lustige Art und Weise, die Situation positiv zu verändern.

Für die Gestaltung sucht sich jedes Kind einen Handschuh aus und gestaltet dessen Seiten mit jeweils einem streitenden und einem versöhnenden Gesicht.

Je nach Auswahl der Kinder können Augen, Nasen und Münder auf Papier aufgemalt, ausgeschnitten und aufgeklebt werden. Münder aus Bastelfilzresten, Wollsträngen oder roten Pfeifenputzern sehen ebenfalls toll aus. Die Nase kann durch einen Pompon oder durch ein Bastelholz im Nu dargestellt werden. Die Augen können aus Wackelaugen, aus Knöpfen oder aus Perlen entstehen.

Ein ärgerliches Gesicht wird sichtbar, wenn die Mundwinkel nach unten zeigen oder ein schmaler Mund schief aufgeklebt wird. Auch verengte oder in unterschiedlicher Höhe angebrachte Augen sowie dicke, schräg aufgeklebte Augenbrauen zeigen eine verärgerte Mimik. Überrascht wirkt ein Gesicht, wenn der Mund zu einem runden O aufgeklebt wird und die Augenbrauen hochgezogen sind.

Ein freundliches Gesicht wird durch einen lachenden Mund, große, runde Augen und fröhliche Farben symbolisiert.

Schon Kinder ab zwei Jahren können sich ihren Handschuh mit Hilfestellung gestalten. Hierbei ist wichtig, dass die Materialien so groß sind, dass sie nicht einfach verschluckt werden können.

Erfahrung

Die Handschuhe sind in der Gruppe vielfältig einsetzbar. Nutzen Sie die gestalteten Gesichter nach einem Konflikt zweier Kinder, bei einem Tischtheaterspiel oder für Gespräche im Stuhlkreis, wenn das Thema Streiten und Versöhnen angesprochen wird. Welches Kind hat bei einem vorgespielten Streit eine Lösungsidee und möchte die Handpuppe übernehmen und das Ende spielen? *(MF)*

Tipp

In den meisten Einrichtungen sind viele einzelne Handschuhe vorhanden, zu denen es keinen Partner mehr gibt. Brauchen Sie weitere Handschuhe, können Sie schnell ein großes, dekoratives Plakat mit den Kindern gemeinschaftlich gestalten. Ein schriftlicher Aufruf nach Einzelstücken und Paaren wird in der Mitte eines hellen Fotokartons notiert. Legen die Kinder nun rund um den Rand ihre Hände auf, umfahren diese und malen die Handformen bunt aus, entsteht ein tolles Bild. Dieser Hingucker bringt Reaktionen – und viele Handschuhe!

Winkemännchen

Mal- und Bastelarbeit

Material

Weißer Fotokarton (mindestens DIN A4), schwarzer Lackmaler, Aquarellkreiden, Wollreste, pro Figur je zwei dünne Rundstäbe (mindestens 30 cm lang), Bastelfilz- oder Stoffreste, Musterbeutelklammern, Prickelnadel, Pinsel, Klebstoff, Schere

Altersstufe
ab 4 Jahre

Zeit
Einzelarbeit
ca. 45 Minuten
(ohne Trockenzeit)

So wird's gemacht

Wenn kleine Kinder neu in die Kindergartengruppe kommen, fällt ihnen in der Anfangszeit oft der Abschied von den Eltern schwer. Hier ist es sinnvoll, ein Verabschiedungsritual einzuführen, bei dem das Kind sich aktiv beteiligen und den Abschiedsschmerz durch spielerische Elemente auflösen kann.

Mit dem hier gestalteten Winkemännchen wird die Verabschiedung der Eltern auf humorvolle Weise dargestellt und kann so von den Kindern leichter verarbeitet werden.

Mit einem schwarzen Lackmaler zeichnen die Kinder den Umriss ihrer gewünschten Figur möglichst formatfüllend auf den Fotokarton. Der Arm zum Winken wird separat und etwas länger aufgezeichnet.

Die Figur wird nun mit bunten Aquarellkreiden ausgestaltet. Das Winkemännchen erhält die gewünschte Frisur sowie farbenfrohe Kleidung. Der separat gezeichnete Arm wird in derselben Farbe bemalt, wie die Oberbekleidung der übrigen Figur gestaltet wurde. Werden die Kreidestriche im Anschluss daran mit etwas Wasser und einem Pinsel weiter vermalt, erhält die bemalte Fläche einen schönen, kräftigen Aquarellcharakter mit leuchtenden Farben.

Nach einer Trockenzeit von etwa einer Stunde schneiden die Kinder ihre Figur rundum so aus, dass der schwarze Lackmalerrand stehenbleibt. Der separat aufgemalte Arm wird ebenso ausgeschnitten.

Wer möchte, kann die gemalte Frisur durch aufgeklebte Wollreste zusätzlich ergänzen und plastisch werden lassen. Nun können die Kinder auch die Gesichtszüge mit Kreide oder Lackmalern ergänzen. Sehr wichtig ist hierbei, dass das Winkemännchen betont fröhlich aussieht. Wenn die Kinder später die Figur zur Hand nehmen, lassen sie sich von der Fröhlichkeit anstecken und die Traurigkeit verfliegt schneller.

Um den „Winke-Arm" zu befestigen, bohrt ein Erwachsener mit einer Prickelnadel jeweils ein Loch am Ende des Arms und an der Stelle des Körpers, an welcher der Arm angebracht werden soll. Die Kinder verbinden beide Teile mit einer Musterbeutelklammer und biegen deren Enden nach hinten.

Jetzt werden die beiden Rundstäbe an der Figur fixiert. Ein Stab wird als Haltestab von hinten am Körper platziert, der andere Rundstab wird hinter der „Winke-Hand" festgeklebt.

Zum Schluss schneiden die Kinder noch ein kleines Stück Bastelfilz oder Stoff zurecht, raffen es etwas und kleben es vorn als Taschentuch an der „Winke-Hand" an.

Tipp

Gemeinsam mit den Kindern können weitere Situationen besprochen werden, bei denen Menschen winken. Nicht nur zum Abschied, auch zur Begrüßung kann gewinkt werden. Den Kindern ist sicher auch das Winken im Stadion oder bei anderen sportlichen Veranstaltungen bekannt, bei dem die Sportler angefeuert werden. Hier halten die winkenden Personen kein Stofftuch, sondern Flaggen, Fähnchen oder Banner in den Händen. Kleine Fähnchen können selbst gestaltet oder vorgefertigt gekauft werden. So kann das Winkemännchen auch zur Fußball-EM, zur Weltmeisterschaft oder zur Olympiade mit den verschiedenen Landesflaggen winken.

Bewegen die Kinder nun den Rundstab nach oben und unten, können sie mit der kleinen Figur winken.

Erfahrung

Das Winkemännchen kam sehr oft und bei vielen Gelegenheiten zum Einsatz.
Manchmal wurde diese Spielfunktion so sehr beansprucht, dass der Arm abriss und repariert werden musste. Mit der Zeit lernten die Kinder, ihre Kraft dosiert einzusetzen. *(HT)*

Altersstufe
ab 4 Jahre

Zeit
Partnerarbeit
ca. 50 Minuten
(ohne Trockenzeit)

Hand in Hand – wir halten zusammen

Mal- und Bastelarbeit

Material

Bunter Fotokarton, buntes Tonpapier, Wolle, Buntstifte, Fasermaler, Motivlocher, Bügeleisen, Klebstoff, Kleister, Schere

So wird's gemacht

Jeweils zwei Kinder, die miteinander befreundet sind, arbeiten hier zusammen. Rechtshänder legen ihre linke Hand, Linkshänder ihre rechte Hand auf buntes Tonpapier, umfahren sie und schneiden die Form mit einem Armansatz aus.

Die Kinder kleben die beiden Hände nebeneinander auf einen farblich passenden Fotokarton auf. Hierbei können sie die Hände etwas überlappend so anordnen, dass beide Daumen zur Mitte zeigen. So wirkt es, als hielten sie sich an den Händen. Es ist aber auch möglich, die Hände einfach mit etwas Abstand nebeneinander zu kleben und durch die spätere Gestaltung miteinander zu verbinden.

Hübsch sieht es aus, wenn jedes Kind abwechselnd die Umrandung der aufgeklebten Hand mit den Lieblingsfarben umfährt. Wer möchte, verziert die Hände mit einem Freundschaftsring oder einem Armband.

Außerdem können die Hände in der Mitte mit verschiedenen ausgestanzten Motiven, z. B. Herzen, beklebt und mit Fasermalern individuell gestaltet werden.

Um die dekorativen Blumen herzustellen, wählen die Kinder zwei bis drei bunte Wollfäden aus, die sie kurz in den angerührten Kleister legen. Sie schneiden einen Kreis aus Fotokarton, der von der Größe auf den Arm oder die Hand passt und die Blütenmitte darstellt, und legen ihn auf ein separates Fotokartonstück. Nun ziehen sie die bunten Wollfäden einzeln nacheinander aus dem Kleister und ordnen sie ringförmig um den Kartonkreis herum an. Sobald die Kreisfläche von vielen Wollringen umgeben ist, werden die kleistergetränkten Fäden an vier Stellen mit den Fingern etwas in die Mitte geschoben, sodass eine Blumenform entsteht.

Die Kleisterblume muss nun bis zum nächsten Tag trocknen. Wenn sich das Blatt durch den Kleister wellt, kann man die Kleisterblumen nach dem Trocknen von der Rückseite mit dem Bügeleisen glatt bügeln.

Nachdem der Fotokarton gut getrocknet ist, können die Kinder die Blumenform ausschneiden und als Freundschaftsblume auf die Tonpapierhand kleben.

Auch Blütenketten, Blattranken, Freundschaftsbänder oder weitere Gestaltungen können die beiden Hände nach freier Fantasie der Kinder miteinander verbinden.

Erfahrung

Streift man die Kleisterfäden beim Herausziehen aus dem Kleister etwas am Rand der Schale ab, gelangt nicht zu viel Kleister auf das Bild. *(EvH)*

Tipp

Diese Technik der Blumengestaltung eignet sich auch wunderbar dazu, eine schöne, große und bunte Blume zum Muttertag zu gestalten.

Wir gestalten ein Gruppen-Memospiel

Mal- und Bastelarbeit

Material

Eichelhütchen, bunte Fingerfarbe, Schaschlikstäbe, ggf. grüner Fotokarton, Glanzspray, Schere

So wird's gemacht

Im gemeinsamen Spiel kommen sich die Gruppenmitglieder näher. Zusammen an einem Tisch zu sitzen und ein Spiel zu spielen, stärkt das Gemeinschaftsgefühl der Gruppe.

Um das Gruppen-Memospiel herzustellen, entfernt ein Erwachsener mit einer Schere die Spitzen der Schaschlikstäbe, sodass flache Enden entstehen.

Jedes Kind erhält zwei Eichelhütchen und zwei Schaschlikstäbe, die als Druckwerkzeug dienen.

Die Kinder tauchen das abgeflachte Ende eines Stäbchens in Fingerfarbe und bedrucken damit die Innenflächen ihrer beiden Eichelhütchen mit einer Blütenform. Um eine Blume zu gestalten, drucken sie zuerst die Mitte der Blume mit dem ersten Schaschlikstab in einer Farbe und stempeln danach die Blütenblätter mit dem anderen Schaschlikstab in einer anderen Farbe.

Auf diese Weise fertigt jedes Kind ein identisches Blumenpaar an und legt die Eichelhütchen zum Trocknen beiseite.

Damit das Memospiel später immer nur jeweils zwei identische Blütenpaare aufweist, ist es ratsam, die möglichen Farbenkombinationen im Vorfeld abzusprechen.

Werden die Eichelhütchen nach dem Trocknen mit Glanzspray besprüht, halten die Farben besser.

Ist alles gut getrocknet, können die Eichelhütchen als Memospiel zum Einsatz kommen. Hierfür platzieren die Kinder alle bedruckten Eichelhütchen mit der Blume nach unten auf dem Tisch. Reihum dreht jedes Kind zwei Eichelhütchen um und versucht, ein Blumenpaar zu finden.

Wer möchte, kann noch einige Eichenblätter auf grünem Fotokarton vorzeichnen und ausschneiden. Diese können als Spielfeldumrandung rund um die Eichelhütchen gelegt werden. Eine solche Umrandung macht es für die Kinder einfacher zu erkennen, in welchem Bereich das Spiel vonstatten geht.

Erfahrung

Das Bedrucken ging den Kindern leicht von der Hand. Auch mit Kastanien, die eine flache Seite aufweisen, kann man ein solches Naturspiel gut gestalten. *(EvH)*

Meine Kindergartengruppe

Altersstufe

ab 5 Jahre

Zeit

Gruppenarbeit
ca. 45 Minuten
(ohne Trockenzeit)

Tipp

Wird dieses Memo mit jüngeren Kindern gestaltet, kann man auch einfach nur den Finger mit Fingerfarbe versehen und einfarbige Fingerabdrücke in die Eichelhütchen setzen. Auf diese Weise reduziert sich auch die Anzahl der zu findenden Paare, was das Spiel für jüngere Kinder übersichtlicher macht.

4. Sprache

Kinder lieben Märchen, erfundene Geschichten, fantastische Figuren und Fabelwesen. Diese sagenhafte Welt spiegelt das magische Denken wider, das für Kindergartenkinder typisch ist. Das Vorlesen oder Erzählen schafft eine angenehme Atmosphäre, die Geborgenheit vermittelt. Der frühe Kontakt mit solchen bildhaften Erzählungen führt Kinder in die bunte Welt der Literatur ein. Märchen transportieren ihre Inhalte über Symbole und Bilder, die Kinder ganz intuitiv erfassen. Die Geschichten sind eingängig und nachvollziehbar. Da die Verhaltensmuster der Märchenfiguren klar festgelegt sind, weiß der Leser oder Zuhörer genau, welches Aktionsspektrum von einer Hexe oder einer schönen Königstochter erwartet werden kann.

Auch die klaren Gegensätze von Gut und Böse, Schön und Hässlich, Arm und Reich bieten eine klare Struktur, Orientierung und geben Sicherheit.

Durch das Vorlesen und Betrachten von Büchern werden die Kinder spielerisch an den Umgang mit Schriftzeichen herangeführt. Auf diese Weise erleben sie deren Funktion als Informationsträger ganz selbstverständlich. Kinder, die frühzeitig den Kontakt mit Büchern erfahren und erkennen, wie spannend es ist, über die Buchstaben in eine neue, fantastische Welt eintauchen zu können, möchten in der Regel gerne selbst lesen lernen, um sich dieses Vergnügen selbstständig zu ermöglichen.

Sprache ist der Schlüssel zur Welt. Werden Kinder von klein auf sprachlich gefördert, lernen sie, sich und die eigenen Gefühle zum Ausdruck zu bringen und sich und andere besser zu verstehen.

Über fantasievolle Geschichten, das freie Sprechen und die kreative Nutzung von Kommunikationsmedien wie Fernseher, Telefon etc. im szenischen Spiel wird der Wortschatz der Kinder nach und nach ausgebaut. Beschreibende Formulierungen, welche die Sprache lebendig machen und Bilder vor dem geistigen Auge entstehen lassen, werden ganz nebenbei erlernt und verinnerlicht. Geschichten, Erlebnisse, Träume etc. bieten zahlreiche Sprechanlässe, die Kinder motivieren, ihre Gedanken und Gefühle in eigene Worte zu fassen und damit spielerisch ihre Sprachkompetenz zu erweitern.

Geschichten, Märchen, Fabeln ***Seite 96***
Literacy ***Seite 108***
Medien und Kommunikation ***Seite 118***

Sterntaler
Collage

Altersstufe
ab 4 Jahre

Zeit
Einzelarbeit
ca. 40 Minuten
(ohne Trockenzeit)

Material
Aquarellpapier (mindestens DIN A4), goldene Glittersterne, weiße Stoffreste, weiße Märchenwolle, bunte Deckfarbe, Bleistift, Pinsel in unterschiedlichen Größen, Malerlappen oder Schwämmchen, Kreppklebeband, Klebstoff, Schere

So wird's gemacht
Damit das Aquarellpapier sich nach dem Trocknen nicht wellt, sollte es vor der Arbeit an allen Kanten mit Kreppklebeband am Tisch befestigt werden.

Zunächst wird der Hintergrund in der Nass-in-Nass-Technik gestaltet. Hierzu befeuchten die Kinder mit Wasser und dem dicksten Pinsel, der ihnen zur Verfügung steht, ihr Papier. Danach wird das angefeuchtete Papier mit dunkelblauer Deckfarbe und einem dicken Pinsel großzügig eingestrichen.

Um den zauberhaften Goldtalerregen, der vom Himmel auf das kleine Mädchen herabprasselt, noch magischer und leuchtender darzustellen, wird aus dem feuchten, blauen Hintergrund mittig ein heller Lichtstreifen herausgewischt.

Dazu streichen die Kinder mit einem trockenen, sauberen Mallappen oder einem Schwämmchen an der passenden Stelle über das Bild. Dabei wird die blaue Farbe aufgesaugt und es entsteht ein heller Streifen.

Um dem Bild weitere Tiefe zu geben, können im unteren Drittel noch mit dunklerer Farbe einzelne Punkte gesetzt werden, die miteinander verschwimmen. Der zuvor ausgewischte helle Streifen bleibt frei und kann zusätzlich mit etwas gelber Farbe bemalt werden, um den Lichteinfall gezielter darzustellen.

Wenn die Farbe gut getrocknet ist, malen die Kinder das Mädchen mit Deckfarbe in Hauttönen in den Lichtkegel. Hierbei achten sie darauf, dass die Arme ausgebreitet und die nackten Füße gut sichtbar sind. Wer möchte, malt hier nur den Kopf mit Armen sowie die Füße. Für jüngere Kinder ist es aber von Vorteil, die ganze Figur mit Bleistift vorzuzeichnen und mit Deckfarbe in Hauttönen auszumalen.

Sobald die Farbe getrocknet ist, werden die Gesichtszüge des Mädchens ebenfalls mit Deckfarben gestaltet. Aus zurechtgezupfter und gedrehter weißer Märchenwolle entstehen die Haare, die in der gewünschten Frisur an den Kopf geklebt werden.

Nun wird das Kleid des Mädchens aus weißem Stoff zugeschnitten. Dazu malen die Kinder einen Halbkreis (Ø 20 cm) auf dem Stoff vor und schneiden ihn aus. Diesen Halbkreis fixieren sie so am aufgemalten Körper, dass die Arme und Beine des Mädchens gut zu sehen sind. Dabei wird der Stoff am Hals mit Klebstoff fixiert, in Falten gelegt und an den Kanten eingeschlagen. Befestigt man den Stoff zusätzlich an den Händen des Mädchens, sieht es aus, als hielte es das Kleid auf, um die Sterne aufzufangen.

Anschließend etwas Klebstoff am Lichtstreifen entlang und am Kleid auftragen. Nun werden einige goldene Glittersterne darübergestreut und kurz angedrückt. So wirkt es, als fielen die Sterne vom Himmel und direkt in das Kleid des Mädchens. Zum Schluss kann das Bild vorsichtig hochgenommen und bewegt werden, um lose Sterne abzuschütteln.

Erfahrung

Das Verlaufen der Farbe faszinierte die Kinder sehr und auch das Herauswaschen des hellen Lichtstreifens war äußerst interessant für sie. Das Entfernen der dunklen Farbe gelingt allerdings nur, wenn dazu saubere Mallappen oder Schwämmchen benutzt werden. Da dieser Arbeitsschritt manchmal mehrmals ausgeführt werden muss, um die gewünschte Helligkeit zu erreichen, sollten entsprechend viele saubere Hilfsmittel zur Verfügung stehen. *(HT)*

Tipp

Wer keine goldenen Sterne zur Verfügung hat, kann auch aus goldenem Metallpapier mit dem Locher einige Kreise ausstanzen. Diese stellen dann die Goldtaler dar, die für das Kind vom Himmel fallen.

Fliegender Drache

Bastelarbeit

Altersstufe
ab 5 Jahre

Zeit
Einzelarbeit
ca. 40 Minuten

Material

Dünne Pappröhre (ca. 30 cm lang, z. B. von einer Küchenrolle), buntes Tonpapier, grüne Pfeifenputzer, rote Bastelfedern, grüne Wolle, Rundstab (ca. 30 cm lang), schwarzer Fasermaler, Stopfnadel, Klebstoff, ggf. Klebefilm, Cutter, Schere, ggf. Seitenschneider

So wird's gemacht

Drachen kennen die Kinder sicher schon aus verschiedenen Geschichten. Damit alle nochmals das Bild eines solchen Fabelwesens vor Augen haben, besprechen die Kinder die äußeren Merkmale eines solchen Tieres. Ein Drache ist riesig und sieht mit seinem großen Maul und den scharfen Zähnen recht gefährlich aus. Er hat scharfe Krallen und Flügel, mit denen er hoch am Himmel fliegen kann. Bei Gefahr speit ein Drache Feuer, das in einer langen Fontäne aus seinem großen Maul schießt.

Damit die Kinder einen solchen Drachen gestalten können, schneidet ein Erwachsener mit einem Cutter ungefähr ein Drittel der Pappröhre für den Kopf des Drachen ab.

Die Kinder erhalten beide Teile der Röhre und verkleiden diese rundum mit Tonpapier. Die Größe des Papiers hängt von der Größe der Röhre ab. Ideal ist ein Tonpapierrechteck, das auf die mit Klebstoff versehene Rolle gelegt wird. Überstehende Kanten können nach innen in die Öffnungen der Röhren umgeschlagen werden.

Nun werden die Beine dargestellt: Hierzu am längeren Röhrenstück, das den Drachenkörper darstellt, mit der Schere zweimal zwei einander gegenüberliegende Löcher bohren und zwei ca. 15 cm lange Pfeifenputzerstücke so hineinstecken, dass die Enden zu beiden Seiten herausstehen. Damit der Drache an jedem Bein drei Krallen erhält, wickeln die Kinder um die Enden der Beine jeweils ein kürzeres Pfeifenputzerstück (ca. 6 cm lang) und fixieren dieses zusätzlich mit etwas Klebstoff.

Bevor der Kopf an den Körper geklebt wird, gestalten die Kinder diesen aus. Aus weißem Tonpapier schneiden sie Dreiecke als Zähne und Kreise oder Ovale als Augen aus und kleben diese Elemente an der passenden Stelle an. Mit schwarzem Stift werden die Pupillen und Nasenlöcher

Tipp

Werden kleine Steinchen in den Drachenbauch gefüllt und die Enden der Röhre mit Märchenwolle verschlossen, erklingt ein gefährliches Grollen, wenn man den Drachen nach vorn oder nach hinten kippt und die Steinchen im Inneren der Röhre hin- und herrollen.

angezeichnet. Längliche, vorn spitz zulaufend zugeschnittene bunte Papierstreifen in Gelb- und Rottönen, die in die Maulöffnung am Röhrenende geklebt werden, lassen den Drachen Feuer spucken.

Damit der Drache seinen Kopf beim Feuerspeien gefährlich nach oben reckt, werden die beiden Papprollen verkantet ineinandergesteckt und in dieser Position mit Klebstoff fixiert.

Aus einem ca. 40 cm langen und 2 cm breiten Streifen Tonpapier in Kontrastfarbe entstehen die Zacken auf dem Rücken des Tieres. Der Streifen beginnt in der Breite von 2 cm und wird dann zum Ende hin immer dünner und spitzer zugeschnitten, sodass dieser zum Schwanz hin immer schmaler wird. Die Kinder falten den Streifen im Zickzack und kleben das breitere Ende zunächst am Kopf des Tieres fest. Die Zacken verlaufen über den Rücken des Drachen und werden mit Klebstoff entlang des Körpers befestigt. Das schmale Ende kann flach aufliegen oder über das Körperende hinausragen.

Aus Tonpapier entstehen danach die Flügel. Dazu schneiden die Kinder zwei kleine Rechtecke in verschiedenen Farben aus und falten diese als Ziehharmonika oder Fächer. Im Anschluss kleben sie diese Flügel rechts und links übereinander mittig an den Körper. Wer möchte, kann die Flügel zur Stabilisierung zusätzlich mit transparentem Klebefilm am Körper befestigen.

Damit der Drache auch fliegen kann, wird eine mit Wolle versehene Stopfnadel von unten an beiden Enden des Körpers vorsichtig durch die Papphröhre gestochen. Die Wollfäden werden dabei mit Knoten am unteren Ende vor dem Herausrutschen gesichert. Das andere Ende der Wollfäden wird am Rundstab verknotet.

Zum Schluss eine farblich passende Feder in das Schwanzende kleben – und schon kann der Drache am Rundstab durch das Zimmer fliegen oder an der Decke befestigt werden.

Erfahrung

Das Durchstechen mit der Stopfnadel und Anbringen der Aufhängung wurde von einem Erwachsenen ausgeführt, da diese Arbeitsschritte für die Kinder sehr schwierig waren. *(HT)*

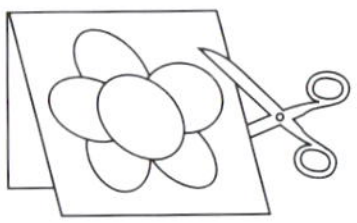

Vorlage siehe Motivbogen

Altersstufe
ab 4 Jahre

Zeit
Einzelarbeit
ca. 45 Minuten
(ohne Trockenzeit)

Glitzernde Elfen

Bastelarbeit

Material

Crea Pop Folie (pro Elfe ca. 25 x 20 cm), irisierende, transparente Folie (pro Elfe ca. 30 x 30 cm), Watteei (Ø 55 mm), weiße Papier-Muffinförmchen, dünner Nylonfaden oder Silberdraht, dünner Fasermaler, schwarzer und roter Lackmaler, Glitterglue oder Glitter-Liner, Nadel mit großem Öhr, transparenter Klebefilm, Klebstoff, Schere

So wird's gemacht

Zunächst wird die Flügelform nach der Vorlage auf dem Motivbogen mit Fasermaler auf die Crea Pop Folie übertragen und ausgeschnitten. Die so entstandenen Flügel verzieren die Kinder nach eigener Vorstellung. Wer möchte, kann unterschiedliche Muster mit Glitterglue oder Glitter-Liner aufmalen. Anschließend werden die Flügel etwa 30 Minuten zum Trocknen beiseitegelegt.

Während die Farbe trocknet, nutzen die Kinder die Zeit, um den Elfenkörper herzustellen. In die Mitte der quadratisch zugeschnittenen Folie wird dazu das Watteei als Kopf gelegt. Nun ziehen die Kinder die Folie straff über das Watteei und binden sie direkt unter dem Ei mit durchsichtigem Klebefilm gut ab. Die Folie ist zwar recht stabil, aber nicht reißfest, deshalb muss hier vorsichtig gearbeitet werden. Bei diesem Arbeitsschritt benötigen die Kinder oft Hilfestellung durch einen Erwachsenen.

Tipp

Wer keine Crea Pop Folie zur Verfügung hat, kann die Flügel stattdessen auch aus den transparenten Deckeln von Schnellheftern ausschneiden.

Die Kopfbedeckung der Elfe entsteht durch ein Muffinförmchen aus Papier, das von hinten passend am Kopf mit Klebstoff fixiert wird. Das Gesicht malen die Kinder direkt mit Lackmalern auf das mit Folie überzogene Watteei.

Danach werden die Flügel mit Klebstoff am Elfenkörper befestigt. Am besten liegen die Flügel dabei auf dem Tisch und werden mittig mit reichlich Klebstoff bestrichen. Nun kann man den Elfenkörper so andrücken, dass die Flügel hinten an der Folie und am Kopf festkleben.

Abschließend wird ein mindestens 50 cm langer Silberdraht oder ein Nylonfaden mit einer Nadel aufgefädelt, vorsichtig von hinten durch das Watteei gestochen und verknotet. Nun kann die Elfe aufgehängt werden.

Erfahrung

Die irisierende Folie begeisterte die Kinder sehr. Zum Übertragen der Flügelschablone eignen sich am besten Fasermaler, da diese Schneidelinien auf der Crea Pop Folie gut zu sehen und somit für die Kinder eine große Hilfe sind. Beim Auffädeln und Durchstechen der Schnur zum Aufhängen der Elfe benötigten jüngere Kinder meist Hilfestellung. *(HT)*

Drachen-Eier

Modellierarbeit

Material

Ton, Plastikkapseln (z. B. aus Überraschungseiern), bunte Deckfarbe, Pinsel, kleine Überraschungen zum Füllen der Eier

So wird's gemacht

Gut schließende Plastikkapseln werden mit kleinen Drachen aus Kunststoff, sonstigen kleinen Spielzeugen oder Überraschungen gefüllt. Vorsicht bei Süßigkeiten: Sie sollten so verpackt sein, dass sie ein wenig Feuchtigkeit und einige Tage Lagerung gut überstehen.

Die Kinder klopfen ein Stück Ton zu einer ungefähr handtellergroßen Platte flach. Sie legen die Plastikkapsel darauf und wickeln sie in die Tonplatte ein. Durch Formen und Rollen entsteht ein großes Ei aus Ton, eventuelle Spalten und Lücken werden durch kleine Tonstückchen geschlossen.

Die Eier müssen nun einige Tage trocknen, bis sie sich hart anfühlen. Da der Ton beim Trocknen schrumpft, reißt er möglicherweise an einigen Stellen ein. Damit das Ei dadurch nicht zu instabil wird, sollte die Tonhülle mindestens eineinhalb Zentimeter dick sein.

Nach dem Trocknen können die Eier mit Deckfarben bemalt werden.

Der trockene Ton bricht leicht, sodass die Kinder durch einen Schlag mit einem Kochlöffel oder Fallenlassen des Eis leicht an die Überraschung im Inneren herankommen. Allerdings sollte man das Öffnen lieber nach draußen verlegen, da dabei Staub und kleinteilige Tonstücke entstehen. Da Ton ein ungiftiges Naturmaterial ist, können die Eierreste zusammengefegt und bedenkenlos im Müll oder auch unter Büschen landen.

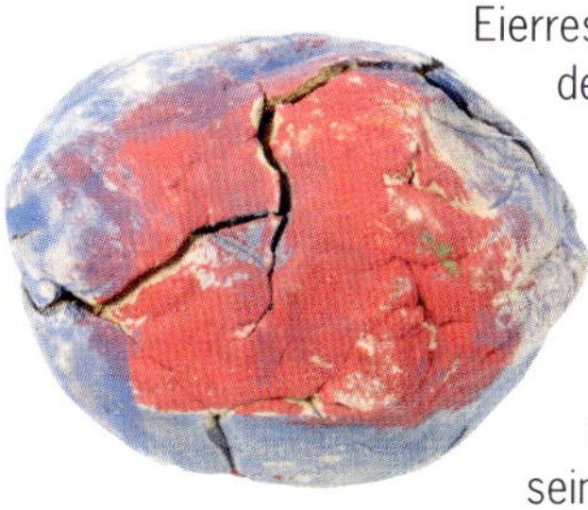

Erfahrung

Wenn die Eier zum Trocknen beiseitegelegt werden, sollte jedes Ei von seinem Besitzer wiedererkannt werden können. Dafür kann z. B. jedes Ei auf ein Blatt Papier mit dem entsprechenden Namen gelegt werden oder die Initialen des Kindes werden direkt in das Ei geritzt. *(SH)*

Altersstufe

ab 3 Jahre

Zeit

Einzelarbeit

ca. 15 Minuten

(ohne Trockenzeit)

Tipp

Man kann auch auf die Plastikkapseln verzichten und kleine Drachenfiguren aus Kunststoff direkt in ein Ton-Ei hineinkneten. Kleine Hobbyarchäologen haben dann noch länger damit zu tun, die Drachen aus der Tonmasse freizulegen.

Zauberstäbe

Werk- und Bastelarbeit

Material

Zweige oder Rundstäbe (30–50 cm lang, Ø 2 cm), Nägel, Gold- und Silberdraht, buntes Geschenkband, Glitzerfolie, Perlen, Sterne und Herzen zum Auffädeln, Bastelfedern, bunte Acryl- oder Fingerfarbe, Pinsel, Schere, Schraubstock, Hammer, Seitenschneider

Altersstufe

ab 4 Jahre

Zeit

Einzelarbeit
ca. 60 Minuten
(ohne Trockenzeit)

So wird's gemacht

Wer möchte sich nicht gerne einmal mutig zaubern, den ungeliebten Blumenkohl vom Teller weghexen oder den Geburtstag auf magische Weise schneller herbeiholen? In der kindlichen Fantasie haben Zauberei und Magie einen festen Platz. Wird gemeinsam ein Zauberstab gebastelt, regt dies die Kinder an, ihre Wünsche, Ängste und Hoffnungen zu erspüren und in Worte zu fassen.

Auch Märchen oder Geschichten von Zauberern, Hexen, Feen, Elfen oder anderen magischen Wesen können mit diesen bunten Zauberstäben wunderbar szenisch dargestellt, nachgespielt und nach eigener Fantasie ergänzt werden.

Zunächst bemalen die Kinder den Zweig oder den Rundstab mit Acryl- oder Fingerfarbe bunt oder einfarbig nach Belieben und legen ihn zum Trocknen beiseite.

Zauberstäbe aus gesammelten Ästen und Zweigen wirken besonders echt. Wenn Sie einen Spaziergang in den Wald planen, können die Kinder dort kleine Äste und Zweige sammeln, diese dann in der Einrichtung einige Tage zum Trocknen auslegen oder aufhängen und danach als Grundgerüst für ihren Zauberstab verwenden. Wer keine Äste und Zweige zur Verfügung hat, kann auch Rundstäbe in der entsprechenden Länge einsetzen.

Nach einem Tag Trockenzeit wird der Stab hochkant in einem Schraubstock befestigt. Die Kinder schlagen mit der Hilfe eines Erwachsenen einen Nagel so in die Mitte der oberen Seite des Rundstabes, dass dieser zunächst noch etwa 2 cm weit herausschaut. Hierbei benötigen die Kinder in der Regel viel Unterstützung, da der Nagel sehr gerade in das Holz geschlagen werden muss.

Danach schneiden sie drei bis vier Drähte (ca. 1 m lang) mit dem Seitenschneider ab und knoten diese fest an das obere freie Stück des Nagels, bevor der Nagel vollends in das Holz gehämmert wird.

Die Kinder fädeln nach Belieben Perlen, Sterne, Herzen oder weitere Elemente an die Drähte und verknoten die Endstücke jeweils mit einer Feder.

Damit der Zauberstab festlicher wirkt, können bunte Geschenkbandstreifen zusätzlich angeknotet werden. Zum Abschluss verzieren die Kinder ihren Zauberstab weiter mit aufgeklebten Glitzerfolienresten.

Tipp

Setzen Sie die Zauberstäbe im Abschlusskreis oder beim Turnen ein. Werden die Kinder in Frösche, Hunde, Katzen oder Affen verzaubert, können sie dementsprechende Laute von sich geben oder sich wie die jeweiligen Tiere bewegen.

Hierzu einfach schmale Rechtecke aus der Glitzerfolie ausschneiden und an den gewünschten Stellen um den Zauberstab kleben.

Besonders großen Spaß macht es den Kindern, gemeinsam einige Zaubersprüche zu erfinden, damit die Zauberstäbe zum Einsatz kommen können.

Schlangenzahn und Krötendreck –
ich hexe euch jetzt alle weg.

Hokus, pokus Wanzenschleim –
ich hexe mich jetzt ganz schnell heim.

Zauberstab und Hexenhut –
ich zaubere uns jetzt viel Mut.

Spinnenfuß und Käferbrei –
ich hexe uns nun Glück herbei.

Abrakadabra, schwarzes Meer –
ich hexe jetzt Melissa her.

Katzenschwanz und Läusebein –
du sollst nun eine Kröte sein!

Erfahrung

Werden echte Äste oder Zweige zur Gestaltung des Zauberstabs verwendet, sollte darauf geachtet werden, dass keine gefährlichen Spitzen herausragen, die eventuell zu Verletzungen führen könnten.
Auch wenn einige Kinder gerne längere Zauberstäbe hätten, ist es ratsam, die Länge dieser Stäbe auf etwa einen halben Meter zu begrenzen. Je jünger die Kinder sind, desto kürzer sollte der Stab sein. So können sie diesen jederzeit kontrolliert bewegen und dadurch Unfälle vermeiden. *(MF)*

Tanzende Feen

Collage

Altersstufe
ab 5 Jahre

Zeit
Einzelarbeit
ca. 60 Minuten
(ohne Trockenzeit)

Material

Tonpapier (DIN A4), Wollfäden, Märchenwolle, Stoffreste, Alufolie, bunte Wolle, Bastelfilz, Metallicfolie, Fasermaler, Motivlocher Schmetterling, Pinsel, Bügeleisen, Klebstoff, Kleister, Stoffschere

So wird's gemacht

Auf einem Blatt sollen drei tanzende Feen entstehen. Die Kinder bekommen jeweils drei bunte Wollfäden (etwa 30 cm lang) und binden in der Mitte eines jeden Fadens eine Schleife, welche die Flügel der Fee darstellt.

Dann schneiden sie für die drei Zauberwesen mit gut schneidenden Stoffscheren die Kleiderformen aus bunten Stoffresten zu. Hierbei bleibt es der Fantasie der Kinder überlassen, wie die Form des Kleides ausfällt. Besonders schön wirken runde, weiche und voluminöse Formen. Sie bestreichen die ganze Fläche eines Tonpapiers mithilfe eines Pinsels mit Kleister und kleben die Kleider gleich auf das Blatt.

Nun legen sie die Flügel der Schleifenwollfäden an einer Seite der Stoffkleider, welche dann den Rücken der Fee darstellt, an. Die beiden Wollfadenenden werden so um das Kleid herumgelegt, dass sie dieses umrahmen und am unteren Ende die Beine symbolisieren. Werden die Fadenenden für die Beine so gelegt, dass sie nach hinten weisen, wirkt es, als würde die kleine Fee fliegen. Die Kleisterfäden und die Schleife lassen sich mit den Fingerspitzen im feuchten Kleister so lange verschieben, bis den Kindern die Position gefällt. Anschließend werden die Bilder zum Trocknen einen Tag lang beiseitegelegt.

Nach dem Trocknen sollte ein Erwachsener das Bild von der Rückseite mit dem Bügeleisen gleichmäßig glatt bügeln, bevor der nächste Gestaltungsschritt folgt.

Tipp

Bieten Sie leichte und frühlingshafte Stoffmotive an. Dies unterstreicht den feenhaften Charakter der kleinen Gestalten.

Abschließend malen sie mit Fasermalern zwei Arme auf und gestalten Augen, Nase und Mund.

Erfahrung

Kleisterfädenarbeiten sind bei den Kindern sehr beliebt, da sich alle Formen so lange verschieben lassen, bis das gewünschte Ergebnis erzielt wurde. Beim Schneiden des Stoffes ist manchmal die Unterstützung eines Erwachsenen nötig.

Das Binden einer Schleife war für die Kinder eine gute Übung, um auch zukünftig ihre Schuhe selbst schließen zu können. Um das Schleifenbinden zu üben, versahen wir einen dicken Pappkarton mit verschiedenen Bändern, an denen die Kinder das Binden der Schleife üben konnten. Die Kinder, die es selbstständig schafften, erhielten einen Schleifen-Führerschein und halfen jüngeren Kindern beim Binden der Schleifen für die Feenflügel. *(EvH)*

Die Kinder schneiden aus Bastelfilz für jede Fee ein rundes Gesicht sowie zwei kleine Füße aus und kleben alle Teile an die entsprechenden Stellen. Danach zupfen sie einen Streifen bunter Märchenwolle für die Haare ab und kleben diese um die Kopfform herum.

Die Kinder nehmen ein Stück Alufolie und knüllen dieses etwas zusammen. Nach dem Öffnen sind auf dem Alufolienstück Knitterlinien zu sehen. Sie schneiden aus dem Folienstück zwei Flügel aus und kleben sie direkt in die Flügelformen aus den Wollfäden hinein.

Mit einem Motivlocher stanzen sie aus Metallicfolie kleine Schmetterlinge, Sterne oder andere Elemente aus und kleben sie über die Kopfmitte der kleinen Feen. Wer keinen Motivlocher zur Verfügung hat, kann auch kleine Krönchen aus der Folie ausschneiden und als Kopfschmuck aufkleben.

Altersstufe
ab 2 Jahre

Zeit
Gruppenarbeit
ca. 60 Minuten

Zauberwald

Bastelarbeit

Material

Grünes, gelbes und braunes Tonpapier (DIN A4), Seidenpapierreste, Glanzpapier, Glitzerfolie, Alufolie, evtl. große Tücher oder farblich passende Papiere, Bleistift, Klebstoff, Schere

So wird's gemacht

Der Zauberwald dient als Grundlage für viele fantasievolle Geschichten und wird von den Kindern gemeinsam hergestellt. Jedes Kind gestaltet einen Baum, der dann an einer

vorbereiteten Wand mit den anderen Bäumen zum Zauberwald angeordnet und aufgeklebt wird. Bei der Herstellung der Bäume unterstützen sich die Kinder gegenseitig und helfen einander. Mit etwas Hilfestellung können dann auch die jüngsten Kinder mitarbeiten, zum Beispiel beim Zerknüllen von Papieren, die dann später als Früchte aufgeklebt werden.

Zunächst schneiden die Kinder aus grünem oder gelbem Tonpapier eine Baumkrone aus. Wer möchte, kann die Baumkrone mit Bleistift vormalen.

Passend dazu malen sie nun einen Baumstamm und Äste auf braunes Tonpapier und schneiden diese Teile ebenso aus. Der Stamm, die Äste und Zweige werden jetzt auf die ausgeschnittene Baumkrone gelegt, nach Wunsch angeordnet und dann mit etwas Klebstoff fixiert.

Danach kann der Baum mit Blättern oder Früchten je nach Wunsch weiter ausgestaltet werden. Hierfür können farblich passende Laubblätter aus unterschiedlichen Papieren ausgeschnitten und an die Zweige und Äste geklebt werden. Glitzerpapiere, Glanzpapiere oder zugeschnittene Alufolienstücke sehen besonders dekorativ aus. Das Bild wirkt plastischer und lebendiger, wenn diese Blätter dabei nicht flach, sondern nur an einer Seite festgeklebt und etwas nach oben gebogen werden. Früchte entstehen aus kleinen, zu Kügelchen geknüllten Papierresten, die an den passenden Stellen befestigt werden.

Mit großen Tüchern oder Papieren kann jetzt eine Wand (z. B. eine große Pinnwand) vorbereitet werden, die als Hintergrund für den Zauberwald dient. Besonders wirkungsvoll und plastisch erscheint der Zauberwald, wenn dieser Hintergrund in mehreren Grüntönen gestaltet wird. Wer große, weiße Papiere zur Verfügung hat, kann mit den Kindern diesen Hintergrund auch malen, bevor die Bäume zum Zauberwald angeordnet und aufgeklebt werden.

Erfahrung

Dieser Zauberwald regt die Fantasie der Kinder an.
Mit gezielten Fragen können Sie die Kinder unterstützen und gemeinsam mit ihnen Geschichten dazu erfinden: Wer dort wohl wohnt? Wie sehen diese Bewohner aus? Wovon ernähren sie sich? Was arbeiten sie? Womit spielen sie? Kommen andere Zauberwesen zu Besuch? Wohnt auch jemand in dem Baum? Wie diese Wohnung wohl aussieht?

(HT)

Wichtelstäbe

Mal- und Bastelarbeit

Material

Holzlattenreste (4–7 cm breit, 35–55 cm lang), Nägel und bunte Holzperlen (der Durchmesser der Perlenbohrung bestimmt die Größe der Nagelköpfe), Moosgummi- und Fotokartonreste, Schleifenband, bunte Hölzer, Dekoblumen, bunte Naturbastreste, Märchenwolle, bunte Acryl- oder Fingerfarbe, Pinsel, Klebstoff, Schere, Hammer

So wird's gemacht

Kinder mögen Wichtel. Diese kleinen, frechen Gesellen sind stets gut gelaunt und können an ihrer meist spitzen Kopfbedeckung gut erkannt werden.

Um einen solchen Wichtel zu gestalten, wählen die Kinder ein Holzstück aus und malen den Körper sowie den Kopf eines solchen Wesens auf. Typisch für einen Wichtel sind leuchtende, bunte Farben. Die Mützen, Haare, Arme etc. können gemalt oder auch später mit anderen Materialien gefertigt werden.

Nach einem Tag Trockenzeit wird die Nase des Wichtels gestaltet. Hierzu stecken die Kinder eine bunte Perle auf einen Nagel. Ein Erwachsener drückt den Nagel mit der Perle an der entsprechenden Stelle in die Holzlatte und die Kinder schlagen den Nagel mit dem Hammer hinein. Nun können die Augen und der Mund aufgemalt werden.

Jetzt werden die Wichtel dekoriert und einzelne Körperteile ergänzend verziert. Arme, Hände und Mützen können auf Papier oder Moosgummi aufgemalt, ausgeschnitten und auf das Holz geklebt werden. Haare entstehen aus buntem Stroh oder aus Märchenwolle. Nach eigener Fantasie können auch weitere Verzierungen aufgeklebt werden.

Im Anschluss daran können die kleinen Wichtel für ein Puppentheater verwendet werden. Auch in Blumentöpfe, Spielzeugkisten oder in große, mit Sand gefüllte Behälter gesteckt, findet die Wichtelfamilie einen ehrenwerten Platz.

Erfahrung

Ältere Kinder können die Wichtel mit einer Malmischaufgabe gestalten. Hierfür beginnen sie am unteren Stabende mit einem ca. 5 cm breiten, weißen Streifen und mischen für jeden weiteren zu malenden Streifen einen Tropfen ihrer Lieblingsfarbe hinzu. So entsteht eine Bekleidung in immer intensiveren Schattierungen der gleichen Farbe. Das Gesicht wird dann in Hauttönen gestaltet. *(MF)*

Tipp

Wenn Sie statt Fotokarton stabile Plastikfolie zur Gestaltung der Wichtel verwenden, sind diese auch für draußen im Garten oder Balkon geeignet.

Altersstufe

ab 3 Jahre

Zeit

Einzelarbeit
ca. 60 Minuten
(ohne Trockenzeit)

Das ist mein Name

Modellierarbeit

Altersstufe
ab 4 Jahre

Zeit
Einzelarbeit
ca. 30 Minuten
(ohne Trockenzeit)

Material

Lufttrocknende Modelliermasse, bunte PLAKA-Farbe, evtl. Klarlack, Bleistift, Buchstaben-Ausstechformen, Modellierhölzchen, Verschlusskappen von Fasermalern, Pinsel, Nudelholz, Holzbrett als Unterlage, abgerundetes Messer

So wird's gemacht

Als Unterlage verwenden die Kinder ein Holzbrett, auf dem die Modelliermasse möglichst gleichmäßig auf eine Größe von ca. 15 x 20 cm ausgerollt wird. Die Materialdicke sollte dabei mit ca. 1,5 cm nicht unterschritten werden.

Soll ein langer Name eingedrückt werden, walzt man die Platte entsprechend größer aus. Bei diesem Arbeitsschritt benötigen jüngere Kinder meist Hilfestellung durch einen Erwachsenen.

Nun kann die entsprechende Grundform der Platte mit einem Modellierhölzchen vorgemalt und später mit einem Messer ausgeschnitten werden. Anschließend glättet man die Ränder mit feuchten Fingern.

Jedes Namensschild benötigt oben rechts und links zwei Löcher, damit es später aufgehängt werden kann. Dazu eignet sich gut ein Bleistift, der an den passenden Stellen durchgestochen wird. Hier ist es ratsam, dass ein Erwachsener dabei behilflich ist, die Lage der Löcher zu bestimmen, damit das Schild später auch einigermaßen gerade hängt.

Kleben Reste der herausgestochenen Modelliermasse auf der Rückseite der Platte, werden diese verstrichen oder weggeschnitten.

Danach legen sich die Kinder mit Unterstützung eines Erwachsenen die passenden Buchstabenformen für ihren Namen zurecht und drücken diese Ausstechformen der Reihe nach in die Platte. Dabei werden die Formen nicht ganz durchgedrückt, sondern nur so weit, dass jeweils der Umriss des Buchstabens erkennbar ist.

Tipp

Werden die Ausstechformen vor dem Eindrücken in die Modelliermasse kurz in Wasser getaucht, lösen sie sich besser und lassen sich leichter wieder aus der Masse herausziehen.
Sollten trotz sorgfältiger Arbeit nach dem Trocknen einzelne Teile abfallen, können diese mit etwas Klebstoff leicht wieder fixiert werden.

Die übrige Oberfläche der Platte kann nun nach Wunsch weiter ausgestaltet werden, indem die Kinder aus einem kleinen Stück Modelliermasse verschiedene Einzelteile, wie z. B. Fische, geometrische Formen oder Bänder, modellieren. Diese Formen werden so auf das Schild gesetzt, dass der Name nicht verdeckt wird.

Damit später nichts abfällt, sollten die modellierten Formen gut mit Wasser befeuchtet und fest angedrückt werden. Dabei ist es auch wichtig, die Seitenränder der modellierten Elemente gründlich zu verstreichen, sodass sie sich mit der Grundplatte aus Modelliermasse verbinden.

Mit Modellierhölzchen, Bleistiften, Verschlusskappen von Fasermalern oder ähnlichem Werkzeug verzieren die Kinder anschließend die Oberflächen weiter mit verschiedenen Mustern. Zum Schluss glätten sie noch alle Ränder und Kanten mit feuchten Händen.

Nun muss das Namensschild einige Tage zum Trocknen beiseitegelegt werden.

Im Anschluss daran kann es mit PLAKA-Farben bunt bemalt werden. Wer möchte, kann das Werkstück zusätzlich mit Klarlack versehen.

Zum Aufhängen der Namensschilder können passende Nägel benutzt werden. Man kann auch einfach ein schönes Band durch die Löcher ziehen und verknoten.

Erfahrung

Die meisten Kinder konnten die Buchstaben ihres Namens selbstständig auswählen und die Ausstechformen in der richtigen Reihenfolge in die Modelliermasse drücken. Bei der Einteilung der Grundplatte benötigten aber viele Kinder Hilfe. Damit der Abstand der Buchstaben nicht zu groß wurde, ritzten wir für die Kinder mit einem Bleistift zur Orientierung Markierungspunkte in die Grundplatte.

(HT)

Altersstufe
ab 3 Jahre

Zeit
Einzelarbeit
ca. 40 Minuten
(ohne Trockenzeit)

Mein Leporello

Mal- und Bastelarbeit

Material

Tonkarton (DIN A2), Aquarellpapier, Temperafarben in großen Blöcken, Kreppklebeband, runde Schablonierpinsel in verschiedenen Größen, Falzbein, Bleistift, Lineal, Schere, Klebstoff

So wird's gemacht

Mit dem Begriff Literacy werden nicht nur Lese- und Schreibfertigkeiten bezeichnet, sondern auch Kompetenzen im Umgang mit Büchern und anderen Medien, die normalerweise Schriftzeichen enthalten. Wenn die Kinder sich selbst ein Buch, in diesem Fall ein Leporello, gestalten, erwerben sie spielerisch Medienkompetenz. Ganz automatisch werden sie später in das fertige Leporello hineinmalen oder -schreiben und erfahren auf diese Weise die Funktion von Büchern ganz aktiv.

Zunächst malen die Kinder in der Nass-in-Nass-Technik ein Bild, das später in Ausschnitten als Schmuckpapier für das Leporello benutzt wird.

Als Erstes wird ein Blatt Aquarellpapier mit Kreppklebeband an allen Kanten am Tisch befestigt. So wellt es sich nicht, wenn es mit dem größten zur Verfügung stehenden Schablonierpinsel mit etwas Wasser befeuchtet wird.

Nun nehmen die Kinder nacheinander verschiedene Farben mit den runden Pinseln auf und drücken diese auf das feuchte Papier. Dabei entstehen sanfte Farbübergänge und weiche Strukturen. Kanten und Linien zerfließen so, dass beim getrockneten Bild überraschende Effekte erzielt werden können.

Ideal ist es, wenn die Kinder schon bei der Herstellung des Schmuckpapiers wissen, welche Farbe ihr Leporello später haben wird. Auf diese Weise können sie die Farben des Schmuckpapiers harmonisch anpassen.

Das Bild wird nun zum Trocknen zur Seite gelegt. Währenddessen falten die Kinder ihr Leporello. Um die Kinder beim Zuschneiden nicht zu überfordern, empfiehlt es sich,

Tipp

Bieten Sie die Farben dosiert an, da bei der Nass-in-Nass-Malerei zusätzliche Farbmischungen und Farbtöne entstehen.
Auch als Dankeschön-Karte, als Einladung oder Grußkarte zum Geburtstag oder Muttertag eignen sich diese farbenfrohen Faltbücher wunderbar.

den Streifen aus Tonkarton für das Leporello vorbereitet anzubieten. Dazu schneidet ein Erwachsener von einem Tonkarton 12 cm breite Streifen an der Längsseite ab. Damit die Kinder ihre Wunschfarbe für das Leporello aussuchen können, sollten die Streifen in unterschiedlichen Farben zur Verfügung stehen.

Beim Falten des Streifens gibt es eine einfache Faltmethode, mit der automatisch gleiche Teile entstehen: Zuerst den Streifen auf die Hälfte falten und wieder aufklappen. Nun von beiden Enden auf die Mittellinie falten und wieder öffnen. Danach den Papierstreifen umdrehen und jede zweite Faltlinie nun in die entgegengesetzte Richtung drücken, damit eine Zickzack-Faltung entsteht.

Beim Falten benötigen jüngere Kinder Hilfestellung. Genaues Falten ist wichtig, damit die Kanten sauber und nicht brüchig wirken. Es wird dafür zuerst mit dem Finger von der Mitte ausgehend nach außen gefaltet und danach mit einem Falzbein vorsichtig nachgearbeitet.

Anschließend suchen sich die Kinder einen besonders schönen, rechteckigen Ausschnitt ihres vorher hergestellten Schmuckpapiers passend zur Größe ihres Leporellos aus. Sie markieren diesen mit Bleistift und schneiden das Rechteck aus.

Dieses Rechteck wird auf die Außenseite des Faltbuches geklebt. Wer möchte, kann ebenso auf die Rückseite des Faltbuches ein passend ausgeschnittenes Schmuckpapier kleben.

Das fertige Buch kann zum Schluss mit dem Namen der Kinder versehen werden. Im Inneren des Leporellos ist nun Platz für kleine Zeichnungen, eingeklebte Fotos, Nachrichten, Buchstaben, Lieblingswörter, Bastelarbeiten und vieles mehr.

Erfahrung

Die Verwendung der handlichen Schablonierpinsel gelang selbst den Jüngsten mit viel Spaß sehr gut. In dieser einfachen Technik entstanden sehr schnell schöne Bilder. Beim Zuschneiden und Falten benötigten sie aber Hilfestellung durch einen Erwachsenen.

Diese Leporellos eignen sich sehr gut dazu, mit den Kindern das chronologische Erzählen zu üben. Hierfür wird einfach auf jeder Seite ein Teilbild eines Ablaufs platziert, z. B. Kind mit gefülltem Teller; Kind beim Essen; Kind mit leerem Teller; Kind reibt sich den Bauch und lacht. So fällt es den Kindern leichter, der Reihe nach zu erzählen. Und aufeinander Aufbauendes sprachlich wiederzugeben.

Auch der Aufbau eines Wortes lässt sich mit einem Leporello gut einüben. Auf jede Seite wird ein Buchstabe notiert und durch Aufklappen der Seiten kann das Wort Buchstabe für Buchstabe gelesen und zusammengestellt werden.

(HT)

Anlauttafel

Mal- und Bastelarbeit

Material

Blanco-Streichholzschachteln, weißes Papier, Fotokarton (DIN A2), bunte Deck- oder Acrylfarbe, Lackmaler, Buntstifte, Pinsel, Heißklebepistole, Schere

Altersstufe
ab 5 Jahre

Zeit
Gruppenarbeit
ca. 80 Minuten
(ohne Trockenzeit)

So wird's gemacht

Gemeinsam, mit Unterstützung eines Erwachsenen, überlegen die Kinder, wie viele Buchstaben das Alphabet hat. Werden die Umlautbuchstaben nicht verwendet, bereiten die Kinder 26 Streichholzschachteln vor.

Liegen Blanco-Streichholzschachteln vor, kann gleich mit der Gestaltung begonnen werden. Bedruckte Schachteln werden zunächst mit weißer Acrylfarbe bemalt, sodass alle Schriften und Muster gut abgedeckt sind. Nach dem Trocknen der Farbe sind auch diese Schachteln bereit zur farbenfrohen Gestaltung.

Zunächst bemalen die Kinder die Schachteln sowie den Fotokartonbogen mit Deck- oder Acrylfarben. Danach werden sowohl die Streichholzschachteln als auch der gestaltete Fotokarton zum Trocknen beiseitegelegt.

Anschließend versehen die Kinder jede Schachtel an der Oberseite mithilfe von Lackmalern mit einem Buchstaben des Alphabetes.

Sie bereiten nun kleine, weiße Papierrechtecke vor, die so groß sein sollten, dass sie sich gut in die Schachteln legen lassen (ca. 5 x 3 cm). Auf diese malen die Kinder mit Buntstiften zu jedem Buchstaben ein passendes Anlautsymbol. Für den Buchstaben „A" kann hier beispielsweise ein Apfel gemalt werden. Hierbei ist Kreativität gefragt, da es gar nicht so einfach ist, für jeden Buchstaben ein passendes Anlautsymbol zu finden.

Wir haben die folgenden Anlautbilder verwendet:
Apfel, **B**aum, **C**lown, **D**inosaurier, **E**lefant, **F**isch, **G**iraffe, **H**aus, **I**gel, **J**ojo, **K**irsche, **L**öwe, **M**aus, **N**uss, **O**hr, **P**uma, **Q**ualle, **R**ad, **S**onne, **T**isch, **U**hr, **V**ogel, **W**olle, **X**ylophon, **Y**ak, **Z**ebra.

Sind alle Bilder gemalt, werden die Kärtchen in die passende Streichholzschachtel eingeklebt. Zuletzt platzieren die Kinder die Schachteln in der richtigen Reihenfolge am Plakat und ein Erwachsener klebt sie mit Heißkleber fest.

Wer möchte, kann das Buchstabenplakat noch mit kleinen, aufgeklebten Zeichnungen, gemalten Blumen, Mustern etc. schmücken.

Erfahrung

Ein Kinderlexikon bietet für die Anlautsymbolfindung eine große Hilfe.
Die Kinder haben großen Spaß daran, den Buchstaben auf der Außenseite der Schachtel zu lesen, dann die Lade der kleinen Schachtel herauszuschieben und zu schauen, welches Anlautsymbol sich dahinter verbirgt. *(KW)*

Briefkasten
Bastelarbeit

Material
Schuhkarton mit Deckel, gelbe und schwarze PLAKA-Farbe, rote Wellpappe, Pinsel, Buchstabenstempel, Stempelkissen, Musterbeutelklammern, Schere, ggf. Cutter

So wird's gemacht
Zunächst wird der Schuhkarton mitsamt Deckel an den Außenseiten mit gelber Farbe bemalt. Schimmern noch Elemente des Aufdrucks durch, erhält der Karton einfach noch eine weitere Farbschicht.

Nachdem die Farbe getrocknet ist, werden die Briefkastenöffnung an der Schachtel sowie die Briefkastenklappe am Deckel eingeschnitten. Hierzu schneidet ein Erwachsener aus einem langen Seitenteil der Schachtel im oberen Bereich ein Rechteck (ca. 20x2cm) heraus. Die Größe kann je nach Größe der zur Verfügung stehenden Schachtel variieren. Rechts und links am Rand der Schachtel sollte ein ungefähr 6cm breiter Rand stehenbleiben, so wirkt diese Briefkastenöffnung sehr ansprechend und sieht dem echten Briefkasten ähnlich.

Die Briefkastenklappe entsteht durch zwei Schnitte an der Außenkante des Deckels. Dazu wird die Längsseite des Deckels so bis zur Kante eingeschnitten, dass ebenfalls an beiden Enden ein Rand von ungefähr 3–5cm stehenbleibt. Die so entstandene Lasche kann nun als Briefkastenklappe geöffnet und geschlossen werden. Jüngere Kinder benötigen bei der Erstellung der Klappe sowie des Einwurfschlitzes Hilfe durch einen Erwachsenen.

Danach drucken die Kinder ihren Namen mit Buchstabenstempeln auf das Seitenteil der Schachtel und malen Posthörner mit schwarzer Farbe an den gewünschten Stellen dazu – fertig ist ein Briefkasten.

Wer möchte, bastelt noch einen Postmelder an seinen Briefkasten. Aus roter Wellpappe wird dafür ein Pfeil oder ein Dreieck ausgeschnitten und am hinteren Ende mit einem Loch versehen. Auch an einer Seite des Briefkastens wird mit der Schere ein Loch gebohrt und der Postmelder mit einer Musterbeutelklammer am Briefkasten befestigt.

Wird dieser Postmelder nun nach oben gedreht, zeigt dies dem Besitzer des Briefkastens an, dass Post angekommen ist. Zeigt der Postmelder zur Seite oder nach unten, ist der Briefkasten leer.

Erfahrung
Vor Beginn der Bastelarbeit unternahmen wir mit den Kindern einen Ausflug zu einem Postamt, erklärten die Postwege und betrachteten die Merkmale echter Briefkästen in der Umgebung.
Nun werden diese selbst gebastelten Briefkästen von den Kindern gerne und ausgiebig benutzt. Auch für die Weitergabe von Elternbriefen erweist sich diese Bastelarbeit als sehr nützlich. Die Kinder bringen sogar alte Briefmarken von zu Hause mit und verwenden diese mit selbst bemaltem Briefpapier, um geschriebene oder gemalte Nachrichten weiterzuleiten.
Besonders beliebt bei den Kindern ist dabei das optische Signal durch den Postmelder. *(HT)*

Literacy

Altersstufe
ab 4 Jahre

Zeit
Einzelarbeit
ca. 40 Minuten
(ohne Trockenzeit)

Literacy

Schriftbilder um mich herum

Collage

Material

Weißes Papier (DIN A4), bedrucktes Altpapier (Werbeblätter, Kataloge, Broschüren, Zeitungen, Prospekte, ausgediente Postkarten, Speisekarten, Briefe, Betriebsanleitungen usw.), Buchstaben aus Bastelfilz oder Karton, evtl. Buntstifte, Klebstoff, Schere

Altersstufe

ab 4 Jahre

Zeit

Einzelarbeit
ca. 30 Minuten

So wird's gemacht

Kinder, die sich mit der Schrift beschäftigen, finden häufig auch Handschriften oder die unterschiedlichen Schrifttypen im Computer sehr interessant.

Zur Einstimmung können Sie die Namen der Kinder einmal in den verschiedenen Schrifttypen zeigen. Die Kinder werden überrascht sein, wie unterschiedlich ihr Name in Druckbuchstaben, in Schreibschrift etc. aussieht.

Auch Symbole, Piktogramme und Logos faszinieren die Kinder und sie werden in ihrem Alltag häufig damit konfrontiert. Egal, ob es sich um das Symbol für die Gästetoilette im Restaurant, um das Logo des Lieblingsfußballvereins oder das Piktogramm, das auf dem Verkehrsschild den Gehweg anzeigt, handelt, die Kinder haben diese Zeichen in der Regel schon häufiger gesehen und kennen deren Bedeutung.

Aus dieser Beschäftigung heraus entsteht nicht selten ein gesteigertes Interesse der Kinder für Schriften und Symbole. Sammeln Sie gemeinsam über längere Zeit besonders schöne Schriftbilder, Piktogramme, Logos, Zeichen oder Ziffern auf Altpapieren, die Sie den Kindern für Collagen anbieten können. Eine wahre Fundgrube auch für Schriftzeichen aus anderen Kulturkreisen sind zum Beispiel Gebrauchsanweisungen oder Betriebsanleitungen, die oft in unterschiedliche Sprachen übersetzt werden.

Abbildungen von Schriftzeichen aus vergangenen Kulturen, wie zum Beispiel Hieroglyphen oder Steinschriften, sind ebenfalls sehr interessant und bieten zudem viel Gesprächsstoff darüber, wie früher geschrieben wurde. Solche Zeichen lassen sich manchmal in Zeitschriften oder in Tageszeitungen finden.

Aus diesen Materialien suchen sich die Kinder Schriften, Texte, einzelne Buchstaben, Logos, Piktogramme oder beliebige Zeichen und Symbole für ihre Collage aus.

Die ausgewählten Einzelteile werden ausgeschnitten, auf weißem Papier nach Belieben angeordnet und festgeklebt. Wer mag, ergänzt sein Bild noch mit Filzbuchstaben oder ausgestanzten Pappbuchstaben. Natürlich kann es auch von den Kindern zusätzlich mit Buntstiften beschriftet oder bemalt werden.

Auf diese Weise lernen die Kinder gedruckte Buchstaben und Zeichen auch in verschiedenen Schriftarten und Schriftformen kennen.

Auch die Blindenschrift kann in diesem Zusammenhang thematisiert werden. Dieser kleine Exkurs sensibilisiert die Kinder für Menschen mit Behinderungen und befähigt sie, offen und ohne Vorurteile auf andere zuzugehen.

Erfahrung

Einige Kinder wollten zu ihren Bildern passende Wörter oder Namen aufkleben, die sie mit unserer Unterstützung aus den verschiedenen Materialien aussuchten und festklebten.

Bei dieser Gestaltungsarbeit ergaben sich viele weitere Gespräche und Aktionen, da die Kinder großes Interesse zeigten. Wie wurde früher geschrieben? Was bedeutet dieses Zeichen? Wie schreibt man meinen Namen? Welche Buchstaben stecken darin?
Wo finden wir chinesische Schriftzeichen? Haben die Piktogramme auf der ganzen Welt dieselbe Bedeutung? Was ist eine Steinschrift? Wofür steht dieses Logo?

Sämtliche Schriften, Logos, Piktogramme in der näheren Umgebung waren auf einmal interessant und wurden ausgiebig betrachtet, verglichen und erforscht. *(HT)*

Tipp

Kinder lernen sehr schnell, Schriftzeichen, Symbole, Ziffern oder Piktogramme als Bedeutungsträger zu erkennen. Unterstützen Sie dieses Interesse, indem Sie eine schreib- und lesemotivierende Umgebung bieten, in der mit Schriftsprache experimentiert werden kann.

Altersstufe
ab 3 Jahre

Zeit
Gruppenarbeit
ca. 10 Minuten
(pro Buchstabe)

Wäscheleinen-ABC

Mal- und Bastelarbeit

Material

Fotokartonstücke (ca. 7x8cm), Wäscheleine oder dicker Bindfaden, 26 Wäscheklammern aus Holz, Riesenstempel, Stempelkissen, kleine Gegenstände, Bilder oder Zeichnungen passend zu den Buchstaben, Faden zum Aufhängen, Klebstoff, Schere

So wird's gemacht

Die Kinder betrachten zunächst das Alphabet und beschäftigen sich spielerisch damit. Sie erfahren, wie die Buchstaben heißen und wie sie klingen. Spiele, bei denen Anlaute gesucht werden, machen den Kindern große Freude.

Für den Anfang ist es einfacher, Begriffe mit Vokalen im Anlaut zu suchen, weil man diese sehr lang aussprechen kann. So suchen die Kinder Tiere, Pflanzen etc., die mit den Anlauten A, E, I, O und U beginnen.

Wurden passende Wörter, z.B. Affe, Elefant, Igel, Ohr und Uhu gefunden, nehmen sich die Kinder ein Fotokartonstück und drucken mit einem Stempel den entsprechenden Vokal darauf. Riesenstempel mit einem handlichen Griff eignen sich für diese Aufgabe besonders gut.

Die Buchstabenkärtchen kleben die Kinder nun auf den Wäscheklammern fest. Nachdem die Wäscheleine oder der Bindfaden an einer Wand befestigt und in Reichweite der Kinder gespannt ist, werden die mit Buchstaben beklebten Wäscheklammern nach ihrem Vorkommen im Alphabet mit etwas Abstand zueinander befestigt.

Nun ordnen die Kinder den jeweiligen Buchstaben die passenden Gegenstände zu. Gibt es keine Gegenstände, die man anbringen könnte, malen die Kinder ein Bild eines Gegenstandes mit dem entsprechenden Anlaut. Flache Gegenstände und gemalte Bilder können direkt in die Wäscheklammer geklemmt werden. Größere Elemente werden mit einem Faden an der Wäscheklammer befestigt.

An der Wäscheklammer mit dem Anlaut „A“ kann zum Beispiel ein kleiner Ast befestigt werden, ein kleiner Affe oder eine gemalte Ameise. Zum „E“ könnte eine Erdnuss, ein kleiner Engel oder ein gemalter Elefant gehängt werden, zum „I“ könnte ein kleiner Igel aus Stoff, ein Indianer oder eine gemalte Insel angebracht werden.

Nach und nach werden weitere Buchstaben als Anlaute untersucht und mit der entsprechenden Karte und dem jeweiligen Gegenstand auf der Wäscheleine platziert.

Die Fertigstellung der Alphabet-Wäscheleine muss nicht am Stück erfolgen, es können auch einige Tage vergehen, bis der nächste Buchstabe untersucht wird. Ideal ist es, wenn sich die jeweiligen Buchstaben, die aktiv untersucht werden, aus einer aktuellen Situation heraus ergeben. So kann der Buchstabe „M“ näher untersucht werden, wenn ein Kind ein Meerschweinchen mit in die Einrichtung bringt, der Buchstabe „F“, wenn im Außenbereich ein Frosch gesichtet wurde oder der Buchstabe „P“, wenn sich die Kinder Pizza zum Mittagessen wünschen.

Erfahrung

Obwohl diese Gestaltungsarbeit etwas zeitintensiver war, bereitete diese Aufgabe den Kindern sehr viel Freude. Immer wieder wurden neue Gegenstände oder Bilder gefunden, die passend zu den Buchstaben aufgehängt wurden. Schon bei der Herstellung lernten die Kinder viel und wurden spielerisch gefördert. *(HT)*

Meine Initialen

Bastelarbeit

Altersstufe
ab 4 Jahre

Zeit
Einzelarbeit
ca. 30 Minuten

Material

Bunter Fotokarton, Wellpappe in unterschiedlichen Farben, bunte und glänzende Papierreste, Dekorationsmaterial (Bastelfedern, Pailletten, Pompons, Perlen, Glitter), Buchstabenschablonen, Bleistift, Klebstoff, Schere

So wird's gemacht

Die Kinder erhalten Buchstabenschablonen passend zu den Anfangsbuchstaben ihres Namens. Dabei können sie wählen, ob sie beide Buchstaben für den Vor- und Nachnamen ausschmücken wollen oder sich nur für einen Buchstaben entscheiden.

Nun suchen sie sich einen Fotokarton aus, zeichnen die Umrisse des Buchstabens auf und schneiden ihn aus. Jüngeren Kindern kann bei diesem Arbeitsschritt geholfen werden.

Tipp

Zu einigen Buchstaben findet man auch leicht passende Materialien, die den jeweiligen Buchstaben als Anlaut haben. So kann man zum Beispiel den Buchstaben „K" mit Knöpfen bekleben, den Buchstaben „F" mit Federn, den Buchstaben „P" mit Pompons oder den Buchstaben „M" mit kleinen Muscheln.

Die Kinder entwickeln anhand des bereitgestellten Materials eigene Ideen, wie sie ihre Initialen verzieren und dekorieren wollen. Sie können Glitter darauf streuen, nachdem die Buchstabenform mit Klebstoff bestrichen wurde, Pompons oder Bastelfedern befestigen und mit Papierschnipseln arbeiten.

Dekorativ wirken auch ausgeschnittene Folienstücke, die als Glanzpunkte aufgeklebt werden. Angeklebte Strahlen und weitere ausgeschnittene Formen aus Papierresten verschönern den Buchstaben nach Wunsch der Kinder.

Damit die richtige Buchstabenseite geschmückt wird, kann der Buchstabe im Vorfeld auf ein größeres Stück Papier als Trägermaterial geklebt werden.

Je nach Vorstellung der Kinder und nach Materialangebot fallen die Verzierungen unterschiedlich aus.

Erfahrung

Einige Kinder benötigten Hilfestellung, um die richtige Lage des Buchstabens zu erkennen. Deshalb klebten wir mit ihnen die ausgeschnittenen Formen vorher auf einen farblich passenden Untergrund aus Papier. Andere Kinder wollten direkt die Buchstabenschablone dekorieren. Da genügend Pappbuchstaben vorhanden waren, konnten wir diesen Wünschen nachkommen. *(HT)*

Fernseher

Mal- und Bastelarbeit

Altersstufe
ab 4 Jahre

Zeit
Einzelarbeit
ca. 45 Minuten
(ohne Trockenzeit)

Material

Obstkarton (z. B. von Bananen, Mandarinen), weißes Transparentpapier (der Kartongröße angepasst), Tonkarton, Pfeifenputzer, Styroporplatte (ca. 2 cm dick), Bastschnur, Buntstifte, silberner Lackmaler, bunte Acrylfarbe, Schaumstoffrolle, Pinsel, Locher, Klebstoff, Cutter, Schere, Zackenschere

So wird's gemacht

Die meisten Kinder haben bereits Erfahrungen mit dem Fernseher gemacht. Gemeinsam wird über die Fernsehgewohnheiten der Kinder gesprochen. Welche Sendungen schauen sie besonders gern? Es wird erörtert, dass das Fernsehprogramm breit gefächert ist. Es gibt allgemeine Nachrichten, fachspezifische Informationen, Berichterstattungen und Dokumentationen, Kindersendungen, Quiz- und Sportsendungen, Filme, Talk-Runden und vieles mehr.

Fernseher: Zunächst bemalen die Kinder den Obstkarton mithilfe einer Schaumstoffrolle mit schwarzer oder silberner Acrylfarbe.

Tipp

Wer keine Styroporplatte zur Verfügung hat, kann die Fernbedienung auch aus einem zurechtgesägten und glatt geschmirgelten Holzstück oder einer ausgedienten Faltschachtel gestalten.

Während der Karton trocknet, gestalten sie den Bildschirm mit dem aktuellen Programmbild nach ihren Vorstellungen auf dem weißen Transparentpapier. Möchten die Kinder beispielsweise eine Schmetterlingsdokumentation darstellen, schneiden sie aus Tonkartonstücken zwei Dreiecke aus und ordnen sie als Schmetterlingsflügel auf dem weißen Transparentpapier an. Aus Pfeifenputzern entstehen zwei Fühler und ein längliches, mit silbernem Lackmaler verziertes Tonkartonrechteck stellt den Körper dar. Eine Blumenwiese sowie eine Sonne können mit Acrylfarben gemalt werden.

Ebenso können auch ein Nachrichtensprecher, Kinder oder andere Motive gemalt oder aufgeklebt werden, der Fantasie der Kinder sind hierbei keine Grenzen gesetzt.

Das fertig gestaltete Transparentpapier spannen die Kinder anschließend über die Öffnung der Kartonschachtel und kleben es mit Unterstützung eines Erwachsenen an den seitlichen Rändern auf der Innenseite des Kartonrandes an.

Mit silbernem Lackmaler notieren die Kinder an den Außenseiten der Kartonränder die Fantasiemarke ihres Fernsehgeräts.

Auf einem kleinen, roten Tonkartonstück markieren sie mit silbernem Lackmaler oder mit Buntstiften die Ein- und Ausschaltfunktion, knicken dieses an der Unterseite als Klebelasche etwas um und kleben es am oberen Rand des Fernsehers auf.

Fernbedienung: Aus einer Styroporplatte schneidet ein Erwachsener mit dem Cutter ein Rechteck (ca. 8 x 15 cm) aus. Dieses gestalten die Kinder mit schwarzer Acrylfarbe und legen es zum Trocknen beiseite.

Aus Tonkarton schneiden sie nun kleine Quadrate aus und versehen diese mit silbernem Lackmaler mit Zahlen oder mit der Ein- und Ausschaltfunktion. Diese Quadrate kleben sie auf die getrocknete Styropor-Fernbedienung.

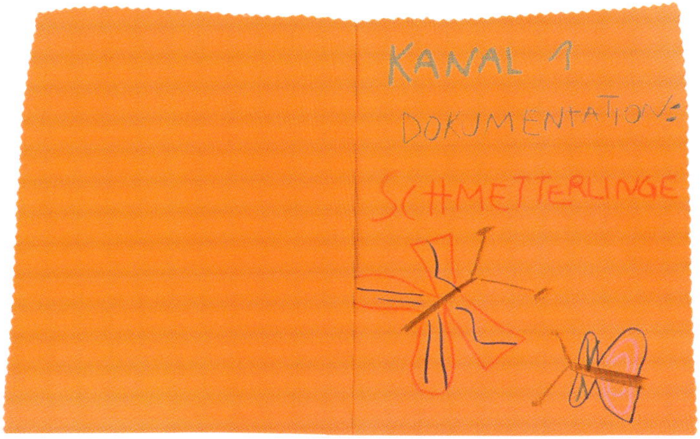

Programmvorschau: Die Kinder legen zwei bunte Tonkartonblätter im DIN-A4-Format übereinander und falten diese der Breite nach. Mit einem Locher entstehen in der Mitte der Faltstelle zwei Löcher, in denen eine Bastschnur (ca. 20 cm lang) verknotet wird. Nun bemalen und beschriften die Kinder mit Buntstiften ihr Programmvorschauheft nach eigenen Vorstellungen und mit Unterstützung eines Erwachsenen. Wer möchte, kann auch Bilder von ausgedienten Programmheften oder Katalogen verwenden, um das eigene Programmheft weiter auszugestalten.

Erfahrung

Tragen die Kinder beim Bemalen des Transparentpapiers zu viel Farbe auf, wellt sich dieses. Nach dem Trocknen kann man ein Geschirrtuch über das Transparentpapier legen und dieses vorsichtig auf niedriger Stufe mit einem Bügeleisen glatt bügeln. *(KW)*

Medien und Kommunikation

Altersstufe

ab 3 Jahre

Zeit

Einzelarbeit

ca. 45 Minuten

(ohne Trockenzeit)

Handy

Bastelarbeit

Material

Ausgediente Verpackungsschachteln in Handygröße, weißes Papier, Moosgummiplättchen, Silberpapier oder Alufolie, silberne Acrylfarbe, Knöpfe, Perlen, Glöckchen, Schellen, Pinsel, Klebstoff, Schere

So wird's gemacht

Die Kinder wählen eine Schachtel aus und befüllen sie mit einigen kleinen Glöckchen oder Schellen, sodass das fertige Handy später auch richtig „klingelt".

Wer einen anderen Klingelton einstellen möchte, kann auch Perlen oder Knöpfe einfüllen.

Nun umkleben sie die Schachtel mit weißem Papier. Dazu streichen sie einfach etwas Klebstoff auf das Papier und packen dann die Schachtel wie ein Geschenk darin ein. Anschließend bemalen sie das Ganze mit silberner Farbe und legen es einige Zeit zum Trocknen beiseite.

Aus Silberpapier wird ein kleines Rechteck ausgeschnitten und als Display aufgeklebt. Die Handytasten entstehen aus Moosgummiplättchen. Sie werden farblich sortiert oder ungeordnet auf der Schachtel befestigt. Werden die Moosgummiteile als Rechteck angeordnet, entsteht der Eindruck eines Tastenfeldes.

Erfahrung

Die Handys wurden von den Kindern nach einiger Zeit im Spiel auch gerne als Taschenrechner oder Fernbedienungen eingesetzt. So hatten diese kleinen Basteleien einen noch höheren Spielcharakter. *(SH)*

Tipp

Da die Tasten der Handys recht klein sind, sollte man bei der Arbeit mit jüngeren Kindern auf fertig ausgestanzte Moosgummiformen zurückgreifen. Allein das Aussuchen und Anordnen der Tasten ist für kleinere Kinder schon recht anspruchsvoll. Mit älteren Kindern kann man die Tasten selbst zuschneiden oder das Thema Zahlen einbeziehen, indem die Tasten mithilfe eines Lackmalers mit den entsprechenden Ziffern versehen werden.

Bechertelefon

Bastelarbeit

Material

Feste Plastikbecher, dünne Paketschnur (10–15 Meter lang), selbstklebende Glitzerfolie oder Buntpapierreste, Klebstoff, spitze Schere oder Bohrer

So wird's gemacht

Telefonieren gehört zum Alltag der Kinder. Meist sprechen sie dabei in ein schnurloses Telefon. Doch das Bechertelefon erfreut sich ebenfalls großer Beliebtheit, weil es einfach herzustellen ist und erstaunlich gut funktioniert.

Ideal ist es, wenn die Kinder sich zum Gestalten des Telefons paarweise zusammentun. So haben sie nach erfolgter Fertigstellung einen Partner, mit dem sie dann ausgiebig kommunizieren können.

Die Kinder erhalten zunächst zwei Plastikbecher. Diese bekleben sie nach eigenem Wunsch mit Glitzerfolie oder zurechtgeschnittenen Papierstücken. Glitzerfolie wirkt hierfür besonders dekorativ und erinnert durch die metallene Optik an ein technisches Gerät.

Danach wird in die Mitte beider Becherböden mit einer spitzen Schere oder einem Bohrer jeweils ein kleines Loch gestochen, das gerade groß genug sein sollte, um das Schnurende hindurchziehen zu können. Bei diesem Arbeitsschritt sollte ein Erwachsener jüngeren Kindern helfen.

Anschließend wird durch jedes Loch ein Schnurende gezogen und von innen fest mit Knoten versehen, sodass diese Schnur nicht mehr herausrutschen kann.

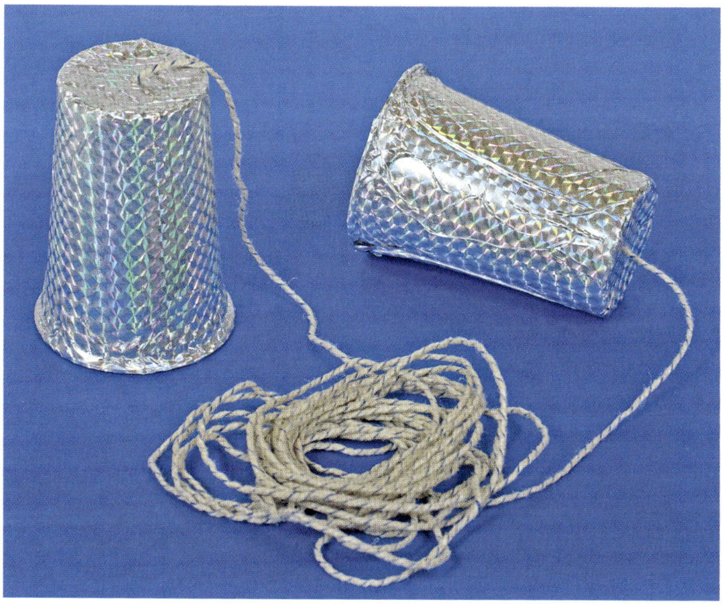

Die Schnur dient als Verbindungsglied zwischen den Bechern. Jetzt nimmt sich jedes Kind einen Becher und beide entfernen sich so weit voneinander, dass die Schnur fest gespannt wird. Spricht nun ein Kind in den Becher, werden die Schwingungen der Sprache in winzigen Wellen über die Schnur geleitet und zum anderen Becher übertragen. Das andere Kind hält sein Telefon mit der offenen Seite an sein Ohr und hört sein Gegenüber sprechen.

Erfahrung

Die Herstellung der Telefone war schnell und einfach umzusetzen. Sobald die Schnur allerdings etwas durchhing, wurde der Schall nicht übertragen. Die Kinder mussten beim Telefonieren wirklich darauf achten, dass die Schnur straff gespannt war. *(HT)*

Altersstufe
ab 3 Jahre

Zeit
Einzel- oder Partnerarbeit
ca. 15 Minuten

Mini-Comic-Heft

Mal- und Bastelarbeit

Altersstufe

ab 6 Jahre

Zeit

Einzel- oder Gruppenarbeit
ca. 60 Minuten

Material

Bunter Fotokarton, Bastschnüre, Buntstifte, Fasermaler, Locher, Klebstoff, Schere

So wird's gemacht

Im Vorfeld überlegen die Kinder mit Unterstützung eines Erwachsenen, welche Kurzgeschichte sie als Comic-Heft darstellen und gestalten könnten.

Als Grundlage erweisen sich hierbei „bekannte Vorstellungen" durchaus als hilfreich, wie beispielsweise „die Katze fängt die Maus" oder „die Schnecke bewegt sich langsam vorwärts".

Großen Spaß macht es den Kindern, diese Vorstellungen nun einmal auf den Kopf zu stellen und daraus eine lustige Geschichte für das Mini-Comic-Heft zu entwickeln. Gemeinsam können die Kinder überlegen, wie eine Geschichte aussehen könnte, in der die Maus einer Katze nachjagt oder sich eine Schnecke ganz rasant vorwärtsbewegen kann.

Haben die Kinder eine Geschichte gefunden, überlegen sie, wie diese in vier bis sechs Szenen gezeigt werden kann.
Im Anschluss malen sie jede Szene auf einem Stück Fotokarton mit Buntstiften oder Fasermalern auf. Dafür werden im Vorfeld mit einer Schere mehrere gleich große Fotokartonstücke rechteckig zurechtgeschnitten und bereitgelegt. Die Größe der Fotokartonstücke ist beliebig. Da es allerdings ein Mini-Comic-Heft wird, sollten diese nicht allzu groß ausfallen.

Wer möchte, kann auch noch einen Einband gestalten. Hierzu schneiden die Kinder zwei Fotokartonstücke in der gewünschten Farbe und in der Größe der anderen Fotokartonstücke zu. Das Deckblatt kann ganz nach Wunsch der Kinder gestaltet werden. Manche Kinder möchten den Titel ihrer Geschichte oder ihren Namen auf das Deckblatt schreiben. Auch ein mit dünnen Fasermalern aufgemalter Rahmen kann die Titelseite des Mini-Comic-Hefts zieren.

Damit die einzelnen gemalten Szenen sowie die beiden Einbanddeckel gut aneinander fixiert werden können, stanzen die Kinder an einem Rand einer Schmalseite mit einem Locher durch alle Fotokartonrechtecke zwei Löcher. Sie legen ein buntes Fotokartonstück als Rücken nach unten, sortieren die einzelnen gemalten Szenen in der richtigen

Reihenfolge darauf und platzieren ganz oben das zweite bunte Fotokartonstück. Nun können sie diese Seiten mit einer Bastschnur miteinander verbinden.

Ein Erwachsener hilft dabei, gemeinsam mit den Kindern zu den einzelnen Szenen den gewünschten Text zu formulieren. Dieser kann auch mit dem Computer geschrieben und ausgedruckt werden.

Aus Fotokarton schneiden die Kinder bunte Sprechblasen aus und kleben den jeweiligen Text darauf. Nun ordnen sie die Sprechblasen den entsprechenden Szenen zu und fixieren sie mit der Rückseite mit Klebstoff am Bild. Sehr animativ wirkt es, wenn die bunten Sprechblasen über den Blattrand hinausragen.

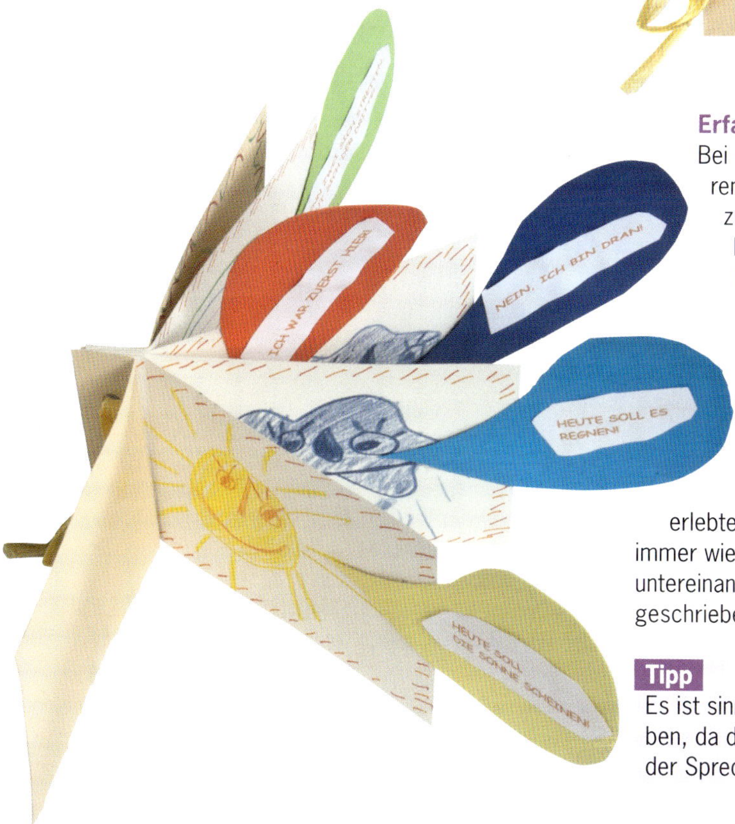

Erfahrung

Bei der Findung eines Themas und beim Formulieren des Textes brauchen die Kinder die Unterstützung eines Erwachsenen. Wichtig ist, dass beim Formulieren die Wünsche und Vorschläge der Kinder aktiv einfließen und die Kinder Autor ihres Mini-Comic-Heftes sein dürfen.

Der Umgang mit selbst formuliertem Text weckte das Interesse der Kinder an Buchstaben, Schrift und Büchern. Mit Vergnügen blätterten sie in ihren Comic-Heften, ließen sich die Inhalte der Sprechblasen vorlesen und erlebten die dargestellte, selbst erfundene Geschichte immer wieder neu. Gerne tauschten sie ihre Hefte auch untereinander und berichteten sich gegenseitig, was darin geschrieben stand. *(KW)*

Tipp

Es ist sinnvoll, den Text mit dem Computer zu schreiben, da dadurch die Schriftgröße individuell der Größe der Sprechblase angepasst werden kann.

Walkie-Talkies

Bastelarbeit

Material

Jeweils zwei gleich große Pappschachteln, Alu- und selbstklebende Glitzerfolie, Plastikröhren (z. B. von Vanillestangen), Prickelnadel, Lackmaler, Schere, Klebefilm, Klebstoff, Klettverschlussband (ca. 18 cm lang pro Gerät)

Altersstufe

ab 3 Jahre

Zeit

Einzelarbeit
ca. 60 Minuten

So wird's gemacht

Walkie-Talkies kennen die Kinder zumeist aus dem Fernsehen. Dort werden diese Funkgeräte von Piloten, Soldaten, Polizisten, Feuerwehrmännern oder Rettungssanitätern verwendet. Der Einsatz dieser Geräte findet häufig in Verbindung mit spannenden oder abenteuerlichen Filmszenen statt, was auf die Kinder eine ganz besondere Faszination ausübt. Auch die Funksprache hebt sich von der normalen Sprache ab und beeindruckt die Kinder sehr.

Da immer zwei Funkgeräte zusammengehören, sollten diese auch optisch als Paar erkennbar sein. Dies wird am einfachsten erreicht, wenn jeder Gestaltungsschritt immer erst am einen und dann in gleicher Weise am anderen Gerät vorgenommen wird.

Tipp

Funker haben eine eigene Sprache. So beenden sie z. B. jeden Satz mit dem Wort: „Over". Vielleicht funkt ein Familienmitglied aus Ihrer Kindergartenschar und Sie können mit den Kindern ein Interview oder einen Besuch planen.

Die Kinder suchen sich zwei gleich große Schachteln aus, die das Gehäuse der beiden Funkgeräte darstellen. Sie stellen die Schachteln hochkant vor sich hin und prickeln für die Antennen in die Mitte der linken oberen Schachtelecke jeweils ein Loch heraus. Die Größe orientiert sich am Durchmesser der Plastikröhren. Diese Röhren werden etwa 4 cm tief in die ausgeprickelten Löcher gesteckt und mit viel Klebstoff dort befestigt.

Nun bekleben die Kinder ihre beiden Schachteln mit Alufolie oder selbstklebender Glitzerfolie. Hierzu wickeln sie die Folie wie bei einem Geschenk um die Schachtel und befestigen diese mit Klebefilm. Dies sorgt zudem dafür, dass die Funkgeräte stabiler werden und auch bei wilderen Spielen keinen Schaden nehmen. Die Antennen aus Plastikröhren werden ebenfalls mit Folie und Klebefilm umwickelt.

Danach gestalten die Kinder mit Restfolienstücken und Lackmalern die Knöpfe, Lautsprecher und weitere typische Details eines Funkgerätes. Je nach Belieben können Teile ausgeschnitten und aufgeklebt oder auch mit Lackmaler aufgemalt werden.

Um diese Funkgeräte später an Gürteln, Gürtelschlaufen oder den Armen der Kinder befestigen zu können, kleben die Kinder Klettklebeband auf die Rückseiten der Geräte. Damit das Band später gut hält, ist es wichtig, dass das Klettbandstück mit der harten Oberfläche am Gerät aufgeklebt wird. Das Bandstück mit der weichen Oberfläche wird ringförmig gebogen, um den Gürtel, die Gürtelschlaufe oder den Arm des Kindes geschlungen und mit einer Büroklammer zum Ring geschlossen. Nun kann man das Gerät mit dem Klettelement jederzeit an diesem Ring fixieren und wieder entfernen.

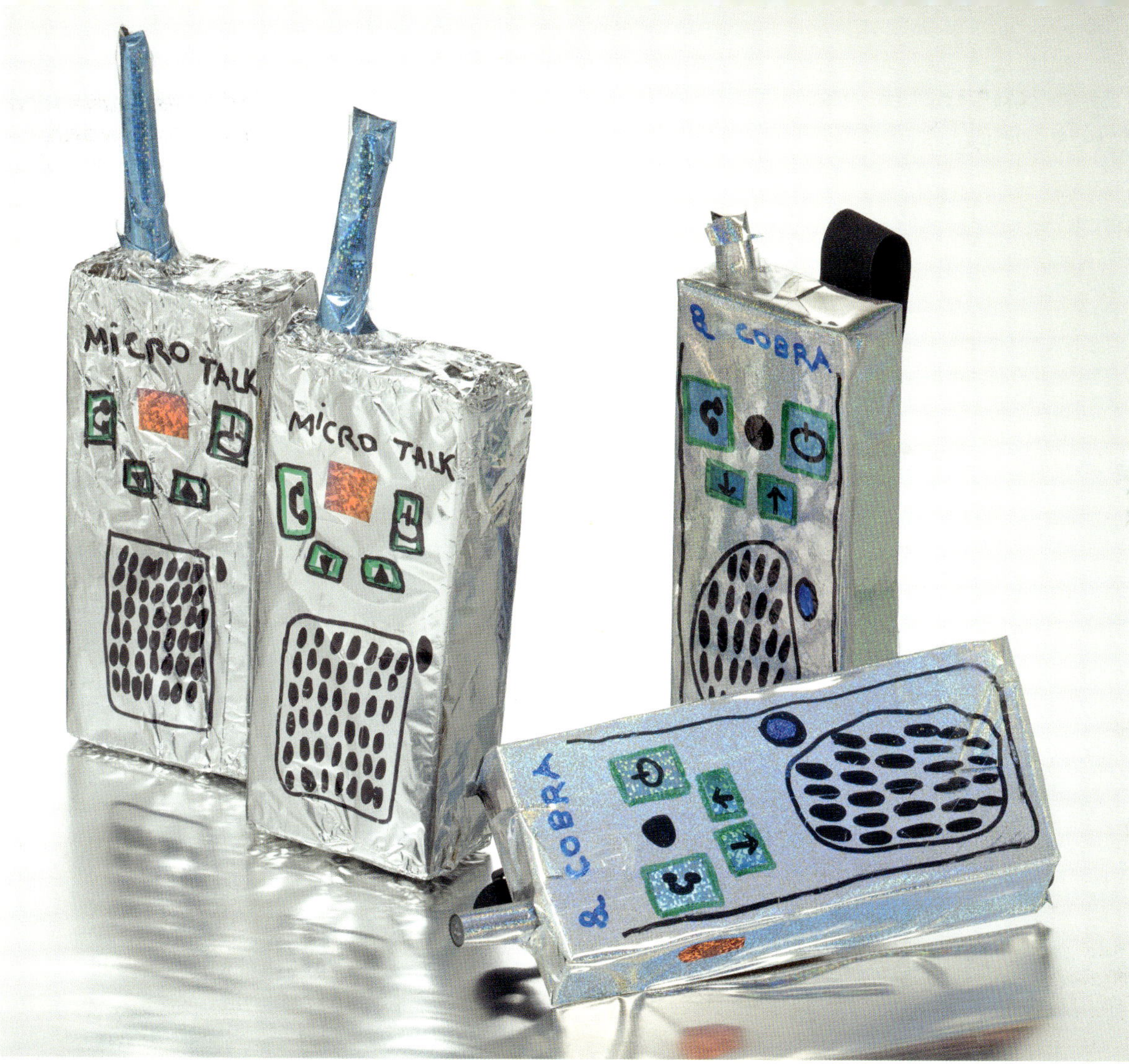

Sollen nach dem Spielen alle Walkie-Talkies übersichtlich aufgeräumt werden, kann man eine Wandhalterung für die Funkgeräte gestalten. Hierzu einfach einen großen Bogen Fotokarton mit einem oder mehreren Streifen des weichen Klettbandes versehen und an der Wand anbringen. Und schon lassen sich alle Geräte neben- oder untereinander an der Wand fixieren.

Erfahrung

Reale Walkie-Talkies sind optimale Anschauungsobjekte. Die Kinder finden hier Knöpfe für die Lautstärke, zum Funken, zum An- und Ausschalten sowie Lautsprecher und weitere Besonderheiten. Studieren Sie gemeinsam die Bedienungsanleitung und machen Sie die Kinder beim Funken auf die unterschiedlichen Details aufmerksam. *(MF)*

Digitalkameras

Bastelarbeit

Material

Stabile Schachteln von Verpackungen in zwei verschiedenen Größen (z. B. Haartönungen, Parfüm- und Streichholzschachteln, Cremeproben), Folienreste, Gold- und Silberfarbe, bunte Acryl- oder Schulmalfarbe, Lackmaler, Gold- und Silberstifte, Glitter, Knöpfe, Pailletten oder Halbperlen zum Aufkleben, dünne Kordel, Pinsel, Prickelnadel, Klebefilm, Klebstoff, Schere

Altersstufe
ab 3 Jahre

Zeit
Einzelarbeit
ca. 40 Minuten
(ohne Trockenzeit)

So wird's gemacht

Im Zeitalter der Digitalfotografie werden überall und jederzeit Fotos geschossen. Schon kleine Kinder sind mit der Situation des Fotografierens und Fotografiertwerdens vertraut. Nicht selten setzen sie beim Anblick einer Kamera ein professionelles Lächeln auf oder werfen sich gezielt in Pose.

Zunächst wird in der Gruppe besprochen, warum man überhaupt Fotos macht. Die Kinder erfahren, dass man damit bestimmte Situationen festhalten möchte, um sich

später beim Betrachten der Bilder wieder daran zu erinnern oder andere Menschen an einer Situation teilhaben zu lassen. Mithilfe von Fotos können sie schauen, wie sie selbst als Baby ausgesehen haben, sie können sich ein Bild vom Urlaubsort oder der Geburtstagsfeier eines Freundes machen und vieles mehr. Ein Bild sagt manchmal mehr als Worte und dies macht das Thema für Kinder so interessant.

Nach einer ausführlichen Betrachtung einer oder mehrerer Digitalkameras in der Einrichtung, einem Elektronikmarkt oder in entsprechenden Prospekten wählen die Kinder eine größere Schachtel für das Kameragehäuse aus.

Um den Sucher der Kamera darzustellen, prickeln sie mit der Prickelnadel mittig am oberen Rand der Schachtel ein Viereck (ca. 3 x 2 cm) aus. Wiederholen sie diesen Vorgang auf der gegenüberliegenden Seite der Schachtel in derselben Höhe, wird der Durchblick ermöglicht. Bei jüngeren Kindern ist es ratsam, wenn ein Erwachsener die beiden Vierecke aufzeichnet, ältere Kinder arbeiten schon nach Augenmaß.

Tipp

Die Kameras laden zum Weiterspielen ein. Aus Schnüren können Kabel für die Fotowiedergabe auf selbst gemachten Laptops entstehen, Speicherkarten mit Schlitzeinwurf an der Kamera lassen sich schnell aus fester Pappe gestalten und auch für Fotos gibt es viele Varianten: gemalt auf Papier, ausgeschnitten aus Katalogen oder mit Kohlestiften gemalte Schwarz-Weiß-Porträts.

Eine kleinere Schachtel, die in der Mitte der Kameravorderseite aufgeklebt wurde, stellt das Objektiv dar. Nun werden die Schachteln einfarbig von allen Seiten bemalt und mit Glitter, der den Metalliceffekt moderner Geräte nachahmt, bestreut.

Nach etwa einem Tag Trockenzeit wird durchsichtige Folie von innen auf die beiden ausgeprickelten Vierecke geklebt und der Kartonverschluss mit viel Klebstoff geschlossen.

Möchten die Kinder ein Band zum Festhalten an ihrer Kamera befestigen, bohren sie vor dem Verkleben der Öffnung mit der Prickelnadel ein Loch in die Pappe. Sie fädeln dann beide Kordelenden in das Loch und befestigen diese mit einem dicken Knoten im Inneren. Ein zusätzlicher Klebefilmstreifen stabilisiert das Ganze.

Mit Lackmalern malen die Kinder Blenden, Bedienungsknöpfe, Blitze, Produktnamen und Herstellernummern auf die Kamera. Ergänzend dazu können Knöpfe, Halbperlen oder Pailletten aufgeklebt werden. Wird ein Folienstück auf der Rückseite des Kameragehäuses aufgeklebt, entsteht im Nu ein Display. Für die Gestaltung der Kamera ist ein gegenständliches Anschauungsobjekt wichtig, um eine realitätsnahe Gestaltung zu ermöglichen.

Erfahrung

Manche Verpackungskartons haben einen kräftigen Aufdruck mit Beschichtung, der nur schwer mit Farbe zu übertünchen ist. Hier kann man mit der Prickelnadel an der Klebefläche des Kartons die Verpackung vorsichtig öffnen und den Karton seitenverkehrt zusammenkleben. In der Regel ist der Karton auf der Innenseite mit weißem oder hellem Papier ausgestattet, das sich hervorragend bemalen lässt. *(MF)*

5. Meine Umwelt

Raus aus dem Gruppenraum und rein in die Natur. Kinder brauchen frische Luft, Bewegung und Zugang zu Pflanzen und Tieren, um all das, was die Natur uns bietet, wahrzunehmen und zu begreifen.

Ganzheitliche Umweltbildung kann bereits im Kindergarten beginnen. In diesem Alter sind die Kinder aufgeschlossen und können durch aufmerksame Naturbeobachtung auf die immer wiederkehrenden Phänomene und Kreisläufe aufmerksam gemacht werden.

Auch das Kennenlernen des näheren Umfeldes, wie das eigene Dorf oder die Stadt, in der man lebt, ist nicht selbstverständlich. Viele Kinder werden ausschließlich mit dem Auto gefahren und wissen gar nicht genau, was sich um sie herum befindet. Doch es ist wichtig, sich in der eigenen Umgebung auszukennen, zu Fuß einmal zum örtlichen Spielplatz, zum Teich, Bäcker oder zur Kirche zu gelangen. Bei diesen Ausflügen entstehen Gespräche, die die Kinder ihrer Umgebung näherbringen, und ganz nebenbei entwickelt sich die Orientierung.

Wenn wir den Blick etwas weiter in die Ferne richten, erkennen wir, dass es nicht überall gleich aussieht.

Welche Landschaftsformen gibt es? Wo können wir auf Berge klettern, wo im Meer baden? Wo finden wir Wüste und wo sind die Papageien oder die Eisbären zu Hause? Die Länder unserer Erde und deren Besonderheiten bieten viele spannende Themen, in die man schon mit jüngeren Kindern spielerisch eintauchen kann.

Werden die Erlebnisse im Anschluss gestalterisch umgesetzt, haben die Kinder die Möglichkeit, ihre Erfahrungen zu vertiefen.

Dabei entstehen Fragen, die das Interesse des Kindes widerspiegeln, z. B.: Wo muss man suchen, wenn man Frösche finden möchte? Wieso sieht ein Baum im Frühling anders aus als im Herbst? Warum findet man im Winter keine Igel?

Die Beschäftigung mit all diesen Themen lässt das Kind wach für seine Umgebung und die Zusammenhänge in der Natur werden. Eine der Umwelt zugewandte Haltung ist die beste Voraussetzung für einen verständnisvollen und offenen Umgang mit der Natur und den Mitmenschen.

Wenn Tiere Punkte haben

Bastelarbeit

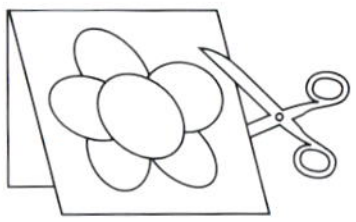

*5 Vorlagen
siehe Motivbogen*

Altersstufe
ab 2 Jahre

Zeit
Einzelarbeit
ca. 30 Minuten

Material

Buntes Tonpapier (DIN A4), farbige Klebefolie, Klebstoff, Schere

So wird's gemacht

Zunächst blättern die Kinder in Sachbüchern, Tierlexika oder Kinderbüchern mit Tierabbildungen. Gemeinsam machen sie sich auf die Suche nach Tieren, die Punkte oder Flecken tragen. Vielleicht kennen die Kinder auch schon aus eigener Erfahrung einige Tiere, auf welche das zutrifft: Dalmatiner, Giraffe, Gepard, Leopard, Eidechse, Marienkäfer, Schmetterling, Drossel, Rehkitz, Kuh u. v. m.

Ältere Kinder finden es meist spannend zu erfahren, dass diese Punkte häufig der Tarnung dienen. So verschmelzen das Rehkitz oder die Drossel optisch mit dem Wald und der Gepard, der Leopard oder die Giraffe werden in der Savanne oder Wüste nahezu unsichtbar. Auch der Frosch oder die Eidechse tarnen sich mit Flecken, die wie Gräser, Laub und Blattstücke wirken, in ihren jeweiligen Lebensräumen. Viele Schmetterlinge, wie zum Beispiel das Pfauenauge, täuschen mit ihren Flecken oft Augen vor und vertreiben durch ein schnelles Öffnen der Flügel eventuelle Fressfeinde.

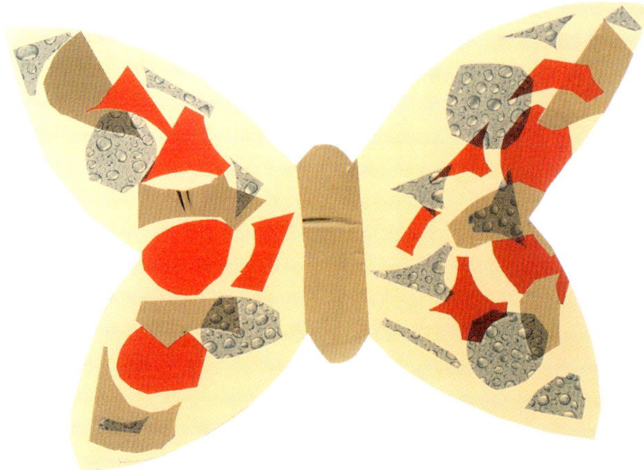

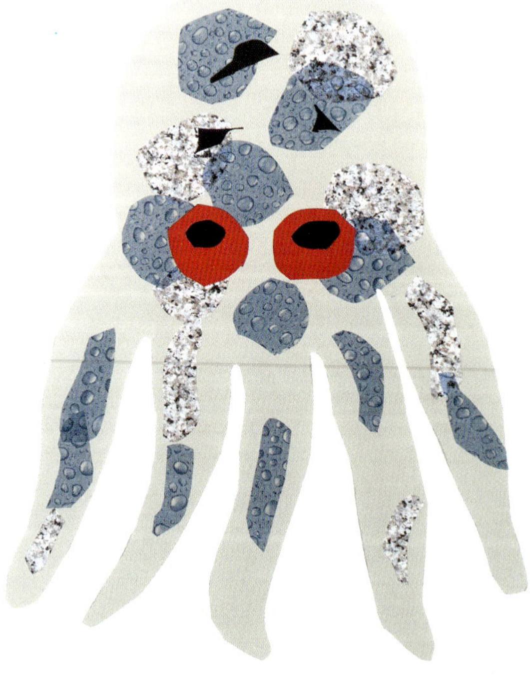

Sobald die Kinder sich für ein Tier entschieden haben, malen sie die Form entweder freihand auf einem bunten Tonpapierbogen vor oder nutzen eine der Vorlagen auf dem Motivbogen.

Im Anschluss daran wird die vorgezeichnete Tierform ausgeschnitten. Auch die Klebefolie schneiden die Kinder in viele kleine und große Formen.

Tipp

Mit den Klebefolienstücken lassen sich noch weitere Gestaltungsideen umsetzen. Die Kinder können beispielsweise auch Tiere nur aus Punkten gestalten oder mit verschiedenen Farben mosaikartige Muster entwerfen. Aus Klebestreifen lassen sich im Handumdrehen Zebras, Tiger & Co. herstellen.
Wenn ein Farbwürfel verwendet wird und einige Klebepunkte in den auf dem Würfel befindlichen Farben vorhanden sind, kann man mit mehreren Kindern auch ein Klebespiel spielen: Hierbei würfeln die Kinder reihum. Je nachdem, welche Farbe der Würfel zeigt, wird ein Klebestück in der gewürfelten Farbe auf die Schmetterlingsfigur geklebt. Schaffen es die Kinder, beide Flügel symmetrisch zu bekleben?

Die Kinder ziehen die Schutzfolie ab und kleben die Punkte bzw. Flecken auf die Tonpapierform. Steht einmal am Rand etwas Klebefolie über, kann die Folie einfach umgebogen und auf der Rückseite angeklebt werden.

Jüngere Kinder brauchen Hilfe beim Zuschneiden und Abziehen der Schutzfolie. Für die Allerkleinsten bereitet man am besten schon einige zugeschnittene Stücke ohne Schutzfolie vor, die sie direkt aufkleben können.

Ältere Kinder schneiden schon selbst und machen sich Gedanken über Größe, Form und Platzierung der Folienstücke. Wie viele Punkte hat ein Marienkäfer? Sind beim Schmetterling die Flügelmuster auf beiden Seiten gleich? Hat ein Tintenfisch Augen?

Der Einsatz von Klebefolie macht die Anregung für die Kleinsten sehr einfach. Wenn Sie diese aber nicht verwenden möchten oder keine Klebefolie zur Hand haben, können hier natürlich auch gerissene Papierschnipsel, Bastelfilzstücke oder Moosgummistanzteile aufgeklebt werden.

Erfahrung

Achten Sie darauf, dass die zu klebenden Elemente die richtige Größe haben. Sind sie zu groß, sind die Tierformen zu schnell gefüllt. Sind sie dagegen zu klein, wird für jüngere Kinder die Handhabung schwierig. *(SH)*

Altersstufe
ab 5 Jahre

Zeit
Einzelarbeit
ca. 45 Minuten

Scherenschnitt-Tierpaare

Bastelarbeit

Material

Pappe, bunter Fotokarton, buntes Tonpapier, Buntpapier, Fasermaler, Bleistift, Klebstoff, Schere

So wird's gemacht

Die Kinder überlegen zunächst, welche Tiere sie darstellen möchten und gestalten sich selbst eine Schablonenform. Hierzu malen sie das gewünschte Tier auf Pappe auf und schneiden die Form aus. Fertigt jedes Kind eine andere Schablone an, können diese im Anschluss getauscht werden, sodass jeder mehrere Tiere gestalten kann.

Nun wählen die Kinder dem Tier entsprechend ein Tonpapier in der gewünschten Farbe aus und falten es zusammen. Jetzt kann mit den Kindern besprochen werden, ob sie gerne möchten, dass die Tiere später mit den Köpfen einander zugewandt sind, sodass es wirkt, als würden sie sich unterhalten oder küssen. Hängen zum Beispiel Schmetterlinge oder Vögel mit den Flügeln zusammen, erweckt es den Eindruck, als würden sie sich aneinander festhalten. Tiere, die in entgegengesetzte Richtungen schauen, scheinen einander gar nicht wahrzunehmen, bieten jedoch durch den symmetrischen Aufbau einen interessanten Anblick.

Entsprechend ihrer Vorstellung legen die Kinder die Schablone mit der Schnauze, der Seite oder dem Hinterteil des Tieres an der geschlossenen Faltkante an und umfahren die Form auf dem Tonpapier.

Beim Ausschneiden der Tiere achten die Kinder darauf, die Faltkante nicht versehentlich zu durchtrennen. So bleiben die Tierformen zusammen und können nach dem Ausschneiden aufgeklappt und paarweise auf einen bunten Fotokarton geklebt werden.

Anschließend reißen sie aus Buntpapier kleine Stücke, die sie dicht an dicht als Wiese oder Himmel mit Wolken aufkleben.

Mit verschiedenen, kleinen Buntpapierstücken lassen sich die Tiere weiter ausgestalten. So können die Kühe ihre typischen Flecken erhalten, Schmetterlinge mit ihrem bunten Flügelmuster versehen oder andere Färbungen realisiert werden.

Zuletzt gestalten die Kinder die Tiere mit Buntstiften weiter aus, indem sie Gesichtszüge, ein Maul, einen Schwanz, Ohren oder Füße dazumalen oder die ganze Tierform mit den Stiften nochmals umfahren.

Tipp

Ideal ist es, wenn die Kinder Tiere gestalten, die sie schon gut aus dem Alltag kennen. Bevor die Schablone gebastelt wird, können sie sich die Form ihres ausgewählten Tieres in Tierbüchern anschauen um sich mit deren Körperform vertraut zu machen.

Wenn der Untergrund mit Magnetfarbe bestrichen wird und die Tierformen kleine Klebemagneten auf der Rückseite erhalten, kann man das Bild immer wieder verändern und umbauen. Diese wandelbaren Bilder bieten zahlreiche Sprechanlässe und regen die Kreativität der Kinder an. Damit die Figuren länger stabil bleiben, ist es ratsam, diese für das bewegliche Bild aus Fotokarton zu gestalten oder sie zu folieren.

Wird diese Anregung als Gruppenarbeit umgesetzt, können die Kinder auch ein großes Bild zum Thema „Noah und die Arche“ erstellen. Da hier die Tiere alle paarweise zur Arche wandern, eignet sich diese Gestaltungstechnik wunderbar.

Erfahrung

Erinnern Sie die Kinder beim Schneiden daran, die Faltkante nicht abzuschneiden. Den Kindern war die Freude anzusehen, als sie beim Auffalten zweimal das gleiche Tier in der Hand hielten.

Diese Bilder regten selbst schüchterne Kinder dazu an, zu verbalisieren, worüber sich die Tiere gerade unterhalten könnten.

Da die Kinder die Schablonen untereinander tauschten, tauchte in manchen Bildern immer wieder dasselbe Tier auf. Dies nahmen einige Kinder zum Anlass, die einzelnen Bilder inhaltlich miteinander zu verbinden. Sie gestalteten längere Dialoge und erfanden fantasievolle und zusammenhängende Szenen, die zu einer Geschichte zusammengesetzt werden konnten.

Die Texte wurden aufgeschrieben und konnten mit den Bildern als selbst gestaltetes Bilderbuch immer wieder vorgelesen werden.

(EvH)

Froschgläser

Bastelarbeit

Altersstufe
ab 3 Jahre

Zeit
Einzelarbeit
ca. 60 Minuten
(ohne Trockenzeit)

Material

Gesäuberte, größere Lebensmittelgläser, grüner Fotokarton, grünes Transparentpapier, Blumenbilder (aus Prospekten), grüner Glitter, Schleifenband, Naturbastband, Perlen, künstliche Efeuranke, Schwimmkerzen, grüner Buntstift, schwarzer Fasermaler, bunte Acrylfarbe, Pinsel, Prickelnadel, Klebstoff, Kleister, Schere

So wird's gemacht

Die Kinder wählen ein Glas aus und bemalen es mithilfe von Acrylfarben freihand mit grünen Pflanzen und farbigen Blüten. Hierbei muss das Glas nicht formatfüllend gestaltet werden, da noch weitere Verzierungen folgen. Nach dem Bemalen stellen sie das Glas zum Trocknen beiseite.

Anschließend schneiden sie Blumen aus Prospekten aus und kleben das bedruckte Papier mit Kleister und Pinsel auf den unteren Glasrand. Sie reißen grünes Transparentpapier in kleine Stücke und kleben diese am oberen Glasrand auf. Einzelne Stellen können danach mit grünem Glitter weiter verziert werden.

Nach einem Tag Trockenzeit malen die Kinder mit Buntstift einen Frosch auf grünen Fotokarton und schneiden ihn aus. Den Froschbauch versehen sie zusätzlich mit etwas grünem Transparentpapier und malen Augen, Nase und ein breites Froschmaul mit schwarzem Fasermaler auf.

Mit einer Prickelnadel stechen die Kinder in die Ränder des Frosches kleine Löcher und fädeln dort unterschiedliche Bänder hindurch. Damit kann man den Frosch am Glas festbinden. Ist der Frosch deutlich größer als das Glas, wirkt es hübsch, wenn er hinter das Glas gebunden wird. Kleinere Exemplare bindet man am besten an der Vorderseite des Glases fest, da diese sonst nur schwer zu sehen sind.

Auf weitere Bänder werden Perlen aufgefädelt und mit einzelnen, künstlichen Blättern oder mit Teilen einer künstlichen Efeuranke verknotet. Auch diese Bänder können nun an das Glas geknotet werden.

Zum Schluss füllen die Kinder ihr Glas mit Wasser und legen die Schwimmkerze hinein. Nun kann ein Erwachsener mit einem langen Streichholz alle Lichter anzünden. In einem abgedunkelten Raum wirken die Froschlichter besonders schön.

Erfahrung

Frösche leben häufig in der nahen Umgebung (Tümpel, Naturschutzgewässer) und faszinieren Kinder sehr. Im Frühling kann man in Teichen und Weihern erst den Froschlaich und dann die Kaulquappen in unterschiedlichen Entwicklungsstadien beobachten. Gehen Sie am besten mehrmals in kürzeren Abständen zum Gewässer, dann können die Kinder die Metamorphose zeichnerisch festhalten. *(MF)*

Tipp

Um die Frosch-Körperform für das Froschglas detailliert zu gestalten, ist es günstig, sich mit den Kindern vorher echte Frösche oder Abbildungen in Büchern anzusehen. Danach fällt es den kleinen Bastlern sehr viel leichter, die Proportionen richtig darzustellen.

Igel aus Modelliermasse

Modellierarbeit

Material

Lufttrocknende Modelliermasse, bunte Plastikstrohhalme, Fasermaler, bunte Fingerfarbe, Pinsel, Schere

So wird's gemacht

Die Kinder erhalten ein etwa kartoffelgroßes Stück Modelliermasse und kneten dieses zunächst eine Weile mit den Händen. Wenn die Masse warm und weich ist, lässt sie sich besser formen.

Zunächst modellieren sie die Masse als Igelkörper. Eine ideale Ausgangsposition ist hierfür eine liegende Kartoffelform, die mit Schwung auf die Tischplatte geworfen wird. So bildet sich eine flache Unterseite aus, die dem Tier einen stabilen Stand ermöglicht.

Die Kinder entscheiden sich, welches Ende der Form das Kopfende darstellen soll und drücken die Modelliermasse dort mit Daumen und Zeigefinger zu einer spitzen Igelschnauze zusammen.

Tipp

Statt Plastikstrohhalmen können auch Naturstrohhalme, bunte Bastelhölzer oder Ästchen verwendet werden.

Nun schneiden die Kinder einige bunte Plastikstrohhalme mit der Schere in etwa gleich lange Stücke (5–7 cm) und stecken diese in die Modelliermasse, bis das Stachelkleid voll und bunt ist. Den Gesichtsbereich sparen sie dabei aus. Jüngere Kinder können die Strohhalmstücke auch schon bereits zugeschnitten erhalten, sodass sie diese nur noch platzieren müssen.

Ältere Kinder gestalten den Igel anschließend nach eigener Vorstellung weiter aus. Aus Modelliermasse oder kleinen Strohhalmstücken können Augen, Nasen, Füße und ein Schwänzchen entstehen.

Nun muss die Modelliermasse über Nacht aushärten und ist dann spielfest.

Wer möchte, kann die Igel nach dem Trocknen mit Stiften oder Fingerfarbe bemalen, aber auch pur wirken sie sehr dekorativ.

Erfahrung

Diese Gestaltungsarbeit ist eine gute Gelegenheit für die erste Begegnung mit der Schere. Aber Achtung: Während des Schneidens springen die Strohhalmstücke über den ganzen Tisch. Bei kleineren Kindern sollte daher ein Erwachsener den Strohhalm an beiden Enden festhalten. Auch das gezielte Platzieren der recht filigranen Igelstacheln fördert die Feinmotorik der Kinder und schult den Pinzettengriff. *(SH)*

Altersstufe

ab 2 Jahre

Zeit

Einzelarbeit
ca. 20 Minuten
(ohne Trockenzeit)

Schwimmenten

Mal- und Bastelarbeit

Material

Weißes Papier (DIN A4), weiße Kerzenreste, weiße Quarkschalen oder große Joghurtbecher, Bastelfedern, bunte Deckfarbe, Pinsel, alter Pinsel, Zeitungspapier, Feuerdecke, Kochtopf, Gabel, Tacker, wasserfester Klebstoff, Schere

Altersstufe

ab 3 Jahre

Zeit

Einzelarbeit
ca. 90 Minuten
(ohne Trockenzeit)

So wird's gemacht

Nach einem Beobachtungsspaziergang an einen Ententeich oder nach der Betrachtung einiger Entenbilder malen die Kinder mit Deckfarbe auf ein weißes Papier einen Entenkörper im Profil. Sie gestalten den Kopf mit Schnabel und Auge sowie den Körper und den Schwanz mit dem Pinsel.

Anschließend legen die Kinder ein weiteres Papier daneben und malen eine zweite, ähnliche Ente, die seitenverkehrt gestaltet wird und somit die andere Hälfte der Ente darstellt.

Nach dem Malen werden die Papiere von einem Erwachsenen mit heißem Kerzenwachs wasserfest gestaltet. Um Gefahren zu vermeiden, sollte dieser Arbeitsschritt in Abwesenheit der Kinder stattfinden. Hierzu werden die weißen Kerzenreste langsam bei niedriger Temperatur (das Wachs darf nicht aufkochen!) auf einem Kochfeld erhitzt und nach und nach die Dochte mit der Gabel herausgenommen. Die Feuerdecke sollte aus Sicherheitsgründen in greifbarer Nähe liegen.

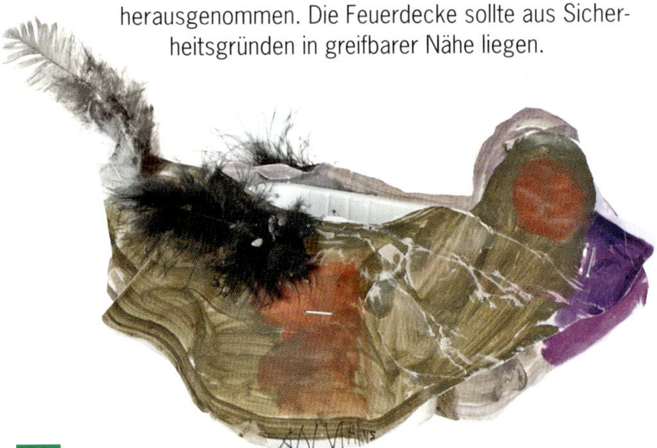

Ist das Wachs geschmolzen, nimmt man es mit einem ausgedienten Pinsel heraus und bestreicht damit die Entenpapiere, die sich auf mehreren Zeitungspapierlagen befinden, mit einer dünnen Schicht. Es genügt, nur die bunte Seite mit Wachs zu versehen. Das flüssige Wachs durchdringt das Papier und versiegelt somit beide Papierseiten.

Nach dem Einstreichen der Papiere wird der Wachstopf vom Herd genommen. Da er aber noch immer sehr heiß ist, sollte er nicht in die Hände der Kinder gelangen.

Die Enten sind etwa fünf Minuten nach dem Einwachsen getrocknet und können nun ausgeschnitten werden. Im Anschluss daran befestigen die Kinder die beiden Entenhälften mit wasserfestem Klebstoff jeweils mit dem Bauchteil seitlich auf den Quarkschalen bzw. den Joghurtbechern und kleben die beiden Teile des Schwanzes und die des Kopfes direkt aufeinander.

Wer möchte, kann die Enten zum Schluss mit einigen Bastelfedern schmücken. Diese werden zwar etwas feucht, wenn die Enten mit Wasser in Berührung kommen, trocknen anschließend aber auch schnell wieder.

Um die Stabilität der Enten zu erhöhen, kann man mit einem Tacker die Klebestellen verstärken.

Bevor die Enten zu Wasser gelassen werden, muss der Klebstoff rund zwölf Stunden trocknen.

Erfahrung

Einige Kinder hatten Schwierigkeiten damit, die zweite Entenhälfte seitenverkehrt zu zeichnen. Damit dies besser gelingt, kann man sie dazu anregen, die beiden Enten so zu malen, dass sie sich küssen können.

Die Kinder haben große Freude beim gemeinsamen Spielen und Experimentieren mit den schwimmenden Enten. Mit einem Wassertisch, einer Wäschewanne oder einem Planschbecken, drinnen oder draußen, können die Enten schwimmen, etwas in der Schale transportieren oder auch einen Puste-Wettkampf erleben. Füllen die Kinder z. B. Magnete in die Becher, bleiben die Enten als Gruppe auf dem Wasser zusammen.
Die Entdeckungen sind vielfältig und laden zum eigenständigen Forschen auch Kinder unter drei Jahren ein. *(MF)*

Tipp

Die schwimmenden Quarkschalen können variabel gestaltet werden. Als Alternativen zu Enten können die Kinder je nach Belieben auf die gleiche Art und Weise auch andere schwimmende Tiere, Jetskis, Boote oder Schiffe gestalten.

Blühende Bäume

Mal- und Bastelarbeit

Material

Schuhkartondeckel, grünes Transparentpapier, grünes Krepppapier, grüner Fotokarton, kleine Äste, Tannenzapfen, terrakottafarbene Modelliermasse, bunte Perlenketten, grüner Sisal, bunter Glitter, grüne Glassteine, Engelshaar, Bastschnüre, bunte Pfeifenputzer, Glitzerfolie, grüne und braune Acryl- oder Fingerfarbe, Pinsel, Heißklebepistole, Klebstoff, Schere

Altersstufe

ab 4 Jahre

Zeit

Einzel- oder Gruppenarbeit
ca. 45 Minuten (ohne Trockenzeit)

So wird's gemacht

Die Kinder werfen einen Blick in die Natur und stellen fest, dass Gras, Wiesen, Laub und Blätter nicht in einem einheitlichen Grün gefärbt sind, sondern dass es viele Grüntöne in der Natur zu entdecken gibt. Auch sehen sie, dass die Bäume im Frühling häufig bunte Blüten tragen. Diese Erkenntnisse setzen sie in der folgenden Anregung gestalterisch um.

Zunächst bemalen die Kinder den Schuhkartondeckel mithilfe eines dicken Pinsels mit grüner Acryl- oder Fingerfarbe und legen den Deckel zum Trocknen beiseite.

Währenddessen formen sie aus Modelliermasse kleine Baumstämme. Hierzu erhalten sie ein Stück Modelliermasse etwa in der Größe eines Tennisballs und kneten die Masse so lange, bis sie weich und gut formbar ist.

Tipp

Die Baumstämme sollten nicht zu lang ausfallen, damit der Baum später gut steht. Wenn er dazu schön dick ist, lassen sich die Äste einfacher hineinstecken. Äste der Korkenzieherweide eignen sich besonders gut für dieses Angebot, da sich die geschwungenen Äste wunderbar mit Kreativmaterialien behängen lassen und nichts herunterrutscht.

Sie rollen die Kugel auf der Tischplatte zu einer Zylinderform und stauchen beide Enden etwas. So entsteht am unteren Ende eine stabile Standfläche und am oberen Ende eine Fläche, in die später die Äste hineingesteckt werden können. Die Zylinderform muss dabei nicht gleichmäßig aussehen, im Gegenteil, die Bäume wirken natürlicher, wenn die Stämme nicht ganz gerade oder glatt ausfallen. Auf diese Weise formen sie die gewünschte Anzahl an Bäumen für ihren Schuhkartondeckel.

Nun suchen die Kinder einige kleine Äste aus, die sie in das obere Ende der Baumstämme stecken und stellen die Bäume über Nacht zum Trocknen beiseite.

Die Baumstämme wirken durch die Terrakottafarbe pur sehr schön und natürlich, wer aber möchte, kann diese mit brauner Acryl- oder Fingerfarbe bemalen. Werden die Äste stellenweise mit Klebstoff betupft und mit buntem Glitter versehen, wirkt es, als trüge der Baum bunte Blüten.

Aus grünem Transparentpapier, Fotokarton oder Krepppapier schneiden die Kinder Streifen zurecht und verzieren damit den Schuhkartondeckel an der Innenseite. Besonders interessant wirken auch grüne, aufgeklebte Sisalfasern oder grüne Glassteine. Aufgestreuter Glitter verleiht dem Boden einen frühlingshaften Charakter.

Die Zweige werden nun ebenfalls weiter ausgestaltet. Um die Äste gewickelte bunte Perlenketten, Pfeifenputzer, aufgeklebte Transparentpapierstreifen, Engelshaar oder Bastschnüre schmücken die Bäume. Auch zurechtgeschnittene Glitzerfolienstücke wirken äußerst dekorativ.

Zum Schluss fixiert ein Erwachsener die Bäume an der Unterseite mit Heißkleber im Schuhkartondeckel. Mit buntem Glitter verzierte Tannenzapfen, die zwischen den Bäumen aufgeklebt werden, sorgen ebenfalls für eine natürliche Stimmung.

Erfahrung

Diese Gestaltungsidee eignet sich wunderbar dazu, mit den Kindern die Jahreszeiten zu besprechen. Hier wurde ein blühender Frühlingsbaum dargestellt, wer aber möchte, kann auch die anderen drei Jahreszeiten fertigen. Sommerbäume werden hauptsächlich mit grünen Papierstücken gestaltet, die dichtes Laub signalisieren. Einige rote, gelbe oder blaue Elemente erwecken den Eindruck, als würden reife, süße Früchte daran hängen. Ein Herbstbaum entsteht, wenn hauptsächlich Materialien in den Farben Gelb, Rot, Orange und Braun aufgeklebt oder um die Zweige gewickelt werden. Ein Winterbaum erhält ausschließlich weiße, blaue oder silberne Verzierungen und wirkt damit eisig und kühl.

Werden die unterschiedlichen Landschaften danach in einer Reihe aufgestellt, kann man den Wechsel der Jahreszeiten schön betrachten. *(KW)*

Altersstufe
ab 3 Jahre

Zeit
Gruppenarbeit
ca. 60 Minuten

Auf der Straße

Collage

Material

Papierrolle, weiße Fotokartonstücke, bunte Klebefolie, weiße Klebeetiketten, Transparentpapier, Buntstifte, Klebestift, Schere, Steine zum Beschweren

So wird's gemacht

Im Rahmen der Verkehrserziehung und auch im Alltag der Kinder hat die Straße eine enorme Bedeutung. Die Kinder wissen, dass sich Autos auf Straßen fortbewegen, dass dort gewisse Regeln gelten, an die man sich zu halten hat und dass man besonders als Fußgänger achtsam sein muss.

Auch Gehwege, Fahrbahnmarkierungen, Ampeln, Verkehrsschilder, Zebrastreifen oder Fußgängerüberwege sind Elemente, die direkt mit dem Thema Straßenverkehr verbunden sind und angesprochen werden können.

Das Papier wird in der gewünschten Länge ausgerollt und abgeschnitten, sodass alle Kinder daran Platz haben. Die Ecken können mit Steinen, Büchern oder Schuhen beschwert werden, sodass das Papier plan auf dem Tisch aufliegt.

Die Kinder schneiden nun schwarze Klebefolie zu geraden oder kurvigen Straßenteilstücken zu. Die Stücke sollten dabei so breit sein, dass zwei Spielzeugautos darauf Platz haben. Die genaue Breite sollte vorher besprochen werden, damit die Straßenstücke später zueinander passen.

Die Teilstücke werden so auf das Papier geklebt, dass eine Straßenlandschaft entsteht. Weiße Adressetiketten, in der Mitte geteilt, ergeben die Mittellinie der Straße oder auch einen Zebrastreifen.

Details am Straßenrand, wie Häuser, Bäume oder ein See, entstehen aus farbiger Klebefolie oder aus Transparentpapier, das mit Klebstoff aufgeklebt wird. Jedes Kind klebt seine Motive so, dass sie von der eigenen Sitzposition her die richtige Perspektive haben. Je mehr die Kinder ihre eigenen Gestaltungsideen einfließen lassen, desto abwechslungsreicher und lebendiger wird die Straßenlandschaft.

Im Anschluss daran gestalten die Kinder mit Buntstiften eine Ampel und einige bekannte Verkehrsschilder auf kleinen Fotokartonkärtchen und legen sie um die Straße herum.

Wenn die Kinder die Straße mit Spielzeugautos befahren, kann man nun spielerisch die Funktionen der Ampel, des Zebrastreifens oder der Verkehrsschilder besprechen und dabei erste Verkehrsregeln erläutern.

Erfahrung

Besprechen Sie vor dem Schneiden mit den Kindern, dass es nicht zu viele kurvige Straßenabschnitte geben sollte. Vielleicht legen Sie fest, dass jedes Kind mehrere gerade Teilstücke, aber nur eine Kurve schneidet. *(SH)*

Tipp

Anstelle einer Fantasiestraße, auf der jedes Kind beliebige Elemente aufklebt, kann auch eine reale Straße nachgebildet werden. Gehen Sie dafür mit den Kindern aus der Einrichtung heraus und schauen Sie sich mit ihnen um. Wie verläuft die Straße? Gibt es eine Ampel, einen Zebrastreifen? Welche Verkehrsschilder sind hier zu sehen? Wie weit ist die Kreuzung entfernt?

Unser Schwimmbad

Bastelarbeit

Material

Schuhkartons mit befestigtem Deckel (überwiegend bei Sportschuhen zu finden), kleinere Pappkartons in der Höhe des Schuhkartons, bunter Tonkarton, Stoffreste, Hölzer, Steine, künstliche Grünpflanzen, Paillettenblumen, Blumenfolienreste, selbstklebende Buchfolie, bunte Wachsmalstifte, bunte Acryl- oder Schulmalfarbe, Pinsel, Klebstoff, Stoffschere, Cutter, Schere

So wird's gemacht

Der Schuhkarton mit befestigtem Deckel stellt das Schwimmbad dar. Dieser wird aufgeklappt, wobei der Karton selbst als Schwimmbecken und der Deckel als Liegewiese gestaltet wird. Damit der später aufgeklappte Deckel mit der Liegewiese gestützt wird, klebt man zu Beginn den zusätzlichen Karton als Stütze auf den Deckel des Schuhkartons.

Ein Erwachsener schneidet mit dem Cutter die vier Seitenteile des Kartons so aus, dass ein Rand von etwa 2 cm jeweils rundherum an allen vier Seiten stehenbleibt.

Das Innere des Schwimmbeckens wird komplett mit hellblauer Acryl- oder Schulmalfarbe bemalt. Der Rand erhält einen grauen oder silbernen Anstrich und wird einige Zeit zum Trocknen beiseitegestellt.

Nun kann jedes Kind seine ersten fünf Schwimmbadbesucher gestalten. Da mindestens 10–15 Figuren das Schwimmbad später besuchen sollen und die Herstellung dieser großen Anzahl einige Zeit in Anspruch nimmt, ist es sinnvoll, die Arbeit auf drei Tage aufzuteilen und an jedem Tag, an dem ein weiterer Arbeitsschritt vorgenommen wird, auch einige Personen zu gestalten.

Hierfür malen die Kinder mit hautfarbenen Wachsmalstiften Frauen, Männer oder Kinder auf den Tonkarton. Mit weiteren Farben werden Haare, Gesichter und Badekleidung aufgemalt. Im Anschluss schneiden die Kinder die Figuren aus und bemalen die Rückseiten.

Wenn der Karton mit dem bemalten Schwimmbecken getrocknet ist, können die Kinder den Deckel mithilfe von Acrylfarben als Wiese oder Strand gestalten. Danach fertigen sie weitere fünf Badegäste mit Wachsmalstiften.

Nach einem weiteren Tag Trockenzeit bekleben die Kinder die ausgeschnittenen Seitenwände des Schwimmbeckens von innen mit transparenter Blumenfolie und den Karton von oben mit selbstklebender Folie. Die überstehende Folie wird an den Seiten und auf dem Deckel befestigt, sodass eine ebene Folienfläche den Korpus des Beckens verschließt und somit die Wasseroberfläche darstellt.

Nach dem Malen von weiteren Schwimmbadbesuchern schneiden die Kinder mit Stoffscheren aus Stoffresten Badehandtücher und Decken (ca. 10 x 5 cm) aus.

Nun können alle gestalteten Einzelteile zusammengesetzt werden, sodass ein belebtes Schwimmbad entsteht. Die Kinder kleben die Handtücher, Figuren, Steine, Hölzer, Blumen und Blätter an den gewünschten Stellen auf. Wer schwimmende Figuren im Wasserbecken darstellen möchte, schneidet schmale Schlitze in die Folie, steckt die Figuren hinein und fixiert diese mit Klebefilm zusätzlich an der Folienfläche.

Erfahrung

Das Schwimmbad lässt sich auch hervorragend als Gemeinschaftsarbeit gestalten. Hierfür werden drei bis vier Kartons zum Schwimmbad bemalt, zusammengestellt und jedes Kind malt sich selbst.

(MF)

Altersstufe
ab 4 Jahre

Zeit
Einzelarbeit
ca. 120 Minuten
(ohne Trockenzeit)

Altersstufe
ab 3 Jahre

Zeit
Gruppenarbeit
ca. 60 Minuten

Ich kenne mich aus

Collage

Material

Weißes Papier (DIN A3), Skizzenblock, Fotos der Einrichtung und der direkten Umgebung (Gebäude, markante Punkte usw.), Bleistift, Buntstifte, Klebstoff, Schere

So wird's gemacht

Während eines Spaziergangs wird die nähere Umgebung des Kindergartens gemeinsam mit einem Erwachsenen erkundet. Natürlich kann als Start auch ein anderer Ausgangspunkt gewählt werden.
Immer zwei bis drei Kinder zusammen sind dabei mit einem Skizzenblock und einem Bleistift ausgestattet. Dabei sollten die Altersstrukturen der Gruppen gemischt werden, sodass die Älteren den jüngeren Kindern helfen können.

Nun erkunden die Kinder das nähere Umfeld des Kindergartens und halten auf ihrem Skizzenblock fest, was es alles zu sehen gibt.

Tipp

Die Fotos können auch während der Aktivität von einem Erwachsenen hergestellt werden. Dann müssen die Kinder aber nach ihrer Rückkehr auf diese Bilder warten, die entweder ausgedruckt oder bestellt werden müssen. Besser ist es, diese Fotos in mehrfacher Ausführung schon vorbereitet anzubieten, damit die Kinder nach ihrer Rückkehr sofort loslegen können.

Welche Häuser oder Gebäude stehen in der Nachbarschaft? Sind es Wohnhäuser, Schulen, öffentliche Gebäude oder Läden? Gibt es auch Felder, Wiesen oder Gärten zu sehen? Wie verläuft die Straße? Finden die Kinder besonders markante Punkte, wie zum Beispiel einen Brunnen oder Skulpturen, auf ihrem Weg?

Nachdem der vorher festgelegte Weg erkundet und in Skizzen festgehalten wurde, gehen die Kinder zurück zum Ausgangspunkt und kontrollieren auf dem Weg noch einmal ihre Zeichnungen.

Zurückgekehrt in den Kindergarten teilt ein Erwachsener die Fotos aus, jede Gruppe erhält dieselben Bilder. Danach setzen die Kinder ihre Skizzen um und gestalten ein Bild der soeben erkundeten Umgebung.

Beginnend mit dem Foto der Einrichtung werden alle weiteren Bilder auf ein großes, weißes Papier sortiert. Sind alle Beteiligten der Kleingruppe mit dem Arrangement zufrieden, können diese Bilder aufgeklebt werden.

Danach malen die Kinder ihre Karte mit Buntstiften weiter aus und zeichnen so Schritt für Schritt die Umgebung mit ihren Einzelheiten auf.

In einer späteren Besprechung können dann auch Richtungsangaben wie „rechts" und „links", „vorn", „hinten" und „gegenüber" geübt werden. Indem die Kinder ihre selbst gestaltete Karte vor sich haben, erklären sie beispielsweise den Weg vom Kindergarten zum Bäcker. Sie beschreiben genau, wie sie gehen müssen, an welcher Stelle abgebogen oder die Straße überquert werden muss und was sich in der Nähe befindet.

Viele Kinder kennen den Einsatz von Navigationsgeräten im Auto. Großen Spaß macht es ihnen, wenn ein Erwachsener die Rolle dieses Navigationsgerätes einnimmt und verbal einen bestimmten Weg vorgibt. Da die Kinder das Ziel nicht kennen, müssen sie den Angaben des „Navis" korrekt folgen, um herauszufinden, wohin sie gelotst werden.

Erfahrung

Diese Aufgabe in Kleingruppen umgesetzt, half vor allem jüngeren Kindern, sich zu orientieren und zurechtzufinden. Dagegen kannten sich die älteren Kinder schon besser aus und waren stolz, ihr Wissen weitergeben und den anderen Kindern helfen zu können. *(HT)*

Altersstufe
ab 3 Jahre

Zeit
Einzelarbeit
ca. 30 Minuten

UnserEntenteich

Modellierarbeit

Material

Festes Pappestück (20 x 15 cm), blaues, braunes und grünes Transparentpapier, bunte Knetmasse, Klebestift, Klebstoff

So wird's gemacht

Wer die Möglichkeit hat, sollte im Vorfeld dieser Anregung einen kleinen Ausflug zu einem Ententeich einplanen. Die Kinder können die Szenerie so direkt betrachten und auch die Tiere eine Weile beobachten. Sie erkennen, wie die Enten auf der Wasseroberfläche schwimmen, ab und zu den Kopf ins Wasser tauchen, sich das Gefieder putzen, schnattern oder an Land watscheln. Wie sieht der Körper der Enten aus? Kann man die Füße mit den Schwimmhäuten erkennen? Wie sind der Schnabel oder das Gefieder gefärbt? Auch die Umgebung des Teiches kann so näher betrachtet werden. Wächst am Ufer Gras, liegen dort Steine oder Kiesel? Welche Pflanzen sind sonst noch zu entdecken?

Zurück in der Einrichtung beginnen sie mit der Umsetzung des Themas.

Zunächst wird die Wasseroberfläche gestaltet. Hierzu erhalten die Kinder ein Pappestück als Grundlage ihrer Gestaltung. Sie reißen aus blauem Transparentpapier einzelne Stücke aus, legen sie gefaltet oder geknüllt in Form eines Teiches auf das Pappestück und kleben die einzelnen Teile auf.

Wer möchte, faltet die Papierränder vor dem Aufkleben um und klebt sie so auf, dass klare Umrisse entstehen. Rings um den Teich wird das Ufer und das umgebende Gelände mit braunen und grünen Papierstücken ausgestaltet.

Dazu reißen die Kinder ebenfalls kleinere Papierstücke aus, knüllen diese, schieben sie in Form und kleben sie auf. Dies gelingt leichter, wenn das Pappestück nach und nach mit Klebstoff bestrichen wird. Ist der Klebstoff noch feucht, lässt sich das Papier leichter verschieben. Überstehende Papierränder können stehenbleiben oder nach hinten auf die Rückseite der Pappe umgeschlagen und fixiert werden.

Die Enten entstehen aus Knetmasse. Je nach Wunsch der Kinder werden sie in unterschiedlichen Größen und Farben gestaltet. Einzelne Farbtöne können leicht gemischt werden, indem die verschiedenfarbige Knetmasse zusammengedrückt wird.

Tipp

Wenn Knetmasse über längere Zeit aufbewahrt wird, kann sie hart und spröde werden. Damit sich vor allem sehr junge Kinder nicht zu sehr abmühen müssen, empfiehlt es sich, die Masse vorher durchzukneten, um ein geschmeidiges und elastisches Material anbieten zu können.

Aus einem kleineren Stück Knetmasse formen die Kinder zunächst den ovalen Körper. Damit die Ente später nicht kippt, wird die Form so auf den Tisch gedrückt, dass ein flacher Untergrund entsteht.

Nun formen sie eine kleine Kugel für den Kopf und drücken diese fest an den Körper. Sie gestalten farblich passende Augen und einen Schnabel dazu und bringen auch diese Elemente am Kopf an.

Die Kinder können darauf aufmerksam gemacht werden, dass die Platzierung der Körperteile für unterschiedliche Wirkungen sorgt. Sind Kopf, Augen und Schnabel nach oben gerichtet, wirkt es, als schaue die Ente in den Himmel. Werden die Körperteile gerade angeordnet, richtet das Tier den Blick direkt nach vorn. Neigt die Ente den Kopf mit dem Schnabel nach unten und richtet auch den Blick nach unten, entsteht eher der Eindruck, sie schaue auf der Suche nach Nahrung ins Wasser.

Zum Schluss modellieren die Kinder noch die Flügel der Ente und drücken diese seitlich am Körper fest.

Werden mehrere Enten in unterschiedlichen Größen gestaltet, entsteht der Eindruck einer Entenfamilie. Sind alle Tiere fertiggestellt, werden sie ganz nach Wunsch im Teich angeordnet.

Erfahrung

Diese Aufgabe gelang selbst den jüngeren Kindern sehr gut. Alle arbeiteten mit Begeisterung mit. Manchmal kippten die Enten in ihrem Teich um, obwohl die untere Seite flachgedrückt war. Mit etwas Klebstoff wurde dieses Problem behoben. *(HT)*

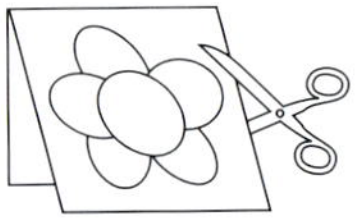

4 Vorlagen siehe Motivbogen

Altersstufe
ab 4 Jahre

Zeit
Einzelarbeit
ca. 70 Minuten
(ohne Trockenzeit)

Strandbilder
Collage

Material

Weißes Papier, buntes Tonpapier, Sand, blaue Fingerfarbe, Fasermaler, Buntstifte, bunte Wachsmalstifte, Bleistift, Pinsel, Kleister, Klebstoff, Schere

So wird's gemacht

Sicher waren einige Kinder schon einmal am Meer und können von ihren Eindrücken berichten. Im Gespräch wird zusammengetragen, was sie alles erlebt haben. Vielleicht war es warm und man konnte in Badekleidung am Strand herumtoben. Haben die Kinder am Strand eine Sandburg gebaut oder sich im feinen Sand eingebuddelt? Konnte man Muscheln und hübsche Steine im Sand entdecken? Flogen weiße Möwen mit lautem Krächzen über das Wasser?

Auch vom Wasser können die Kinder in der Regel berichten. Blickten die Kinder aufs Meer hinaus, konnten sie eine endlose Wasserfläche erkennen. Wenn sich kein Windhauch regte, war das Wasser blau und glatt. Doch sobald Wind aufkam, bewegte sich die Wasseroberfläche. Es entstanden Wellen und man konnte sogar weiße Schaumkronen erkennen.

All diese Erlebnisse führen sich die Kinder vor Augen und setzen sie in der folgenden Anregung um.

Damit die Wasserfläche richtig lebendig und echt wirkt, bedarf es einiger Zwischenschritte. Zunächst wird ein weißes Papier komplett mit hellblauer Fingerfarbe bemalt. Wenn alles vollständig mit blauer Farbe bedeckt ist, ziehen die Kinder mit einem breiten Pinsel von rechts nach links kleine und große Wellenlinien über das ganze Papier.

Solange die Fingerfarbe noch feucht ist, nehmen die Kinder ein zweites weißes Papier, legen es gleich auf das bemalte Blatt und streichen mit der Hand fest darüber. Werden nun die beiden Blätter auseinandergezogen, ist das zweite Blatt mit wunderschönen blauen Wellen bedruckt. Durch den Druck ist die Farbe an manchen Stellen kräftiger, an anderen schwächer, was eine interessante Struktur ergibt.

Wenn die abgedruckten Wellen getrocknet sind, malen die Kinder mit verschiedenen blauen und grünen Bunt- oder Wachsmalstiften die weiß gebliebenen Stellen zwischen den Wellen ganz zart aus, sodass ein lebendiges Wasserbild entsteht.

Auf der Rückseite des Wasserbildes zeichnet ein Erwachsener drei bis fünf Wellenlinien über das ganze Blatt. An diesen Linien schneiden die Kinder das Blatt auseinander und kleben die verschiedenen Streifen so auf ein weißes Tonpapier, dass immer ein kleiner Abstand zwischen den Streifen zu sehen ist. Wird die Wasserfläche so aufgeklebt, dass sie mit mindestens einer Blattseite glatt abschließt, entsteht der Eindruck eines großen Meeres. Die gewellte Außenlinie zeigt nach vorn und stellt das Ufer dar.

Um den Strand zu gestalten, lassen die Kinder am unteren Bildrand ein wenig freien Platz. Sie bestreichen diesen Teil mit Kleister, streuen etwas Sand darauf und lassen das Bild bis zum nächsten Tag trocknen.

Nun werden einige Möwen gestaltet. Hierfür können die beiden Vorlagen auf dem Motivbogen verwendet werden.

Damit die Flügel gleichmäßig ausfallen, falten die Kinder ein Stück Papier und malen die Körperhälfte der Möwe nach der Vorlage direkt an die Faltkante. Nach dem Ausschneiden ist ein schöner, symmetrischer Vogel entstanden. Auf diese Weise kann die gewünschte Anzahl an Möwen recht schnell hergestellt werden.

Nachdem der Kopf, die Schwanzfeder sowie die Flügelspitzen mit blauer Farbe bemalt wurden, können die kleinen Möwen auf das Meeresbild geklebt werden.

Mithilfe der Vorlage können die Kinder auch Robben oder Delfine auf blaues oder graues Tonpapier malen und mit Fasermalern weiter ausgestalten. Schiffe, Schwimmer, eventuelle Strandbesucher oder spielende Kinder werden freihand gemalt, mit Fasermalern bunt gestaltet, ausgeschnitten und passend in das Bild geklebt.

Erfahrung

Es hat sich bewährt, die Fingerfarbe ein wenig mit Wasser zu verdünnen, da die Farbe sonst zu dickflüssig ist. Deckfarben sind dagegen zu wenig deckend und außerdem malen die Kinder mit verdünnter Fingerfarbe sicherer, weil die Konsistenz der Farbe einheitlich ist. *(EvH)*

Tipp

Man kann für diese Aktion normalen Spielsand, aber auch Vogelsand verwenden. Letzterer enthält kleine Steinchen und Partikel aus Muschelkalk, welche die Strandfläche sehr realistisch aussehen lassen.

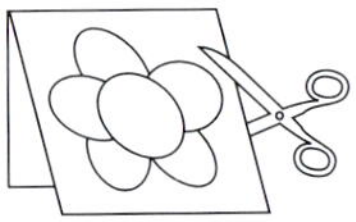

4 Vorlagen siehe Motivbogen

Altersstufe
ab 4 Jahre

Zeit
Einzelarbeit
ca. 40 Minuten
(ohne Trockenzeit)

Sonne, Mond und Sterne

Bastelarbeit

Material

Große, weiße Kaffeefilter, festes, weißes Papier, gelber Tonkarton, Holzstäbchen (ca. 1 x 30 cm), bunte Fasermaler, bunte Deckfarbe, Pinsel, Bleistift, Schere, Klebstoff

Tipp

Die Schnittkante am Filterpapier kann mit Kreppklebeband verstärkt werden, dadurch reißen die Kanten beim Hinauf- und Hinunterschieben nicht zu schnell aus.

So wird's gemacht

Das Auf- und Untergehen der Sonne, des Mondes sowie das Sichtbarwerden und Verschwinden der Sterne ist ein faszinierendes Ereignis und wird mit dieser Bastelarbeit mit den Kindern nachempfunden.

Zunächst stellen die Kinder die Erde bei Tageslicht dar und bemalen die Filtertüte im unteren Bereich mit brauner, dann mit grüner und im oberen Teil mit hellblauer Farbe. Mit blauer und zusätzlich etwas schwarzer Deckfarbe bemalen sie zwei Filtertüten von beiden Seiten, um die Dunkelheit der Nacht darzustellen.

Die Wolken, auf die später der Mond und die Sterne geklebt werden, wirken besonders schön, wenn sie denselben dunklen Farbton wie die Filtertüten erhalten. Deshalb bemalen die Kinder ein weißes Zeichenblatt ebenso mit diesen Farben. Auch die Holzstäbchen werden in derselben blauen Farbe von beiden Seiten bemalt.

Nun werden die Filtertüten, das weiße Papier sowie die Holzstäbchen zum Trocknen zur Seite gelegt.

Aus gelbem Tonkarton schneiden die Kinder nun den Mond und die Sterne aus. Hierzu können sie die Vorlagen auf dem Motivbogen verwenden. Die Sonne entsteht aus einem gelben Tonkartonkreis (Ø ca. 10 cm) und freihand ausgeschnittenen Sonnenstrahlen, die auf der Rückseite des Kreises festgeklebt werden. Mit Fasermalern zeichnen die Kinder anschließend Gesichter auf die ausgeschnittenen Himmelskörper.

Sobald das dunkel gefärbte Papier trocken ist, werden passend zur Größe der Filtertüten freihand zwei Wolkenformen ausgeschnitten. Auf einer Wolke wird der Mond, auf einer anderen werden die Sterne angeordnet und aufgeklebt.

Nun werden die Holzstäbchen an den Wolken bzw. an der Sonne mit ausreichend Klebstoff fixiert. Zusätzliche Stabilität kann erreicht werden, wenn auf der Wolkenrückseite über das Holzstäbchen ein entsprechend großes Stück Tonkarton geklebt wird.

Sobald die Filtertüten getrocknet sind, bringt man am unteren Rand einer Filtertütenseite einen kleinen Schnitt an, durch den das Holzstäbchen gesteckt wird. Nun können die Kinder ihre Himmelskörper auf- und untergehen lassen, indem die Filtertüte nach oben oder nach unten geschoben wird.

Hierbei kann der Schlitz so angebracht werden, dass er durch beide Filtertütenhälften hindurchgeht. Auf diese Weise verschwinden die Gestirne hinter der Tüte. Wird der Schlitz nur in einer Filtertütenhälfte angebracht, können Sonne, Mond und Sterne zwischen den Filtertütenlagen verschwinden und sind weder von vorn noch von hinten zu sehen.

Erfahrung

Diese Himmelskörper werden gerne im Stuhlkreis eingesetzt. Während ein Erwachsener eine Geschichte erzählt, die von den Gestirnen handelt, können die einzelnen Elemente an den passenden Textstellen gezeigt werden. Die meisten Kinder stellten alle drei Himmelskörper her und wechselten beim Erzählen und Spielen ihre Figuren. *(HT)*

Tipp

In dieser Technik kann man auch variantenreiche Zauberutensilien darstellen, bei denen eine kleine Hexe oder ein kleiner Zauberer einen Gegenstand auf magische Weise verschwinden und verändert wieder auftauchen lassen kann.
Hierzu wird beispielsweise auf das Holzstäbchen von beiden Seiten jeweils ein Tonkartonkreis aufgeklebt. Auf der einen Seite des Tonkartons ist ein gemaltes Kaninchen zu sehen, auf der anderen Seite ein bunter Fisch. Der Zauberer stellt sich nun so vor das Publikum, dass das Kaninchen zu sehen ist. Mit einem geheimnisvollen Zauberspruch lässt er es zwischen den zauberhaft bemalten Filtertütenhälften abtauchen. Nun dreht das Kind heimlich die Konstruktion um, sodass beim Wiederauftauchen des Holzstäbchens plötzlich der Fisch zum Publikum gewandt ist. Simsalabim, hat sich das Kaninchen in einen Fisch verwandelt.

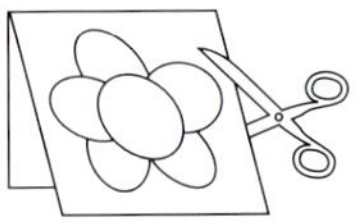

7 Vorlagen siehe Motivbogen

Altersstufe
ab 4 Jahre

Zeit
Gruppenarbeit
ca. 90 Minuten

Die Wetteruhr

Bastelarbeit

Material

Bunter Fotokarton, buntes Tonpapier, Perlgarn, dünne Strohhalme, Styropor, Käseschachteln (Ø 12 cm), Pailletten, bunter Bastelfilz, Buntstifte, Fasermaler, Motivlocher Schneeflocke, Prickelnadeln, Klebefilm, Klebstoff, Kreppklebeband, Schere

Vorbereitung

Ein Erwachsener malt mithilfe der Vorlagen auf dem Motivbogen die achtzackige Form auf gelbem Fotokarton, die acht Wetterwolken auf blauem Fotokarton und die Kinder mit Kleidern, Schleifen und Blütenkränzen sowie den Kreis für die hintere Abdeckung auf Fotokarton in den gewünschten Farben vor.

So wird's gemacht

Sonne: Ein Kind schneidet die achtzackige Form, welche die Sonne symbolisiert, aus und stellt somit die Grundlage für die Wetteruhr her. Die anderen schneiden die vier Jahreszeitenkinder mit den Blütenkränzen und den Kleiderschleifen aus. Sind alle Einzelteile ausgeschnitten, werden die Jahreszeitenkinder auf die Sonnenform aufgeklebt und auch die Blütenkränze und die Kleiderschleifen mit einer mittig aufgeklebten Paillette angebracht.

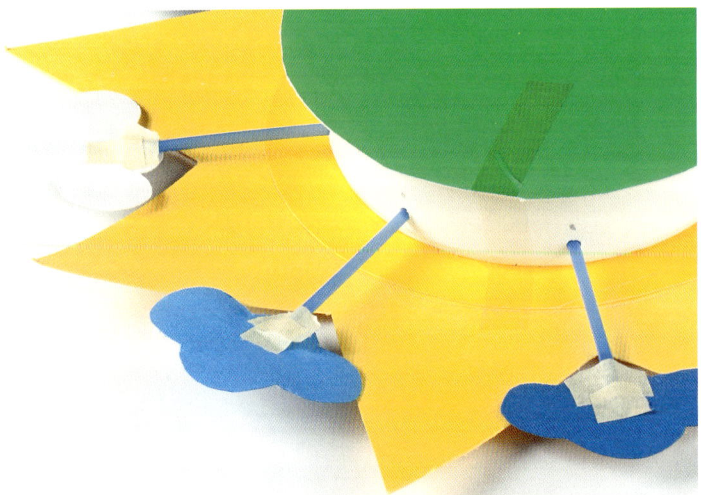

Tipp

Es ist auch möglich, alle verzierten Wolken in der geschlossenen Käseschachtel, auf welche die Sonne geklebt wurde, aufzubewahren.
In diesem Fall benötigt man für jede Wolke nur einen Pappstreifen (ca. 1 cm breit und 5 cm lang), der auf die hintere Seite der Wolke ab der Mitte so aufgeklebt wird, dass er noch 4 cm über den Rand steht. So kann man mit dem Pappstreifen die Wolkenform einfach zwischen die Sonnenspitzen stecken. Die Strohhalme und die Löcher in der Käseschachtel werden dabei nicht benötigt.

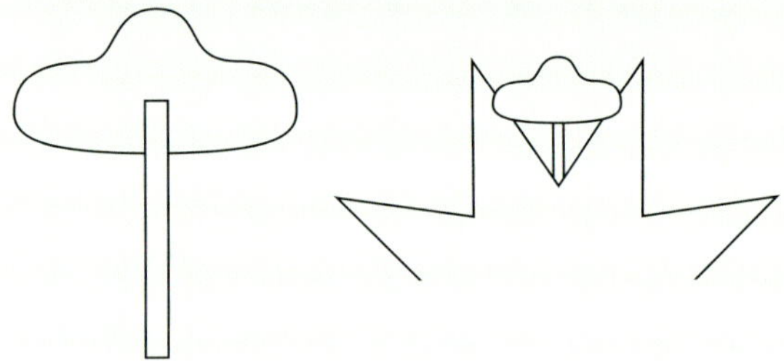

Um die Haare der Kinder darzustellen, dreht man aus zwei Perlgarnfäden eine Kordel. Ein Erwachsener schneidet die Kordel in vier gleich lange Stücke und verknotet jeweils die Enden, sodass Zöpfe entstehen. Nun können die Haare aufgeklebt und mit Fasermalern die Gesichtszüge aufgemalt werden.

Feine, gleich große Streifen aus weißem Bastelfilz stellen die Arme und Beine dar. Aus Filzresten entstehen kleine Füße, die ebenfalls aufgeklebt werden. Die Hände werden mit Fasermalern aufgemalt.

Wer möchte, kann zwischen die Hände der Jahreszeitenkinder einige Blätterzweige oder Ranken malen, sodass alle miteinander verbunden sind.

Wolken: Die Kinder schneiden alle acht Wolken aus und verzieren sie mit buntem Tonpapier je nach Wetterlage. Es wird eine kleine Sonne, der Wind, graue Wolken, Regen und ein Blitz aus dem entsprechenden Tonpapier vorgezeichnet, ausgeschnitten und gegebenenfalls mit Buntstiften verziert. Die Schneekristalle können mithilfe eines Motivlochers ausgestanzt werden. Der Hagel entsteht aus zerkrümelten Styroporresten. Für den Regenbogen schneidet man sechs kleine Tonpapierkreise in den entsprechenden Farben zu, klebt diese versetzt aufeinander und schneidet das Ganze bogenförmig zu.

Nun kleben die Kinder mit Kreppklebeband die Strohhalme jeweils an den Rückseiten der Wolkenform fest. Die Strohhalme sollten dabei eine Länge von 13,5 cm nicht überschreiten, da sie später beim Zurückschieben hinter die Sonne genug Platz in der Käseschachtel haben sollten.

Technik: Jetzt wird die Sonnenform mit den gestalteten Kindern auf die flache Seite der Käseschachtel geklebt. Wer möchte, kann die untere Öffnung der Käseschachtel mit einem Fotokartonkreis schließen. Ein Erwachsener stanzt mit einer Prickelnadel acht Löcher in regelmäßigen Abständen direkt unter der Sonne zwischen die Sonnenspitzen in die Käseschachtel.

Durch die gebohrten Löcher der Käseschachtel kann man nun die fertigen Wolken mit dem Strohhalm schieben. Werden die Strohhalme vollständig hineingeschoben, sind die Wolken von vorn nicht zu sehen.

Je nachdem, welche Wetterlage angezeigt werden soll, zieht man eine oder zwei Wolken hinter der Sonne heraus. Die Wolkenform lässt sich wunderbar so zwischen die Sonnenspitzen schieben, dass die Wolke mit dem entsprechenden Symbol von vorn gut zu sehen ist und mit dem Strohhalm im dafür vorgesehenen Loch Halt findet.

Am nächsten Tag können die Wolken je nach Wetterlage wieder zurück hinter die Sonne geschoben werden und neue, passende Wetterwolken mit anderen Wetterlagen herausgesucht werden.

Erfahrung

Kinder erleben das Wetter oft als Einschränkung in ihrem Alltag. Oft wird gesagt: „Erst wenn es wärmer ist, können wir ein Picknick machen oder Eis essen gehen“ etc. oder „Es regnet, du kannst also heute nicht auf den Spielplatz gehen.“ Diese Gestaltungsanregung eignet sich sehr gut, um den Kindern den Blick für das Wetter zu öffnen. Diese Aktion ermuntert sie, gezielt aus dem Fenster zu schauen und das Wetter zu analysieren. Sie nehmen auf diese Weise auch die Veränderung der Jahreszeiten und der Temperaturen bewusster wahr. *(EvH)*

Feuer, Wasser, Luft und Erde

Collage

Altersstufe
ab 3 Jahre

Zeit
Einzelarbeit
je Bild ca. 20 Minuten
(ohne Trockenzeit)

Material

Weißes Papier (DINA4), bunte Seidenpapiere, bunte Bastelfilzreste, bunte Deckfarbe, Pinsel, Klebstoff, Schere

So wird's gemacht

Feuer: Ein weißes Blatt Papier wird mit einem in Wasser getränkten Pinsel angefeuchtet. Danach malen die Kinder mit roter und gelber Farbe Tupfen und Flächen in das Papier. Die Farben fließen ineinander und ergeben einen schönen Hintergrund.

Während das Bild trocknet, reißen die Kinder gelbes, rotes und orangefarbenes Seidenpapier möglichst in Flammenform. Diese Einzelteile werden auf dem Hintergrund angeordnet und aufgeklebt. Noch lebendiger und plastischer wirkt das Gesamtbild, wenn die Papiere manchmal nur an einem Ende festgeklebt werden.

Aus braunen Filzresten werden kleine Rechtecke zugeschnitten, die die Holzstückchen des Lagerfeuers darstellen. Diese werden am unteren Ende des Feuers überlappend geschichtet und festgeklebt.

Wasser: Das Seidenpapier in verschiedenen Blautönen wird in Streifen gerissen oder zugeschnitten und von oben nach unten überlappend auf das weiße Papier geklebt. Dabei verschieben die Kinder das

Papier und legen es in Falten, damit das Bild plastischer wirkt. Überstehende Enden können umgeschlagen und von hinten an das Papier geklebt werden.

Tipp

Diese Gestaltungsarbeit bietet viele Möglichkeiten zur Vertiefung und unterschiedliche Gesprächsanlässe. Da könnten zum Beispiel die lebenswichtigen Funktionen der Elemente aufgezeigt, könnte über Umweltschutz und den Lebensraum von Menschen, von Tieren und Pflanzen gesprochen werden. Wie können wir die Erde schützen? Was können wir selbst dazu beitragen? Auch unterschiedliche Experimente, die die physikalischen Eigenschaften dieser Elemente deutlich machen, bieten sich zu diesem Thema an.

Ein Fisch im Wasser, freihand aus Filzresten ausgeschnitten, mit einem Auge versehen und aufgeklebt, unterstreicht das dargestellte Element.

Luft: Zunächst bestreichen die Kinder das ganze weiße Papier mit Klebstoff. Danach werden weiße, gerissene Seidenpapierstücke auf das Papier geklebt. Mit den Fingern verschieben die Kinder diese Einzelteile, ziehen und knüllen das Papier, sodass verschiedene Wolkenformen entstehen.

Mit einem Pinsel wird nun Wasser auf das Papier aufgetragen. Danach kann man kleinere Flächen oder Tupfen mit wenig blauer Farbe aufmalen, die sofort verläuft.

Eine Sonne aus Filzteilen angeordnet und aufgeklebt, symbolisiert das Element Luft.

Erde: Verschieden zugeschnittene, braune und grüne Seidenpapierstreifen in Wellenform werden überlappend auf das weiße Papier geklebt. Durch das Schichten der Papierlagen entstehen unterschiedliche Helligkeitsstufen und neue Farbwirkungen, durch die das Bild eine Perspektive bekommt, die es lebendiger wirken lässt.

Die Bäume, aus braunen und grünen Filzresten ausgeschnitten und aufgeklebt, stehen als Symbol für das Element Erde.

Erfahrung

Bevor die Ausarbeitung begann, haben wir die einzelnen Elemente mit den Kindern ausführlich besprochen. Es wurde erörtert, welche Farben für das Wasser, die Luft, das Feuer und die Erde stehen. Die Kinder haben überlegt, wie sie diese Elemente bildnerisch herausarbeiten und gestalten könnten und welche Symbole die einzelnen Elemente zudem unterstreichen. *(HT)*

Berge

Collage

Material

Feste Pappe (DIN A3 oder DIN A4; zum Beispiel die Rückseite eines Zeichenblocks), braune Wellpappe, rote Tonpapierreste, grünes Krepppapier, dunkle Fasermaler, Wachsmalblöcke, kleine Korken, schwarzes Gummiband, Zahnstocher, Klebstoff, Heißklebepistole, Schere

Altersstufe
ab 5 Jahre

Zeit
Einzelarbeit
ca. 45 Minuten

So wird's gemacht

Zuerst bemalen die Kinder auf der festen Pappe im oberen Drittel den Hintergrund mit blauer Wachsmalkreide. Wer möchte, malt noch eine Sonne dazu.

Danach zeichnen sie die Umrisse der Berge in unterschiedlichen Größen und Formen auf braune Wellpappe auf. Diese Formen werden ausgeschnitten und die einzelnen Teile mit verschiedenen Braun- und Grüntönen mit Wachsmalblöcken großzügig bemalt. Besonders dekorativ wirkt das spätere Bild, wenn auch unbemalte Berge dazwischengeklebt werden.

Tipp
Wer möchte, sammelt noch kleine Kieselsteine oder andere Naturmaterialien und gestaltet sein Bild damit weiter aus.

Diese Einzelteile ordnen die Kinder auf ihrer Pappe so lange an, bis sie mit dem Ergebnis zufrieden sind. Um dem Bild Tiefe zu geben, werden die einzelnen Berge auch übereinander geschichtet und mit Klebstoff fixiert. Manchmal müssen Teile nachgeschnitten oder ausgetauscht werden, um eine gute Bildwirkung zu erzielen.

Nachdem die Berglandschaft gestaltet ist, wird die Seilbahn gefertigt. Zwei kleine Korken werden als Stützvorrichtung für die Seilbahn an den Spitzen zweier gegenüberliegender Berggipfel angeklebt. Ein entsprechend langes Stück eines Gummibandes wird verknotet und über die beiden Korken für die Seilbahn so gelegt, dass das Gummiband leicht gespannt ist.

Die Gondeln entstehen freihand aus rotem Tonpapier. Sie werden mit einem kleinen Steg oberhalb der Kabine ausgeschnitten, der etwa zur Hälfte nach hinten umgeknickt wird.

Nun zeichnen die Kinder mit einem Farbstift Türen und Fenster ein, bevor die Gondeln an dem Knick in die Seilbahn gehängt und mit Klebstoff befestigt werden.

Das Tal gestalten die Kinder an der Unterseite des Bildes mit geknüllten, aufgeklebten Krepppapierstücken. Wer möchte, kann noch ein Gipfelkreuz aus zusammengeklebten Zahnstocherstückchen gestalten – fertig ist die Berglandschaft.

Erfahrung

Da die Korkstücke fest angeklebt sein mussten, um dem gespannten Gummiband standzuhalten, halfen wir mit einer Heißklebepistole nach. So konnten die Kinder schnell weiterarbeiten und mussten nicht warten. *(HT)*

Wüstenlandschaft

Mal- und Bastelarbeit

Material

Flache Pappschachteln (z. B. Deckel von Schuhkartons), farbige Pappe, Sand, Kieselsteine, Zweige, Bastelfedern, sonstige Fundstücke, Lebensmittelfarben, bunte Acryl- oder Schulmalfarbe, Pinsel, Tapetenkleister, selbstklebende Bilderaufhänger oder Schnur

So wird's gemacht

Die Kinder malen eine flache Pappschachtel oder den Deckel einer Schuhschachtel innen himmelblau aus.

Der Tapetenkleister wird nach Packungsanweisung angerührt und mit dem Sand vermischt, bis eine breiige, feuchte Masse entsteht, die nicht mehr krümelt oder zerbröckelt.

Je nachdem, wie viel Flüssigkeit zugesetzt wird, erhält man einen dünnflüssigen Brei, den man gießen oder tropfen kann, oder eine recht feste, formbare Masse.

Ist die Farbe in der Schachtel getrocknet, tragen die Kinder die Sand-Kleistermischung so auf, dass etwa ein Drittel des Schachtelbodens als Himmel frei bleibt und die blaue Farbe zu sehen ist. Durch Verstreichen, Formen oder Tropfen entstehen Dünen, Berge und Täler. Verschiedenfarbige Sandmassen sorgen für effektvolle Akzente.

Solange die Sand-Kleistermischung noch feucht ist, haften in den Sand gedrückte Gegenstände und kleben beim Aushärten der Masse an. Kleine Kiesel und einige dürre Zweige vervollständigen die karge Wüstenatmosphäre. Eine Palme entsteht aus einem Zweig und grünen Bastelfedern. Wüstentiere können aus Pappe ausgeschnitten und eingefügt werden. Wer möchte, kann die Wüste auch mit Fundstücken aus der Spielzeugkiste bestücken.

Nach einer Trockenzeit von ein bis zwei Tagen ist die Sand-Kleistermasse fest geworden.

Um die Bilder an der Wand zu befestigen, klebt man selbstklebende Bilderaufhänger auf die Rückseite und kann die Bilder nun an einen Nagel hängen. Ist das Bild sehr schwer geworden, sodass die Klebeverbindung nicht stark genug ist, um das Bild zu halten, kann man auch zwei Löcher in den Rand bohren und eine dünne Schnur einfädeln.

Erfahrung

Vogelsand aus der Tierhandlung ergibt eine sehr feine, helle Masse, die man gut mit Lebensmittelfarben einfärben kann. Wer die Möglichkeit hat, kann auch Sand aus dem Sandkasten oder vom Strand verwenden und dabei mit natürlichen Farbschattierungen verschiedener Sandsorten experimentieren. *(SH)*

Tipp

Je nach Farbe des Sandes und Auswahl der Objekte entstehen verschiedene Landschaften. Muscheln machen aus der Wüste einen Strand, aus dicht an dicht gesetzten Zweigen entsteht ein kahler Herbstwald, unterschiedlich geformte Steine und große Höhenunterschiede in der Verteilung der Sandmasse formen ein Gebirge.

Altersstufe

ab 3 Jahre

Zeit

Einzelarbeit
ca. 60 Minuten
(ohne Trockenzeit)

Känguru mit Baby

Bastelarbeit

Material

Gut ausgespülte Blechdosen oder große Joghurtbecher, kleine Joghurtbecher, Plüsch, Fotokarton, Modelliermasse, Naturbast, bunte Acrylfarbe, Buntstifte, Lackmaler, Fasermaler, Pinsel, Heißklebepistole, Klebstoff, Schere

Altersstufe

ab 6 Jahre

Zeit

Einzelarbeit

ca. 30 Minuten je Tier

(ohne Trockenzeit)

So wird's gemacht

Kängurumutter: Die Kinder zeichnen auf einem Fotokartonstück freihand einen Kangurukörper von vorn mit Kopf und Ohren auf und schneiden ihn aus. Der Känguruschwanz wird separat aufgezeichnet und ausgeschnitten.

Um den Beutel darzustellen, in dem später das Kängurubaby Platz nehmen kann, klebt ein Erwachsener mit Heißkleber eine Dose oder einen größeren Joghurtbecher am Bauch des Kängurus fest. Schließt der Becherboden mit dem Kängurukörper auf gleicher Höhe ab, steht das Tier stabil und sicher.

Um die Schnauze darzustellen, klebt ein Erwachsener einen kleinen Joghurtbecher mit Heißkleber so in die Mitte des Gesichtes, dass die Öffnung zur Fotokartonfläche zeigt.

Nun bekleben die Kinder ihre Kängurumutter sowie die Dose bzw. den großen Joghurtbecher mit Plüschstücken. Für diesen Arbeitsschritt sollte eine gut schneidende Schere zur Verfügung stehen, da sich der Plüschstoff sonst nur sehr schwer schneiden lässt. Die Joghurtbecher-Schnauze des Kängurus kann hierbei mit Plüsch umkleidet, aber auch mit Acrylfarben bunt gestaltet werden.

Tipp

Im Beutel lassen sich statt der Kängurubabys auch kleine Überraschungen für die Kinder verstecken. Auch fantasievolle Ratespiele sind hier möglich. Großen Spaß macht den Kindern das Spiel „Womit spielt das Kängurubaby?“ Hierfür wird zunächst ein Spielzeuggegenstand im Kängurubeutel versteckt. Dieser Gegenstand wird umschrieben, ohne dass der Begriff fällt, z. B. „Das Kängurubaby hat etwas zum Spielen in den Beutel genommen. Es ist klein, rot und rund. Wenn man es auf den Boden wirft, springt es zurück.“ oder „Das Kängurubaby hat sein Lieblingsspielzeug in den Beutel getragen. Es ist blau, hat vier Räder und man kann die Türen aufklappen.“.

Kängurubaby: Die Kinder erhalten ein Stück Modelliermasse etwa in der Größe eines Tennisballes. Sie kneten die Masse zunächst so lange in den Händen, bis sie warm und leicht formbar wird. Sie formen daraus das Jungtier in aufrechter Position. Nachdem sie überprüft haben, ob das Baby auch tatsächlich in den Beutel passt, stellen sie es etwa zwei Tage zum Trocknen beiseite.

Sobald die Masse hart und trocken ist, bemalen die Kinder ihr Kängurubaby in den gewünschten Acrylfarben und lassen es erneut trocknen.

Anschließend kann man das kleine Känguru an einigen wenigen Stellen mit kleinen Plüschresten bekleben. Die Augen sowie die Nase werden mit Fasermalern aufgemalt.

Nun freut sich das kleine Känguru auf den kuscheligen Beutel seiner Mutter, in den es hineingesetzt werden kann.

Im nächsten Schritt malen die Kinder Arme und Beine des Kängurus auf Fotokarton auf, schneiden sie aus und kleben sie an den entsprechenden Stellen fest. Diese können ebenfalls mit Plüsch beklebt werden, sehen aber auch pur hübsch aus.

Aus Baststücken aufgeklebte Barthaare und aufgeklebte Augen aus Fotokarton verleihen dem Känguru ein naturgetreueres Aussehen.

Der Schwanz des Kängurus wird ebenfalls mit Plüschresten beklebt und von einem Erwachsenen mit Heißkleber am unteren Rand der Rückseite des Kängurukörpers festgeklebt.

Erfahrung

Beim Aufkleben und Schneiden des Plüsches sollte ein Erwachsener Unterstützung anbieten. Das fertige, kuschelige Werkstück forderte die Kinder besonders zum Spielen auf.

Sehr reizvoll war für die Kinder das kleine Kängurubaby im Beutel. Werden die Babys etwa gleich groß gestaltet, können die Kinder diese auch untereinander tauschen und in verschiedenen Kängurubeuteln platzieren. Findet anschließend jede Kängurumutter wieder ihr Junges? *(KW)*

Altersstufe
ab 4 Jahre

Zeit
Einzelarbeit
ca. 20 Minuten

Tiefseetaucher

Mal- und Gestaltungsarbeit

Material

Transparente Plastikbehälter ohne Deckel, bunter Fotokarton, Glitzerfolie, blauer Müllsack, bunte Glitzerfische und Glitzermuscheln, Muscheln, Dekorsand, Glitter, Mosaiksteine, Gummiringe, bunte Lackmaler, Klebstoff, Schere

So wird's gemacht

Im Vorfeld betrachten die Kinder Abbildungen von Tauchern. Sie schauen genau, wie die Ausrüstung aussieht. Gemeinsam überlegen sie, wozu die einzelnen Teile wohl dienen und wieso man eine solche Ausrüstung beim Tauchen überhaupt benötigt. Was könnte der Taucher bei seinem Tauchgang im Meer alles sehen? Die Kinder haben in der Regel schon eine grobe Vorstellung, wie es wohl in der Tiefe des Ozeans aussieht. Da tummeln sich zahlreiche bunte Fische in verschiedenen Größen, Formen und Farben – Kraken, Tintenfische, Meeresschnecken, Seesterne. Auch Muscheln, Sand, Steine und verschiedene Pflanzen sind am Meeresboden zu finden.

Um diesen Taucher bei seinen Forschungen in der Tiefsee darzustellen, versehen die Kinder die transparente Plastikschachtel an den Außenseiten mit bunten Lackmalern ganz nach ihren Vorstellungen: Hierbei kann eine Unterwasserlandschaft mit blauen Wellen, Wasserpflanzen und Fischen entstehen.

Tipp

Werden alle Materialien, die aus Papier bestehen, nur von außen aufgeklebt, kann sogar Wasser in den Behälter gefüllt werden. Sand, Steine oder Muscheln können auch bei dieser Variante im Inneren des Behältnisses Platz finden. Großen Spaß macht es, kleine Schiffchen aus Kork-, Folien- oder Holzstückchen zu gestalten und auf der Wasseroberfläche schwimmen zu lassen.

Tipp
Hat man keine transparenten Plastikschachteln zur Verfügung, können ebenso transparente Joghurtbecher oder transparente Plastikflaschen verwendet werden.

Auf einer Seite des Behältnisses gestalten sie zudem auch einen Taucher. Dieser kann mit einem Taucheranzug, Schwimmflossen sowie einem Atemgerät oder einem Schnorchel dargestellt werden.

Wer möchte, kann auch weitere Dekorationen wie Glitzerfische oder Muscheln an den Außenseiten der Schachtel mit Klebstoff anbringen. Hierfür können gekaufte Dekorationselemente verwendet werden oder die Kinder schneiden ihre Fische und Muscheln aus Fotokarton oder Glitzerfolie aus.

Aus Fotokarton ist auch schnell eine Schatztruhe gestaltet. Toll sieht es aus, wenn diese mit bunten Mosaiksteinen beklebt und an einer Innenseite des transparenten Behältnisses aufgeklebt wird.

Den Boden der Schachtel bedecken die Kinder mit Dekorsand oder Glitter. Legt man auf den Meeresboden echte Muscheln, wirkt die Szenerie besonders naturgetreu.

Damit man gut erkennen kann, dass der Taucher seine Entdeckungsreise im tiefen Ozean unternimmt, schneiden die Kinder zuletzt mit Unterstützung eines Erwachsenen ein Stück aus einem blauen Müllsack zurecht, das die obere Öffnung der Schachtel abdeckt und ringsum einen Kleberand von ca. 2 cm aufweist.

Wird der obere Rand der Schachtel außen rundum mit Klebstoff betupft, kann das Müllsackstück an allen Seiten fixiert werden und stellt somit die Wasseroberfläche dar. Schaut man von oben in die Schachtel, kann man durch den transparenten blauen Müllsack sogar bis zum Meeresboden blicken.

Erfahrung
Dieses Werkangebot regte die Kinder auch an, von ihren Urlaubserlebnissen zu berichten. Manche Kinder wollten die Schachtel auch als Schatzschachtel verwenden und ihre Schätze darin aufbewahren. Für solche Zwecke ist es ratsam, den Müllsack nicht mit Klebstoff am oberen Rand zu fixieren, sondern diesen mit einem Gummiring, der über den Müllsack und den Schachtelrand gespannt wird, anzubringen. *(KW)*

3 Vorlagen
siehe Motivbogen

Altersstufe
ab 5 Jahre

Zeit
Einzelarbeit
ca. 35 Minuten
(ohne Trockenzeit)

Pinguine in der Antarktis

Bastelarbeit

Material

Pappröhren (Toilettenpapierrollen oder Pappröhren von Haushaltstüchern), Wattekugeln (Ø 40 mm und 25 mm), orangefarbener und schwarzer Modellierfilz, schwarze Deckfarbe, Deckweiß, Pinsel, Bleistift, Klebstoff, Schere

So wird's gemacht

Pinguine leben nicht nur in der Antarktis, obwohl sie typische Bewohner des südlichen Polarkreises sind. Sehr oft leben sie aber auch in wärmeren Gebieten der Südhalbkugel. So sind diese possierlichen Tiere zum Beispiel auch an Küstengewässern von Australien oder Neuseeland zu finden. Dagegen bewohnt der Eisbär die nördlichen Polarregionen.

Die Pinguine entstehen aus einer Toilettenpapierrolle oder aus einer gekürzten Pappröhre von Haushaltstüchern, auf deren oberes Ende eine passende Wattekugel gesetzt wird. Die Wattekugeln mit einem Durchmesser von 40 mm passen gut auf Toilettenpapierrollen, die Wattekugeln mit einem Durchmesser von 25 mm sind gut als Pinguinkopf geeignet, wenn die schmaleren Pappröhren von Haushaltstüchern verwendet werden.

Zunächst bestreichen die Kinder den oberen Rand ihrer Papprolle mit Klebstoff und legen die passende Wattekugel in die Öffnung. Danach bemalen sie rundum diese Grundform mit schwarzer Farbe, wobei sie einen Teil der Brust weiß belassen. Eventuell muss eine zweite Schicht schwarzer Farbe aufgetragen werden, damit die Farbe deckt. Nach einer kurzen Trockenzeit kann die ausgesparte Vorderseite mit Deckweiß bemalt werden.

Während die Farben trocknen, stellen die Kinder aus schwarzem Filz die Flügel her.

Aus einer orangefarbenen Filzplatte werden die Füße und der Schnabel ausgeschnitten und passend an die Grundform geklebt. Wer möchte, kann hierzu die auf dem Motivbogen befindlichen Vorlagen verwenden, aber auch freihand gezeichnete Elemente wirken schön. Bevor der Schnabel oben am Kopf angeklebt wird, knicken die Kinder ihn der Länge nach mittig ein.

Nachdem die Flügelformen aus schwarzem Filz ausgeschnitten wurden, biegen die Kinder einen kleinen Rand am oberen Ende ein und kleben sie an der so gefalteten Klebelasche rechts und links an die Grundform. Danach kann der Flügel in Form gebogen werden. Modellierfilz eignet sich besonders gut, da dieses Material auch im trockenen Zustand leicht zu schneiden und zu formen ist. Wer keinen Modellierfilz zur Verfügung hat, kann stattdessen auch Bastelfilz oder Fotokarton in den entsprechenden Farben verwenden.

Zum Schluss entstehen aus kleinen Pinseltupfern mit Deckweiß noch die Augen – fertig ist der Pinguin.

Erfahrung

Die Kinder interessierten sich sehr für den Lebensraum und die Lebensweise dieser fluguntauglichen Vögel. Wir sammelten genügend Anschauungsmaterial, wie Bilderbücher, Lexika und auch Filme, um diesem Interesse der Kinder gerecht zu werden.
Pinguine rücken gerne nahe zusammen, besonders wenn es sehr kalt ist. Deswegen stellten die Kinder ihre Pinguine auch als Gruppe zusammen. *(HT)*

Versteckte Dschungeltiere

Mal- und Bastelarbeit

Altersstufe
ab 3 Jahre

Zeit
Einzelarbeit
ca. 30 Minuten

Material

Transparente Gurkengläser, buntes Transparentpapier, Wellpappestücke, Naturbast, kleine Aststücke oder Bambusholz, Korkstücke, schwarzer oder brauner Lackmaler, Pinsel, Teelichter, Klebstoff, angerührter Kleister, Schere

So wird's gemacht

Im Vorfeld machen sich die Kinder Gedanken, welche Dschungeltiere ihnen am besten gefallen und welche sie gerne auf ihr Glas malen möchten.
Dort können sich je nach Vorstellung der Kinder Papageien, Tiger, Affen, Frösche, Elefanten, Schlangen und viele weitere Tiere tummeln. Wer Ideen für die Gestaltung sucht, kann sich in Kinderlexika Anregungen holen.

Wenn die Kinder ein konkretes Tier vor Augen haben, malen sie dieses mit einem dunklen Lackmaler auf ihr Gurkenglas.

Nach dem Trocknen wird das Glas am äußeren Rand rundum, auch über die bemalten Stellen, mit Transparentpapierstücken mittels angerührtem Kleister beklebt. Dafür den Kleister mit einem Pinsel am Glas auftragen und anschließend kleine Transparentpapierstücke oder Streifen beliebig aufkleben. Dies stellt die Eigenart der Tiere dar, sich hinter den Pflanzen des Dschungels zu verstecken und so nahezu unsichtbar für Feinde zu sein. Idealerweise sollte nur eine Transparentpapierlage aufgeklebt werden. So werden die aufgemalten Tiere zwar überklebt, aber sobald später das Licht leuchtet, tauchen sie aus ihrem Versteck auf und werden entdeckt.

Um der Dschungelleuchte ein interessantes Aussehen zu verleihen, kann diese beispielsweise noch mit Bastschnüren umwickelt oder am oberen oder unteren Rand mit aufgeklebten Kork- oder Wellpappestücken verziert werden. Es bietet sich an, auch kleine Äste an den Bastschnüren zu verknoten.

Zuletzt wird in die Dschungelleuchte noch ein kleines Teelicht gestellt. Brennt das Licht in einem abgedunkelten Raum, kann man die geheimnisvollen Dschungeltiere in ihrem Transparentpapierversteck erkennen.

Erfahrung

Für die Kinder war es besonders spannend, ihre aufgemalten Tiere bei brennendem Kerzenlicht zu erkennen. *(KW)*

Tipp

Wenn die Kinder an dem Versteckspiel der Tiere Spaß haben, kann man auch auf Fotokarton einige Tiere mit Nachtleuchtfarbe aufmalen. Diese sind bei beleuchteter Umgebung nicht zu sehen, treten aber in der Dunkelheit aus ihrem „Versteck" hervor.

Holzindianer

Mal- und Bastelarbeit

Altersstufe
ab 3 Jahre

Zeit
Einzelarbeit
ca. 30 Minuten
(ohne Trockenzeit)

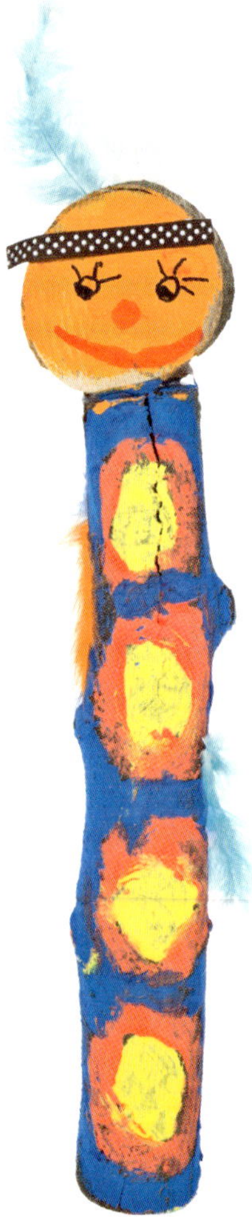

Material

Holzstämmchen, Holzscheiben, Bänder, bunte Bastelfedern, Wolle, Lederband, Holzperlen, Lackmaler, bunte Acryl- oder Schulmalfarbe, Pinsel, Klebstoff, Heißklebepistole, Schere

So wird's gemacht

Indianer kennen die Kinder in der Regel aus Kinderbüchern oder vom Karneval. Um diesen kleinen Indianer zu gestalten, fixiert ein Erwachsener im Vorfeld die Holzscheibe, die das Gesicht darstellt, mit Heißkleber hochkant in der Mitte der Oberseite des Holzstammes, welcher als Körper dient.

Bevor die Kinder mit dem Bemalen ihres Holzindianers beginnen, überlegen sie, welches Indianermuster sie gerne auf den Holzstamm aufmalen möchten. Regelmäßig wiederkehrende Muster in ähnlichen Farben lassen den kleinen Indianer sehr echt aussehen. Mit Acryl- oder Schulmalfarben setzen die Kinder ihre Vorstellungen um und gestalten den Holzstamm rundum bunt.

Die Holzscheibe bemalen sie an der Vorder- und Rückseite einfarbig in Hauttönen und lassen ihren Indianer einige Zeit trocknen.

Nach dem Trocknen malen die Kinder mit Lackmalern das Gesicht auf.

Als Kopfschmuck dient ein gemustertes Band, welches am oberen Rand der Holzscheibe als Stirnband aufgeklebt wird. An der Rückseite des Stirnbandes können die Kinder ihrem Indianer einige schmückende Bastelfedern aufkleben.

Möchten die Kinder einen Indianerhäuptling darstellen, bietet es sich an, ein breiteres Stoffband auszuwählen und auf der Rückseite des Bandes entlang bunte Federn mit Klebstoff aufzukleben. Das Band anschließend mit Klebstoff am oberen Rand der Holzscheibe fixieren und die Enden seitlich herunterhängen lassen.

Wer möchte, kann dem Indianer am Rand oder auf der Rückseite der Holzscheibe noch aus Wolle Haare aufkleben. Besonders echt wirkt es, wenn die Haare zu Zöpfen geflochten werden.

Aufgefädelte Holzperlen auf einem Lederband können als Kette umgehängt werden.

Erfahrung

Das Gestalten des Holzindianers war durch die wenigen Arbeitsschritte auch für die jüngsten Kinder gut umsetzbar. Die Kinder konnten durch die wenigen Vorgaben ihrer Kreativität freien Lauf lassen. *(KW)*

Tipp

Das Holz sollte gut abgeschliffen sein, damit die Kinder dieses problemlos bemalen können.

Dick eingepackte Winterkinder

Bastelarbeit

Material

Hautfarbene Nylonstrumpfhosen, Toilettenpapier, Gummibänder, Stoff- und Plüschreste, Knöpfe, Wolle, Perlen, Wackelaugen, Tautropfen, Bastelfedern, Schleifenbandreste, Garn, Nadel, Klebstoff, Stoffschere

So wird's gemacht

In manchen Regionen ist es so kalt, dass die Bewohner immer warm angezogen sein müssen. Häufig werden dort Kleidungsstücke aus Fell oder dicker Wolle getragen und auch Schals, Mützen und wärmende Handschuhe sind Pflicht.

Um diese dick eingepackten Winterkinder darzustellen, schneiden die Kinder zunächst aus dem Bein einer Strumpfhose einen 15–20 cm langen Schlauch ab und knoten ihn an einem Ende fest zusammen.

Nun wird dieser Schlauch mit zusammengeknülltem Toilettenpapier gefüllt. Mit fünf Gummibändern teilt man danach den Kopf und die Gliedmaßen ab. Hierfür wird zunächst mit einem Gummiband der Kopf abgebunden. In der Mitte des Körpers gestalten zwei weitere Gummibänder die Arme und am unteren Ende werden die Beine mithilfe von zwei weiteren Gummibändern abgetrennt. Hier sind manchmal mehrere Versuche nötig, bis der Körper eine deutliche Form erhält.

Aus unterschiedlichen Stoff- und Plüschresten wählen die Kinder nun ihre Lieblingsteile aus. Sie wickeln abgeschnittene Stücke als Hosen, Röcke, Pullover, Jacken, Schals, Schuhe, Stiefel, Gürtel, Handschuhe, Mäntel und Kleider um ihre Figuren und kleben sie fest an den Puppenkörper. Wer möchte, kann manches auch mit Nadel und Garn befestigen. Ergänzend dekorieren sie die Kleidungsstücke mit Knöpfen, Bastelfedern und Schleifen.

Das Gesicht gestalten die Kinder mit Wackelaugen, Perlen, Tautropfen und Wolle. Um die Haare darzustellen, fixieren sie Wollfäden mit Klebstoff am Kopf. Zum Abschluss erhält das Winterkind eine wärmende Mütze oder ein Stirnband.

Erfahrung

Mit diesen Figuren lassen sich allerhand Szenen darstellen. Da sich die Kinder ein Schlittenhundegespann für ihre Winterkinder wünschten, klebten wir in den folgenden Tagen Schlitten aus Holzteilen zusammen. Auch Schlittenhunde aus stabiler Pappe, die mit Plüsch beklebt wurden, fanden großen Anklang. Mit einem Geschirr aus Wollsträngen wurden die Hunde mit dem Schlitten verbunden und schon waren die Winterkinder bereit für eine wilde Fahrt durch den Schnee. *(MF)*

Tipp

Beim Füllen der Strumpfschläuche ist es wichtig, nicht zu viel Toilettenpapier hineinzustecken, da man sonst die Körperteile der Figur nur schwer herausarbeiten kann. Ideal ist es, wenn die Kinder bei diesem Schritt zu zweit arbeiten.

Altersstufe
ab 4 Jahre

Zeit
Einzelarbeit
ca. 45 Minuten

6. Jahreszeiten

Farben, Gerüche, Temperaturen – den Wandel der Jahreszeiten erleben Kinder intensiv und mit allen Sinnen.

Sie nehmen die Farbenpracht und den Blütenduft im Frühling wahr, die warme Sonne auf der Haut und das weiche, grüne Gras im Sommer, die bunten Herbstblätter, die bei jedem Schritt rascheln und den Winter, der mit Eis und Schnee wieder ganz andere Erlebniswelten schenkt.

Das Erfassen des Jahreslaufs bietet Kindern Halt und Struktur. Sie wissen, dass die Pflanzen, die im Herbst verblühen, im nächsten Jahr wieder neue Knospen tragen werden und die Vögel, die im Winter in den Süden ziehen, im folgenden Jahr wiederkommen.

Jede Jahreszeit hält einzigartige Farben, Gerüche, Früchte und Wetterverhältnisse bereit und beeinflusst somit auch unsere Aktivitäten.

Auch darüber hinausreichende, jahreszeitlich abhängige Zusatzinformationen nehmen die Kinder wahr. Schon die Kleinsten wissen, dass sie im Winter bei einer Schneeballschlacht am besten mit Schal, Handschuhen und Pudelmütze ausgerüstet sind, dass in der Sommerhitze ein kaltes Eis am besten schmeckt, dass man im Herbst im Wald häufig Eicheln und Kastanien findet und mit ein bisschen Glück sogar ein Eichhörnchen vorbeihuschen sieht.

Dieses umfassende Wissen rund um die Jahreszeiten lässt die Kinder ihre Umwelt mit allen Sinnen begreifen und macht sie selbstbewusst und kompetent.

Bereits bekannte Phänomene können jedes Jahr wieder beobachtet werden und sind dennoch immer wieder neu und aufregend. Die Kinder schärfen ihren Blick auf die Welt und machen sich mit der Natur vertraut.

Sehr gut lassen sich diese Naturphänomene und -erlebnisse verarbeiten, wenn sie gestalterisch umgesetzt werden. Beim Gestalten eines Winterbaums legen die Kinder ihr Augenmerk auf die kahlen Äste und wenn sie eine Sommerwiese malen, nehmen sie gezielt das satte Grün des Grases und die bunten Blumen wahr. So können sie sich beim Malen und Basteln kreativ mit den Jahreszeiten auseinandersetzen und sie dabei spielerisch begreifen.

Viele Pflanzen blühen

Textilarbeit

Material

Styroporplatten in unterschiedlichen Größen (mindestens 2 cm dick), Märchenwolle, Schaumstoff als Unterlage, Klebstoff, ggf. grobe Filznadel

Altersstufe
ab 4 Jahre

Zeit
Einzelarbeit
ca. 25 Minuten

So wird's gemacht

Sammeln Sie Styroporstücke aus alten Verpackungen. Dieses oft achtlos weggeworfene Material kann hier wunderbar als Bildträger benutzt werden.

Die Farben- und Formenvielfalt, die uns die Natur im Frühjahr beschert, sollte vor Beginn der Arbeit mit den Kindern genau betrachtet und besprochen werden.

Die Kinder legen ihre Styroporplatte auf ein entsprechend großes Stück Schaumstoff, damit die Filznadel beim Einstechen aufgefangen wird. Die Grundmotive des Bildes werden nun mit den Fingern aus Märchenwolle geformt und direkt auf der Styroporplatte angeordnet.

Je nach Alter und Können der Kinder wird die Wolle zum Fixieren mithilfe einer Filznadel aufgenadelt oder einfach mit Klebstoff befestigt. Beim Aufnadeln wird die Filznadel mehrfach durch das Wollvlies und das Styropor gestochen. Auf diese Weise verbinden sich beide Materialien. Jüngere Kinder heben ihre Motive an und befestigen sie mit Klebstoff.

Auf diese Weise entstehen zunächst alle Elemente, die im Vordergrund stehen, also Bäume, Blumen etc.

Um Bäume darzustellen, legen die Kinder zunächst einen länglichen Strang Märchenwolle auf das Styroporstück und arbeiten diesen mit der Nadel ein. Direkt darüber wird das Laub des Baumes in einer runden Form aufgelegt. Sehr schön sieht es aus, wenn die Bäume oder Büsche auf dem Bild unterschiedliche Grüntöne aufweisen.

Die Blumenwiese wirkt in verschiedenen, kräftigen Farben am besten. Auch die Blumenformen können variieren. Spitze Blumenformen sehen ebenso schön aus wie runde. Regen Sie die Kinder auch an, manche Blumen zweifarbig

zu gestalten. Auch eine kräftig gelbe Sonne am Himmel wirkt toll und zaubert eine frühlingshafte und fröhliche Stimmung.

Um das Motiv zu glätten und entstandene Löcher zu verstecken, reiben die Kinder vorsichtig mit den Fingern über die Wolle. Anschließend können sie weitere Details ausarbeiten und aufkleben. Kleine, gedrehte, weiße Wollkugeln werden zum Beispiel als Apfelblüten am Baum angebracht oder bunte Kügelchen können als Blütenköpfe auf die Büsche gesetzt werden.

Erst wenn alle Elemente des Vordergrundes (Bäume, Büsche oder Blätter) angebracht sind, wird der Himmel als Hintergrund ausgestaltet. Dafür ein kleines Büschel blauer Wolle dünn auseinanderziehen und rings um die gestalteten Objekte auf dem Styropor befestigen. Durch das Auseinanderziehen entstehen durchscheinende Stellen. Diese lassen den Hintergrund sehr lebendig wirken, weil das Weiß der Styroporplatte aussieht, als wären kleine Wolken am Himmel.

Steht etwas Wolle an den Kanten über, wird diese seitlich mit etwas Klebstoff fixiert. Wer möchte, kann die über den Rand ragende Wolle auch so belassen und diese bewusst als Gestaltungsmittel einsetzen.

Erfahrung

Als uns die Filznadeln ausgingen, arbeiteten wir einfach mit Zahnstochern weiter. Das klappte mit diesem groben Styropor erstaunlich gut.
Manche Kinder entschieden sich für sehr genau ausgearbeitete, vielfältige Motive, andere suchten sich zur Darstellung eine einzelne blühende Pflanze oder Blume aus, die wir vorher zusammen im Garten betrachtet hatten.

(HT)

Tipp

Sollte das Format der gesammelten Platten nicht passen, schneidet ein Erwachsener das Styropor mit einem scharfen Messer zurecht. Diese Einzelteile können auch mit einem Klebestift oder speziellem Styroporkleber zum gewünschten Format zusammengeklebt und an den Seitenrändern mit einem Klebeband zusätzlich stabilisiert werden.

Küken im Nest

Bastelarbeit

Material

Grüner Tonkarton (DIN A4), gelbe Tonkartonreste, dünne Äste und Zweige, bunte Knetmasse, bunte Bastelfedern, Wackelaugen (Ø 7 mm), Bleistift, Klebstoff, Schere

Altersstufe
ab 3 Jahre

Zeit
Einzelarbeit
ca. 25 Minuten

So wird's gemacht

Auf grünem Tonkarton zeichnen die Kinder in der unteren Bildhälfte in groben Umrissen ein Vogelnest auf.

In diese Form legen sie nun kleine Zweige und dünne Äste. Sie ordnen diese so an, dass das aufgemalte Nest ausgefüllt wird. Gegebenenfalls müssen dabei die Zweige etwas zurechtgebogen, geknickt oder gebrochen werden, damit die Form vollständig bedeckt werden kann. Erst wenn alle Teile so liegen, wie es den Kindern gefällt, fixieren sie diese mit Klebstoff.

Nun formen sie aus Knetmasse in der gewünschten Farbe eine etwa walnussgroße Kugel für den Vogel. Sie kleben zwei Wackelaugen auf und wickeln eine Feder um die Kugel herum. Gegebenenfalls muss diese hierzu auch etwas in Form geknickt werden. Danach wird die Feder mit Klebstoff versehen und rund um die Kugel herum aufgeklebt. Je nach Länge der zur Verfügung stehenden Bastelfedern müssen manchmal zwei Federn seitlich an die Knetmasse geklebt werden, damit der Vogel ein schönes, volles Federkleid erhält.

Um den Schnabel zu gestalten, faltet man ein gelbes Tonkartonstück und schneidet von der Faltkante ausgehend ein kleines Dreieck aus. So kann der Schnabel aufgeklappt an dieser Faltkante direkt unter die Wackelaugen an die Kugel geklebt werden. Der weit geöffnete Schnabel ist ein typisches Merkmal von Jungvögeln, die im Nest sitzen und darauf warten, gefüttert zu werden.

Nun nimmt das Vögelchen im Nest Platz. Damit es nicht herausfällt, kleben es die Kinder an der Rückseite fest.

Erfahrung

Trockene Zweige und Äste eignen sich für diese Gestaltungsarbeit besonders gut, da sich diese leicht knicken und brechen lassen. Deshalb sollten die Naturmaterialien schon ein paar Tage vorher gesammelt und getrocknet werden. *(HT)*

Tipp

Da in der Natur selten ein einzelner Jungvogel im Nest zu finden ist, sieht es naturgetreuer aus, wenn mehrere Vögelchen in einem Nest sitzen. Besonders hübsch wirken die Vögel, wenn die Knetmasse farblich passend zu den Federn ausgesucht wird. Kleinere, kürzere Bastelfedern können auch einfach seitlich in die Knetmasse gesteckt werden, statt sie an der Kugel festzukleben.

Frühlingsblumen überall

Bastelarbeit

Material

Weißer Fotokarton (DIN A4), braunes, grünes und rotes Krepppapier, bunte Muffinförmchen aus Papier in unterschiedlichen Größen, hellgrüne Pfeifenputzer, Klebstoff, Schere, ggf. Seitenschneider

So wird's gemacht

Aus Krepppapier wird zunächst der Wiesenhintergrund gestaltet. Dazu schneiden oder reißen die Kinder kleinere Streifen aus dem Krepppapier und kleben die Papierstücke überlappend auf den weißen, quer liegenden Fotokarton. Wird das Papier zusammengedrückt oder in Falten gelegt, wirkt der Hintergrund plastischer. Unterschiedliche Grüntöne und etwas braunes Krepppapier, das dazwischen hervorschaut, lassen die Wiese lebendiger erscheinen.

Aus bunten Muffinförmchen gestalten die Kinder nun die Blüten der Frühlingsblumen. Verschieden große Papierförmchen werden dazu ineinandergesetzt und jeweils am Boden zusammengeklebt. Danach ziehen die Kinder die äußeren Förmchen etwas auseinander und drücken die kleineren innen so zusammen, dass sie kleine Falten aufweisen, die wie Blütenblätter wirken. Die Blütenmitte entsteht aus einem kleinen, roten Krepppapierstück, das etwas zusammengeknüllt und innen festgeklebt wird.

Tipp

Sollten Sie keine Muffinförmchen in unterschiedlichen Größen erhalten, eignen sich ebenso Pralinenförmchen aus Papier.

Die so gestalteten Blütenköpfe ordnen die Kinder im oberen Drittel ihrer grünen Krepppapier-Wiese an und kleben diese fest.

Stängel und Blätter der Frühlingsblumen bestehen aus passend zurechtgeschnittenen, hellgrünen Pfeifenputzern, die unterhalb der Blüte festgeklebt werden. Zum Schluss zupfen die Kinder noch das Krepppapier so zurecht, dass der Blütenstängel am unteren Ende etwas versteckt wird. So wirkt es, als würde die Blume direkt aus dem Boden wachsen.

Altersstufe
ab 3 Jahre

Zeit
Einzelarbeit
ca. 20 Minuten

Erfahrung

Beim Zusammenkleben der unterschiedlich großen Muffinförmchen benötigten die Jüngsten manchmal etwas Hilfestellung. Ansonsten bewältigten auch kleinere Kinder diese einfache Bastelarbeit mit viel Freude.

Zum Schneiden der Pfeifenputzer sollte eine alte Schere oder ein Seitenschneider benutzt werden, da der Draht im Inneren des Pfeifenputzers die Schere schartig werden lässt. *(HT)*

Bunte Schmetterlinge

Bastelarbeit

Altersstufe
ab 5 Jahre

Zeit
Einzelarbeit
ca. 45 Minuten

Material

Tonkarton (DIN A4), Tonpapier (DIN A4), Pailletten, Fasermaler, Bleistift, Prickelnadel, Motivlocher (Blume, Schmetterling etc.), Klebestift, Klebstoff, Schere

Durchführung

Die Kinder erhalten einen bunten Tonpapierbogen und falten das Blatt in der Mitte zweimal zusammen, sodass vier Lagen aufeinanderliegen. Lassen Sie die Kinder dieses Phänomen zunächst spielerisch und nicht zielgerichtet erkunden. Großen Spaß macht es ihnen, gefaltete Papiere mit der Schere mit Einschnitten, Kreisen, Streifen etc. zu versehen und zu schauen, wie das Gesamtbild nach dem Auffalten wirkt. Auf diese Weise erleben sie, wie sich die einzelnen Schnitte auf das Gesamtbild auswirken und dass die Gestaltung immer symmetrisch wird.

Nach einer ausreichenden Übungsphase können nun die bunten Schmetterlinge gestaltet werden. Ein Erwachsener malt hierzu einen Schmetterlingsflügel so auf das gefaltete Blatt, dass die Spitze des Flügels in Richtung der offenen Blattspitzen zeigt. Auf der folgenden Seite ist ein Vorschlag einer Flügelgestaltung zu finden.

Tipp

Wer die bunten Schmetterlinge für das Fenster gestalten möchte, kann diese aus stabilerem Transparentpapier (115 g/qm) schneiden. Es sollten dann nicht zu viele Muster in die Flügel geschnitten werden, damit der Schmetterling nicht instabil wird.

Die Kinder malen nun auf den Flügel kleine Kreise und verschiedene Streifen auf. Dabei beachten sie, dass jeder Streifen an den geschlossenen Faltkanten beginnt. Danach schneiden sie zuerst die Flügelform und die Musterstreifen aus und prickeln im Anschluss daran die Kreise aus dem Flügel heraus.

Wenn sie das Blatt zunächst nur einmal auffalten, können sie nach Wunsch nur die beiden unteren oder die beiden oberen Flügel spitz oder rund zuschneiden. Jetzt falten sie den ganzen Schmetterling auseinander und sehen, dass der Schmetterling oben zwei gleich geformte Flügel hat und auch die beiden unteren Flügel symmetrisch sind.

Die Kinder erhalten einen Tonkartonbogen in der gewünschten Farbe. Sie tragen Klebstoff mit dem Klebestift auf die Rückseite des Schmetterlings auf. Wenn sie den Schmetterling so auf den Tisch legen, dass die Klebefläche nach oben zeigt, können sie den Tonkartonbogen direkt auflegen. Dies ist einfacher, als den instabilen Schmetterling auf den Tonkarton aufzukleben. Durch die Aussparungen der Flügel ist nun die Farbe des Tonkartons zu sehen.

Die Flügel und die Aussparungen können jetzt mit Buntstiften und Fasermalern weiter ausgestaltet werden. Wer möchte, kann aus farblich passendem Tonpapier weitere Verzierungen ausschneiden oder mit verschiedenen Motivlochern einige Formen ausstanzen und den Schmetterling gleichmäßig mit den gewünschten Elementen verzieren.

Die Schmetterlingsmitte kann noch separat gestaltet werden. Hierzu falten die Kinder einen Tonpapierstreifen der Länge nach und malen eine schmale Linienform auf.

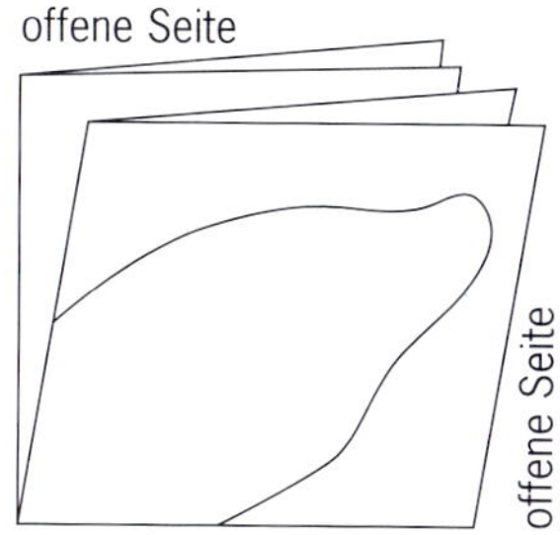

Wenn sie diese Linie nachschneiden, erhalten sie nach dem Aufklappen des Papiers einen symmetrischen Schmetterlingskörper, der in der Mitte des Schmetterlings aufgeklebt werden kann. Die Fühler können ebenfalls aus buntem Tonpapier ausgeschnitten und aufgeklebt oder auch aufgemalt werden.

Erfahrung

Nach einiger Zeit haben die Kinder auch eigene Flügelformen ausprobiert, da sie schnell erkannten, dass die gezeichnete Form an der geschlossenen Faltkante beginnt, über das Blatt zur Blattspitze verläuft und wieder nach unten zur anderen geschlossenen Blattkante zurückführt.

Bei der Verzierung des Schmetterlings mit ausgestanzten und ausgeschnittenen Formen sollten die Kinder auf die Symmetrie der Schmetterlingsflügel hingewiesen werden. Werden die einzelnen Elemente gleichmäßig auf den Flügeln angeordnet, wirkt der Schmetterling viel natürlicher, als wenn diese durcheinander aufgeklebt werden. *(EvH)*

Altersstufe
ab 2 Jahre

Zeit
Gruppenarbeit
ca. 90 Minuten
(ohne Trockenzeit)

Blumengirlande

Bastelarbeit

Material

Etwa 20 kleine, runde Käseschachteln, bunter Fotokarton, Paketschnur (5–10 m), breites, grünes Geschenkband (0,5–1 m), Dekomaterialien (Glitter, Pailletten, Papierblumen, Herzen, Bastelfedern), bunte Acryl- oder Schulmalfarbe, Buntstifte, Bleistifte, Fasermaler, Borstenpinsel, Lochzange, Motivschere, Klebstoff, Schere

So wird's gemacht

Die Kinder malen beide Hälften von etwa 20 Käseschachteln nach Belieben bunt an. Käseschachteln aus Holz eignen sich für diese Gestaltungsarbeit besonders gut.

Die Acrylfarbe deckt die Aufdrucke der Käseschachteln zwar meist recht gut ab, bei sehr kräftigen Schriftzügen oder wenn Schulmalfarbe verwendet wird, ist eine zweite Schicht nötig. Die Schachteln werden zum Trocknen einen Tag lang beiseitegelegt.

Am nächsten Tag wählen die Kinder jeweils eine Schachtelhälfte aus und gestalten daraus eine Blume. Hierfür malen sie mit dem Bleistift eine Blütenblattform auf dem Fotokarton vor und schneiden diese als Schablone aus. Sie malen mit dieser selbst hergestellten Schablone je nach Größe etwa 6–10 Blütenblätter auf dem Karton vor, schneiden sie aus und kleben sie auf die Unterseite der Schachtel. Sehr hübsch sehen die Blätter auch aus, wenn man sie mit einer Motivschere ausschneidet.

Mit Glitter, Pailletten, Herzen oder Bastelfedern können die Blumen nach Belieben weiter ausgestaltet werden.

Sind auf diese Weise 40 Blumen für eine Schnur in der Länge von zehn Metern hergestellt, werden sie mindestens drei Stunden zur Seite gelegt, damit die aufgeklebten Elemente gut trocknen können.

Der dritte Bastelabschnitt beginnt mit dem Gestalten der grünen Blätter. Hierfür malen die Kinder mit dem Bleistift

Tipp

Es gibt viele Möglichkeiten, die Blumenkette einzusetzen. An der Haustür als Willkommensgruß, unter der Zimmerdecke im Gruppenraum oder im Garten beim Sommerfest. Der bunte Blickfang zieht viel Aufmerksamkeit auf sich. Wird die Kette mit einem Gruppenfoto oder einem Namensplakat der stolzen Bastler ergänzt, macht es das Ganze besonders individuell.

die gewünschten Blattformen vor und schneiden diese mit der Zackenschere aus. Um diese Blätter noch echter aussehen zu lassen, werden mit Fasermaler auf beiden Seiten Blattadern aufgemalt. Danach schneiden die Kinder aus braunem Fotokarton kleine Zweige aus und kleben sie unten an das Blatt.

Anschließend werden alle Blumen und Blätter mit der Lochzange gelocht. Die älteren Kinder fädeln durch jedes Loch ein breites, grünes Geschenkbandstück und verknoten es.

Ein Erwachsener legt die Paketschur in Schlangenlinien im Raum aus und die Kinder knoten nun nach Belieben alle Blätter und Blumen mit unterschiedlich langen Stücken des grünen Geschenkbandes daran fest. Auch einzelne grüne Bänder ohne Blumen und Blätter wirken schön und füllen die Schnur.

Werden die beiden Enden der Paketschnur zu Schlaufen geknotet, kann man die Girlande im Raum oder an einer Tür aufhängen.

Erfahrung

Auch die jüngsten Kinder haben Spaß an Gemeinschaftsarbeiten, bei denen die Gruppe etwas präsentiert. Erfahrungsgemäß können die anfallenden Arbeiten dem Alter entsprechend verteilt werden: Kinder unter drei Jahren malen nach Belieben die Käseschachteln bunt an, die Kinder zwischen drei und fünf Jahren gestalten die Blumen mit Pailletten, Glitter, Herzen und Bastelfedern aus und die Kinder ab fünf Jahren basteln die Blätter und verknoten die Kunstwerke miteinander. *(MF)*

Frühlingsstäbe
Bastelarbeit

4 Vorlagen siehe Motivbogen

Altersstufe
ab 3 Jahre

Zeit
Einzelarbeit
ca. 90 Minuten
(ohne Trockenzeit)

Material

Je zwei feste Pappestücke (ca. 40 x 30 cm), Zeitungspapier (eine Zeitung für zwei Stäbe), weißes Papier (ca. 4 DIN-A4-Blätter für einen Stab), bunte Fotokartonreste, Holzleisten (ca. 80 cm lang, ca. 3 x 1 cm), breites Schleifenband (ca. 1 m pro Stab), Bandreste (Leder, schmales Schleifenband, Paketschnur), Glitter, bunte Acryl- oder Fingerfarbe, Buntstifte, Pinsel, Motivschere, Holzleim, Kleister, Elektromesser, Lochzange, Schere

So wird's gemacht

Jedes Kind erhält zwei Pappestücke und entscheidet sich für ein Motiv (Sonne, Herz, Zwerg, Pilz etc.). Die Kinder malen ihr Symbol mit Buntstift – entweder freihand oder mithilfe der Vorlagen auf dem Motivbogen – auf die Pappe und ein Erwachsener schneidet mit einem Elektromesser das Element mit ausreichendem Sicherheitsabstand zu den Kindern aus.

Im Anschluss verwenden die Kinder das ausgeschnittene Symbol als Schablone und zeichnen diese Form auf die zweite Pappe. Auch diese Form wird von einem Erwachsenen mit dem Elektromesser ausgeschnitten, sodass jede Form zweimal vorhanden ist.

Wird Holzleim auf der gesamten Innenfläche eines Motivs verteilt, kann man die Holzleiste darauflegen und das zweite Motiv darüberkleben. Auf diese Weise befindet sich die Leiste zwischen den beiden Pappestücken.

Während der Leim trocknet, reißen die Kinder das Zeitungspapier sowie die weißen Papierbogen in Stücke und legen sie sortiert in verschiedene Materialschälchen.

Danach streichen sie die Pappestücke mit viel Kleister ein und bekleben sie zunächst mit Zeitungspapier, bis alle Seiten mit etwa 3–4 Schichten versehen sind. Die letzte Papierschicht erfolgt mit weißen Papierschnipseln, da durch den hellen Untergrund die Farben später schöner leuchten.

Nach 4–5 Tagen Trockenzeit bemalen die Kinder den Stab rundum und versehen auch die Symbole von beiden Seiten in der gewünschten Weise mit Farbe.

Nach einem weiteren Tag Trockenzeit malen die Kinder ein Schild auf Fotokarton auf und schreiben ihren Namen oder einen Frühlingsgruß darauf. Anschließend schneiden sie das Schild mit der Motivschere aus und lochen es mit der Lochzange. Zum Schluss wird ein Schleifenband am Stab verknotet und das Schild mit einem zusätzlichen schmaleren Band daran befestigt.

Erfahrung

Die Stäbe eignen sich nicht nur als Geschenk oder zur Dekoration in Vasen oder Blumentöpfen. Man kann damit auch ein spontanes Stabpuppenspiel inszenieren oder sie als Tanzstäbe bei einem Frühlingstanz einsetzen. *(MF)*

Frühlingskäfer aus Holz

Werk- und Bastelarbeit

Material

Runde und ovale Holzelemente, bunte Bastelhölzer, Holzperlen, Wackelaugen, bunte Acryl- oder Schulmalfarbe, Fasermaler, dünne Nägel (ca. 2–3 cm lang), transparente Folienreste, Pinsel, Hammer, Klebstoff, Holzleim, Schere

So wird's gemacht

Die Kinder suchen sich aus dem Holzsortiment die Holzelemente aus, die sie zur Gestaltung des Körpers, des Kopfes und der beiden Flügel ihres Käfers verwenden möchten.

Um die Fühler zu gestalten, klopfen die Kinder mit Unterstützung eines Erwachsenen mit dem Hammer zwei Nägel an den Käferkopf.

Nun befestigen sie den Kopf sowie die Holzelemente, welche die Flügel darstellen, ebenfalls mit Hammer und Nägeln am Körper des Insekts. Wer hier nicht mit Hammer und Nägeln arbeiten möchte, kann diese Teile auch mit Holzleim aneinander fixieren.

Um die Nase des Käfers plastisch zu gestalten, kann man ein kleines Holzstück oder eine Holzperle mit Holzleim ankleben.

Während die Kinder ihren Käfer an den Fühlern festhalten, bemalen sie ihn von allen Seiten.

Nach einem Tag Trockenzeit kleben die Kinder sechs Holzstäbchen als Beine unter den Körper. Wer möchte, klebt Wackelaugen auf oder gestaltet diese ebenso wie den Mund mit Fasermalern oder Acrylfarben.

Zum Schluss schneiden die Kinder aus Folienresten zwei weitere Flügel (etwas größer als die Flügel aus den Holzelementen) aus und kleben sie so unter die Holzflügel, dass sie etwas dahinter hervorschauen.

Tipp

Häufig sind im Bastelbedarf Holz-Mischpacks mit Elementen in verschiedenen Größen erhältlich. Mit diesen unterschiedlichen Formen und Größen lassen sich auf ähnliche Weise auch Blumen, Dinosaurier oder Menschen kreativ gestalten.

Erfahrung

Die Kinder arbeiten gerne mit Holz und Nägeln und gehen in der Regel sehr umsichtig mit diesen Materialien um. Eine Einführung in die Holzbearbeitung, bei der auch das sinnliche Erleben nicht zu kurz kommen sollte, hat sich bewährt. Die Kinder schnuppern am Holz, fühlen die Nägel und erproben den Umgang mit dem Hammer. Eine Einweisung zum sicheren Umgang mit Werkzeugen ist wichtig und mit Unterstützung eines Erwachsenen können auch schon jüngere Kinder erste Erfahrungen mit Werkarbeiten sammeln. *(MF)*

Altersstufe
ab 3 Jahre

Zeit
Einzelarbeit
ca. 90 Minuten
(ohne Trockenzeit)

Altersstufe
ab 3 Jahre

Zeit
Einzelarbeit oder Gruppenarbeit
ca. 45 Minuten

Sommerbaum

Collage

Material

Papier (DIN A3 bei Einzelarbeit oder von der Rolle bei Gruppenarbeit), Stoffreste in Grün- und Brauntönen, farbige Papiere, Bleistift, Materialschälchen, Klebstoff, Schere, ggf. Stoffschere

So wird's gemacht

Auf dem Tisch oder dem Fußboden wird Papier ausgelegt oder ausgerollt, je nachdem, wie groß der Baum werden soll bzw. wie viele Kinder daran arbeiten wollen. Kleine Bäume, die in Einzelarbeit entstehen, passen auf ein Zeichenblockblatt. Für große Bäume, an denen die ganze Gruppe arbeitet, wird Papier von der Rolle oder in großen Bogen benötigt. Auch braunes Packpapier eignet sich hierfür gut.

Stoffreste und farbige Papiere in Grün- und Brauntönen werden in unregelmäßige Stücke geschnitten oder gerissen und farblich getrennt in Materialschälchen gesammelt. Je größer der Baum werden soll, desto größer dürfen auch die Stücke sein.

Die Kinder besprechen, dass ein Baum aus einem Stamm, Ästen und Laub besteht und beginnen nun, die Papier- und Stoffstücke so aufzulegen, dass ein reich belaubter Sommerbaum entsteht. Die grünen Stücke stellen dabei die Baumkrone dar, aus den Brauntönen lassen sich Baumstamm und Äste gestalten. Je größer die Vielfalt der Farbnuancen und der Materialstrukturen, desto lebendiger wirkt der Baum.

Wenn ihnen die Anordnung der Papier- und Stoffstücke gefällt, kleben sie diese am Untergrund fest. Hierbei können die einzelnen Stücke auch überlappen.

Sobald der Klebstoff trocken ist, kann der Baum ausgeschnitten werden. Alternativ kann man den Hintergrund auch stehenlassen und die Umgebung des Baumes mit verschiedenen Farben oder Naturmaterialien gestalten. Wo wächst er? Auf einer Wiese? An einer Straße?

Erfahrung

Bei einem großen Gruppenbaum ist es günstig, wenn ein Erwachsener die Umrisse des Baumes vorzeichnet. So ist die Struktur des Baumes für alle Kinder klar erkennbar und der Baum wuchert nicht gestrüppartig in alle Richtungen.

(SH)

Tipp

Beim Reißen oder Schneiden der Papier- bzw. Stoffstücke kann man rein mit Zufallsformen arbeiten oder mit den Kindern vorher Fragen nachgehen wie „Welche Form hat ein Blatt?" oder „Wie sieht ein Ast aus?" und dies beim Gestalten der Stücke einfließen lassen.
An diesem Punkt kann es auch in andere Richtungen weitergehen: Trägt der Baum Früchte? Hat er Blüten? Sieht er in einer anderen Jahreszeit anders aus? Vielleicht möchten die Kinder auch noch einen Frühlings-, einen Herbst- und einen Winterbaum gestalten?

Sommerblume

Bastelarbeit

Material

Pappröhren, buntes Krepppapier, bunter Fotokarton, buntes Transparentpapier, bunte Fingerfarbe, Glitterglue, bunter Bastelfilz, Kunstbast, Pinsel, Schere, Klebstoff

So wird's gemacht

Die Kinder gestalten die Pappröhren zunächst mit bunter Fingerfarbe nach ihren Vorstellungen und legen sie zum Trocknen beiseite.

Danach schneiden sie mit Unterstützung eines Erwachsenen aus buntem Bastelfilz zwei gleich große Quadrate aus (Größe ca. 15 x 15 cm). Sie legen die Quadrate deckungsgleich übereinander und falten diese zweimal in der Mitte zu einem Dreieck. Die untere Spitze wird nun fest mit einer Bastschnur verknotet, sodass sich die oberen Lagen auffächern lassen und eine Blume entsteht.

Werden die oberen Kanten mit einer Schere etwas abgerundet und rundum ca. 4 cm tief eingeschnitten, entstehen im Handumdrehen die einzelnen Blütenblätter der Blume.

Die Kinder verzieren nun ihre Pappröhre entweder mit Glitterglue, mit aufgeklebten Krepppapier- oder Fotokartonstücken oder mit ausgeschnittenen Blumen aus Transparentpapier. Auch Schriftzeichen machen die Blume zu einem individuellen Werk.

Tipp

Beim Verknoten der Blume muss das Bastband sehr straff um den Bastelfilz gewickelt werden, damit sich die Blume nicht wieder öffnet.

Zum Schluss wird die Filzblume mit der Unterseite in ein Ende der getrockneten Pappröhre gesteckt. Wer möchte, kann diese in der Röhre festkleben, doch vor allem jüngere Kinder haben große Freude daran, die Blumen immer wieder aus der Röhre herauszuziehen und in eine anders gestaltete Röhre zu stecken. Diese Aktion fördert die feinmotorischen Fähigkeiten und die Kinder können die unterschiedlichen farblichen Gestaltungen betrachten, die sich durch den Wechsel der bunten Blüten ergeben.

Erfahrung

Diese weiche, duftige Sommerblume eignet sich auch wunderbar als Streichelblume. Damit können sich die Kinder gegenseitig über die Arme oder den Rücken streichen, um zu entspannen und sich zu beruhigen. *(KW)*

Altersstufe
ab 3 Jahre

Zeit
Einzelarbeit
ca. 30 Minuten
(ohne Trockenzeit)

Altersstufe
ab 4 Jahre

Zeit
Einzelarbeit
ca. 60 Minuten
(ohne Trockenzeit)

Blumenwiese

Collage

Material

Weißes Papier (mind. DINA4), Regenbogen-Set, zusätzlich grüne und gelbe Temperablöcke, Schwammpinsel in verschiedenen Größen, Plastikpalette, Klebstoff, Schere

So wird's gemacht

Vorbereitung der gefärbten Blätter: Als Vorbereitung werden zuerst die weißen Blätter in den benötigten Farben bemalt. Mit einem breiten Schwammpinsel mischen die Kinder unterschiedliche Grüntöne mit gelber und grüner Farbe in der Palette an. Sie tragen diese auf mehrere Blätter ganzflächig mit dem Schwammpinsel auf und legen diese zum Trocknen beiseite. Je mehr unterschiedliche Grüntöne dabei entstehen, desto lebendiger wirkt die spätere Gestaltung.

Für die bunten Blumen benötigen die Kinder das Regenbogen-Set. Sie tauchen einen Schwammpinsel kurz in Wasser und ziehen diesen fest über mehrere Farbblöcke gleichzeitig hin und her. Danach malen sie die so aufgenommenen Farben mit lockerer Hand kreisförmig auf ein neues Blatt Papier. Stellen Sie den Kindern mehrere Blätter zur Verfügung, damit sie genügend Platz zum Ausprobieren verschiedener Blütenblätter haben.

Lange, schmale Blütenblätter oder Blütenstempel entstehen durch das Andrücken gefärbter Schwammpinsel auf der Kante. Verwenden die Kinder Schwammpinsel in unterschiedlichen Größen, können auch unterschiedliche Blütengrößen aufgemalt werden.

Tipp

Bewahren Sie die Restpapiere in Schachteln gesammelt auf. Diese meist wunderschön gefärbten Papiere können später vielseitig weiterverwendet werden.

Die Malerei mit dem Regenbogen-Set, bei dem die Farbblöcke nebeneinander hochkant in einer Plastikform stehen, macht den Kindern sehr viel Freude und es entstehen dabei sehr schnell wunderschöne, verblüffende Effekte und Formen.

Wer kein Regenbogen-Set zur Verfügung hat, kann die Anregung auch mit mehreren nebeneinandergelegten Temperablöcken durchführen.

Collage: Nachdem die Farbe getrocknet ist, fertigen die Kinder mit den eingefärbten Zeichenblättern ihre Blumenwiese. Ein grün bemaltes Blatt kann der Länge nach halbiert werden und dient so zwei Kindern als Hintergrund.

Um die bunten Blumen zu gestalten, schneiden die Kinder besonders gelungene Farbaufträge als Blütenblätter aus dem bunt bemalten Papier aus. Das können lange, dünne Streifen, Kreise oder typische Blütenblattformen sein.

Danach legen sie diese Papierteile in die obere Hälfte des grün bemalten Papiers und ordnen diese Einzelteile zu einer Blüte an. Sobald sie mit der Anordnung zufrieden sind, werden die einzelnen Blütenblätter festgeklebt. Wird dabei das Papier in Wellen und Falten gedrückt, wirkt die Blüte plastischer.

Aus den vorher in unterschiedlichen Grüntönen bemalten Papieren entstehen nun Blumenstängel und Blätter, die passend dazu ausgeschnitten und an die bunte Blüte geklebt werden. Das untere Drittel des Bildes bekleben die Kinder mit ausgeschnittenen, farblich passenden Gräsern, um die Wiese darzustellen.

Erfahrung

Je länger die Kinder mit den Schwammpinseln und dem Regenbogen-Set hantierten, desto vielfältigere Formen und Farbzusammenstellungen entstanden dabei. Später kamen selbst jüngere Kinder dazu, die alle diese Technik ausprobieren wollten.

Werden die einzelnen Farben des Regenbogen-Sets zwischendurch mit einem feuchten Lappen gesäubert, bleiben die Farbaufträge klar. *(HT)*

Bunte Taschen für Sommerausflüge

Mal- und Bastelarbeit

Material

Kartons (z. B. von Waschmittel), Papierreste, weiße Wandfarbe, bunte Acryl- oder Fingerfarbe, Bleistift, Fasermaler, Wachsmaler, Klarlack zum Sprühen, feste Schnur oder Kordel, jeweils zwei Unterlegscheiben (Durchmesser der Öffnung in Schnurdicke), Prickelnadel, Pinsel, breite transparente Klebefilmstreifen, Klebstoff, Schere

Altersstufe
ab 3 Jahre

Zeit
Einzelarbeit
ca. 80 Minuten
(ohne Trockenzeit)

So wird's gemacht

Die Kinder haben schon häufiger erlebt, dass sie auf Ausflügen, Wanderungen, bei einem Picknick, im Urlaub etc. hübsche Dinge gesehen haben, die sie gerne gesammelt hätten, aber kein Behältnis dafür vorhanden war, um diese zu transportieren. Deshalb gestalten wir in dieser Anregung eine Sammeltasche, in der Steine, Blüten, Blätter, Muscheln, Tannenzapfen und viele andere Fundstücke verstaut werden können. Damit auch jeder seine Tasche wiedererkennt, ist es ideal, wenn diese individuell verziert werden kann.

Im Anschluss daran erhalten die Kinder große Kartons und bemalen sie mit weißer Wandfarbe rundherum, sodass keine Aufdrucke mehr sichtbar sind.

Nach einem Tag Trockenzeit kann mit der farblichen Gestaltung begonnen werden. Jüngere Kinder bemalen den Karton je nach ihren Fähigkeiten bunt oder einfarbig mit Fingerfarbe. Auch Handabdrücke oder Tropfen, die mit den Fingern verwischt werden, wirken hübsch.

Durch den weißen Untergrund leuchten die Farben sehr schön.

Mit den älteren Kindern kann besprochen werden, welche Landschaft sie mögen. Sind sie lieber auf einer Wiese, in den Bergen oder könnten sie sich vorstellen, einen Tag am See oder am Strand zu verbringen? Je nach Wunsch malen sie zunächst den Untergrund (Sand, Rasen, Steine) auf. Im mittleren Bereich des Kartons gestalten sie Berge, ein Meer oder Seen. Im oberen Drittel kann nun der Himmel gestaltet werden. Auf diese Weise ist der Karton zum Schluss komplett bemalt.

Nach einem weiteren Trockentag gestalten die Kinder nun die Menschen, Tiere und Sehenswürdigkeiten ihres Ziels. Die gesamte Malerei wird nach einer kurzen Trockenzeit von einem Erwachsenen entweder im Freien oder in einem separaten Raum mit Klarlack komplett besprüht, damit der Karton stabiler wird. Danach muss das Ganze wieder einen Tag trocknen.

Tipp

Nicht nur in den Taschen, auch auf der Oberfläche der Taschen lassen sich Erinnerungen sammeln. Während der Ferien können die Kinder ergänzend Postkarten, Aufkleber oder Fotos auf die Tasche kleben.

Alternativ kann die Tasche auch als Collage gestaltet werden. Hierbei wird nur der Hintergrund, also die Landschaft, in den gewünschten Farben gestaltet. Alle weiteren Elemente, wie Figuren, Tiere, Gegenstände, werden mit Bleistift auf separate Papierstücke aufgemalt, mit Fasermalern oder Wachsmalern bunt gestaltet, ausgeschnitten und an den entsprechenden Stellen angeklebt. Hierbei sollte allerdings beachtet werden, dass die ausgeschnittenen Elemente vor allem an den Rändern gut fixiert werden müssen, damit sich beim Tragen der Tasche nichts ablöst oder das Papier einreißt.

Damit man die schön gestalteten Taschen umhängen kann, prickeln die Kinder mittig am oberen Drittel der beiden Seitenwände je ein Loch. Durch diese Löcher fädeln sie von außen die Enden einer Schnur hindurch, ziehen auf jedes Ende eine Unterlegscheibe auf und versehen beide Schnurenden mit mehreren Knoten im Kartoninneren. Auf diese Weise reißt die Schnur nicht so schnell aus.

Als weitere Stabilisierung des Kartons wird breites, transparentes Klebeband am Boden und an den Kanten entlang aufgeklebt. Jüngere Kinder benötigen hierbei etwas Unterstützung.

Nun kann die Sommerausflugstasche zum Einsatz kommen. Sie lässt sich an der Klappkante leicht öffnen und schließen und ist recht stabil. In ihr ist genügend Platz für verschiedene Fundstücke, aber auch alle möglichen Utensilien, die die Kinder auf eine Wanderung oder einen kurzen Ausflug mitnehmen möchten, können hiermit transportiert werden.

Erfahrung

Um ältere Kinder auf das Malen einzustimmen, schauen sie gemeinsam mitgebrachte Urlaubsfotos oder Reiseprospekte an und sprechen über Ferienerlebnisse. *(MF)*

Holzraupen

Werkarbeit

Altersstufe
ab 4 Jahre

Zeit
Einzelarbeit
ca. 30 Minuten
(ohne Trockenzeit)

Material

Vierkanthölzer (mindestens 3x3cm, in unterschiedlichen Längen aus Kiefer oder Fichte, 10–20cm lang), grüne und schwarze Deckfarbe, Schraubzwingen oder Schraubstock, Schleifpapier, Drahtstifte (ca. 5cm lang), Nägel mit großen, flachen Köpfen (2,5–3cm lang), Reißzwecken mit bunten Plastikkappen, Pinsel, Hammer

So wird's gemacht

Bis spät in den Sommer hinein können die Kinder zahlreiche Raupen in der freien Natur entdecken. Häufig findet man diese Tiere im Garten, auf Hecken oder Feldern. Wer keine Raupen in der freien Natur vorfindet, kann diese auch in Sachbüchern oder Tierlexika betrachten.

Den Kindern fällt dabei in der Regel schnell auf, dass diese Tiere sehr viele Beine haben. Diese sollen in dieser Arbeit auf ganz spezielle Weise dargestellt werden.

Zunächst suchen sich die Kinder aus den Resthölzern ein beliebiges Stück für ihre Raupe aus und legen es zunächst einmal vor sich hin. Sie überlegen, welches Ende sich als Kopf und welches als Hinterteil eignet.

Tipp

Als Einstieg zu dieser Aufgabe eignet sich das Buch „Die kleine Raupe Nimmersatt“. Des Weiteren kann die Verwandlung der Raupe zum Schmetterling besprochen werden. Die Kinder finden es darüber hinaus meist sehr interessant zu erfahren, welche Schmetterlingsart aus welcher Raupe entsteht.

Nun kann mit der Werkarbeit begonnen werden. Um ein sicheres Arbeiten gewähren zu können, wird das Holzstück mit Schraubzwingen an einem Arbeitstisch befestigt. Wer einen Schraubstock zur Verfügung hat, spannt das Holz dort ein.

Die Kinder erhalten Schleifpapier und glätten damit zunächst alle Sägekanten, sodass sich niemand mehr daran verletzen kann.

Da die wenigsten Kinder dieser Altersklasse bisher einen Hammer bedient haben, ist es wichtig, den richtigen Umgang damit zu zeigen. Der Hammer wird am Ende des Stiels gehalten und mit lockerem Handgelenk in kleinen Bewegungen geführt.

Damit die Chance, den Nagelkopf zu treffen, größer ist, halten die Kinder den Hammer so, dass die flache Seite des Hammerkopfes nach unten zeigt.

Danach werden die langen Drahtstifte als Beine in das Vierkantholz mit dem Hammer eingeschlagen. Hierzu kann ein Erwachsener den Nagel zunächst mit ein bis zwei Schlägen fixieren. So kann das Kind den Nagel, ohne ihn festhalten zu müssen, weiter in das Holz treiben.

Den Abstand der jeweiligen Nägel zueinander wählen die Kinder nach Wunsch selbstständig aus. Ältere Kinder können hierbei darauf hingewiesen werden, dass die Beine paarweise angeordnet sind und somit eine gerade Anzahl entsteht. Sind sie mit der Platzierung der Beine zufrieden, wird das Holzstück ausgespannt und gedreht erneut fixiert.

Nun entstehen die Fühler mit zwei kürzeren Nägeln, die an der passenden Stelle in das Vierkantholz gehämmert werden. Auf dieselbe Weise kann ein letzter Nagel in die Rückseite der Raupe eingeschlagen werden, indem das Holzstück noch einmal gedreht und eingespannt wird. Für die weitere Ausgestaltung bemalen die Kinder mit grüner Deckfarbe ihre Raupe rundum und tupfen mit dem Pinsel schwarze Punkte oder Muster auf.

Zum Schluss malen die Kinder mit schwarzer Farbe passend an der Kante den Mund auf und drücken zwei bunte Reißzwecken als Augen in das Holz.

Erfahrung

Resthölzer dieser Art fallen oft in der Schreinerei an, die dort meist kostenlos abgeholt werden können.

Die Vierkanthölzer stellten wir den Kindern bereits vorgeschnitten zur Verfügung, damit sie sich auf das Hämmern konzentrieren konnten. So beteiligten sich selbst jüngere Kinder an dieser Gestaltungsarbeit.

Nach einer Einführung im Umgang mit dem Material und Werkzeug und mit etwas Hilfestellung gingen die Kinder dann auch erstaunlich geschickt und konzentriert ans Werk.

Dass die Raupen unterschiedlich viele Beine hatten, regte viele Kinder zum Zählen und Vergleichen an. Sie entdeckten, dass man in längere Holzstücke mehr Nägel einschlagen kann als in kürzere. Kurz darauf begannen sie, die hergestellten Raupen nach der Länge und Anzahl der Beine zu sortieren und zu reihen. *(HT)*

Tipp

Besprechen Sie mit den Kindern im Vorfeld, dass Raupen gerne „wilde Ecken“ in Gärten mögen und Pflanzen benötigen, die wir Menschen oft als Unkraut ansehen, z. B. Brennnesseln. Vielleicht können Sie im Zuge eines Projekts eine „Schmetterlingsecke“ in der Außenanlage einrichten?

Obstgarten

Mal- und Bastelarbeit

Material

Styroporplatte (ca. 5 cm dick), Holzspatel (natur oder braun), weißes Tonpapier, grüner Fotokarton, Werbeprospekte mit Obstsorten, bunte Acryl- oder Schulmalfarbe, Buntstifte, Fasermaler, Pinsel, Klebstoff, Holzleim, Cutter, Schere

Altersstufe
ab 4 Jahre

Zeit
Einzel- oder Gruppenarbeit
ca. 70 Minuten (ohne Trockenzeit)

So wird's gemacht

Zunächst wird die Styroporplatte von einem Erwachsenen mit einem Cutter in die gewünschte Form und Größe gebracht. Arbeiten die Kinder alleine, genügt eine Größe von 30 x 30 cm. In der Gruppe sollte eine Platte in der doppelten Größe angeboten werden.

Um die Wiese darzustellen, bemalen die Kinder die Styroporplatte an der Oberseite und am Rand flächendeckend mit grüner Farbe und lassen das Ganze gut trocknen.

Um die naturfarbenen Holzspatel mit brauner Farbe von beiden Seiten bemalen zu können, stecken sie diese in einen Styroporplattenrest und bemalen die herausstehende Seite. Nach dem Trocknen drehen sie diesen herum und gestalten das andere Ende ebenfalls mit Farbe.
Natürlich können statt der naturfarbenen Holzspatel auch bereits gefärbte Holzspatel verwendet werden.

Nach dem Trocknen der Farbe verbinden die Kinder ganz nach ihren Vorstellungen mithilfe von Holzleim die Holzspatel zu einem Baumgerüst. Auch dieses muss einige Zeit trocknen, bevor damit weitergearbeitet werden kann.

In der Zwischenzeit suchen sie aus Werbeprospekten verschiedene Obstsorten aus, schneiden diese aus und kleben ihre ausgeschnittenen Äpfel, Birnen, Pflaumen usw. auf den Holzspatel-Ästen der Bäume auf.

Danach wird die Wiese weiter ausgestaltet. Hierfür auf weißem Tonpapier Blumen, Käfer, Schmetterlinge etc. aufmalen und ausschneiden. Die Kinder legen die einzelnen Elemente zunächst auf die Wiese. Sobald ihnen das Arrangement gefällt, fixieren sie die Teile mit Klebstoff.

Wer langes Gras darstellen möchte, schneidet ein rechteckiges, grünes Fotokartonstück am Rand mit einer Schere so ein, dass viele kleine Streifen entstehen. Am anderen Ende wird der Fotokarton als Klebelasche umgeknickt und der Grasstreifen direkt auf der Wiese fixiert.

Ganz zum Schluss werden die gestalteten Bäume mit der Unterseite in die grüne Styroporplatte gesteckt und schon ist der Obstgarten mit seinen vielen, reifen Früchten an den Bäumen fertig.

Erfahrung

Da in den Prospekten aus dem Supermarkt auch Früchte zu finden sind, die nicht auf Bäumen wachsen, kann man hier mit den Kindern sehr anregende Gespräche über verschiedene Früchte führen. Die Kinder interessieren sich in der Regel sehr dafür, wie die Pflanze aussieht, an der die bekannten Früchte wachsen. So erfahren sie spielerisch, welche Früchte tatsächlich auf Bäumen wachsen. *(KW)*

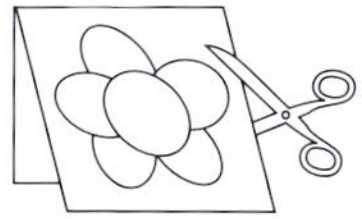

Vorlage siehe Motivbogen

Igel auf Futtersuche
Werkarbeit

Material
Sperrholzplatte (30 x 40 cm, 4 mm stark), dünner Haltestab aus Holz (ca. 30 x 1 cm), Schleifpapier, braune, schwarze und weiße Acrylfarbe, Bleistift, Holzleim, Pinsel, Laubsäge, Schraubzwinge, Sägetischchen

So wird's gemacht
Zuerst zeichnen die Kinder die Umrisse des Igels mit Bleistift möglichst formatfüllend auf die Sperrholzplatte. Wer den Igel nicht freihand aufzeichnen will, kann die Vorlage auf dem Motivbogen verwenden.

Bevor die Kinder den Igel nun aussägen, wird das Sägetischchen von einem Erwachsenen mit einer Schraubzwinge an einer geraden Tischkante so befestigt, dass der keilförmige Ausschnitt über den Tischrand ragt. Die Verwendung des Sägetischchens verhindert das Ansägen der Tischkante und ermöglicht ein sicheres und genaues Arbeiten.

Auch beim Aussägen ist die Unterstützung eines Erwachsenen nötig. Das Sperrholz wird so mit der flachen Hand gehalten, dass die Stelle, die gesägt werden soll, direkt über dem Ausschnitt des Sägetischchens liegt. Die Kinder halten mit einer Hand das Sperrholz fest und drehen ihr Werkstück über dem Sägetischchen. So kann die andere Hand, die den Griff der Laubsäge hält, immer an derselben Stelle in gleichmäßigen Auf- und Abwärtsbewegungen geführt werden.

Durch die Sägearbeit reißt das Holz etwas aus, deshalb werden anschließend die scharfen Kanten des fertig ausgesägten Holzigels mit Schleifpapier geglättet.

Danach suchen sich die Kinder die gewünschten Farben für ihr Werkstück aus. Wer möchte, kann dabei auch unterschiedliche Brauntöne mischen. Beide Seiten des Igels werden zunächst mit brauner Farbe grundiert und kurz zum Trocknen zur Seite gelegt.

Während dieser Trockenzeit bemalen die Kinder den Haltestab aus Holz in derselben Farbe. Nun werden weitere Einzelheiten wie Stacheln, Kopf, Nase und Augen in dunkleren oder helleren Farben herausgearbeitet.

Nach dem Trocknen der Farbe wird der Igel mit Holzleim am Haltestab befestigt. Sobald der Holzleim fest ist, kann der Igel dekorativ in eine Topfpflanze gesteckt werden.

Erfahrung
Für Laubsägearbeiten eignen sich Sperrholzplatten aus Pappel besonders gut, da sich das weiche Holz leicht bearbeiten lässt.

Die dünnen Sägeblätter der Laubsäge lassen feine und runde Schnitte im Holz zu, können aber bei falscher Handhabung reißen. Deshalb ist es wichtig, dass immer genügend Ersatzsägeblätter für die Laubsäge bereitliegen. Beim Einsetzen des Sägeblattes muss darauf geachtet werden, dass die Zähne zum Griff zeigen. *(HT)*

Altersstufe
ab 5 Jahre

Zeit
Einzelarbeit
ca. 60 Minuten
(ohne Trockenzeit)

Altersstufe
ab 3 Jahre

Zeit
Einzelarbeit
ca. 25 Minuten

Putzige Zapfenvögel

Bastelarbeit

Material

Nadelbaum-Zapfen, braune oder schwarze Pfeifenputzer, Bastelfedern in Naturfarben, Kürbiskerne oder Knöpfe, Fingerfarbe, Pinsel, Klebstoff

So wird's gemacht

Die Kinder legen den Zapfen so vor sich hin, dass die geschlossene Seite zu ihnen zeigt. Nun schlingen sie einen Pfeifenputzer ungefähr im hinteren Drittel um den Zapfen, sodass der Draht zwischen den offenen Zapfenschuppen eng anliegt und die Enden kräftig miteinander verdreht werden können, bis nichts mehr rutscht oder wackelt. Die Enden sollten so lang sein, dass daraus noch standfeste Vogelfüße mit drei Krallen gebogen werden können.

Wer sich auf Naturmaterialien beschränken möchte, kann für die Vogelbeine auch kleine Äste benutzen. Allerdings ist es mit dem biegsamen Draht einfacher, den Vogel so zu gestalten, dass er stabil stehen kann.

Tipp

Mit mehreren Zapfenvögeln kann als Gruppenarbeit auch ein Vogelschwarm-Mobile entstehen. Dazu die fertigen Vögel einfach mit Bindfaden an einem oder mehreren, untereinander verbundenen Ästen aufhängen. Da die Vögel sehr leicht sind, ist das Ausbalancieren des Astes relativ einfach.

Anschließend suchen sich die Kinder zwei ähnlich große Bastelfedern für die Flügel und eine etwas längere Bastelfeder für das Schwanzgefieder aus. Die beiden ähnlichen Bastelfedern werden in der Mitte des Zapfens von beiden Seiten des Vogelkörpers zwischen die Schuppen gesteckt und mit einem Tropfen Klebstoff fixiert.

Die längere Schwanzfeder wird weiter hinten mittig befestigt. Vorsicht bei selbst gesammelten Stadttaubenfedern, sie könnten Krankheitskeime übertragen. Sicherer ist es, im Handel Bastelfedern zu kaufen und ausschließlich diese zu verwenden.

Die Kinder stecken Kürbiskerne oder kleine Knöpfe als Augen zwischen die Schuppen und befestigen auch diese Elemente mit Klebstoff. Ein Klecks Farbe stellt die Pupille dar.

Zum Schluss erhält der Stiel des Zapfens als Schnabel noch eine gelbe oder orangefarbene Färbung – fertig ist der Piepmatz.

Erfahrung

Beim Zapfensammeln im Wald stellt man fest, dass es viele verschiedene Arten und Formen gibt. Man findet lange und kurze, dicke und dünne Zapfen. Für diese Bastelanregung eignen sich am besten solche Zapfen, die weit geöffnet sind. Daher beim Sammeln nach trockenen, offenen Zapfen schauen, oder sie zuhause noch einige Tage nachtrocknen lassen. *(SH)*

Pilzbilder

Collage

Material

Weißes Papier (DIN A4), Fotokarton oder Packpapier, braune, weiße und rote Fingerfarbe, Sand, Materialien zum Dekorieren (Hölzer, Äste, Baumscheiben, Steine, Früchte, Blüten, Nüsse), Pinsel, Gläser oder Plastikbehälter zum Mischen der Farben, Klebstoff, Schere, Zackenschere

So wird's gemacht

Zu Beginn mischen die Kinder in drei separaten Behältern den Sand mit der jeweiligen Fingerfarbe im Mischverhältnis 2 : 1, d. h. zwei Teile Farbe und ein Teil Sand.

Mit dieser Farbe malen sie nun entweder einen großen Pilz oder mehrere kleine Pilze auf ihr Blatt. Wer möchte, kann durch die Färbung auch verschiedene Pilzarten darstellen. Ein Fliegenpilz entsteht beispielsweise aus einem weißen Stiel und einem roten Hut mit weißen Punkten.

Ein Steinpilz hat einen etwas dunkleren Hut und einen hellbraunen Stiel.

Wer seinen Pilz in dunkleren und helleren Brauntönen gestalten möchte, mischt auf einer Mischpalette etwas braune mit weißer Fingerfarbe zusammen und erhält somit einen helleren Farbton. Nach etwa einem Tag Trockenzeit werden die Pilze ausgeschnitten.

Mit der Zackenschere schneiden die Kinder den Fotokarton oder das Packpapier in einer Größe von 30 x 40 cm zurecht und kleben die Pilze darauf. Abschließend werden die weiteren, herbstlichen Naturmaterialien dekorativ am Papierrand oder um die Pilze herum aufgeklebt. So erhält man eine natürliche Umgebung für die Pilze und das Bild bekommt einen authentischen Charakter.

Erfahrung

Wir brachten einige (essbare) Pilzarten mit in die Einrichtung, sodass die Kinder diese direkt erfahren, betasten und beschnuppern konnten. Nachdem die unterschiedlichen Pilze gestaltet wurden, wollten die Kinder auch passende Schilder basteln, auf denen der Name der dargestellten Pilzart zu lesen war. Auf diese Weise entstand eine umfangreiche Pilzbildergalerie. *(MF)*

Tipp

Die Kinder haben viel Freude am Mischen der Farbe. Weitere Farbmisch-Experimente sind mit Sägemehl, Mehl, Steinsplitt oder Rindenmulch möglich. Die so entstandenen Motive kann man betrachten und befühlen und sie bieten somit zahlreiche, sinnliche Erlebnisse.

Altersstufe

ab 3 Jahre

Zeit

Einzelarbeit
ca. 60 Minuten
(ohne Trockenzeit)

Blätterdruck

Gestaltungsarbeit

Material

Weißes Papier, Tonpapiere in unterschiedlichen Farben (DIN A4), Herbstblätter, Acrylplatte, bunte Linoldruckfarbe und Farbwalze oder Schaumstoffrolle (alternativ: Fingerfarbe, dicker Pinsel), Buntstifte, ausgediente Zeitungen, Klebstoff, Schere

Altersstufe
ab 2 Jahre

Zeit
Einzelarbeit
ca. 20 Minuten
(ohne Trockenzeit)

So wird's gemacht

Sammeln Sie mit den Kindern unterschiedliche Herbstblätter. Da sich die Form und Struktur später abdruckt, sollten viele verschiedene Formen und Größen zur Auswahl stehen.

Damit der Arbeitsplatz und die Kleidung geschützt werden, ziehen die Kinder einen Malerkittel an und legen großzügig den Tisch mit Zeitungspapier aus.

Um die Abdrücke zu gestalten, können Fingerfarben oder Linoldruckfarben verwendet werden. Die Vorgehensweise ist dabei unterschiedlich.

Fingerfarben: Werden Fingerfarben verwendet, bemalen die Kinder damit die Unterseite ihrer Laubblätter mit den Fingern oder mithilfe eines Pinsels. Danach stempeln sie mit der farbigen Seite nach unten den Abdruck auf weißes Papier. Dabei sollte das eingefärbte Blatt möglichst wenig verschoben werden, damit die Konturen nicht allzu stark verschwimmen.

Linoldruckfarben: Die Blattmaserungen und selbst ganz feine Strukturen werden mit Linoldruckfarben noch deutlicher sichtbar. Dazu einen etwa erbsengroßen Klecks Farbe auf eine Acrylplatte drücken, mit der Walze ausrollen und verreiben. In diese Farbfläche legen die Kinder ein oder mehrere Herbstblätter mit der Maserung nach unten. Darüber breiten sie nun ein Stück Zeitungspapier aus und drücken dies mit der Faust an, so bleiben die Hände sauber.

Nachdem das Zeitungspapier langsam wieder abgezogen wird (auch hier sind schon interessante Farbdrucke zu sehen), ziehen die Kinder vorsichtig das eingefärbte Laubblatt von der Acrylplatte ab, legen es auf weißes Papier und drücken es kräftig mit der Faust an. Wird das Blatt nun wieder abgenommen, sind feinste Äderchen und Strukturen deutlich sichtbar abgedruckt.

Je nach Stärke des Farbauftrags kann dasselbe Blatt mehrere Male nebeneinander aufgestempelt werden, wobei die Drucke dabei immer heller erscheinen.

Spannende Farbeffekte kann man erzielen, wenn man zwei verschiedene Farben nebeneinander auf der Acrylplatte nicht bis zur vollständigen Mischung ausrollt. So kann ein späterer Abdruck unregelmäßige Farbeffekte aufweisen, der wie ein Zweifarbendruck wirkt.

Nachdem die bedruckten Papiere etwa einen Tag lang getrocknet sind, können die bunten Formen für Collagen weiterverarbeitet werden.

Die Kinder schneiden die Blattformen an den Konturen aus und legen sie auf weißes oder buntes Tonpapier. Die Einzelteile können betrachtet und verschoben werden. Die Kinder überlegen sich, wozu diese Formen dienen könnten. Dabei entstehen lustige Figuren, fröhliche Fabelwesen oder interessante Tiere.

Nachdem die ausgeschnittenen Blätter als Grundkörper aufgeklebt sind, können die Kinder die Formen je nach Wunsch mit Buntstiften weiter ausmalen und dekorieren.

Erfahrung

Durch die Beschäftigung mit unterschiedlichen Laubblättern bemerkten die Kinder die verschiedenen Blattformen und fragten nach, von welchen Bäumen die Blätter stammen. Am Ende der Einheit konnten sie zahlreiche Blattformen den jeweiligen Bäumen zuordnen.
Einige Kinder benutzten Reste von vorher bemalten, bunten Restpapieren und arbeiteten diese in ihre Blättercollage mit ein. *(HT)*

Tipp

Die gesammelten Blätter sollten nicht zu sehr ausgetrocknet sein und schnell verarbeitet werden, damit sie nicht zu brüchig sind.

Altersstufe
ab 3 Jahre

Zeit
Einzelarbeit
ca. 60 Minuten
(ohne Trockenzeit)

Eulen

Bastelarbeit

Material

Obstkisten aus Holz, naturfarbene Stoffreste, naturfarbene Bastelfedern, bunte Papierreste, dickes Naturband, kleine Äste, braune und blaue Acryl- oder Schulmalfarbe, schwarze Fasermaler, Buntstifte, Glitter, Pinsel, Klebstoff, Schere, Stoffschere

So wird's gemacht

Die Kinder bemalen den Boden ihrer Obstkiste komplett mit dunkelblauer oder brauner Farbe. Auch die Innen- und Außenränder können hierbei teilweise oder ebenfalls ganz bemalt werden.

Nach einem Tag Trockenzeit malen sie freihand einen Eulenkörper (ca. 30 x 20 cm) und zwei Ohren auf einen dunklen Stoffrest. Die Flügel sowie die Eulenbeine werden mit den typischen Krallen auf einen etwas helleren Stoffrest gemalt und danach alle Teile mit der Stoffschere ausgeschnitten.

Tipp

Als Besonderheit kann man einen Hintergrund mit Mond und Sternen gestalten, wobei diese Elemente ebenso wie die Umrisse der Eulen mit nachtleuchtender Farbe versehen werden. Auf diese Weise kann man die nachtaktiven Tiere auch in der Dunkelheit erkennen.

Im Anschluss bestreichen die Kinder die Stoffrückseiten mit Klebstoff und kleben die Körperteile so in die Kiste, dass eine Eule entsteht. Wer möchte, kann die Krallen der Eule auch aus kleinen Ästen und die Ohren aus kurzen, braunen Federn gestalten.

Damit der Nachtvogel ein hübsches Federkleid erhält, werden die Flügel, der Kopf sowie der Bauch des Tieres mit aufgeklebten Federn verziert.

Der Schnabel entsteht aus Papierresten. Hierfür falten die Kinder ein orangefarbenes, braunes oder graues Papierstück (5 x 5 cm) einmal in der Mitte und malen ein Dreieck so auf die Faltkante, dass die Spitze an der Faltöffnung endet. Die Kinder schneiden das gefaltete Dreieck aus und kleben den fertigen Schnabel an den Eulenkopf.

Zwei runde Augen werden aus weißen Stoff- oder Papierresten ausgeschnitten und an die entsprechende Stelle geklebt. Mit Fasermalern zeichnen die Kinder anschließend Pupillen auf.

Wer möchte, kann mit Buntstiften seinen Namen und sein Alter auf dem unteren Innenrand der Kiste notieren und den farbigen Hintergrund mit Glitter verzieren. Damit man das Eulenbild später aufhängen kann, wird zum Schluss ein Naturbastband an den Seiten der Kiste verknotet.

Erfahrung

Auch für jüngere Kinder ist das Schneiden von Stoff gut zu bewerkstelligen. Hierbei ist es wichtig, dass die Stoffscheren gut schneiden und die Stoffe vor dem Basteln glatt gebügelt oder straff gehalten werden. *(MF)*

2 Vorlagen
siehe Motivbogen

Apfelpflückspiel

Bastelarbeit

Material

Feste Pappe, Zeitungspapier, großer Schaumstoffwürfel, grüner, roter und gelber Bastelfilz, Schnur, bunte Acryl- oder Fingerfarbe, Pinsel, Bleistift, Tapetenkleister, Schere

So wird's gemacht

Zunächst rühren die Kinder den Tapetenkleister nach Packungsanweisung an und reißen das Zeitungspapier in schmale Streifen.

Sie erhalten feste Pappestücke und übertragen die Vorlage des Apfelstängels vom Motivbogen darauf. Mit der Unterstützung eines Erwachsenen schneiden sie diesen anschließend aus. Jedes Kind stellt auf diese Weise etwa 2–3 Apfelstängel her.

Tipp

Wer nicht genug Zeit für die Papiermaschee-Arbeit hat, kann die Äpfel auch aus Pappe ausschneiden (siehe Vorlage „Apfel“ auf dem Motivbogen).
Es hat sich bewährt, die Stängelschablone zu verwenden, da somit gewährleistet ist, dass die Äpfel auch tatsächlich gut mit den Blättern an der gespannten Schnur halten und nicht herunterrutschen. Wem die Ausführung mit den Blättern zu mühsam ist oder wer die Blätter weglassen möchte, um den Kindern nicht zu vermitteln, dass man Äpfel stets mit Blatt pflückt, kann auch gerade Stängel gestalten, die mit Wäscheklammern an der Schnur befestigt werden. Hier sollte allerdings im Vorfeld getestet werden, ob auch alle Kinder schon genügend Kraft in den Fingern haben, um die Wäscheklammern öffnen zu können.

Um die Apfelform zu gestalten, tauchen die Kinder nun die gerissenen Papierstreifen in den angerührten Tapetenkleister und wickeln sie um das untere Ende des Apfelstängels. Zu einer Wurst gedrehte Papierstreifen geben das nötige Volumen für die Rundung des Apfels. Auf diese Weise werden mehrere Lagen der Zeitungspapierstreifen aufgeklebt, bis der Apfel die gewünschte Größe und Form aufweist und zum Trocknen einen ganzen Tag beiseitegelegt wird.

Nach dem Trocknen werden die fertigen Früchte mit Acryl- oder Fingerfarbe in Rot, Gelb und Grün bemalt. Die Stängel sowie der kleine Blütenrest am unteren Ende des Apfels bekommen einen braunen Anstrich und die Blätter werden von beiden Seiten grün bemalt.

Für das Apfelpflückspiel wird ein großer Schaumstoffwürfel benötigt, dessen Seiten mit Kreisen aus rotem, gelbem und grünem Bastelfilz überklebt wurden.

Nun spannt man noch eine lange Schnur in gut erreichbarer Höhe für die Kinder, hängt die fertigen Äpfel daran auf und schon kann das Spiel beginnen.

Die Kinder würfeln reihum. Je nachdem, welche Farbe der Würfel anzeigt, darf das Kind einen Apfel der entsprechenden Farbe von der Schnur pflücken.

Erfahrung

Die Zahl der Äpfel ist variabel. Förderlich für die Spieldynamik ist es allerdings, wenn mindestens drei Äpfel pro Kind vorhanden sind. Großen Spaß hatten die Kinder daran, zweifarbige Äpfel als Joker zu gestalten, da hier die Chance, diese zu erwürfeln, deutlich größer ist. *(SH)*

Altersstufe
ab 3 Jahre

Zeit
Gruppenarbeit
ca. 60 Minuten
(ohne Trockenzeit)

Altersstufe
ab 3 Jahre

Zeit
Einzelarbeit
ca. 45 Minuten
(ohne Trockenzeit)

Bäume im Schnee
Bastelarbeit

Material
Pappröhren, Fotokarton, braune Wellpappereste, Papierreste, dünne Korkplatte, Bierdeckel, Watte, Spielmaisstücke, Bastelfedern, Pfeifenputzer, Kunstbast, getrocknete Sonnenblumenkerne, kleine Äste, ggf. Baumrinde, Fasermaler, bunte Fingerfarbe, Schneespray, Pinsel, kleine Schaumstoffwalze, Heißklebepistole, Klebstoff, Prickelnadel, Schere, Drahtscheren, Seitenschneider

So wird's gemacht
Baum: Zuerst werden der Bierdeckel mit grüner sowie die Pappröhre mit brauner Fingermalfarbe mit den Fingern, mithilfe der Schaumstoffwalze oder dem Pinsel bemalt und zum Trocknen beiseitegelegt.

Anschließend stechen die Kinder mit einer Prickelnadel beliebig viele Löcher in die Pappröhre und stecken die kleinen Äste hinein. Besonders lange Äste können auch durch zwei einander gegenüberliegende Löcher hindurchgesteckt werden.

Der Stamm wird nach Belieben mit Streifen einer Korkplatte oder braunen Wellpappestücken zusätzlich verziert. Wer bei einem Ausflug etwas Baumrinde gesammelt hat, kann auch diese an den Stamm kleben. Dadurch wirkt er besonders echt.

Ein Erwachsener versieht den unteren Rand der Röhre mit Heißkleber und setzt die Röhre auf den Bierdeckel, sodass der Baum einen festen Stand hat. Um den Baum winterlich zu gestalten, wird er mit weißer Watte beklebt oder mit Schneespray besprüht.

Tipp

Für die Äste des Baumes sollte man möglichst dünne Äste auswählen, da sich diese einfacher durch die Löcher der Pappröhre stecken lassen.

Vogel: Aus einem Spielmaisstück gestalten die Kinder den Vogel. Dazu schneiden sie aus einem Fotokarton mit der Schere ein kleines Quadrat als Schnabel aus, knicken dieses in der Mitte zu einem Dreieck und kleben es auf die Vorderseite. Mit einem Fasermaler gestalten sie zwei Augen und stellen das Schwanzgefieder dar, indem sie kleine Bastelfedern in die Rückenpartie des Vogels stecken.

Um die Füße darzustellen, schneiden sie Pfeifenputzer in etwa 2 cm große Stücke und stechen diese in die Unterseite des Spielmaisstücks. Zum Schneiden der Pfeifenputzer sollten alte Scheren, Drahtscheren oder Seitenschneider verwendet werden, da der Draht im Inneren der Pfeifenputzer die Schneideflächen der Schere schartig werden lässt.

Zum Schluss wird der Vogel mit Klebstoff an der Spitze des Baumes, auf einem Ast oder auf dem Bierdeckel befestigt.

Futterring: Im Winter finden die Vögel nur wenig Nahrung und freuen sich über eine Futterstelle. Um einen solchen Futterring herzustellen, schneiden die Kinder einen etwa 2 x 15 cm langen Streifen aus einer Korkplatte aus, versehen die Oberseite mit Klebstoff und bestücken sie mit getrockneten Sonnenblumenkernen oder geknüllten Papierkügelchen. Nach dem Trocknen können die Enden des Korkstreifens mit Klebstoff verbunden werden, sodass ein Ring entsteht. Wird dieser an einen Ast gehängt, sieht das Ganze sehr realistisch aus.

Um eine Variante eines Futterrings zu gestalten, schneiden die Kinder aus einem Fotokartonstück einen Kreis mit einem Durchmesser von etwa 6 cm aus. Sie bestreichen diesen von einer Seite mit Klebstoff und streuen die getrockneten Sonnenblumenkerne darauf. Wer keine Lebensmittel verwenden möchte, kann hier auch kleine Papierreste zu Kügelchen knüllen und aufkleben.

Nach dem Trocknen bohren sie am oberen Rand des Kreises mit einer Prickelnadel ein kleines Loch, fädeln ein Baststück in der Länge von etwa zehn Zentimetern hindurch und verknoten es. Nun kann der Futterring an einen Ast gehängt werden.

Erfahrung

Das Bemalen mit der Schaumstoffwalze ist für jüngere Kinder oftmals motivierender, da sie schneller und großflächiger arbeiten können. *(KW)*

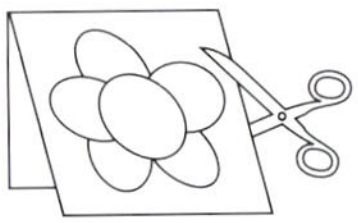

3 Vorlagen siehe Motivbogen

Altersstufe
ab 5 Jahre

Zeit
Einzelarbeit
ca. 35 Minuten
(ohne Trockenzeit)

Sportliche Eisläufer

Bastelarbeit

Material

Viereckige Bierdeckel, transparente Mobilefolie, weißes Transparentpapier, silberner Fotokarton, Alufolie, blaue Metallfolie, blauer Müllsack, silberne Pfeifenputzer, Streusterne, Glitter, Naturbast, bunter Bastelfilz, Märchenwolle, Lackmaler, bunte Acrylfarbe, Glitterglue, Pinsel, Heißklebepistole, Klebstoff, Schere

So wird's gemacht

Zunächst gestalten die Kinder den Bierdeckel nach ihren Vorstellungen mit blauer Acrylfarbe, einem aufgeklebtem blauen Müllsackstück oder kleinen Metallfolienstücken als Eisfläche.

Als Umrahmung wirken ein aufgeklebter silberner Pfeifenputzer, weißes Transparentpapier, kleine Streusterne oder Verzierungen mit Glitter besonders interessant und verstärken den eisigen Charakter.

Während die Eisfläche trocknet, machen sich die Kinder nun an die Gestaltung des Eisläufers. Hierfür zeichnen sie die Umrisse des Körpers entweder freihand oder mithilfe der Vorlagen auf dem Motivbogen mit einem Lackmaler auf die Mobilefolie und schneiden diese anschließend mit der Schere aus.

Die bunte Kleidung des Eisläufers sowie dessen Gesicht wird mit Acrylfarben oder mit Lackmalern aufgemalt. Besonders schön wirkt es, wenn die Kinder hier farbenfrohe Kleidung gestalten. Zusätzliche Verzierungen mit Glitterglue lassen die Figur besonders edel aussehen.

Tipp

Möchte man dieses Angebot mit jüngeren Kindern umsetzen, so sollte man für den Eisläufer statt der Mobilefolie lieber Fotokarton verwenden, da sich dieser leichter schneiden lässt.

Um die Haare darzustellen, kleben die Kinder kleine Baststücke oder etwas Märchenwolle mit Klebstoff auf den Kopf des sportlichen Kerlchens. Damit der Eisläufer nicht friert, schneiden sie eine Mütze, Schal sowie Handschuhe aus buntem Bastelfilz aus und kleben die Kleidungsstücke an die entsprechenden Stellen. Wer seinen Eisläufer von beiden Seiten hübsch gestalten möchte, fertigt die doppelte Anzahl an Kleidungsstücken an und klebt diese von vorn und hinten an die Mobilefolie.

Anschließend werden die Füße etwa 2 cm breit als Klebelaschen umgefaltet und ein Erwachsener versieht die Unterseite mit Heißkleber, sodass die Figur am gestalteten Untergrund befestigt werden kann.

Zum Schluss schneiden die Kinder aus silbernem Fotokarton oder einem Stück Alufolie freihand je zwei Schlittschuhe aus und bringen diese mit Klebstoff an den Füßen des Eisläufers an.

Erfahrung

Wenn die Kinder mit ihrem Eisläufer spielen möchten, kann man ein Bastelfilzstück an die Unterseite des Bierdeckels kleben. Dadurch gleitet der Eisläufer graziös über glatte Oberflächen.

Klebt man an die Unterseite des Eisläufers eine Magnetfolie, kann man ihn mit einem Magneten über eine dünne Holzplatte oder dicke Pappe „laufen" lassen. *(KW)*

Tanzende Schneeflocken

Bastelarbeit

Material

Transparente Mobilefolie, Kunstbast, Bastelfedern, Aludraht, dünner Basteldraht, Holzperlen, weiße und blaue Spielmaisstücke, Watte, Streusterne, goldene, silberne und weiße Lackmaler, Glitterglue, Locher, Klebstoff, Schere

So wird's gemacht

Zuerst schneiden die Kinder aus der transparenten Mobilefolie Kreise in beliebiger Größe aus und malen mit dem Lackmaler in der gewünschten Farbe die Struktur eines Schneekristalls auf.

Als Umrahmung des transparenten Kreises formen sie aus einem Aludraht einen Ring. Sie fädeln nach Wunsch Spielmaisstücke, Holzperlen oder Wattestücke auf den Draht und verzwirbeln die Drahtenden miteinander. Dieser Ring kann auch zusätzlich mit einem feinen Basteldraht umwickelt werden.

Um den Ring mit dem transparenten Kreis verbinden zu können, wird am Rand der Mobilefolie mit einem Locher ein Loch gestanzt. Nun kann man durch das Loch eine Bastschnur fädeln und den Kreis mit dem Drahtring verknoten.

Um den Schneekristall später aufhängen zu können, wird eine weitere Bastschnur ebenfalls durch den Drahtring gefädelt und mit den Enden zu einer Schlaufe verknotet. An dieses Aufhängeband können nach Wunsch zusätzlich Federn geknotet oder Perlen aufgefädelt werden. Mit buntem Glitterglue oder aufgeklebten Streusternen kann der Schneekristall zusätzlich noch weiter kreativ verziert werden.

Erfahrung

Beim Formen des Drahtringes denken die Kinder oft nicht daran, dass er groß genug sein sollte, um die Mobilefolie ganz zu umschließen. Deshalb ist es ratsam, im Vorfeld den Umfang grob abzumessen. *(KW)*

Tipp

Es können auch mehrere Schneeflocken untereinander mit einer Bastschnur zu einem Mobile verbunden werden.

Altersstufe

ab 3 Jahre

Zeit

Einzelarbeit
ca. 20 Minuten

Schneemänner-Parade

Bastelarbeit

Material

Styroporkugeln (Ø 8 cm, 10 cm und 12 cm), Fotokarton, Bierdeckel, blauer Müllsack, Kinder-Joghurtbecher, Bastschnüre, Zahnstocher, Schaschlikstäbe, Knöpfe, braune Holzspatel, silberne und braune Pfeifenputzer, kleine Äste, selbstklebende Glitzerfolie, kleine Kieselsteine, Holzperlen, silberner Lackmaler, bunte Acrylfarbe, Glitterglue, Pinsel, Klebstoff, ggf. Heißklebepistole, Schere

Altersstufe
ab 3 Jahre

Zeit
Einzelarbeit
ca. 20 Minuten
(ohne Trockenzeit)

So wird's gemacht

Die Kinder legen die Kugeln so vor sich hin, dass die größte Kugel den Bauch, die mittlere das Bruststück und die kleinste Kugel den Kopf darstellt.

Sie stechen in die größte Kugel einen Zahnstocher, fixieren die nächste Kugel darauf und befestigen die Kopfkugel auf die gleiche Weise an der Brust, sodass die typische Schneemannform entsteht.

Die Zahnstocher hierzu etwas tiefer in die Styroporkugel stecken, um einen guten Halt zu gewährleisten. Werden die Kugeln zusätzlich mit etwas Klebstoff fixiert, halten sie besonders gut.

Tipp

Möchte man die Schneemänner frei im Raum aufhängen, verzichtet man auf den unteren Bierdeckel. Man durchsticht stattdessen alle drei Kugeln mit einer Stricknadel, fädelt einen stabilen Nylonfaden auf und verknotet diesen am unteren Ende so, dass er nicht mehr durchrutschen kann. Auf diesen Faden werden nun die einzelnen Kugeln aufgefädelt und mit Klebstoff zusätzlich in der richtigen Position fixiert. Das andere Fadenende tritt oben an der Kopfkugel wieder aus. Wird dieses zu einer Schlaufe gebunden, kann man daran den Schneemann an der Decke oder an einem Ast aufhängen.

Als Nächstes gestalten sie die Gesichter der Schneemänner. Sie malen die Augen beispielsweise mit Glitterglue auf oder kleben ausgeschnittene, schwarze Fotokartonkreise oder mit Glitterglue verzierte Kieselgranulatstückchen auf.

Die Nase und der Mund können mit kleinen, bemalten Aststücken oder Holzperlen, ausgeschnittenen Fotokarton- oder Pfeifenputzerstücken gestaltet werden. Die Einzelteile werden hierbei einfach in die Styroporkugel gesteckt oder mit Klebstoff fixiert. Den Körper schmücken die Kinder mit aufgeklebten Knöpfen, runden Fotokartonstücken oder mit aufgemalten Kohlen aus Acrylfarbe und Glitterglue.

Als Arme und Hände kann man kleine Aststücke oder Pfeifenputzer seitlich in die mittlere Styroporkugel stecken. Den Hals des Schneemanns ziert ein Bastband oder ein gewickelter Schal aus einem silbernen Pfeifenputzer.

Um die Haare zu gestalten, kann man halbe Holzspatel in die kleinste Styroporkugel, die den Kopf darstellt, stecken und zum besseren Halt zusätzlich mit Klebstoff fixieren.

Der Kopf des kalten Gesellen kann auch mit einer Kopfbedeckung versehen werden. Soll er einen flotten Hut erhalten, wird ein kleiner Becher eines Kinderjoghurts mit Acrylfarbe bunt bemalt und aufgeklebt.

Ein Kopftuch entsteht im Nu aus einem Stück eines blauen Müllsacks, das um den Kopf des Schneemanns gewickelt und festgeklebt wird.

Zu einem echten Schneemann gehört auch unbedingt ein Besen. Hierzu bindet man einige kurze Pfeifenputzerstückchen an einem Ende mit einer Bastschnur zusammen, sodass es wie Reisig wirkt. Wird dieses Reisig an einem Schaschlikstab festgebunden, entsteht im Nu ein Besen. Der Besenstiel wird in die unterste Styroporkugel gesteckt und am Arm des Schneemanns zusätzlich mit Klebstoff fixiert.

Damit der Schneemann auch selbstständig stehen kann, verzieren die Kinder einen Bierdeckel mit Acrylfarbe und buntem Glitter oder selbstklebender Glitzerfolie. Dieser Standfuß wird nach dem Trocknen von einem Erwachsenen mit Heißkleber an die Unterseite des Schneemannes geklebt.

Sehr wirkungsvoll ist auch ein Schild aus einem Fotokartonstück, das mit einem silbernen Lackmaler ganz nach Wunsch beschriftet und am Schneemann festgeklebt werden kann.

Erfahrung

Diese Schneemänner sind rasch und einfach hergestellt. Die Aststücke lassen sich mit wenig Kraftaufwand in die Styroporkugeln stecken, sodass es auch jüngeren Kindern gut gelingt. *(KW)*

Altersstufe
ab 3 Jahre

Zeit
Einzelarbeit
ca. 100 Minuten
(ohne Trockenzeit)

Kuschlige Eichhörnchen

Bastelarbeit

Material

Runde Luftballons, Zeitungspapier, rotes Papier, braune Papierreste, braune Plüsch-, Leder- und Bastelfilzreste, Knöpfe, Perlen, Wackelaugen, Naturbast, schwarzer Lackmaler, braune Acryl- oder Schulmalfarbe, Pinsel, Klebstoff, Klebefilm, Kleister, Schere

So wird's gemacht

Als Vorbereitung bläst ein Erwachsener die Luftballons leicht auf, knotet sie zu und umklebt sie in der Mitte so mit mehreren Streifen Klebefilm, dass eine leichte Einbuchtung entsteht und man die Form eines Eichhörnchenkörpers mit Kopf und Bauch erkennen kann.

Nun reißen die Kinder das Zeitungspapier in handgroße Stücke und kleben die Schnipsel mit viel Kleister flächendeckend auf den gesamten Ballon. Auf diese Weise stellen sie vier bis sechs Lagen her. Danach werden die Formen etwa drei Tage an einem warmen Ort zum Trocknen ausgelegt.

Nach dem Trocknen bemalen sie die Körper mit brauner Acryl- oder Schulmalfarbe ganzflächig und lassen sie wiederum einen ganzen Tag lang trocknen.

Tipp

Seit einigen Jahren sind Pullover, Jacken und Mäntel mit künstlichen Fell- oder Plüschapplikationen am Kragen, Ärmelsaum oder an der Kapuze wieder modern. Diese eignen sich wunderbar zur Gestaltung der großen Eichhörnchenschwänze. Wenn Sie vor der Bastelarbeit einen Aushang zur Sammelaktion für die Eltern machen, erhalten Sie sicher genügend brauchbares Material.

Im nächsten Schritt werden die Eichhörnchen individuell gestaltet. Die Kinder schneiden aus Plüsch einen länglichen Eichhörnchenschwanz aus und kleben ihn am Rücken des Tieres an. Die vier Pfoten, die Nase und die Ohren können aus Leder, Bastelfilz oder Papier zugeschnitten und angeklebt werden. Kleine Stücke aus Naturbast stellen die Schnurrhaare dar. Aus rotem Papier kann der Mund zugeschnitten werden und auch die Wackelaugen bringen die Kinder an der entsprechenden Stelle an.

Auch Nasen oder Augen aus Perlen oder Knöpfen wirken schön. Lassen Sie die Kinder frei wählen und eigene Formen aufmalen und ausschneiden.

Erfahrung

Machen Sie aus dem Reißen des Zeitungspapiers eine Gemeinschaftsarbeit. Zu flotter Musik macht das Reißen mehr Spaß. Jedes Kind reißt so viel, wie es kann und alle Schnipsel werden in der Mitte gesammelt, bevor die Kleisterarbeiten beginnen. *(MF)*

Hurra, es schneit!

Collage

Material

Bunter Fotokarton (DIN A4), weißes Papier, buntes Tonpapier oder Buntpapier, Buntstifte, weiße Fingerfarbe, Pinsel, Klebestifte, Schere

So wird's gemacht

Um die Schneelandschaft zu gestalten, reißen die Kinder zunächst aus weißem Papier einige längliche und mehrere runde Elemente aus. Dabei können sie sich im Vorfeld konkret entscheiden, welche Formen sie reißen möchten. Es ist aber auch möglich, die Formen zunächst einfach zu reißen und erst danach zu überlegen, was damit dargestellt werden könnte.

Die länglichen, weißen Streifen werden als Straßen oder verschneite Wege auf den Fotokarton gelegt. Aus zwei kleinen, runden Elementen, die übereinander aufgeklebt werden, entsteht ein Schneemann und aus größeren, runden Papierstücken können Berge oder Schneehügel gestaltet werden.

Befinden sich genügend weiße Elemente auf dem Bild, wird die Szenerie mit buntem Papier weiter ausgestaltet. Die Kinder schneiden Hausformen, Fenster, Türen sowie Dächer aus Tonpapierresten oder Buntpapier zu und arrangieren diese auf ihrer Schneelandschaft.

Mit Buntstiften gestalten sie die Häuser mit Dachziegeln, Schneemänner mit Knöpfen und Gesichtern oder Straßen und Berge ganz nach Wunsch weiter aus.

Zuletzt ergänzen einige gemalte Kinder mit Schlitten die Gestaltung. Diese können auf weißem Papier vorgemalt, ausgeschnitten und aufgeklebt oder direkt ins Bild gemalt werden.

Um die Szenerie zum Schluss mit lustig tanzenden Schneeflocken zu versehen, tauchen die Kinder den Pinselstiel in weiße Fingerfarbe und tupfen viele weiße Schneeflockenpunkte auf ihr Bild.

Altersstufe
ab 4 Jahre

Zeit
Einzelarbeit
ca. 60 Minuten

Tipp

Die Zellstofffasern im Papier richten sich bei der Papierherstellung in Produktionsrichtung aus. Man nennt dies auch „Laufrichtung" des Papiers. Reißt man das Papier mit der Laufrichtung, erhält man eine nahezu gerade Risskante. Wird das Papier entgegen der Laufrichtung gerissen, fällt der Riss fransig und weniger gerade aus.

Erfahrung

Das Papierreißen wird nur noch selten praktiziert, ist aber eine sehr gute Übung für die Feinmotorik. Mit etwas Fingerfertigkeit und Anleitung können schon jüngere Kinder zahlreiche Formen entstehen lassen. Darüber hinaus wird die Fantasie der Kinder angeregt, wenn sie die gerissenen Formen genau betrachten und zu deuten versuchen. *(EvH)*

Winterwelt im Mini-Karton

Bastelarbeit

Material

Transparente Verpackungsschachteln (z. B. von Kosmetika, Kerzen oder Pralinen), weiße oder blaue Papierreste von Geschenk- oder Verpackungspapier, Glitzer-, Silber- und Goldfolie, weißer und brauner Fotokarton, weiße Styroporkügelchen (Füllmaterial für Handarbeitsartikel), weiße und braune Plüschreste, Moos, Glitzerplättchen, Glitzersterne, braunes Nähgarn, Wackelaugen, Fasermaler, Klebstoff, Schere, Stoffschere

Altersstufe

ab 3 Jahre

Zeit

Einzelarbeit
ca. 60 Minuten

So wird's gemacht

Diese Bastelarbeit kann zum größten Teil aus gesammelten Resten entstehen. Suchen Sie gemeinsam mit den Kindern unterschiedliche Folien und Papiere in den Farben Weiß, Silber, Gold und Blau zusammen. Selbst die kleinsten Reststücke können hierbei verarbeitet werden. Eine Sammelkiste für Eltern im Flur der Einrichtung mit einigen Beispielen füllt sich nach Weihnachten, wenn viele Geschenke ausgepackt wurden und die schönen Papiere und Folien übrig sind, besonders schnell. Auf diese Weise werden die unterschiedlichsten Schätze zusammengetragen und die Kinder erfahren dabei spielerisch, was Recycling bedeutet.

Als Erstes wählen die Kinder eine transparente Schachtel aus und überkleben eventuelle Schriftzüge von innen oder außen mit bunten Papieren oder glitzernden Folien nach Belieben. Mindestens eine Seite sollte frei bleiben, damit man später die Gestaltung im Inneren des Behältnisses sehen kann. Wer möchte, kann die Rückseiten oder den Deckel ergänzend mit Sternen bekleben und verzieren.

Diese kleinen Behälter dienen als Umgebung für verschiedene Tiere. Um den Boden der Schachtel als Winterlandschaft zu gestalten, kleben die Kinder Moos und kleine, weiße Styroporkugeln hinein. Einige Styroporkugeln können mit Klebstoff auch an den Innenseiten oder von innen am Deckel befestigt werden, so wirkt es später, als würde es schneien.

Nun überlegen sie, welchen Tieren sie in ihrer Schachtel ein Zuhause geben möchten. Entsprechend ihrer Vorstellung malen sie Rehe, Hasen oder Rentiere auf weißem oder braunem Fotokarton vor und schneiden die Formen aus.

Anschließend testen sie, ob die Tiere auch wirklich in die Schachtel passen. Wurden sie zu groß angelegt, schneiden sie diese rundum etwas kleiner, sodass sie alle gemeinsam Platz in ihrer gestalteten Winterwelt finden.

Damit die Tiere ein schönes Fell bekommen, bekleben die Kinder deren Körper mit Plüschresten in passenden Farben. Das Gesicht der Tiere kann aufgemalt oder aus Papierstücken gestaltet werden. Sehr hübsch sieht es auch aus, wenn die Münder, Nasen oder Schnurrhaare des jeweiligen Tieres aus kleinen Stücken farblich passenden Nähgarns gestaltet und festgeklebt werden. Die Augen können aus Papier entstehen oder in Form von Wackelaugen aufgeklebt werden.

Um die Tiere in der Winterlandschaft befestigen zu können, knickt man einfach unten ein Stück des Fotokartons zu einer Klebelasche um und fixiert das Tier mit Klebstoff am Boden der Schachtel. Ist weiterhin Platz in der Schachtel, malen die Kinder Tannenbäume auf Fotokarton auf, bekleben diese von der Rückseite mit Glitzerfolie und schneiden sie aus. Auch der untere Rand der Tannen wird als Klebelasche umgeknickt und die Bäume können so zwischen den Tieren befestigt werden.

Tipp

Die hier verwendeten kleinen Styroporkügelchen bieten wunderbare Fühlerlebnisse für ältere Kinder, die nicht mehr alles in den Mund nehmen. Sie können sie in eine Schachtel füllen und die kleinen, leichten Kügelchen durch die Hände rieseln lassen, umfüllen oder umgraben. Großen Spaß macht auch ein Buddelspiel, bei dem in einer Schachtel eine kleine Spielfigur, ein Spielzeugauto oder ein Baustein inmitten der Kügelchen vergraben wird. Jeweils zwei Kinder erhalten gemeinsam eine Schachtel. Sie gleiten mit den Händen durch die Kügelchen und versuchen, das dort verborgene Spielzeug zu finden.

Lassen die Kinder den Deckel offen, können später weitere Tiere oder andere Dekorationen ergänzt werden. Basteln Sie mit jüngeren Kindern, sollten die Kästchen vor dem Spielen mit Klebstoff oder Klebefilm gründlich verschlossen werden, damit nichts herausfällt.

Erfahrung

Welche Tiere leben im Winterwald? Als Einführung in dieses Thema kann besprochen werden, welche Tiere einen Winterschlaf halten oder in Winterstarre fallen. Welche Tiere sind auch im Winter aktiv? Müssen sie gefüttert werden oder finden sie im Winter noch genügend Nahrung? Betrachten Sie mit den Kindern Postkarten, Bücher oder Bilder von Waldtieren und sortieren diese nach ihrer Lebensart im Winter. Wenn die Kinder die verschiedenen Waldtiere besser kennenlernen, macht es ihnen noch größeren Spaß, sich für eines zu entscheiden und dieses zu gestalten. *(MF)*

7. Feste

Feste und Feiern gliedern das Jahr in verschiedene Abschnitte und machen es überschaubar. Schon kleine Kinder nehmen diese wiederkehrenden Elemente wahr und können sich daran orientieren.

Diese regelmäßigen Aktionen, bei denen gemeinsam vorbereitet, gebastelt oder gesungen wird, vermitteln Geborgenheit und stärken das Wir-Gefühl.

Dass diese Feierlichkeiten und die dazugehörigen Vorbereitungen immer wieder einem bekannten Muster folgen und verlässliche Rituale beinhalten, welche die Kinder kennen und auf die sie sich freuen können, ist dabei besonders wichtig.

Sie genießen es, dass bei solchen Festen und Feiern der Alltag unterbrochen wird und sich eine entspannte und vorfreudige Atmosphäre ausbreitet. Diese positive Stimmung ermöglicht intensive Momente, die sowohl beim Erleben selbst sehr wichtig sind, aber zudem noch lange in schöner Erinnerung bleiben.

Manche Feste haben einen religiösen oder persönlichen Anlass, der auch schon von jüngeren Kindern erfasst werden kann. Egal, ob man zu Karneval bunte Gewänder gestaltet, an Ostern der Auferstehung Christi gedenkt oder bunte Eier im Garten versteckt, ob man zu Sankt Martin einen Laternenzug plant oder zu Weihnachten gemeinsam Plätzchen backt und den Tannenbaum schmückt, die Kinder gewinnen beim direkten Umgang mit einem Fest einen tieferen Einblick und bekommen ein Gefühl für dessen Sinn.

Im aktiven Tun erschließen sich wichtige Symbole, die mit den jeweiligen Festen verknüpft sind. Gestalten die Kinder also beispielsweise bunte Ostereier, knuffige Osterhasen, liebevoll ausgemalte Muttertagsherzen, Geburtstagskerzen, kleine Weihnachtsmänner oder süße Engel, schult dies einerseits die Grob- und Feinmotorik und ermöglicht andererseits erste Erfahrungen mit traditionellen Elementen, die für unsere Kultur typisch sind.

Diese Objekte werden nach dem Basteln häufig dazu verwendet, den Raum zu dekorieren. Somit bleiben sie im Gedächtnis und bieten über einen längeren Zeitraum hinweg zahlreiche Gesprächsanlässe.

Altersstufe
ab 4 Jahre

Zeit
Einzelarbeit
ca. 120 Minuten
(ohne Trockenzeit)

Lustige Schachtelclowns

Mal- und Bastelarbeit

Material

Unterschiedliche Schachteln, Dosen und Kugeln, bunte Schnüre, Toilettenpapier (eine Rolle ergibt 4–5 Clowns), bunter Sisal oder bunte Märchenwolle, runde Tassendeckchen oder buntes Tonpapier, Stöcke (ca. 80 cm lang), Pompons, evtl. Wackelaugen, Herzen, Sterne, Schleifen, Fasermaler, bunte Acryl- oder Schulmalfarbe, Pinsel, Prickelnadel, Kleister, Klebstoff, Klebefilm, Schere

So wird's gemacht

Die Kinder wählen eine runde Dose für den Kopf, eine größere Schachtel für den Körper und jeweils zwei ähnliche Schachteln für Arme und Beine aus.

Im Anschluss legen sie ihren Clown zusammen und kleben einige Körperteile, z. B. die Arme, an den Körper. Die restlichen Körperteile werden mit bunten Schnüren an den Körper angeknotet. Hierfür stechen die Kinder mit der Prickelnadel ein Loch an die passenden Stellen der Körperschachtel, öffnen diese und fädeln eine Schnur durch das Loch. Im Inneren wird das Band mit einem dicken Knoten versehen, sodass es nicht wieder herausrutschen kann. Das andere Ende der Schnur wird nun in das Loch des zu befestigenden Körperteils eingefädelt und dort ebenfalls mit einem Knoten am Herausrutschen gehindert. Zwischen den Gliedmaßen sollten die Bänder etwa 40 cm lang sein. Am Kopf des Clowns wird zuletzt noch auf die gleiche Weise ein etwa 70 cm langes Band zum späteren Aufhängen befestigt.

Wurden die Arme nicht am Körper festgeklebt, sondern mit Schnüren verbunden, muss der Clown mit dem Kopfband und den Schnüren an den Armen an einen Stock gebunden werden. So wirkt er später fröhlich und lässt seine Arme nicht traurig hängen.

Tipp

Wird das obere Kopfband der Clowns an einen Stock angeknotet, können die Kinder ihre Figur bewegen und damit spielen. Wie wäre es mit einem vorgespielten Witz auf einer Tischbühne mit Clownmarionetten?

Nun reißen die Kinder die einzelnen Blätter der Toilettenpapierrollen ab und kleben mit Kleister ein bis zwei Lagen Papier auf die Körperteile des Clowns. So sind später die Aufdrucke der Kartons und Dosen nicht mehr zu sehen und die spätere Farbe haftet besser.

Ist das Papier nach etwa drei Tagen getrocknet, kann der Clown nach Belieben bunt angemalt werden. Der Kopf und die Hände können in Hauttönen oder in Weiß bemalt werden, die Kleidungsstücke sehen bunt am schönsten aus. Wer möchte, kann sie mit Streifen oder Punkten versehen.

Wenn die Farbe des Gesichts getrocknet ist, werden die Gesichtszüge aufgezeichnet. Ein großer, roter Mund und eine rote Nase sind typische Erkennungszeichen eines Clowns. Die Augen werden mit schwarzer Farbe gestaltet.

Nach einem weiteren Tag Trockenzeit können die Kinder ihre Figuren schmücken. Haare entstehen aus geformtem Sisal oder aus Märchenwolle und die Nase kann zusätzlich mit einem aufgeklebten Pompon verziert werden. Zusätzlich können Sterne und Schleifen auf die Kleidung des Clowns geklebt werden oder das Gesicht wird mit Fasermalern weiter ausgestaltet (z. B. Wimpern, Sommersprossen, Augenbrauen).

Der Halskragen entsteht aus bunt bemalten Tassendeckchen. Hierfür malen die Kinder in die Mitte des Deckchens mit einem Fasermaler einen Punkt, schneiden von einer beliebigen Seite bis zu diesem Punkt in das Papier und legen es an den Hals. Danach werden die Enden des Tassendeckchens übereinandergeschoben und fest verklebt.

Wer keine Tassendeckchen zur Verfügung hat, verwendet einfach einen langen Tonpapierstreifen (ca. 60 x 10 cm) und faltet ihn der Länge nach immer im Zickzack, sodass ein Fächer entsteht. Am Ende des Faltvorgangs wird der Fächer um den Hals des Clowns gelegt und an den beiden offenen Papierenden zusammengeklebt. So hat der Clown einen hübschen, bunten Zickzack-Kragen.

Sehr schön sieht der lustige Geselle auch mit einer bunten Fliege aus. Dafür wird ebenfalls ein buntes Tonpapierstück (ca. 30 x 10 cm) im Zickzack gefaltet und später einfach in der Mitte mit einem Stück Klebestreifen zusammengehalten. So fächern sich die Enden auf, während die Mitte fixiert bleibt und eine typische Fliegenform entsteht. Diese Fliege kann mit Klebstoff am Kragen des Clowns befestigt werden.

Nun kann der Clown an der Decke aufgehängt werden und baumelt bei jedem Luftzug lustig mit den Beinen.

Erfahrung

Haben jüngere Kinder Schwierigkeiten beim Knoten der Schnüre in den Schachteln, können sie mithilfe von Klebestreifen die eingefädelten Bänder im Karton festkleben.

(MF)

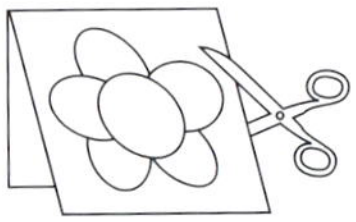

4 Vorlagen
siehe Motivbogen

Altersstufe
ab 2 Jahre

Zeit
Einzelarbeit
ca. 30 Minuten

Ritter und Prinzessinnen

Collage

Material

Blauer bzw. grauer und hautfarbener Tonkarton, Stoffreste, Wollreste, Bänder, Alufolie, bunte Metallfolie (z. B. von Bonbon- oder Schokoladenverpackungen), bunte Bastelfedern, Schmucksteine, Pailletten, Musterbeutelklammern, Prickelnadel, Buntstifte, Fasermaler, Klebestift, Schere, Stoffschere

So wird's gemacht

Die Kinder besprechen zunächst, wie sie sich Ritter vorstellen. Sie fassen in Worte, wie ihre Rüstung aussehen musste, damit sie bei ihren Kämpfen gut geschützt waren und welche Waffen sie trugen. Auch wird besprochen, wie sich die Kinder das Aussehen einer Prinzessin vorstellen. Im Anschluss daran entscheiden sie sich, welche Figur sie gerne gestalten möchten.

Ritter: Die Kinder erhalten einen blauen bzw. grauen Tonkarton und malen die Figur des Ritters freihand oder mithilfe der Vorlage auf dem Motivbogen auf. Auch ein Schwert und ein Schild werden auf Tonkarton aufgemalt und ausgeschnitten.

Damit die Rüstung des Ritters schön glänzt, werden Alufolienstücke gerissen und mit Klebestift auf den Tonkarton geklebt. Schön sieht es aus, wenn die Rüstung nicht einheitlich silbern gefärbt ist, sondern bunte Elemente aufweist. So kann zum Beispiel der Brustpanzer aus bunten Metallfolienstücken bestehen, aber auch Stiefel in einer anderen Farbe sorgen für tolle Effekte.

Das Gesicht des Ritters erhält durch aufgeklebte Alufolienstreifen einen Helm mit Visier. Besonders echt wirkt das Visier, wenn es als schmale Streifen aufgeklebt wird, durch welche der Ritter sehen kann.

Eine Feder am Kopf angebracht, stellt einen prächtigen Helmbusch dar. Um die Klebestelle der Feder am Kopf zu überdecken, klebt man einfach ein weiteres Stück Alufolie darüber.

Auch das Schwert und das Schild erhalten Verzierungen mit Alufolie und andersfarbigen Metallfolienstücken. Beim Schwert wirkt es schön, wenn der Schwertgriff in einer anderen Farbe dargestellt wird als die Schneide. Und das Schild wirkt durch die Verwendung einer anderen Metallfolienfarbe in der Mitte plastisch.

Damit diese Utensilien mit dem Ritter verbunden werden können, stechen die Kinder mit der Prickelnadel jeweils ein Loch durch das Schwertheft, in die Mitte des Schildes sowie in beide Handflächen des Ritters. Mit einer Musterbeutelklammer können Schwert und Schild nun an den Händen befestigt und bewegt werden.

Prinzessin: Wollen die Kinder eine Prinzessin herstellen, erhalten sie hautfarbenen Tonkarton und malen die Form ihrer Prinzessin entweder freihand oder mithilfe der Vorlage auf dem Motivbogen auf und schneiden sie aus. Auch die Krone wird aus Tonkarton hergestellt.

Die Kinder suchen sich für ihre Prinzessin die Stoffreste aus, die ihrer Meinung nach am besten passen. Besonders beliebt sind glänzende Stoffe, Stoffe mit Pailletten, Glitzersteinen oder Strasselementen, aber auch Seidenstoffe oder transparente Stoffe in zarten Farben wirken schön. Diese Stoffstücke schneiden sie mit einer Stoffschere zurecht und drapieren sie dann um die Körperform. Dabei probieren sie aus, wie sie die Prinzessin am schönsten finden.

Haben sie sich für eine Gestaltung entschieden, kleben, wickeln oder knoten sie den Stoff fest. Überstehende Stoffstücke können abgeschnitten oder auf der Rückseite der Figur festgeklebt werden. Das Gewand wird anschließend mit Wollfäden, Satinbändchen und Ähnlichem weiter ausgestaltet.

Die Schuhe entstehen aus bunten Metallfolienstücken, die farblich zur Kleidung passen. Auch eine Halskette, Ohrringe oder ein Armband aus Alufolie, Glitzersteinen oder Pailletten verschönern die blaublütige Dame.

Um die Haare darzustellen, kleben die Kinder Wollreste an den Kopf der Figur, sodass die gewünschte Frisur entsteht.

Die ausgeschnittene Krone wird mit goldener Metallfolie beklebt und mit Glitzersteinen oder Pailletten verziert. Damit die Krone auf der Haarpracht der Prinzessin gut hält, wird sie mit Musterbeutelklammern fixiert. Hierzu stechen die Kinder mit einer Prickelnadel am unteren Rand der Krone und auf der Stirn der Prinzessin zwei Löcher und befestigen die Krone mit zwei Musterbeutelklammern am Kopf. Die Musterbeutelklammern wirken zudem wie kleine, goldene Schmuckelemente.

Ganz zum Schluss erhält die Prinzessin mit Fasermalern Augen, Nase und einen Mund. Wer möchte, kann die Prinzessin mit Wimpern, Augenbrauen und sogar mit buntem Nagellack an den Fingern weiter ausgestalten.

Nun kann man die Ritter und Prinzessinnen an der Wand platzieren und eine mittelalterliche Stimmung entsteht im Raum. Sollen die Figuren frei im Raum aufgehängt werden, kann man immer zwei Ritter oder zwei Prinzessinnen mit dem Rücken gegeneinanderkleben. So wirkt die Gestaltung von beiden Seiten schön.

Erfahrung

Kleinere Kinder brauchen Hilfe beim Zuschneiden der Formen. Sie werden möglicherweise ihrer Figur noch kein Gesicht malen. Dann kann ein Erwachsener das Gesicht vorzeichnen oder gemeinsam mit dem Kind Wackelaugen und ein Wollstück als Mund aufkleben. Das Gesicht des Ritters ist durch das Visier nicht zu erkennen. Möchten sie aber gerne ein Gesicht darstellen, sollte dies trotz des Visiers ermöglicht werden.

Großen Spaß macht es den Kindern, wenn sie die Wolle für den Mund selbst auflegen können.
Je nachdem, wie die Wolle liegt, verändert sich der Gesichtsausdruck und die gezeigte Stimmung der Figur. Liegt die Wolle schief, wirkt die Person ärgerlich oder nachdenklich, ist die Wolle nach unten gebogen, sieht sie traurig, enttäuscht oder unglücklich aus. Ein langes Wollstück, das nach oben gebogen daliegt, zeigt eine breit lachende, gut gelaunte Figur.

(SH)

Tipp

Wenn die Kinder eine Prinzessin gestalten, finden sie es schön, diese auch umziehen zu können. Dafür sollten nur Haare, Schuhe und Krone angeklebt werden, die Kleidung wird auf dem Rücken geknotet, aber nicht festgeklebt. Nun können die Kinder die Prinzessinnen immer wieder umziehen und untereinander die Kleider tauschen.

Tipp
Wenn Sie verschiedenfarbigen Sand zur Verfügung haben, können die Bilder weiter ausgestaltet werden, z. B. durch eine Felsenlandschaft im Hintergrund. Hierzu sollte jede verwendete Sandfarbe erst gut angetrocknet sein, ehe die Kinder mit Flüssigkleber weiteren Sand anbringen.

Altersstufe
ab 4 Jahre

Zeit
Einzelarbeit
ca. 45 Minuten
(ohne Trockenzeit)

Cowboysandbilder

Mal- und Bastelarbeit

Material

Bunter Fotokarton, bunter Dekorsand oder bunter Glitter, Aststücke, Naturbast, Metallfolienstücke, Lackmaler, flüssiger Klebstoff, Locher, Schere

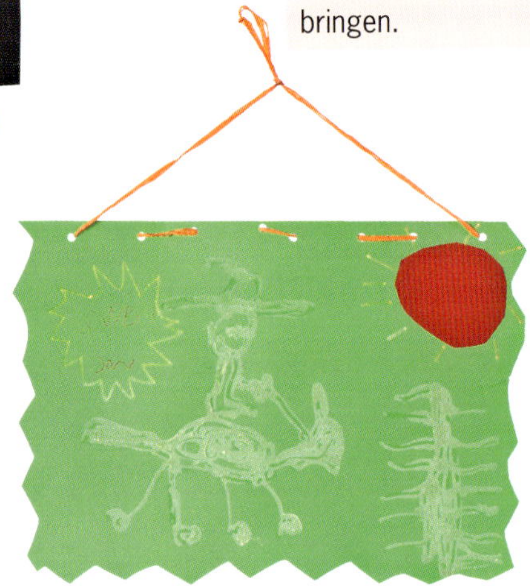

So wird's gemacht

Viele Kinder verkleiden sich an Karneval gerne als Cowboy. Mit dieser Gestaltungsidee können sie sich mit der Figur des Cowboys schon im Vorfeld einmal auseinandersetzen.

Auf einem bunten Fotokarton malen die Kinder mit Flüssigkleber einen Cowboy ganz nach ihren Vorstellungen auf. Dabei sollten die typischen Erkennungsmerkmale eines Cowboys nicht fehlen: Hut, Stiefel und Lasso können leicht dargestellt werden.

Gleich im Anschluss streuen sie bunten Dekorsand oder Glitter darüber und machen somit das gemalte Bild sichtbar.

Des Cowboys treuester Begleiter ist das Pferd. Hierfür entweder ebenfalls mit Flüssigkleber ein solches Tier aufmalen und mit Dekorsand bestreuen oder aus braunem, schwarzem oder weißem Fotokarton ein Pferd ausschneiden und am Bild mit Klebstoff fixieren.

Sehr echt sieht es aus, wenn aus Metallfolienstücken Sterne ausgeschnitten und auf dem Cowboygewand oder dem Hut angebracht werden. Wer möchte, gestaltet zusätzlich noch eine Sonne, einen Sternenhimmel oder ein Lagerfeuer.

Der Kartonrand kann zackig, wellenförmig oder ganz nach Belieben mit der Schere gestaltet werden. Nun mit einem Locher am unteren Rand des Fotokartons mehrere Löcher stanzen, darin kurze, bunte Bastschnüre einfädeln und die Enden am Karton verknoten.

Stanzt man am oberen Rand des Bildes Löcher aus, können Bastschnüre darin verknotet werden, die auch als Aufhängevorrichtung für das Cowboybild dienen. Kleine Aststücke lassen sich auch wunderbar in das Bild integrieren. Diese entweder beliebig am Karton aufkleben oder mit den Bastschnüren verknoten. Wer möchte, kann Namen, Aufschriften oder Symbole mit Lackmalern auf Fotokartonreste aufmalen oder -schreiben, wie beispielsweise „Gesucht" oder „Cowboy Bill". Diese werden dann mit Klebstoff am Ast oder am Fotokarton angebracht.

Erfahrung

Das Malen mit Flüssigkleber hatte für viele Kinder einen besonderen Aufforderungscharakter und motivierte sie sehr bei ihrer kreativen Tätigkeit. Allerdings sollten die Kinder nicht zuviel Flüssigkleber verwenden, da das Bild sonst ineinander verläuft und man keine klaren Linien erkennen kann. *(KW)*

Geschüttelter Konfetticlown
Bastelarbeit

Material
Bunter Fotokarton (DINA4), bunte Tonpapierreste, runde Bierfilze, buntes Konfetti, Schuhkarton mit Deckel (passend für das Papier in Größe DINA4), bunte Flaschenverschlüsse oder Plastikdeckel (z.B. von Wasserflaschen), Wackelaugen, rote oder orangefarbene Wachsmalblöcke, Klebstoff, Schere

So wird's gemacht
Um das Gesicht des Clowns zu gestalten, bemalen die Kinder einen Bierfilz mit einem Wachsmalblock auf einer Seite komplett in Hauttönen.

Danach wird das Gesicht gestaltet. Ein mittig, mit der Öffnung nach unten aufgeklebter Plastikdeckel ergibt eine große, runde Clownsnase. Des Weiteren fixieren die Kinder zwei Wackelaugen mit etwas Klebstoff, schneiden einen großen Mund aus rotem Tonpapier aus und kleben auch diesen auf.

Dieses Gesicht wird nun in die untere Hälfte eines bunten Fotokartons geklebt. So bleibt genügend Platz für die Konfettifrisur des Clowns, die später gestaltet wird.

Der Clown trägt eine bunte, große Fliege um den Hals. Diese wird freihand auf Tonpapierreste aufgemalt, ausgeschnitten und aufgeklebt. Schön wirkt es, wenn das Mittelstück der Fliege eine andere Farbe hat als die beiden Seitenteile.

Um die Frisur zu gestalten, legen die Kinder das Bild in den Schuhkarton und bestreichen die Flächen, die für die Haare des Clowns gedacht sind, mit Klebstoff. Anschließend werfen sie ungefähr eine Handvoll Konfetti in die Schachtel, schließen den Deckel und schütteln die Schachtel kräftig.

Wird das Papier nun herausgenommen und das überschüssige Konfetti abgeschüttelt, hat der kleine Clown eine tolle Haarpracht aus Konfetti erhalten. Sind noch einige Stellen der Frisur löchrig oder soll die Haarpracht etwas weiter ausgestaltet werden, kleben die Kinder weitere Konfettistücke gezielt an den gewünschten Platz.

Das Bild wird nun noch einige Zeit zum Trocknen beiseitegelegt, bevor es aufgehängt werden kann.

Erfahrung
Diese Technik gefiel den Kindern besonders gut, weil der Überraschungseffekt nach dem Öffnen des Deckels groß war. Die Frisuren der Clowns fielen immer anders aus, was zu viel Gelächter führte. Später hatten die Kinder die Idee, das Konfetti mit Regenbogenpapier und einem Locher selbst herzustellen. Obwohl diese Vorbereitung zeitaufwendig war, hatten sie Spaß daran und wechselten sich bei dieser Arbeit ab. Sie hatte auch den Vorteil, dass man verschiedene Schälchen mit unterschiedlich gefärbtem Konfetti bereitstellen konnte. *(HT)*

Tipp
Wer größere Schuhschachteln benutzt, sollte den Fotokarton in der Schachtel mit Klebeband fixieren, sonst rutscht das Bild beim Schütteln zu sehr hin und her. Auch die Kleidung des Clowns kann mit dieser Konfetti-Schütteltechnik gestaltet werden.

Altersstufe
ab 3 Jahre

Zeit
Einzelarbeit
ca. 30 Minuten
(ohne Trockenzeit)

Hexenstunde

Mal- und Bastelarbeit

Material

Lufttrocknende Modelliermasse, dickere Aststücke (15–20 cm lang), Fotokartonreste, Glitzerfolie, Stoffreste, Bastschnüre, Sisal, Lametta, Naturmaterialien (Rindenstücke, Äste, getrocknete Blüten oder Gräser), bunte Deckfarbe, Lackmaler, Buntstifte, Glitterglue, Pinsel, Nylonfaden, Klebstoff, Schere

Altersstufe
ab 5 Jahre

Zeit
Einzelarbeit
ca. 60 Minuten
(ohne Trockenzeit)

So wird's gemacht

Die Kinder erhalten zunächst einen Klumpen Modelliermasse (Ø 8–12 cm) und kneten die Masse eine Weile lang, bis sie schön weich und gut formbar ist.

Danach modellieren sie aus ihrem Klumpen eine Kugel und ziehen diese etwas in die Länge, sodass eine längliche Kopfform entsteht. Sie überlegen, welche Seite später das Gesicht darstellen soll und formen an dieser Seite mit spitzen Fingern eine lange Hexennase. Zu lang und dünn sollte die Nase dennoch nicht ausfallen, da sie sonst später leicht abbrechen kann.

Wenn die Kinder mit der Form ihres Hexenkopfes zufrieden sind, stecken sie diesen mit dem unteren Ende auf das Ende eines dickeren Aststückes. Dieses sollte etwas robuster gewählt werden, weil zu dünne Aststücke den getrockneten Hexenkopf aus Modelliermasse nicht tragen können. Der modellierte Kopf auf dem Aststück muss nun etwa zwei Tage lang trocknen.

Nach dem Trocknen bemalen die Kinder ihren Hexenkopf mit Deckfarben in Hauttönen und legen ihn erneut zum Trocknen beiseite.

Anschließend malen sie mit Lackmalern das Gesicht beliebig auf. Der Hexenmund kann gefährlich aussehende Zähne zeigen. Funkelnde Augen aus Glitterglue lassen die Figur besonders magisch aussehen und eine Warze gehört für die meisten Kinder auch zu einer echten Hexe.

Für die Gestaltung der Haare sieht es toll aus, wenn bunter Sisal mit einigen Lamettaschnüren verwendet wird. Hierzu den Sisal und das Lametta einfach in der gewünschten Länge und Dichte zurechtzupfen, zuschneiden und mit Klebstoff an der Oberseite des Kopfes befestigen.

Das Hexengewand entsteht aus Stoffresten in diversen Mustern. Die Kinder suchen die gewünschten Stoffe aus und kleben diese einfach hinter dem Kopf am Aststück fest. Das hintere Stoffende wird nicht am Ast fixiert, so hängt es lose herunter und es wirkt, als würde die Hexe auf dem Ast sitzen. Wird der Ast später durch die Luft bewegt, flattert der Stoff bei jeder Bewegung, was der Hexe ein lebendiges Aussehen verleiht.

Damit der Ast wie ein echter Hexenbesen aussieht, verknoten die Kinder am hinteren Astende einige Baststücke oder kleben sie an.

Naturelemente wie Äste, Rindenstücke oder Tannenzapfen können beispielsweise in die Haare gesteckt oder am Gewand der Hexe aufgeklebt werden.

Auch ausgeschnittene Blumen oder Sterne aus Fotokarton oder Glitzerfolienstücken können als Verzierung dienen. Wer seiner Hexe einen besonderen Namen geben möchte, kann diesen mit Lackmalern oder Buntstiften auf einen

Fotokartonrest schreiben und mit Klebstoff am Hexengewand oder auf dem Hexenbesen fixieren.

Diese Hexen kann man am Aststück gut festhalten und bewegen, so eignen sie sich beispielsweise wunderbar für ein Faschings-Kasperltheaterstück.

Wer seine Hexen aufhängen möchte, befestigt je einen Nylonfaden mit einem Knoten am vorderen und einen am hinteren Ende des Astes und bindet die beiden Fäden zusammen.

Erfahrung

Manche Kinder lieben es, ihre Hexe so gruselig wie nur möglich zu gestalten und sie damit sehr gefährlich und heimtückisch wirken zu lassen. Andere Kinder wiederum haben Angst vor Hexen. Hier ist es ratsam, im Gespräch behutsam herauszufinden, wovor sie sich genau fürchten. Für diese Kinder bietet es sich an, explizit eine „gute Hexe“ zu gestalten. Hat diese ein eher rundliches Gesicht, eine kugelige Nase und eine gemäßigtere Haarpracht, wirkt sie schon gleich nicht mehr so Furcht einflößend.

Wenn die Kinder dann noch berichten, welche guten Taten ihre Hexe mit ihrer Zauberkraft vollbringen wird, verlieren sie ihre Scheu und spielen sicher gern mit diesem magischen Wesen.

Manche Kinder verwendeten ihre Hexe auch gern als Zauberstab und hatten großen Spaß an einem Spiel, bei dem sie andere Kinder in verschiedene Tiere verwandeln durften, welche im Anschluss daran die jeweils genannte Tierart pantomimisch darstellten. *(KW)*

Tipp

Beim Befestigen des Kopfes auf dem Ast ist es wichtig, dass der Ast weit in den modellierten Kopf gesteckt wird, da dieser sonst keinen guten Halt hat. Noch stabiler sitzt der Hexenkopf, wenn man ihn zusätzlich rund um den Ast mit Klebstoff fixiert.

Altersstufe
ab 2 Jahre

Zeit
Gruppenarbeit
ca. 45 Minuten

Wuschelgirlande

Textilarbeit

Material

Paketschnur oder Geschenkband, Stoffreste (z. B. Baumwolle, Tüll, Organza), Stoffschere

So wird's gemacht

Zu Fasching oder Karneval kann man bunte Girlanden gut gebrauchen. Diese Girlande wird mit der ganzen Gruppe hergestellt und ist für viele Zwecke einsetzbar.

Zunächst spannt ein Erwachsener eine Schnur oder ein Band in der gewünschten Länge auf Kinderhöhe quer durch den Raum. Dies geht gut, wenn die Schnurenden an den Lehnen zweier Stühle befestigt werden und die Stühle so weit auseinanderstehen, dass die Schnur straff gespannt ist.

Als Vorbereitung werden die vorhandenen Stoffreste in Streifen (ca. 50 x 10 cm) zugeschnitten oder -gerissen. Gut eignen sich alte Bettbezüge aus Baumwolle, die durch lange Benutzung mürbe geworden sind und sich leicht in gerade Streifen reißen lassen.

Durch die Farbwahl der Stoffreste kann man die Wirkung der Girlande beeinflussen. Werden nur wenige zueinander passende Farbtöne benutzt, wirkt die Girlande edel und harmonisch, werden viele farbenfrohe Stoffreste mit bunten Mustern verwendet, wirkt die Girlande eher lustig.

So viele Stoffstreifen an das Band knoten, bis die Girlande lang, bunt und wuschelig genug ist. Dazu den Stoffstreifen doppelt nehmen und quer auf die Schnur legen. Die beiden Enden des Stoffes werden nun durch die Schlaufe am anderen Ende des Streifens gefädelt und festgezogen, wobei die Girlandenschnur eingeknotet wird (siehe Skizze unten links).

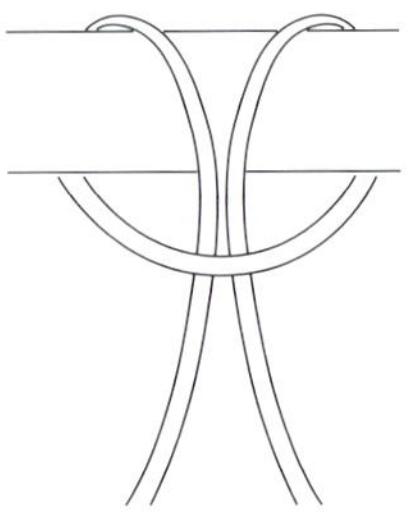

Danach kann die Girlande im Raum, an einer Tür oder einer Wand aufgehängt werden und verbreitet fröhliche Stimmung. Im Sommer während einer regenfreien Zeit sieht sie auch in einem Baum schön aus.

Erfahrung

Schon kleine Kinder können dünne Stoffe in Streifen reißen, wenn ein Erwachsener den Rand des Stoffes einige Zentimeter weit einschneidet. *(SH)*

Tipp

Lassen Sie an den Enden der Girlande genügend freie Schnur, um sie noch leicht aufhängen zu können. Je nachdem, wo Sie diese hinhängen möchten, ist es sinnvoll, dafür schon vorher Schlaufen hineinzuknoten.

Karnevalsrasseln

Bastelarbeit

Altersstufe

ab 4 Jahre

Zeit

Einzelarbeit

ca. 30 Minuten

(ohne Trockenzeit)

Material

Pro Rassel zwei Pappteller, Luftschlangen, Bastelfedern, Märchenwolle, bunte Wellpappe- und Papierreste, Pompons, Rasselmaterial (Büroklammern, Kieselsteine, Linsen), Holzstab (ca. 3x30 cm), bunte Deckfarbe, Fasermaler, dicker Pinsel, Tacker, Klebstoff, evtl. Heißklebepistole, Schere

So wird's gemacht

Pappteller sind ein ideales Ausgangsmaterial zur Herstellung einfacher und wirkungsvoller Rasseln. Passend zum Karneval können sie thematisch eingebunden und vielfältig ausgestaltet werden. Da entstehen je nach Wunsch der Kinder unterschiedliche Figuren wie zum Beispiel Hexen, Clowns, Indianer, Prinzessinnen, Wassermänner und viele weitere mehr.

Zunächst überlegen die Kinder, welche Figur sie aus ihren Tellern herstellen wollen und suchen sich das benötigte Material dazu aus.

Danach bemalen sie mit der vorher ausgewählten Deckfarbe beide Tellerunterseiten und legen diese für ungefähr 20 Minuten zum Trocknen zur Seite. Auch der Holzstab, der als späterer Haltestab benutzt wird, kann bunt bemalt werden.

Wenn alles trocken ist, kleben sie an den Rändern einer unbemalten Telleroberseite die gewählten Haare (zum Beispiel silberne Luftschlangen für den Wassermann, rote Märchenwolle für den Clown oder schwarze Märchenwolle für den Indianer) so fest, dass diese seitlich über den Tellerrand hinausstehen. Anschließend legen sie das vorhandene Füllmaterial in den Teller. Der Haltestab wird unten am Tellerrand festgeklebt. Hier kann ein Erwachsener für einen besseren Halt mit Heißkleber nachhelfen.

Bevor nun der zweite Pappteller darübergelegt wird, bestreichen die Kinder die Ränder mit Klebstoff. Mit dem zweiten bemalten Teller wird das Ganze jetzt zugedeckt und angedrückt. Nun zeigen die Tellerinnenseiten zueinander und bilden einen Hohlraum, der das darin befindliche Material umschließt und als Resonanzkörper beim Schütteln den Klang verstärkt.

Nun werden die Figuren weiter konkretisiert. Für die Gestaltung des Indianers schneiden die Kinder einen Wellpappestreifen in der Breite des Tellers zu und kleben auf dessen Rückseite Bastelfedern an.

Wird dieser Federstreifen an der Oberseite der Rassel befestigt, trägt der Indianer ein hübsches Stirnband.

Der Clown kann einen Hut mit Blume aus Wellpapperesten und eine rote Pompon-Nase erhalten.

Augen, Nase und Mund der jeweiligen Figur können ganz nach Wunsch aus Tonpapierresten ausgeschnitten und aufgeklebt werden – nun kann der rasselnde Maskentanz beginnen.

Tipp

Je nach eingefülltem Rasselmaterial kann es nötig sein, die Ränder der zusammengeklebten Pappteller zusätzlich rundum zusammenzutackern. So hält alles auch wilderen Tänzen stand und das Füllmaterial bleibt an Ort und Stelle.

Erfahrung

Schon die Herstellung dieser einfachen Rasseln bereitete den Kindern sehr viel Spaß. Diese Rhythmusinstrumente wurden ausgiebig genutzt und kamen zusätzlich bei unterschiedlichen Bewegungsspielen zum Einsatz. *(HT)*

Altersstufe
ab 3 Jahre

Zeit
Einzelarbeit
ca. 30 Minuten
(ohne Trockenzeit)

Häschen aus Ton

Modellierarbeit

Material

Modellierton (rot, schamottiert, gebrauchsfertig) Modellierholz oder Schaschlikstab, Holzbrett, Wasser, Brennofen

So wird's gemacht

Die Arbeit mit dem Modellierton wird auf einem Holzbrett ausgeführt. Dieses erfüllt den Zweck einer Töpferscheibe, da der Gegenstand damit gedreht und besser von allen Seiten bearbeitet werden kann.

Nun kneten die Kinder den Tonklumpen gut durch und „schlagen" ihn, d. h. sie werfen ihn mit kräftigem Schwung auf den Tisch. So wird der Ton geschmeidig und eventuell eingeschlossene Luftblasen werden dabei herausgedrückt. Das Werkstück würde mit eingeschlossenen Luftblasen im Brennofen platzen.

Der Hase besteht quasi nur aus Beinen und Kopf. Um die Beine des Hasen zu gestalten, die gleichzeitig auch den Körper darstellen, formen die Kinder aus einem Stück Ton eine Rolle (etwa 3 cm breit und 10 cm lang) und teilen diese mit dem Modellierholz an einem Ende ungefähr bis zu einem Drittel in zwei Hasenpfoten. Die Kanten werden mit etwas Wasser glatt gestrichen.

Danach formen die Kinder die Rolle zu einer Welle, bei der das hintere Stück sowie die Hasenpfoten auf dem Tisch aufliegen, das Mittelstück aber in einem Bogen von der Unterlage absteht. Diese dynamische Form entspricht der Körperhaltung eines Hasen und lässt den kleinen Gesellen später sehr lebendig wirken.

Der Kopf des Hasen wird aus einer Kugel modelliert, die in eine längliche, ovale Form gezogen wird. Diese Form teilen die Kinder ebenso an einem Ende für die Ohren bis zur

Tipp

Sollten Sie keinen Brennofen zur Verfügung haben, können diese Hasen auch ebenso mit lufttrocknender Modelliermasse gestaltet werden. Diese Masse härtet an der Luft aus und ist getrocknet widerstandsfähig und hart. Auch Knetmasse eignet sich zur Herstellung dieser Hasen.

Hälfte mit dem Modellierholz. Dann drücken sie die Ohren in die gewünschte Form und streichen die Kanten rundum glatt. Eine weitere kleine Tonkugel stellt das Schwänzchen dar.

Der Kopf und das Schwänzchen werden nun an den entsprechenden Stellen mit dem Hasenkörper durch sorgfältiges, festes Anfügen der Teile miteinander verbunden. Das einfache Andrücken der verschiedenen Tonstücke genügt nicht, es müssen alle Verbindungsstellen vorher aufgeraut und mit „Schlicker", dem Klebstoff beim Töpfern, eingestrichen werden. Schlicker ist in Wasser eingeweichter Ton, eine sehr feuchte, breiige Tonmasse, die die Teile gut miteinander verbindet, sodass sie selbst nach dem Trocknen noch gut halten.

Nun stellen die Kinder das Tier auf und ziehen die Beine so lange zurecht, bis das Häschen stabil steht.

Mit dem Modellierholz oder einem Schaschlikstab lassen sich nun weitere Details wie Augen, Barthaare und Krallen einritzen oder eindrücken.

Die fertigen Arbeiten sollten an einem kühlen Ort ungefähr eine Woche gleichmäßig und langsam trocknen, bevor sie im Brennofen gebrannt werden können.

Während des Trockenvorgangs verändert sich die Oberfläche des Tons. Am Anfang ist noch sehr viel Feuchtigkeit enthalten, die während der Trocknung abnimmt. Ideal ist es, eine Trockenzeit von ein bis zwei Wochen einzuplanen.

Der Ton wird zunächst im sogenannten Roh- oder Schrühbrand bei Temperaturen zwischen 800 und 1100 °C gebrannt. Die Temperatur richtet sich dabei auch nach der Beschaffenheit des Tons. Detaillierte Angaben findet man meist auf der Verpackung.

Die Tonhasen werden in den Ofen gestellt und es wird das entsprechende Programm gewählt, das den gesamten Brennvorgang automatisch reguliert. Hierbei wird der Ofen langsam zunächst bis etwa 600 °C aufgeheizt. Bei diesen Temperaturen entweicht das letzte Wasser, das sich im Ton befindet.

Erst danach kann der Ton die finale Brenntemperatur ohne Schaden aushalten und fertiggebrannt werden.
Auch das Abkühlen sollte langsam geschehen. Erst wenn die Temperatur auf etwa 100 °C gesunken ist, darf die Ofentür geöffnet werden.

Die Hasen sehen terrakottafarben, also in der ursprünglichen Tonfarbe, und unglasiert sehr natürlich aus. Wer möchte, kann diese aber dennoch nach dem Rohbrand mit einer matten oder glänzenden Glasur versehen und noch einmal brennen.

Erfahrung

Bevor konkrete Figuren geformt werden, sollten die Kinder genügend Zeit erhalten, den Werkstoff Ton mit den Händen zu „erfahren". Sie drücken, kneten, ziehen und klopfen die formbare Masse ohne konkrete Aufgabenstellung. In einer großen Schüssel mit Wasser kann den Kindern der Ton zur freien Bearbeitung und Gestaltung angeboten werden. Selbst jüngere Kinder haben sich später dieser Gestaltungsarbeit angeschlossen und hatten viel Spaß dabei, auch wenn manchmal Hilfestellung nötig war. *(HT)*

Altersstufe
ab 4 Jahre

Zeit
Einzelarbeit
ca. 30 Minuten

Osterküken als Kartengruß

Bastelarbeit

Material

Orangefarbene Briefumschläge, cremefarbene oder gelbe Tonpapiere oder Seidenpapierreste, Klappkarten in hellen Frühlingsfarben (DIN A5) oder bunter Tonkarton (DIN A4), Bastelfedern, Wackelaugen, Bleistift, schwarzer Fasermaler, Schere, Klebstoff

So wird's gemacht

Die Kinder können über ein Foto eines Kükens auf diese Gestaltung eingestimmt werden. Die meisten von ihnen finden Küken ausgesprochen anziehend und sie betrachten die putzigen Jungvögel, die klein, gelb und kuschelig wirken, sehr gerne.

Der kleine, spitze Schnabel und die orangefarbenen Beine sind ebenso wie die dunklen Knopfaugen gut erkennbar und können auch von jüngeren Kindern ganz einfach nachgestaltet werden.

Zu Beginn erhalten die Kinder eine Klappkarte oder falten einen bunten Tonkartonbogen mittig, sodass eine Klappkarte im Format DIN A5 entsteht.

Dann reißen sie für den Körper des Kükens ein kleines Oval sowie zwei Flügelformen aus hellem Tonpapier oder Seidenpapier aus. Als grobe Hilfestellung können die Formen für den Körper und die Flügel vorher von einem Erwachsenen mit Bleistift aufgezeichnet werden. So fällt es den Kindern leichter, zielgerichtet das Papier zu reißen.

Sie klappen die Klappkarte auf und ordnen die gerissenen Einzelteile mittig in der Klappkarte direkt auf der Faltlinie an. Sobald ihnen das Arrangement gefällt, kleben sie die Teile mit Klebstoff fest.

Der Schnabel entsteht aus einer Ecke eines orangefarbenen Briefumschlags. Dazu wird ein kleines Quadrat (etwa 2,5 x 2,5 cm) an einer Ecke des Briefumschlags so herausgeschnitten, dass zwei Seiten geschlossen bleiben. Dieses Quadrat kleben die Kinder an der Faltkante der aufgeschlagenen Klappkarte mittig so als Schnabel auf, dass die offene Seite nach unten zeigt.

Der Schnabel wird anschließend mit einem Finger leicht geöffnet. Schließen die Kinder die Karte nun vorsichtig und streichen mit der Hand über die geschlossene Karte, wird der Schnabel innen in die passende Form gedrückt und gefaltet. Jetzt kann sich der Schnabel mit der Karte öffnen und schließen.

Wer keinen Umschlag zur Gestaltung des Schnabels verwenden möchte, kann auch einen Kükenschnabel aus orangefarbenem Tonpapier herstellen. Hierzu zunächst das Tonpapier falten und direkt an der Faltlinie eine Rautenform aufmalen. Die Form ausschneiden und die beiden Teile der Raute, die noch an einer Ecke zusammenhängen, bis zur Mitte zusammenkleben. So entsteht ein geöffneter

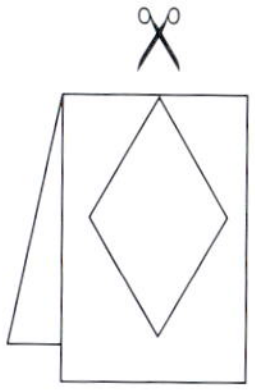

Raute aus gefaltetem Tonpapier ausschneiden

Schnabelform an zwei Seiten zukleben

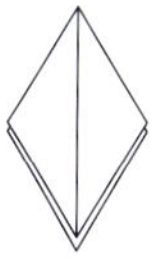

mittig falten

Schnabel, der in die Mitte des Kükengesichtes geklebt werden kann. Wird der Schnabel vor dem Aufkleben noch in der Mitte mit einer Faltkante versehen, kann man die Karte später leichter schließen.

Oben am Kopf des Kükens bringen die Kinder nun mit Klebstoff eine farblich passende Feder an.

Zum Schluss noch die Wackelaugen aufkleben, mit einem schwarzen Stift Beine und Krallen dazu malen – fertig ist das Osterküken.

Auf der Vorderseite kann nun ein Erwachsener einen Ostergruß aufschreiben, den die Kinder mit farbigen Stiften nachmalen und ausgestalten. Wer möchte, kann auch noch ein paar Blümchen, Herzen oder eine andere gewünschte Gestaltung vornehmen.

Erfahrung

Beim Zuschneiden des Schnabels sowie beim Zuklappen der Karte mit dem innen aufgeklebten Schnabel benötigten kleinere Kinder manchmal etwas Hilfe durch einen Erwachsenen. So konnte sich der Schnabel später beim Öffnen und Schließen der Karte dann auch richtig mitbewegen. *(HT)*

Tipp

Sehr schön sieht es aus, wenn die Karte in einer kleinen Wiese überreicht wird. Um schnell eine solche Wiese zu erhalten, eignen sich Samen von Katzengras oder auch Kresse sehr gut. Hierzu etwa eine Woche vor der geplanten Übergabe der Karte in einem bunten Plastikschälchen eine kleine Katzengras- oder Kressewiese züchten und die Karte hineinstellen. Einige auf Tonpapier gemalte Ostereier im Gras wirken sehr dekorativ.

Osterflaggen

Gestaltungsarbeit

Altersstufe
ab 3 Jahre

Zeit
Einzelarbeit
ca. 45 Minuten
(ohne Trockenzeit)

Material

Architektenpapier (ca. 130 x 30 cm oder größer), Fotokartonreste, Zeitungspapier, buntes Bastband, Äste oder Rundstäbe (ca. 40 cm lang oder länger), Buntstifte, Wachsmalstifte mit hohem Bienenwachsanteil, ggf. Wachsmalblöcke, Warmhalteplatte, große Stopfnadel mit großem Nadelöhr, Lochzange, evtl. Well-Ribbler, Schere, Motivschere

So wird's gemacht:

Zunächst wird die Warmhalteplatte aufgeheizt und gut mit Zeitungspapier abgedeckt, damit man beim Malen nicht direkt mit der Platte in Berührung kommt.

Das Architektenpapier wird am oberen Rand einmal gefaltet, sodass das Papier an diesem Streifen 8–10 cm doppelt aufeinander liegt. Ein Kind legt das Papier auf die Wärmeplatte. Hasen, Küken, Eier, Frühlingswiesen, Enten und weitere Ostermotive können nun nach Belieben mit Wachsmalstiften auf die Flagge gemalt werden.

Beim Malen auf dem warmen Untergrund schmilzt die Wachsmalfarbe. Streicht man über unterschiedliche Farbtöne, solange sie noch flüssig sind, vermischen sie sich miteinander und es entstehen Mischfarben. Hierbei stellen die Kinder fest, dass der oben liegende Farbton dominant ist. Malt man mit Blau auf Gelb, entsteht ein dunkleres Grün mit Blaustich. Malt man mit Gelb auf Blau, entsteht ein helleres Grün, das eher einen Gelbstich aufweist. Auch mit Wachsmalblöcken kann man schöne Farbergebnisse auf der Wärmeplatte erzielen.

Hierbei ist es wichtig, von oben nach unten zu malen, damit das Gemalte nicht mit den Armen verwischt wird.

Tipp
Diese Malaktion funktioniert nur mit qualitativ hochwertigen Wachsmalstiften mit hohem Bienenwachsanteil. Andere Wachsstifte (geben beim Malen in der Regel ein härteres Gefühl) schmelzen nicht auf der Platte und ermöglichen nicht diesen leuchtenden Fensterbildeffekt.

Außerdem ist es ratsam, den Stift gerade, also nicht schräg zu halten und die Hand beim Malen nicht auf dem Papier aufzulegen. So entsteht ein leuchtendes Bild für Fenster, Decken oder Türen. Zusätzlich können die Kinder ihren Namen, ihr Alter und/oder einen Ostergruß auf das Papier malen.

Ist die Flagge bunt verziert, wird sie für fünf Minuten zum Trocknen zur Seite gelegt. In dieser Zeit wählt das Kind ein Bastband in der gewünschten Farbe aus und fädelt es in das Nadelöhr. Mit einfachen Nähstichen von oben nach unten werden die beiden Papierlagen der Flagge nun an der gefalteten Stelle so zusammengenäht, dass ein etwa 4 cm breiter Papiertunnel entsteht. Die jeweiligen Enden des Bastbandes werden fest verknotet.

Im Anschluss daran kann man einen Ast durch diesen genähten Papiertunnel stecken und ein weiteres Bastband zum Aufhängen an den jeweiligen Astenden verknoten.

Zum zusätzlichen Verzieren werden Blumen und Ostereier auf bunte Fotokartonreste aufgemalt, ausgeschnitten und mithilfe eines Well-Ribblers (wenn vorhanden) gewellt. Auch mit Motivscheren ausgeschnittene Formen wirken schön.

Mit der Lochzange werden nun Löcher in die Fotokartonformen gestanzt, in die Strohbänder eingefädelt werden. Damit lassen sich diese zusätzlichen Elemente an die Flagge knoten.

Erfahrung

Die Warmhalteplatte ist recht warm. Verbrennungen sind nicht möglich, dennoch erschrecken manche Kinder vor den hohen Temperaturen. Als Alternative für wärmeempfindliche Kinder können beim Malen Handschuhe mit Arm benutzt werden.

Wer keine Warmhalteplatte zur Verfügung hat, kann auch ein Backblech erwärmen und dieses als Untergrund zur Verfügung stellen. Auch das Backblech muss vor der Verwendung mit Zeitungspapier abgedeckt werden, um eine direkte Berührung mit dem Blech zu vermeiden. Reicht die Wärmeabstrahlung des Backblechs nicht mehr aus, um die Farben zu schmelzen, wird es durch ein weiteres, frisch erwärmtes, ersetzt. Hierfür ist es ratsam, immer ein weiteres, warmes Backblech im Ofen zu haben, damit der Künstler nicht in seiner Arbeit unterbrochen wird und keine Wartezeiten entstehen. Alternativ ist es auch möglich, das Backblech auf Holzblöcke (5–6 cm hoch) zu stellen und mittels einiger darunter angeordneter Teelichter stetig warm zu halten. *(MF)*

Osterlichter

Bastelarbeit

Altersstufe
ab 3 Jahre

Zeit
Einzelarbeit
ca. 60 Minuten
(ohne Trockenzeit)

Material

Ausgespülte Gläser (z. B. von Brotaufstrichen, eingelegtem Obst oder Gemüse), Tonkartonreste, Glitter oder Streumotive (z. B. Herzen), Schleifenband, Fasermaler, bunte Acrylfarbe, Pinsel, Wäscheklammern aus Holz, Teelichter, extra lange Streichhölzer, Sprühkleber, Schere, Motivschere

So wird's gemacht

Die Kinder nehmen eine Glasform und Glitter und gehen nach draußen in den Garten oder in den Außenbereich. Hier werden die Gläser von einem Erwachsenen mit Sprühkleber seitlich besprüht und die Kinder streuen Glitter auf die gesamte Fläche. Nur der Glasboden und der obere Glasrand bleiben frei.

Tipp

Als Alternative zu selbst gemalten Ostergrüßen können Fotos der Kinder oder Glanzbilder eingesetzt werden. So kann das Lichtglas jahreszeitlich unabhängig eingesetzt werden.

Nach dem Bestreuen stellen die Kinder die Gläser auf den Boden und bemalen den oberen Rand und jeweils eine Wäscheklammer mit Acrylfarbe. Nach einem Tag Trockenzeit schneiden sie mit der Schere oder Motivschere ein Kärtchen aus Tonkarton (Größe ca. 10 x 8 cm) aus und malen mit Fasermalern ein Oster- oder Frühlingsmotiv (Hasen, Eier, Küken, Blumen) auf die Karte.

Der eigene Name oder ein Ostergruß können je nach den Fähigkeiten der Kinder ergänzt werden. Nun binden sie ein Schleifenband um den oberen Glasrand und knoten es fest zusammen. Mithilfe der Wäscheklammer wird die Grußkarte befestigt.

Zum Abschluss legen die Kinder ein Teelicht in das Innere des Glases. Unter genauer Beaufsichtigung und allen Brandschutzvorkehrungen (auf Fliese stellen, Wasser bzw. Sand zum Löschen bereitstellen) können Kinder mit der Unterstützung eines Erwachsenen und extra langen Streichhölzern den ordnungsgerechten Umgang mit Feuer erlernen.

Erfahrung

Die Arbeiten mit Sprühkleber müssen im Freien durchgeführt werden. Hierfür ist einige Unterstützung seitens eines Erwachsenen nötig, doch das Ergebnis wird sehr schön. Kleister ist in diesem Fall keine Alternative, da er beim Trocknen herunterrutscht und das Glas somit nicht einheitlich bestreut werden kann. Eine große Dose Sprühkleber ist ausreichend für etwa 50 Gläser. *(MF)*

Osterkörbchen

Bastelarbeit

Material

Obst- oder Gemüsekisten aus Holz, bunte Fotokarton- und Tonpapierreste, Motivfotokartonreste, Perlen, Schnüre, Schleifenbandreste, grüne, weiße und gelbe Fingerfarbe, Fasermaler, Pinsel, Klebstoff, Locher, Schere

So wird's gemacht

Die Kinder bemalen die Holzkisten mit grüner Farbe.
Hierbei können sie selbst mit grüner, weißer und gelber Farbe unterschiedliche Grüntöne mischen.

Nach einem Tag Trockenzeit werden die Frühlingskörbe dekoriert. Nach Belieben werden Blumen, Pilze oder Hasen auf bunte Fotokartonreste aufgemalt, ausgeschnitten und zusammengeklebt. Die Gesichter der Hasen können mit bunten Fasermalern gemalt werden. Gräser gestalten die jüngsten Kinder aus grünen Papierstreifen. Hierzu nehmen sie einen Papierstreifen, falten diesen zweimal und schneiden den Streifen von einer Seite mehrmals mit der Schere fransig ein. Nach dem Aufklappen lässt sich dieser Wiesenstreifen am Körbchen befestigen. Aber auch einzeln geschnittene Halme in einem hellen Grünton wirken schön.

Gestalten die Kinder ihre Kisten in Gruppenarbeit, werden alle Einzelteile hergestellt und zusammen auf den Holzrand geklebt. Stellt jedes Kind seine eigene Kiste her, entscheidet jedes für sich, ob es Blumen, Hasen, Pilze oder Gras gestalten möchte. Ist alles gefertigt, tauschen die Kinder vor dem Aufkleben die Dekorationselemente nach Belieben.

Anschließend fädeln sie Perlen auf Schnüre und Schleifenbänder und knoten diese am Körbchen fest. Auch Ostergrüße oder ihren eigenen Namen können sie mit Fasermaler auf Fotokartonreste schreiben. Wird der Fotokarton mit einem Loch versehen, können sie auch hier ein Band hindurchfädeln und das Kärtchen am Korb fixieren.

Zum Osterfrühstück können die Körbe mit Brötchen, Eiern oder anderen Leckereien gefüllt werden.

Tipp

Obstkisten aus Holz werden in vielen Regionen durch Plastikpfandkörbe ersetzt. Fündig werden Sie garantiert auf Wochenmärkten oder Hofläden. Wer keine Holzkisten zur Verfügung hat, kann für diese Arbeit auch flache Pappkartons verwenden.

Altersstufe
ab 2 Jahre

Zeit
Einzel- und Gruppenarbeit
ca. 100 Minuten (ohne Trockenzeit)

Erfahrung

Durch das gemeinschaftliche Tauschen der Dekorationen aus Papier können auch schon Kinder ab zwei Jahren einen eigenen Osterkorb gestalten. Ermuntern Sie bei dieser Aktion die Kinder dazu, die Tätigkeiten ihren Talenten und Vorlieben entsprechend auszuwählen, so erleben sie gemeinsamen Spaß beim Handeln und Tauschen. *(MF)*

Altersstufe
ab 3 Jahre

Zeit
Einzelarbeit
ca. 60 Minuten
(ohne Trockenzeit)

Hasen-Überraschung

Bastelarbeit

Material

Rechteckige Verpackungsschachteln in verschiedenen Größen, Geschenkpapierbogen, Packpapier, Fotokartonreste, bunte Acryl- oder Schulmalfarbe, Buntstifte, schwarzer Lackmaler, Schleifenbandreste, evtl. Wackelaugen, ggf. Schellen oder Glöckchen, Pinsel, Klebstoff, Klebefilm, Schere

So wird's gemacht

Die Kinder wählen eine Schachtel und passendes Papier aus. Die Schachtel wird wie ein Geschenk mit Geschenkpapier oder Packpapier und Klebefilm von allen Seiten verpackt. Die Kinder können wickeln, falten und kleben; je nach Alter mit oder ohne Unterstützung eines Erwachsenen.

Wer die Hasen als Musikinstrumente nutzen möchte, füllt vor dem Verpacken zwei bis drei Schellen oder Glöckchen in den Karton. So ertönt bei jedem Schütteln ein zartes Klingeln.

Auf dem gleichen Papier, das sie zum Einwickeln ihrer Schachtel verwendet haben, malen sie nun zwei Ohren und zwei oder vier Pfoten auf, schneiden die Körperteile aus und kleben sie passend an die Schachtel. Wurde sehr dünnes Papier verwendet, das schlapp herunterhängt, kann es sinnvoll sein, die Ohren, Arme und Beine zunächst auf Fotokarton vorzumalen und dann mit dem jeweiligen Geschenkpapier bzw. Packpapier zu bekleben. So stehen die Hasenohren schön in die Höhe und auch die Pfoten stehen vom Hasenkörper ab und fallen nicht in sich zusammen.

Nach dem Gestalten des Hasenkörpers malen die Kinder Augen, Nase, Schnurrbart und Mund auf die Mitte der Schachtel. Die Augen können alternativ auch mit Wackelaugen gestaltet werden und die Schnurrbarthaare können mit Lackmaler entstehen.
Abschließend werden nach Belieben Schleifenbänder um den Hasenbauch gebunden.

Tipp
Die Hasen eignen sich auch besonders gut als Überraschungsgeschenke. Die Kinder füllen den Karton vor dem Basteln mit einer Überraschung (z.B. ein buntes Ei, ein selbst gemaltes Bild). Wenn der Beschenkte die Verpackung vorsichtig löst, kann der Hase später schnell und einfach wiederhergestellt werden.

Erfahrung

Wir haben mit den Hasen und den Kindern ein fröhliches Foto gemacht und dieses als Ostergrußkarte an die Kita-Leitung, die Köchin und an ehrenamtliche Helfer geschickt.

(MF)

Ostergrüße aus Holz

Bastelarbeit

Material

Baumrinde oder schmale Holzlatten (50–100 cm hoch, 3–8 cm lang), Schleifenband (2 x 50–80 cm), Basteldraht, Perlen und Blumen zum Auffädeln, Bleistift, bunte Deckfarbe, schmaler Pinsel, Brennstab für Holz (Brenn-Pen), Klebstoff, Schere

So wird's gemacht

Die Kinder bemalen eine Seite der Baumrinde oder der Holzlatten mit Ostermotiven. Mit Bleistift werden Hasen, Küken, Ostereier, Herzen und nach Können auch Namen sowie Ostergrüße gezeichnet und notiert.

Nach dem Malen setzt ein Erwachsener mit ausreichendem Sicherheitsabstand zu den Kindern den Brennstab ein und zieht alle Bleistiftstriche der Kinder nach. Hierbei ist es besonders wichtig, dass die Bleistiftzeichnungen nicht verändert werden und der eigene Stil eines jeden Kindes erhalten bleibt.

Danach wickeln und knoten die Kinder die Schleifenbänder an das obere Ende des Stabes. Sie binden eine Schlaufe zum Aufhängen fest und kleben das Band auf oder hinter den Stab. Zusätzlich wird ein ca. 80 cm langer Basteldraht an die Schleifen gebunden, sodass die Kinder Perlen und Blumen auffädeln können.

Mit Deckfarbe (viel Farbe, wenig Wasser) werden die Motive auf dem Stab bunt ausgemalt, bis der Stab farbenfroh gestaltet ist.

Tipp

Wer keinen Brennstab besitzt, kann den Ostergruß auch mit Gold- oder Silberstiften gestalten. Die Kinder malen auch hier die gewünschten Motive mit Bleistiften vor und ziehen die Linien dann selbstständig mit Gold- oder Silberstiften nach.

Erfahrung

Die Stäbe eignen sich zum Aufhängen an Wänden und Decken oder in Fenstern. Auch im Garten, schwebend an Bäumen oder in die Erde gesteckt, wirken sie schön.

Sollen die Stäbe im Außenbereich eingesetzt werden, ist es ratsam, diese nach dem Bemalen mit Klarlack zu besprühen. Das Holz finden Sie im Wald oder erhalten es kostenfrei in Sägewerken. *(MF)*

Altersstufe

ab 3 Jahre

Zeit

Einzelarbeit
ca. 60 Minuten
(ohne Trockenzeit)

Muster-Herzen

Mal- und Bastelarbeit

Material

Zeitungspapier, weißes Papier, buntes Krepppapier, Herzluftballons, fester Biegedraht, Bouillondraht, bunte Acrylfarbe (inklusive Gold und Silber), Schleifenband, Schleifenbandreste, Perlen, breiter und schmaler Pinsel, Kleister, Heißklebepistole, Klebstoff, Schere, Seitenschneider

Altersstufe

ab 3 Jahre

Zeit

Einzelarbeit
ca. 60 Minuten
(ohne Trockenzeit)

So wird's gemacht

Die Kinder reißen Zeitungspapier und einige weiße Blätter in kinderhandgroße Stücke. Dabei sammeln sie die gerissenen Stücke getrennt in verschiedenen Materialschälchen. Ein Erwachsener pustet die Herzluftballons auf und verknotet sie.

Für den folgenden Arbeitsschritt ist es sinnvoll, wenn die Kinder sich paarweise zusammentun. Ein Kind hält hierbei den Ballon fest, sodass ein anderes diesen mit Zeitungspapier bekleben kann.

Tipp

Wer kleinere Herzen gestalten möchte, kann als Grundlage auch fertige Styroporherzen verwenden. Diese haben den weiteren Vorteil, dass sie nicht mit Papier umklebt werden müssen und sofort bemalt werden können.
Um die Herzen später aufhängen zu können, sticht man mit einer dicken Stopfnadel ein Loch zwischen die beiden Herzbogen und fädelt einen transparenten Faden hindurch. Möchte man einen Blumenstecker gestalten, sticht man einfach einen Schaschlikstab am unteren Ende des Herzens ein.

Hierbei bestreichen sie den Ballon mit der Hand oder mithilfe eines Pinsels mit Kleister und legen dann die Zeitungspapierstücke darauf. Es folgt eine erneute Kleisterschicht und eine weitere Lage mit Zeitungspapierstücken, bis etwa 4–5 Schichten entstanden sind.
Als letzte Schicht wird das weiße Papier aufgeklebt, damit die Schrift der Zeitungsseiten überdeckt wird und die Acrylfarbe später stärker leuchtet.

Nach rund 5–7 Tagen Trockenzeit wird für jedes Kind ein etwa 20 cm langes Stück Biegedraht, das mit dem Seitenschneider auf diese Länge zugeschnitten wurde, zu einem Halbkreis gebogen, sodass ein Henkel entsteht. Ein Erwachsener bohrt beide Enden des Drahtes mit einem Abstand von ca. 8 cm oben in das Herz. Damit dieser nicht herausrutscht, werden die Enden umgebogen und der Draht zudem mit Heißkleber am Herz befestigt.

Die Herzen sollen nun mit verschiedenen Mustern verziert werden. Dies erfordert Fantasie und feinmotorisches Geschick. Ausrangierte Tapetenbücher mit Mustertapeten bieten Ideen und Anregungen, welches Muster man gestalten könnte. Auf weißem, großformatigem Papier kann vorher ausprobiert und geübt werden, bevor das Muster auf das Herz gemalt wird.

Im Anschluss wählen die Kinder zwei oder vier Farben aus, mit denen sie ihr Herz bemalen wollen. Mit einem Pinsel malen sie Markierungen auf, welche die Herzfläche in zwei oder vier Flächen aufteilen. Diese Flächen malen sie dann im Anschluss mit den beiden oder den vier ausgewählten Farben gründlich aus und legen die Ballons einen Tag zum Trocknen zur Seite.

Die getrockneten, bunten Herzen werden nun mit weiteren Farben bemalt. Hierfür verwenden die Kinder schmale Pinsel und versehen die bunten Flächen mit andersfarbigen Mustern. Aufgemalte Verzierungen mit Gold- und Silberfarbe wirken besonders edel.

Während des Malens können die Kinder das Herz am Henkel festhalten und so die gesamte Form gestalten, bevor sie das Ganze erneut zum Trocknen beiseitelegen.

Im letzten Arbeitsschritt knoten sie einige Schleifenbandreste seitlich an den Henkel und ein etwa 80 cm langes Schleifenbandstück als Aufhänger in die Mitte des Henkels. Ergänzend dazu schneiden sie etwa 3 cm breite Krepppapierstreifen in unterschiedlichen Farben zu und kleben diese als Büschel in die Mitte der unteren Herzseite an.

Nach einem weiteren Tag Trockenzeit können die Herzen verschenkt werden. Auch als Raumdekoration sehen diese bunten Gestaltungen sehr schön aus und eignen sich für vielerlei Anlässe.

Erfahrung

Möchten Sie die Herzen festlich zum Muttertag verschenken, können Sie zur Übergabe ein kleines Programm festlegen. Dafür werden alle Herzen im Garten an einem Baum oder an einem Sonnensegel befestigt. Bei Regen können die Herzen im Innenraum, z. B. in der Turnhalle, aufgehängt werden. Versammeln Sie die Kindergruppe unter den Herzen und singen ein Muttertagslied aus Ihrem Repertoire, bevor die Mütter ihre Herzen geschenkt bekommen. *(MF)*

Altersstufe
ab 4 Jahre

Zeit
Einzelarbeit
ca. 30 Minuten
(ohne Trockenzeit)

Danke-Herz

Bastelarbeit

Material

Styroporplatten (5–8 cm dick), Rundstäbe (Ø ca. 5 mm, ca. 30 cm lang), bunter Fotokarton, buntes Krepppapier, bunter Kunst- oder Naturbast, bunter Bastelfilz, bunter Basteldraht, Aludraht (2 mm stark), bunte Spielmaisstücke, Streuherzen, Indianerfedern, Glitterglue, schwarzer und goldener Lackmaler, bunte Acrylfarbe, Pinsel, Klebstoff, Cutter, Schere, Lochzange, ggf. Styroporschneider

So wird's gemacht

Zuerst skizzieren die Kinder mit schwarzem Lackmaler große Herzen auf die Styroporplatte und ein Erwachsener schneidet diese mit einem Cutter oder einem speziellen Styroporschneider aus.

Danach wird der Rundstab unten so tief in die Spitze der Herzen gesteckt, dass das Herz auch bei etwas schwungvollerer Bewegung des Stabs nicht wackelt und stabil hält. Im Anschluss daran kann das Herz mit einem breiten Pinsel und der gewünschten Acrylfarbe bunt bemalt und zum Trocknen in einen hohen, mit Sand gefüllten Behälter gesteckt werden.

Nach dem Trocknen werden die Herzen individuell gestaltet. So kann man beispielsweise zwei Basteldrahtstücke in je eine halbe Herzform biegen, bunte Spielmaisstücke auffädeln und die beiden Teile als ganzes Drahtherz in der Mitte des Styroporherzens zusammenfügen. Die Enden des Drahtes werden dabei in das Styroporherz gesteckt.

Sehr dekorativ wirkt es auch, wenn man bunte Indianerfedern rundum in den Rand des Styroporherzens steckt. Auch mit Streuherzen oder farblich passendem Glitterglue lässt sich das Muttertagsherz schön verzieren.

Kurze, liebevoll gestaltete Botschaften geben dem Herz eine individuelle Note. Ein Erwachsener schreibt den gewünschten Text vor und die Kinder malen die Buchstaben mit einem goldenen Lackmaler nach. Wer den Text nicht direkt auf das Herz schreiben möchte, kann diesen auf bunten Fotokartonstücken notieren und diese aufkleben.

Alternativ kann man auch mit der Lochzange ein Loch stanzen, das Fotokartonstück auf Draht fädeln und am Herz befestigen.

Zuletzt werden die Bast- und Krepppapierschnüre zurechtgeschnitten und in beliebiger Länge um das obere Ende des Rundstabs verknotet.

Erfahrung

Je dicker die Styroporplatte ist, desto mehr Stabilität erweist sie auch bei der anschließenden Gestaltung, wenn beispielsweise Draht eingestochen wird. *(KW)*

Bunte Kerzen

Bastelarbeit

Material

Verzierwachsfolien oder bunte Wachsschnüre, weiße Haushaltskerzen, ggf. Schere

So wird's gemacht

Ideal ist es, wenn den Kindern einige fertig gestaltete Exemplare zur Verfügung stehen, die sie betrachten und befühlen können. Dadurch bekommen sie eine genauere Vorstellung, wie die Gestaltung aussehen könnte und können selbst kreativer vorgehen.

Die Kinder erhalten jeweils eine Kerze und ziehen von der Verzierwachsplatte die Schutzfolie ab. Danach reißen sie kleinere und größere Stücke ab oder schneiden die Stücke zurecht.

Sie legen immer ein Stück auf die Kerze und drücken es mit der ganzen Hand an. Durch die Körperwärme haftet das Wachsstück am Untergrund und verbindet sich mit der Kerze.

Kleinere Kinder reißen unregelmäßige Stücke ab und fixieren sie nach dem Zufallsprinzip auf ihrer Kerze. Ältere Kinder möchten vielleicht lieber gezielte Formen ausschneiden und wählen bewusst Farben aus und gestalten komplexere Muster.

Wer möchte, kann statt der Wachsplatten auch bunte Wachsschnüre verwenden. Diese lassen sich biegen, verdrehen und durch die Körperwärme wunderbar auf glatten Oberflächen fixieren.

Tipp

Bieten Sie nur eine bestimmte Auswahl an Farben an. Verzierte Kerzen in Rot-Orange-Gelb-Tönen oder Grün-Blau-Tönen sehen sehr hübsch aus.

Wenn diese selbst gestalteten Kerzen beim Muttertagsfrühstück angezündet werden, sind die Kinder meist sehr stolz. Aber auch als Geschenk eignen sich diese bunten Kerzen sehr gut.

Damit die Kerze stabil auf dem Tisch steht, kann man aus roter Knetmasse ein Herz formen (ca. 5 x 5 cm groß und 2 cm dick) und die Kerze in die Mitte des modellierten Herzens stecken.

Erfahrung

Wenn die jüngeren Kinder noch Probleme haben, sehr kleine Stücke aus den Wachsplatten zu reißen, kann man auch dicke Stumpenkerzen verwenden und die Wachsstückchen etwas größer lassen. Schön sieht es auch aus, wenn die Elemente mit Ausstechförmchen aus der Wachsplatte ausgestochen und aufgedrückt werden.

Ältere Kinder, deren feinmotorische Fähigkeiten weiter ausgebildet sind, arbeiten auch alternativ gern mit einem Kerzen-Pen und gestalten filigranere Motive. *(SH)*

Altersstufe

ab 2 Jahre

Zeit

Einzelarbeit

ca. 20 Minuten

Muttertagsblume

Bastelarbeit

Altersstufe

ab 3 Jahre

Zeit

Einzelarbeit

ca. 30 Minuten

(ohne Trockenzeit)

Material

Runde Pappteller, bunter Fotokarton, bunte Holzspatel, bunter Aludraht, dünner Golddraht, Kunstbastschnüre, transparentes Nylongarn, bunte Holzperlen, Metallfolie, selbstklebende Glitzerfolie, Buntstifte, goldener Lackmaler, bunte Acryl- oder Fingerfarbe, Pinsel, Klebstoff, Heißklebepistole, Lochzange, Schere

So wird's gemacht

Die Kinder gestalten die Pappteller mit bunter Acrylfarbe nach Belieben und legen diese zum Trocknen beiseite. Wer nicht mit dem Pinsel arbeiten möchte, kann die Teller auch mit Fingerfarben verzieren. Hier wirken abstrakte Muster, Punkte oder Wellenlinien besonders hübsch. Anschließend schneiden die Kinder beispielsweise aus Fotokarton kleine Vierecke, Kreise oder auch Herzen aus und versehen sie mit den gewünschten lieben Botschaften, zum Beispiel „Mami ist die Beste!" oder „Danke, Mama!".

Sie schneiden mit einer Schere die getrockneten Pappteller bis zur Mitte rundum in beliebigem Abstand ein. Dadurch entsteht eine Art Webrahmen, der mit bunten Bastschnüren versehen werden kann. Hierzu fädeln sie an einer Stelle eine Bastschnur ein und führen diese dann über den nächsten Streifen, unter den übernächsten Streifen usw., bis sie wieder am Anfang angelangt sind und verknoten die beiden Enden des Baststückes miteinander. Auf diese Weise können sie noch weitere Bastschnüre in der Webtechnik anbringen. Beim Weben ist es wichtig, dass die Bastschnüre immer wieder straff gezogen werden, damit sie später an der richtigen Stelle sitzen und nicht schlaff herunterhängen.

Der Rand des Papptellers wird mit bunten Holzspateln verziert. Die Spatel hierzu entweder waagrecht, senkrecht oder zu spitzen Blütenblättern rund um den Rahmen des Papptellers aufkleben.

Nach dem Trocknen können die Kinder kleine Golddrahtstücke um die Holzspatel wickeln, durch das Drahtende ein beschriftetes Fotokartonkärtchen stecken und das Ende umbiegen.

Ebenso bietet es sich an, aus Metall- und Glitzerfolie Herzen auszuschneiden und diese entweder an den Holzspateln oder in der Mitte der Blume mit Klebstoff zu befestigen.

Den Stängel der Blume kann man aus dickerem Aludraht gestalten. Hierbei ist es wichtig, das untere Ende nochmals umzubiegen, damit keine spitzen Endstücke am Stängelende verbleiben. Besonders hübsch wirken auch kleine, auf den Draht gefädelte Holzperlen. Den Stängel klebt anschließend ein Erwachsener an der Rückseite der Blume mit Heißkleber an.

Sollen möglichst viele Blumen als Raumdekoration verwendet werden, kann man die Stängel auch weglassen und die Teller einfach am oberen Ende mit einer Lochzange mit einem Loch versehen. Fädelt man ein transparentes Nylongarnstück ein und spannt eine Schnur durch den Raum, kann man viele bunte Blumen wie eine Girlande daran aufhängen.

Tipp

Auch von der Rückseite können die Teller hübsch gestaltet werden. Hierzu werden sie einfach von hinten ebenfalls mit Farbe versehen. Aber auch bunte, gerissene Krepppapierstücke, die formatfüllend aufgeklebt werden, wirken toll. Falls vorhanden, kann auch noch ein Foto des Kindes mit aufgeklebt werden. So kann die Blume gedreht und gewendet werden und ist von vorn und hinten gleich attraktiv.

Wenn die transparenten Schnüre alle gleich lang sind, hängen die Blumen in derselben Höhe. Schön sieht es aber auch aus, wenn die Schnüre unterschiedlich lang sind, sodass die Blumen mal höher und mal tiefer platziert sind. Auch im Freien, z. B. bei einem Gartenfest, wirken diese farbenfrohen Blumen schön.

Erfahrung

Die Kinder können ihre individuelle Botschaft an ihre Mutter selbst „schreiben", wenn Sie diese auf ein Blatt Papier vorschreiben. Allerdings sollte der Text nicht allzu lang werden, da die Kinder häufig sehr groß schreiben. *(KW)*

Altersstufe
ab 3 Jahre

Zeit
Einzelarbeit
ca. 45 Minuten
(ohne Trockenzeit)

Lesezeichen als Glücksbringer

Modellierarbeit

Material

Lufttrocknende Modelliermasse (pro Lesezeichen eine Kugel in Walnussgröße), bunte Holzspatel, Schleifenband, evtl. Basteldraht und Perlen, goldener Lackmaler, bunte Acryl- oder Schulmalfarbe, Brennstab, Bleistift, Pinsel, kleines Messer, Klebstoff, Schere

So wird's gemacht

Liest man mit den Kindern ein Buch abschnittsweise über mehrere Tage verteilt und verwendet zur Markierung der aktuellen Seite ein Lesezeichen, erfahren sie spielerisch dessen Funktion. Ein solches Lesezeichen soll nun als Geschenk für die Mutter hergestellt werden.

Zu Beginn erhalten die Kinder eine Kugel aus Modelliermasse und kneten diese gründlich durch. Ist die Masse warm und geschmeidig, formen sie ein Motiv nach Belieben. Schmetterlinge, Pilze, Käfer oder auch Herzen sind schöne und beliebte Motive, die sich gut zur Gestaltung des Muttertags-Lesezeichens eignen. Das Element sollte nicht größer als 6 x 6 cm sein und eine Dicke von etwa 5 mm aufweisen.

Damit die Form keine rauen Stellen oder Kanten hat, wird alles mit den Fingern sorgfältig verstrichen und geebnet. Ist das Motiv von allen Seiten glatt modelliert, schneidet ein Erwachsener mit dem Messer unten in der Mitte einen Schlitz in den Maßen des Holzspatels ein. Nach dem Einstecken des Spatels wird das Motiv von beiden Seiten fest an den Spatel gedrückt.

Wer einen Schmetterling gestaltet, kann zusätzlich zwei Drähte mit Perlen als Fühler hineinstecken.

Nach drei bis vier Tagen Trockenzeit nehmen die Kinder den Spatel aus dem Motiv, versehen die Öffnung mit viel Klebstoff und stecken das Holz erneut hinein. Mit den Schmetterlingsfühlern wird genauso verfahren.

Im Anschluss gestalten die Kinder das Motiv mit bunten Farben von beiden Seiten. Zum Bemalen kann man das Ganze in ein Styroporstück stecken. So lassen sich beide Seiten gut bemalen, ohne dass man den Spatel die ganze Zeit festhalten muss.

Nach einem Tag Trockenzeit, z. B. in einem Scherenständer oder in oben genanntem Styroporstück, werden die Symbole nach Belieben mit Glitter oder goldenem Lackmaler ergänzend verziert. Die Kinder malen mit Bleistift ihren Namen unten auf den Spatel und schmücken das obere Ende mit Schleifenband.

modellierte Symbol gesteckt werden. Die beiden anderen Enden der Hölzer werden jeweils an den Innenseiten mit einem Stück einer Magnetfolie versehen.

Schiebt man die entsprechende Buchseite nun zwischen die beiden Hölzer, halten diese durch die Magnetkraft der beiden Folien die Seite fest, sodass nichts verrutschen kann.

Nun schreibt ein Erwachsener mit dem Brennstab die Namen der Kinder nach. In bunten Umschlägen oder kleinen Papiertüten können die Lesezeichen nun zusammen mit lieben Wünschen an die Mutter verschenkt werden.

Wird das Buch häufig hin- und hergetragen, kann es sein, dass das Lesezeichen herausrutscht, weil es durch die Knetmasse den Schwerpunkt an der Oberseite hat. Wer dies verhindern will, kann das Lesezeichen mit zwei Bastelhölzern gestalten, die beide aufeinandergelegt in das

Erfahrung

Beim Brennen mit dem Brennstab schauen die Kinder sicherlich interessiert zu und riechen das verbrannte Holz. Bitte beachten Sie, dass der Brennstab sehr heiß ist und deshalb ein ausreichender Sicherheitsabstand zu den Kindern eingehalten werden muss. Als Alternative zum Brennstab können die Kinder auch ihre Namen mit goldenem Lackmaler notieren. *(MF)*

Tipp

Anstelle von bunten Bastelhölzern können auch Naturhölzer benutzt werden, z. B. Eisstiele. Mit Deckfarben (viel Farbe, wenig Wasser) kann man diese individuell bunt gestalten.

Überraschungsblume

Bastelarbeit

Material

Holzleisten (80–140 cm lang), Tüll- und Stoffreste, kleine Nägel, bunte Acrylsteine oder Pompons, Glitter, Satinband (ca. 60 cm lang), grüne Fotokartonreste, grüne Acrylfarbe oder Fingerfarbe, grüner Buntstift, Pinsel, evtl. Papierprägemaschine, evtl. Werkbank mit Schraubstock, Hammer, Klebstoff, Schere, Motivschere, Stoffschere

Altersstufe
ab 4 Jahre

Zeit
Einzelarbeit
ca. 90 Minuten
(ohne Trockenzeit)

So wird's gemacht

Die Kinder bemalen die Holzleiste gründlich von allen Seiten mit grüner Acrylfarbe oder Fingerfarbe.

Während die Farbe trocknet, malen sie mit grünem Buntstift 3–8 ovale Blätter auf den Fotokarton und schneiden diese mit der Schere oder mit einer Motivschere aus. Sie versehen beide Seiten aller Blätter mit Blattadern und kleben sie an ihren Stab. Wer eine Papierprägemaschine besitzt, kann die Blätter damit vor dem Ankleben bearbeiten und ihnen so ein plastisches Äußeres verleihen.

Nun schneiden die Kinder 4–6 unterschiedlich große Kreise (Ø 3–8 cm) aus verschiedenfarbigen Tüll- und Stoffresten zu, welche die Blütenblätter darstellen. Hierbei ist es wichtig, dass die Stoffe gebügelt sind, damit die Kinder selbstständig und ohne Mühe mit der Stoffschere arbeiten können.

Jeder Stoffkreis wird in der Mitte zusammengerafft und mit Unterstützung eines Erwachsenen mit einem Nagel in die Mitte der oberen Stabkante geschlagen. Die Kinder beginnen dabei mit dem größten Kreis und bringen zuletzt das kleinste Stoffstück an. Für die Arbeit mit Hammer und Nägeln ist es sinnvoll, den Stock in dem Schraubstock einer Werkbank zu befestigen. Steht keine Werkbank zur Verfügung, sollte ein Erwachsener den Stock festhalten und die Kinder hierbei unterstützen.

Wenn alle Blütenblätter angebracht wurden, besteht die Blume aus verschiedenfarbigen Blütenblattlagen. Die Blütenmitte kann abschließend mit einem Glitzerstein oder einem Pompon beklebt werden. Danach zupfen die Kinder die Blume in Form. Der Einsatz von Tüll macht diesen Arbeitsschritt auch für jüngere Kinder einfach, da dieses Material voluminös ist und schnell die gewünschte Blumenoptik entsteht.

Ist die Blume gestaltet, kann sie mit Glitter bestreut werden, bevor die Kinder eine kleine Überraschung hineinlegen und sie mit einem farbigen Schleifenband zur Knospe zusammenknoten. Ältere Kinder binden das Band zu einer Schleife.

Erfahrung

Die Blume wird verschlossen mit Schleifenband verschenkt, damit der Beschenkte beim Öffnen von den verschiedenen Farben und den Glitterpartikeln überrascht wird.

Die unterschiedlichen Tülllagen leuchten intensiv bei Schwarzlicht. Wer möchte, kann mit nachtleuchtender Farbe Punkte oder Streifen aufmalen. Eine Tanzvorführung mit Schwarzlichtlampen wirkt auf diese Weise besonders toll. *(MF)*

Kleines Geburtstagsgeschenk
Mal- und Bastelarbeit

Material
Blauer Tonkarton (DIN A5), festes, weißes Papier, bunte Fingerfarbe, roter Buntstift, Wackelaugen, Musterbeutelklammern, dicker Pinsel, Farbpaletten, Klebstoff, Schere

So wird's gemacht
Zuerst stellen die Kinder mit einer Fingerfarbe nach Wahl mehrere Handabdrücke her. Dazu wird die Handfläche mit einem dicken Pinsel bestrichen und fest auf weißes Papier gedrückt. Dieses Blatt, am besten mit den Namen der Kinder versehen, wird zum Trocknen zur Seite gelegt.

Nachdem die Kinder ihre Hände grob gesäubert haben, bemalen sie ein weiteres Blatt nach eigener Vorstellung bunt. Dazu kann eine Farbe direkt auf das Blatt getropft und mit den Fingern großflächig verteilt werden. Alternativ nehmen die Kinder die Farben mit den Fingern von einer Palette auf und tupfen diese nacheinander aufs Papier. Zwischendurch wischen sie mit einem Lappen die Farbreste von den Händen ab. Die fertigen Bilder werden ebenfalls zum Trocknen beiseitegelegt.

Wenn die Farbe der beiden Blätter getrocknet ist, wählt jedes Kind einen besonders gelungenen Handabdruck aus und schneidet diesen mit Unterstützung eines Erwachsenen aus. Dieser Abdruck stellt in der späteren Gestaltung den Kopf der Figur dar. Der gewählte Abdruck wird so auf den blauen Tonkarton gelegt, dass die Finger über den Rand hinausragen. Mit einer spitzen Schere sticht ein Erwachsener mittig ein kleines Loch durch beide Papiere und verbindet diese mit einer Musterbeutelklammer. Der Kopf lässt sich nun hin- und herbewegen.

Die Kinder kleben Augen an die passende Stelle und malen mit einem roten Buntstift den Mund dazu. Aus den zuvor hergestellten Farbbildern entsteht nun der Körper der Figur. Hierzu schneidet man eine beliebige Körperform freihand aus dem bunt bemalten Zeichenblatt und klebt diese so auf den blauen Tonkarton, dass der obere Rand des Körpers unter dem Kopf liegt. Die Stellen, an denen das bunte Zeichenblatt über den Kartenrand hinausragt, kann man mit einer Schere kürzen. Über dieses witzige Geschenk freut sich bestimmt jedes Geburtstagskind.

Wer möchte, kann auch das Alter des Kindes mit den Fingern der Figur anzeigen, indem entweder die entsprechende Anzahl an Fingern in einer anderen Farbe bemalt werden oder nur so viele Finger nach oben zeigen, wie es dem Alter des Kindes entspricht. Die übrigen Finger werden hierzu einfach nach unten geknickt.

Diese Karten können auch als Einladungs- oder Glückwunschkarten benutzt werden.

Altersstufe
ab 2 Jahre

Zeit
Einzelarbeit
ca. 30 Minuten
(ohne Trockenzeit)

Erfahrung
Am Klecksen, Schmieren und Tupfen mit den Fingerfarben hatten alle Kinder besonders großen Spaß. Wir stellten nach einiger Zeit einen Eimer Wasser bereit, da die Malerlappen zum Säubern nicht mehr ausreichten. Beim weiteren Ausgestalten der Bilder benötigten jüngere Kinder während einiger Arbeitsschritte Hilfestellung. *(HT)*

Altersstufe
ab 3 Jahre

Zeit
Gruppenarbeit
ca. 30 Minuten
(ohne Trockenzeit)

Geburtstagsgäste-Girlande

Bastelarbeit

Material

Weiße Kaffeefiltertüten (1 x 4), schwarzes Tonpapier, Pappkreise (Ø 9 cm), dünne, bunte Papierstreifen (z. B. von Verpackungsmaterial), Buntstifte, Fasermaler, bunte Deckfarbe, feste Schnur, dicker Pinsel, Klebeband, Klebstoff, Schere

So wird's gemacht

Diese Girlande stellt die kleinen Gäste dar und ist gleichzeitig ein festlicher Raumschmuck. Bei dieser Gruppenarbeit kann sich jeder einbringen und die Kinder erkennen, wie aus vielen einzelnen Kindern im Nu eine ganze Kinderschar werden kann.

Es ist den Kindern überlassen, ob sie sich selbst darstellen oder ob sie eine Fantasiefigur herstellen möchten. Zunächst bemalt jedes Kind mit Deckfarbe und einem dicken Pinsel eine weiße Filtertüte. Die flüssige Farbe breitet sich dabei auf dem saugfähigen Papier sehr schnell und wirkungsvoll aus. Deswegen empfiehlt es sich, die Farben dosiert anzubieten und nebeneinander verschiedene Farbstreifen zu setzen, damit die Töne klar bleiben.

Die Tüten werden anschließend zum Trocknen auf einer Zeitungsunterlage beiseitegelegt und in der Zwischenzeit gestalten die Kinder den Kopf ihrer Figur. Hierzu erhalten sie ein rundes Pappestück, das sie nach Wunsch mit dünnen Papierstreifen als Haare versehen können. Solche Papierstreifen finden sich oft in Verpackungen als Füllmaterial für Warensendungen. Alternativ können diese auch aus Buntpapier vorgeschnitten werden.

Zunächst überlegen die Kinder, welche Haarfarbe und -struktur ihre Figur haben soll und wählen die Papierstreifen in der entsprechenden Farbe aus. Je nachdem, ob diese glatt aufgelegt, gekürzt zu einem Pony angeordnet, etwas geknüllt oder gewellt werden, entstehen immer wieder andere Frisuren.

Wer richtige Locken zaubern möchte, zieht seine Papierstreifen vorsichtig über eine Kante. Danach malen die Kinder mit Buntstiften oder Fasermalern die Gesichtsmerkmale auf.

Sobald die Filtertüten trocken sind, kann der Kopf oben an der schmalen Seite der Tüte angeklebt werden. Die Füße schneiden die Kinder aus schwarzem Tonpapier aus und kleben diese unten in die Öffnung der Filtertüte. Wer Hosenbeine für seine Figur gestalten will, schneidet am unteren Rand der bunten Filtertüte der Länge nach einen ca. 2 cm breiten Streifen von der Filtertüte ab und schneidet daraus zwei bunte Rechtecke als Hosenbeine zu. Die Füße aus schwarzem Tonpapier in diesem Fall einfach hinter die Hosenbeine kleben und beides zusammen in der Öffnung der Filtertüte befestigen.

Da die bemalte Filtertüte hier einen Poncho als Kleidungsstück darstellt, müssen hier keine Arme gestaltet werden.

Zum Schluss werden die lustigen Geburtstagsgäste mit einem Stück Klebeband von hinten nebeneinander an einer langen Schnur befestigt.

Wenn alle Kinder zusammenhelfen, ist diese hübsche Girlande schnell hergestellt.

Tipp

Auch eine Girlande, die nur aus bunt bemalten und aufgefädelten Kaffeefiltertüten besteht, wirkt sehr dekorativ und ist in der Herstellung weniger aufwendig.
Aufbewahrt in einem kleinen Karton, kann diese Girlande immer wieder rasch ausgepackt und zur Dekoration benutzt werden.
Zur Weihnachtszeit können die Filtertüten auch als hübsche Engelchen oder kleine Weihnachtsbäume mit Glitter gestaltet werden und zaubern schnell eine schöne, festliche Stimmung.

Haben sich die Kinder selbst dargestellt, kann nach dem Aufhängen der Girlande ein kleines Ratespiel entstehen. Wer erkennt, welches Kind durch welche Figur symbolisiert wird?

Erfahrung

An der Herstellung dieser Girlande können selbst sehr junge Kinder beteiligt werden. Das Einfärben und Bemalen der Kaffeefiltertüten gelingt ihnen mit sehr viel Freude. Bei der weiteren Ausgestaltung der Figuren benötigen sie die Hilfe der anderen Kinder oder eines Erwachsenen.

Wird Wasser mit einer Deckfarbe stark eingefärbt, kann man eine Filtertüte mit der Spitze oder einer Seite in das Wasser halten und zuschauen, wie die Tüte die Farbe langsam annimmt. Wer auf diese Weise die Kleidung der Geburtstagsgäste färben möchte, sollte eine helle Grundfarbe, z. B. Gelb, wählen. Die Tüte wird so lange in das gelb eingefärbte Wasser gehalten, bis sie die Farbe überall angenommen hat. Danach wird die Filtertüte umgedreht und so lange in beispielsweise rot eingefärbtes Wasser gehalten, bis sich ein schmaler, roter Streifen bildet. Danach wird die Filtertüte zum Trocknen beiseitegelegt oder aufgehängt und kann anschließend wie beschrieben weiter bearbeitet werden. *(HT)*

Einladungs- und Tischkarten

Mal- und Bastelarbeit

Material

Klappkarten oder Tonkarton in verschiedenen Farben und Größen, selbst hergestellte Schmuckpapierreste, alternativ Motivkarton- oder Geschenkpapierreste, Wackelaugen in unterschiedlichen Größen, Klebstoff, Schere

Altersstufe
ab 3 Jahre

Zeit
Einzelarbeit
ca. 20 Minuten
(ohne Trockenzeit)

So wird's gemacht

Bei der Herstellung und Weiterverarbeitung von Schmuckpapieren, wie auch in diesem Themenbuch auf den Seiten 288, 292, 294 und 298 (Kleisterpapiere, Murmeltechnik usw.) beschrieben, bleiben meistens viele schöne Papierreste übrig, die oft achtlos weggeworfen werden. Doch da diese sich zur Herstellung von unterschiedlichen Karten besonders gut eignen, sollten sie aufbewahrt werden.

Großen Spaß macht es Kindern, gezielt Karten für einen bestimmten Anlass mit einem ausgewählten Motiv zu gestalten. Wie wäre es mit kleinen Monstern als Einladungskarte oder Tischkärtchen für eine Geburtstagsfeier? Die hier vorgestellten Stücke sollen nur als Beispiele dienen. Lassen Sie Ihrer Fantasie freien Lauf, mit dieser Technik sind viele verschiedene Motive zu unterschiedlichen Festen möglich.

Zunächst einmal wird mit den Kindern der Anlass besprochen und gemeinsam werden passende Gestaltungen überlegt. Das können Schmetterlinge, Bäume, Häuser etc. sein.

Danach erhalten die Kinder die zuvor gesammelten Schmuckpapierreste. Wer keine Schmuckpapierreste zur Verfügung hat, kann auch Motivkarton- oder Geschenkpapierreste verwenden oder sich gezielt ein Schmuckpapier gestalten.

Ein Schmuckpapier im Knäueldruck oder Schwammdruck ist schnell hergestellt. Hierzu knüllen die Kinder einen Bogen Papier zusammen und tauchen das Knäuel in Fingerfarbe. Alternativ kann auch ein Schwamm in die flüssige Farbe getaucht werden. Mit dem Knäuel oder dem Schwamm werden nun verschiedene Tupfer auf einem weißen oder bunten Papier verteilt. Schön sieht es aus, wenn nicht zu viele verschiedene Farben verwendet werden, sondern nur wenige, harmonisierende Töne zum Einsatz kommen. Sobald die Farbe getrocknet ist, kann das Schmuckpapier weiterverarbeitet werden.

Die Kinder suchen sich aus ihrer Papierauswahl je nach Wunsch verschiedene Farben und Formen aus. Manche Kinder schneiden das Papier gezielt zu, andere lassen sich wiederum von den vorgegebenen Schnipseln und Papierstücken inspirieren und gestalten damit ihr Bild.

Als Grundlage für die Gestaltung dient eine Klappkarte oder ein Tonkartonbogen, der mittig geknickt und somit zur Klappkarte wird. Die aus dem bunten Papier ausgewählten Einzelteile werden auf die Klappkarte gelegt und so lange hin- und hergeschoben, bis die Kinder mit der Anordnung zufrieden sind. Danach kleben sie das gewünschte Motiv auf.

Sollen zum Beispiel kleine Monster entstehen, wird die Klappkarte von vorn mit zwei ausgeschnittenen Kreisen für die Augen beklebt, in welchen Wackelaugen angebracht werden.

Aus zurechtgeschnittenen Zacken oder Streifen entstehen Haare oder Hörner und aus kleinen Dreiecken können Ohren gestaltet werden. Farblich dazu passend wird ein

Tipp

Jüngere Kinder können an dieser Gestaltungsarbeit ebenso teilhaben. Die Schmuckpapiere, zum Beispiel gerissen und nicht gegenständlich aufgeklebt, wirken auf bunten Klappkarten auch sehr effektvoll.

Mund ausgeschnitten und aufgeklebt, der zusätzlich mit spitzen, weißen Zähnen ausgestaltet werden kann.

Soll die Karte als Einladungskarte dienen, wird im Inneren der Einladungstext notiert. Aber auch als Tischkarte wirkt dieses kleine Monster toll. Hierzu einfach den Namen des Kindes auf die Vorderseite der Karte schreiben.

Erfahrung

Das Wühlen und Suchen in unserer Papierresteschachtel bereitete den Kindern sehr viel Spaß. Da wurde mit Eifer ausgewählt, sortiert, verglichen und getauscht, bis die benötigten Papierteile gefunden wurden.

Wir waren erstaunt, wie viele originelle und fantasievolle Ideen die Kinder im Umgang nur mit Papierresten und Papierformen entwickelten. Deshalb werden wir weiter Papiere sammeln und in Schachteln bereithalten. *(HT)*

Altersstufe
ab 3 Jahre

Zeit
Einzelarbeit
ca. 20 Minuten

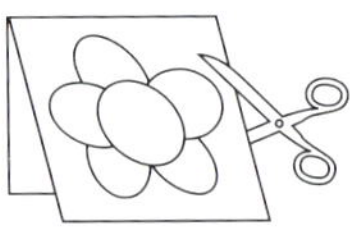

5 Vorlagen
siehe Motivbogen

Fantasievolle Trinkhalme

Bastelarbeit

Material

Bunte Trinkhalme, selbstklebende, bunte Folie, evtl. selbstklebende Glitzerfolie, Glitter, Bastelfedern, Lackmaler, Buntstifte, Klebstoff, Schere

So wird's gemacht

Auf einer Geburtstagsfeier herrscht meist ganz schön viel Trubel. Die Gäste tauschen die Plätze, sausen im Zimmer hin und her und wissen am Ende gar nicht mehr, welches ihr Trinkglas ist. Damit jedes Kind sein Getränk schnell wiedererkennt, werden nun individuelle Trinkhalme hergestellt.

Die Kinder überlegen zunächst, welches Motiv sie gestalten wollen. Soll es ein grünes Krokodil sein, ein bunter Papagei, ein gruseliges Gespenst oder ein Engelchen mit Federflügeln?
Ihrem Wunsch entsprechend suchen sie sich ein farblich passendes Folienstück aus und falten dies so in der Mitte, dass das Abziehpapier außen liegt.

Nun malen sie freihand oder mithilfe der Vorlagen auf dem Motivbogen mit Buntstiften auf das Abziehpapier der Folie die gewünschten Körperteile, Tierkörper oder Requisiten auf. Jüngeren Kindern kann man helfen, indem man die Formen auf ein Skizzenpapier vorzeichnet, sodass sie diese auf die Folie übertragen können.

Danach schneiden sie das Motiv aus der doppelt gelegten Folie aus, sodass beim Schneiden gleichzeitig ein spiegelverkehrtes Stück entsteht. Jetzt lösen sie das Papier von der Folie und kleben die geschnittene Form auf die Mitte der oberen Trinkhalmhälfte. Vom Gegenstück der Folie wird ebenfalls das Papier gelöst und auf die Klebeseiten und die Rückseite des Trinkhalms geklebt. Nach und nach entstehen so Münder, Flügel und Beine.

Hilfreich kann es sein, wenn einige Exemplare zur Anschauung vorbereitet wurden. Anhand dieser Modelle erkennen die Kinder, welche Einzelteile zur Gestaltung einer Figur verwendet werden können. Während manche Kinder sich genau an die Vorlage halten, gestalten andere diese kreativ weiter aus und entwickeln eigene Varianten.

Besonders kleine Merkmale wie Pupillen oder Knöpfe werden zum Schluss mit Lackmalern aufgemalt. Als Besonderheit können noch Federn oder Glitter die Bastelei verschönern, doch dabei bitte beachten, dass die Trinkhalme dadurch nicht mehr gesäubert werden können. Werden die Trinkhalme nur mit Folie gestaltet, bleiben sie wasserfest und können nach dem gründlichem Ausspülen immer wieder verwendet werden.

Tipp

Auch für ein kleines Pustespiel eignen sich diese Trinkhalme wunderbar. Hierzu einfach einen Wattebausch an eine Tischkante legen. Mit vereinten Kräften pusten die Kinder durch ihre Trinkhalme und versuchen somit, die Watte auf die andere Seite des Tisches zu befördern. Wer den Wettkampf mag, kann den Wattebausch auch in die Mitte eines Tisches legen. Nun pusten zwei Kinder von beiden Seiten durch die Trinkhalme und versuchen, den Wattebausch auf der gegnerischen Seite von der Tischkante zu schubsen.

Auch jüngere Kinder können hier gut mitbasteln. Einfache Herzen, geometrische oder abstrakte Formen sowie selbst geschnittene Folienstücke können aufgeklebt werden und ermöglichen ebenfalls ein schnelles Wiedererkennen des Getränks.

Erfahrung

Auf einer Geburtstagsparty geht es oft drunter und drüber, sodass häufig auch Kuchenstücke oder angebissene Brötchen auf den Tellern liegen und später niemand mehr weiß, wem was gehört. Damit das nicht passiert, können die verschiedenen Häppchen mit dieser Technik hübsch markiert werden. Hierzu einfach eine solche Folienfigur um das obere Ende eines Zahnstochers herumkleben und das Hölzchen in das zu markierende Nahrungsmittel stecken.

Unsere Kinder nutzten die bunten Strohhalme auch für ein kleines Stabpuppentheater. Da kämpften ein Krokodil und ein Bär um die Gunst der Prinzessin und ein freches, kleines Gespenst sauste gemeinsam mit einem Engelchen durch die Lüfte. Solche offenen, szenischen Spiele fördern die Kreativität und die Sprachfertigkeit der Kinder.

(MF)

Ein Geschenk für meinen Freund

Bastelarbeit

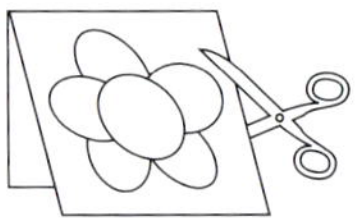

Vorlage
siehe Motivbogen

Altersstufe
ab 4 Jahre

Zeit
Einzelarbeit
ca. 40 Minuten
(ohne Trockenzeit)

Material

Schuhkarton, bunter Fotokarton, Pfeifenputzer, buntes Krepppapier, Glitzerfolie, Aludraht, Kunstbast, bunte Bastelfedern, bunte Acryl- oder Schulmalfarbe, Lackmaler, Glitterglue, Pinsel, Klebstoff, Prickelnadel, Schere

So wird's gemacht

Ein Freund ist etwas ganz Besonderes und man möchte ihm zum Geburtstag gern eine ganz spezielle Freude machen.

Diese Freundebox wird liebevoll gestaltet und zeigt, wie sehr man den anderen mag.

Zunächst bemalen die Kinder den Schuhkarton sowie den Deckel an den Außenseiten mit Acryl- oder Schulmalfarben und stellen beide Teile zum Trocknen zur Seite.

Anschließend schneiden sie aus farblich passenden Fotokartonstücken beliebig viele Herzen aus und verzieren sie nach Wunsch mit Farbe oder Glitterglue.
Alternativ können auch Herzen aus Aludraht geformt werden. Diese kann man auf eine Bastschnur auffädeln und am Schuhkarton befestigen, indem man in den Karton mit der Prickelnadel jeweils zwei Löcher bohrt und den Bast hindurchfädelt.

Aufschriften an den Außenwänden wie „Zum Geburtstag", „Freundebox", „Freunde" oder der Name des Beschenkten, mit Glitterglue oder goldenem Lackmaler aufgetragen, verraten, für wen diese besondere Schachtel bestimmt ist. Aufgeklebte, bunte Federn verwandeln die Schachtel mit Deckel in ein Schmuckstück.

Wer möchte, kann aus Fotokarton einen beliebig breiten Streifen als Henkel zurechtschneiden und diesen mit verzierten Fotokartonherzen bekleben. Den Streifen zu einem Halbkreis biegen und die Enden mit Klebstoff am Rand der Schuhkartonschachtel festkleben.

Tipp

Diese verzierte Box lässt sich vielfältig einsetzen. Einerseits als Geschenkschachtel, andererseits eignet sie sich auch hervorragend als Aufbewahrungs- oder Erinnerungsbox, in der gesammelte Schätze oder Fotos von Freunden oder der Familie aufbewahrt werden können.

Um die Schachtel zu verschließen, kann ein Krepppapierverschluss gestaltet werden. Dazu einen ca. 15 cm breiten Krepppapierstreifen, der so lang ist, dass er einmal um den Schuhkarton passt, ausschneiden und ringsum an den Rändern der Schachtel ankleben. Ist der Klebstoff gut getrocknet, wird das obere Ende des Krepppapiers zusammengerafft und mit einer Bastschnur zugebunden.

Der Deckel kann auch mit einem großen Herz aus Fotokarton weiter ausgestaltet werden. Hierzu an der Unterseite eine Klebelasche falten und mit Klebstoff am Deckel anbringen. Zur besseren Stabilisierung und gleichzeitig auch zur Verzierung des Herzens, kann ein Pfeifenputzer mit den Enden an den Kanten des Schachteldeckels angeklebt und am Herz fixiert werden. Schön sieht es auch aus, wenn der Rand des Deckels mit aufgeklebten Pfeifenputzern verziert wird.

Im Inneren der Freundebox können nette Kleinigkeiten überreicht werden. Das kann ein selbst gemaltes Bild sein, eine gebastelte kleine Überraschung oder eine süße Leckerei.

Mit diesem Spruch macht die Übergabe gleich doppelt so viel Spaß:

Dein Geburtstag, der ist heute,
deshalb kommen viele Leute,
klopfen laut an deine Tür
und sie gratulieren dir.

Ja, auch ich hab was dabei.
Vielleicht ein Spiel, 'ne Leckerei?
Weil ich dich so gerne mag,
komm ich zu deinem großen Tag.

Wir malen, spielen, lachen
und machen tolle Sachen.
Drum kriegst du diese Schachtel hier.
Innen drin ist was von mir.

Erfahrung

Jüngere Kinder tun sich bei der Gestaltung von Herzen mit einer Schablone (siehe Motivbogen) leichter. Ältere Kinder können die Herzen auch gut ohne Schablone gestalten. Eine weitere Unterstützung für die Kinder ist es, wenn das Papier gefaltet, ein halbes Herz geschnitten und nach dem Ausschneiden wieder geöffnet wird. *(KW)*

Altersstufe
ab 3 Jahre

Zeit
Einzelarbeit
ca. 35 Minuten
(ohne Trockenzeit)

Leuchtender Laternenumzug

Mal- und Bastelarbeit

Material

Deckel von Schuhkartons, Fotokarton, Transparentpapier, Glitzerfolie, Glitter-Sterne, Naturbast, Lichterkette oder LED-Lampen, bunte Acryl- oder Schulmalfarbe, Glitterglue, goldener Lackmaler, Buntstifte, Pinsel, Klebstoff, Klebeband, Prickelnadel, Cutter, Schere

So wird's gemacht

Kinder lieben den Laternenumzug, doch können sie die schöne, leuchtende Optik ihrer Laternen in der Dunkelheit gar nicht richtig erkennen, weil sie sich mitten im Geschehen befinden. Wenn sie ihren Laternenumzug, wie hier vorgestellt, auf Schuhkartondeckeln selbst gestalten, können

sie ihn aus der Ferne ebenso wie aus der Nähe betrachten. Die Arbeiten leuchten in der Dämmerung oder im Dunkeln besonders schön und verbreiten eine angenehme Stimmung.

Zunächst erhalten die Kinder einen Schuhkartondeckel und bemalen ihn von außen mit blauer Farbe.

Während der Deckel trocknet, skizzieren sie auf schwarzem Fotokarton oder auf Fotokarton in gedeckten Farben die Körperumrisse der am Umzug beteiligten Kinder im Profil mit ausgestrecktem Arm. Da die Kinder häufig lieber leuchtende Farben für die Gestaltung der Figuren verwenden möchten, sollte man hier erklärend hinzufügen, dass die Kleidung im Dunkeln nicht so leuchtend zu sehen ist wie bei Tageslicht. Auch treten die leuchtenden Elemente der Gestaltung deutlicher hervor, wenn der Rest des Bildes etwas dunkler gehalten ist.

Wer möchte, malt mit hellen Buntstiften das Gesicht oder weitere Verzierungen auf. Die Haare können aus Transparentpapierstücken entstehen. Nun werden die Figuren ausgeschnitten und am unteren Rand des bemalten Schuhkartondeckels aufgeklebt. Zwischen den Figuren sollte man genügend Abstand einplanen, da dort später noch die Laternen platziert werden müssen.

Für die Gestaltung der Laternen skizzieren die Kinder mit weißem Buntstift die gewünschte Laternenform auf dem Schuhkartondeckel zwischen den aufgeklebten Kindern. Ein Erwachsener schneidet diese mit einem Cutter aus und die Kinder hinterkleben die offenen Vierecke von der Innenseite des Schuhkartondeckels mit buntem Transparentpapier. Durch die ausgeschnittenen und hinterklebten Elemente fällt Licht, was sie leuchten lässt. Mit Glitterglue oder aufgeklebtem Bast werden die Laternen nach eigener Vorstellung weiter ausgestaltet und erhalten zusätzlich noch Henkel oder Laternenstäbe, die die Figuren in den Händen halten.

Tipp

Im November ist es oft grau und trüb draußen. Wird dann morgens im Gruppenraum sofort das helle Deckenlicht angeschaltet, ist dies ein starker Kontrast, der vielen Kindern in dieser Jahreszeit eher unangenehm ist. Werden stattdessen diese zart leuchtenden Gestaltungen beim Morgenkreis eingesetzt, entsteht eine angenehme und harmonische Atmosphäre, die es den Kindern erleichtert, behutsam in den Tag zu starten.

Auch der Sternenhimmel darf nicht fehlen. Die Kinder können die Sterne mit gelber Farbe aufmalen oder einfach beliebige Sternformen aus gelbem Fotokarton ausschneiden und aufkleben. Bohrt ein Erwachsener mit der Prickelnadel einige größere Löcher durch den Kartondeckel, fällt dort ebenfalls Licht hindurch und es wirkt, als würden die Sterne leuchten.

Weitere kleinere Sterne können mit Glitterglue oder Lackmalern aufgezeichnet werden oder in Form von Glitter-Sternen aufgeklebt werden.

Damit der Laternenumzug auch wahrhaftig leuchtet, wird eine Lichterkette oder eine LED-Lampe an der Innenseite des Deckels mit Klebeband angebracht. Wer eine Lichterkette mit kleinen, schmalen Glühbirnchen verwendet, kann diese auch durch die gebohrten Löcher des Sternenhimmels hindurchschieben, sodass sie auf der Vorderseite des Deckels zu sehen sind und hell strahlen.

Das Bild lässt sich prima an einem Nagel an der Wand aufhängen. Ist der Raum etwas abgedunkelt, leuchtet der Laternenumzug besonders schön.

Gestalten die Kinder mehrere Bilder, können diese nebeneinander zu einem beliebig langen Laternenumzug angeordnet werden.

Erfahrung

Dieser leuchtende Laternenumzug ist rasch gefertigt und durch die Lichterketten besonders interessant für die Kinder. Ein Überraschungseffekt entsteht, wenn ihr Bild das erste Mal in voller Pracht erstrahlt. Wer kleine Fotos von den Kindern zur Verfügung hat, kann diese auch statt der gestalteten Köpfe aufkleben. So kann die Gruppe ihren Laternenumzug mit den eigenen Gesichtern herstellen.

(KW)

Laternen aus Plastikflaschen

Bastelarbeit

Altersstufe
ab 2 Jahre

Zeit
Einzelarbeit
ca. 30 Minuten
(ohne Trockenzeit)

Material

Verschiedene, transparente Plastikflaschen, farbige und gemusterte Papierservietten, Serviettentechnikkleber oder Aqua-Klarlack, Geschenkband, weicher Flachpinsel oder Serviettentechnikpinsel (ca. Stärke 16)

So wird's gemacht

Zunächst entscheiden die Kinder, welches Papierserviettenmotiv ihnen am besten gefällt. Ideal ist es, wenn mehrere Servietten in ähnlichen Farben für eine Laterne verwendet werden, da dies ein harmonischeres Gesamtbild ergibt als zu viele verschiedene Farbtöne.

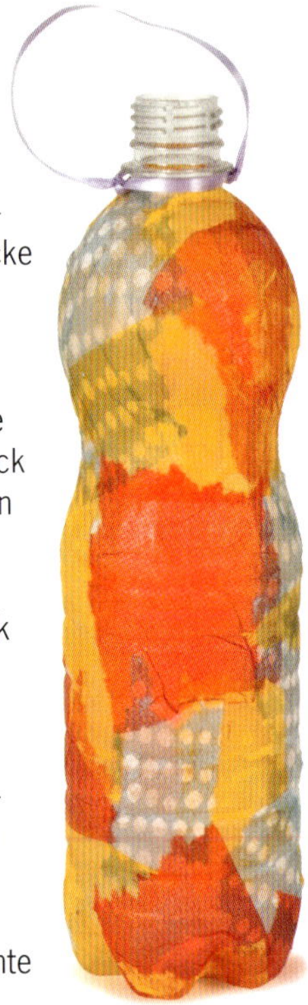

Die Kinder zupfen die einzelnen Lagen der Papierservietten auseinander und legen die weißen Lagen beiseite. Nur die oberste, gemusterte Schicht wird weiter verwendet und dafür in handgroße Stücke gerissen.

Ein Erwachsener trägt etwas Klebstoff mit dem Pinsel auf die Flasche auf, das Kind legt ein Serviettenstück auf die eingepinselte Fläche und nun kann mit dem Pinsel eine weitere Schicht Klebstoff aufgetragen werden. Dabei wird das Serviettenstück an die Rundung der Flasche angedrückt.

Die nächsten Serviettenstücke werden ebenso aufgetragen und dabei überlappend platziert. Wichtig ist, dass alles immer wieder mit Klebstoff bestrichen wird, bis die gesamte

Tipp
Für jüngere Kinder sind kleinere Flaschen ideal, da diese schneller beklebt sind und überdies beim Laufen nicht am Boden streifen.

Flaschenoberfläche bedeckt ist. Entstehen bei jüngeren Kindern Lücken oder reißt das Papier beim Bestreichen ein, einfach eine weitere Lage eines Serviettenpapierstücks auflegen. Auf diese Weise entstehen sehr interessante Schattierungen und Farbmischungen.

Nun muss die Flasche über Nacht trocknen. Zum Schluss knotet ein Erwachsener ein Geschenk- oder stabiles Bastband mehrmals um den Flaschenhals und bindet eine Schlaufe. An dieser Schlaufe kann man nun ganz einfach einen elektrischen Laternenstab einhaken und die Kinder können damit gefahrlos am Laternenumzug teilnehmen.

Erfahrung

Die Kinder neigen schnell dazu, zu viele Lagen auf ihre Flasche zu kleben. Die Laterne leuchtet jedoch später heller, je dünner die Serviettenschicht ist. *(SH)*

Bunte Tischlaternen

Bastelarbeit

Material

Bunte Wellpappe, gespülte Gurkengläser, bunter Kunstbast, Aludraht, bunte Acrylfarbe, Pinsel, Bleistift, Heißklebepistole, Klebstoff, doppelseitiges Klebeband, Schere

So wird's gemacht

Die Kinder bemalen ihr Gurkenglas von außen in der gewünschten Acrylfarbe und stellen es zum Trocknen beiseite.

Nun schneiden sie aus Wellpappe mehrere Streifen (etwa 3x20 cm) zurecht, versehen diese am oberen und unteren Ende sowie in der Mitte mit doppelseitigem Klebeband und bringen sie in der gewünschten Form (wellenförmig oder in spitzen Winkeln) am bemalten Gurkenglas an. Hierbei können die Kinder entscheiden, ob ihre Wellpappestreifen von oben nach unten oder horizontal um das Glas angebracht werden sollen.

Um den oberen Glasrand zu verkleiden, kleben sie einen weiteren, dünnen Wellpappestreifen rund um den Rand des Glases und wickeln zudem einen Aludraht (etwa 20 cm lang) ebenfalls einmal fest um den Rand herum. Auch einige farblich passende Bänder aus Kunstbast, die herumgewickelt und zu Schleifen geknotet werden, sehen sehr hübsch aus.

Tipp

Durch das Feuer der Kerze erhitzt sich die Glaslaterne rasch. Als Alternative kann man bei der Arbeit mit jüngeren Kindern ein LED-Kerzenlicht anbieten.

Damit das Glas stabil steht, stellen die Kinder dieses auf ein Moosgummistück, umfahren es mit einem Stift und schneiden den gezeichneten Kreis aus. Dieser wird anschließend von einem Erwachsenen mit etwas Heißkleber an der Unterseite angebracht.

Versieht man die Laterne nun mit einem brennenden Teelicht, leuchtet die Tischlaterne wunderschön.

Erfahrung

Die Wellpappestreifen immer quer zu den Wellen zurechtschneiden, da man die bewegliche Pappe sonst nicht knicken, biegen oder anderweitig in Form bringen kann.

(KW)

Altersstufe
ab 4 Jahre

Zeit
Einzelarbeit
ca. 30 Minuten
(ohne Trockenzeit)

Die Legende von Sankt Martin

Modellierarbeit

Altersstufe
ab 4 Jahre

Zeit
Einzelarbeit
ca. 60 Minuten
(ohne Trockenzeit)

Material

Baumscheiben (Ø ca. 10 cm), weiße Fotokartonreste, angerührtes Papiermaschee, Goldpapierreste, rote Stoffreste, Landschaftsdekorationsmaterial (z. B. brauner und grüner Sand, feiner Kies, kleine Steine, Moos, Gräser), bunte Acryl- oder Schulmalfarbe, Bleistifte, Pinsel, Fasermaler, Klebstoff, Schere, Stoffschere

So wird's gemacht

Zu Beginn erzählt oder liest ein Erwachsener die Legende von Sankt Martin. Danach wählen die Kinder eine Szene aus, die sie gerne darstellen möchten. Geeignet zur Gestaltung sind vor allem die folgenden beiden Elemente der Legende: Sankt Martin teilt seinen Mantel mit einem Bettler oder Sankt Martin mit seinem Pferd.

Die Kinder können sich die Szenen besonders gut vorstellen, wenn ihnen Zeichnungen vorliegen oder sie die entsprechende Situation zunächst einmal aktiv in verteilten Rollen nachspielen.

Nun beginnt die Gestaltung der Figuren. Hierbei sollten die Kinder beachten, dass die Formen nur so groß angelegt werden, dass sie später zusammen auf der Baumscheibe Platz finden.

Zunächst wird die Figur des Heiligen Martin und die des Bettlers freihand auf Fotokarton vorgezeichnet. Dabei stellen die Kinder den Bettler in einer knienden oder sitzenden Pose dar, Sankt Martin hingegen wird stehend gestaltet.

Wird Sankt Martin mit erhobenen Armen dargestellt, kann man dort später den Mantel anbringen, den er mit dem Bettler teilt.

Wählen die Kinder die Szene, in der Sankt Martin mit dem Pferd gezeigt werden soll, sollten sie das Pferd etwas größer anlegen als seinen Reiter.

Sobald den Kindern die Form ihrer Figuren gefällt, schneiden sie diese aus, bestreichen beide Seiten rundherum mit angerührter Papiermascheemasse und legen sie zum Trocknen beiseite.

Nach mindestens drei Tagen Trockenzeit malen sie ihre Figuren von beiden Seiten in der gewünschten Farbe an. Sankt Martin erhält eine prächtige Kleidung in klarer, roter Farbe, der Bettler hingegen trägt Kleidung in Grau- und Brauntönen. Wer möchte, kann ihn auch mit einem langen Bart ausstatten. Das Pferd kann in Brauntönen gestaltet werden und eine dunklere Mähne erhalten.

Nun wird die Baumscheibe mit reichlich Klebstoff bestrichen und die Oberfläche mit Sand, Kies oder Steinen bestückt.

Nach einem weiteren Trockentag malen die Kinder mit Fasermalern die Gesichter auf die Figuren und kleben sie so auf die Baumscheibe, dass die Interaktion zwischen den Männern beziehungsweise der Bezug zwischen Mann und Pferd deutlich wird.

Sie erhalten rote Stoffreste und schneiden mit der Stoffschere einen Mantel oder zwei Mantelstücke zu. Wird ein einzelnes Mantelstück gestaltet, kann dies auf den Schultern oder an den Händen des Heiligen Martin aufgeklebt werden. Haben sich die Kinder für zwei Mantelstücke entschieden, können diese sowohl an einer Hand des Sankt Martin als auch am Bettler befestigt werden.

Tipp

Stellen Sie die Geschichte auf dem Laternenfest mit Beleuchtung für die Eltern aus. Mithilfe eines Mikrofons können die Kinder jeweils ihre eigene Szene erzählen. Dies ist eine schöne Alternative zum traditionellen Lied oder Theater.

Abschließend zeichnen sie ein Schwert auf das Goldpapier, schneiden es aus und befestigen dies ebenfalls an der Hand oder an der Seite der Martinsfigur.

Erfahrung

Als Gemeinschaftsarbeit können die einzelnen Szenen (Aufeinandertreffen von Sankt Martin und Bettler, Mantelteilung mit dem Schwert, Weitergabe des Mantels an den Bettler, Weiterreiten mit dem halben Mantel) auch als fortlaufende Geschichte dargestellt werden. Jedes Kind wählt eine zu gestaltende Szene aus und später werden die unterschiedlichen Baumscheiben als Geschichte gemeinschaftlich aufgestellt.

Großen Spaß macht es den Kindern auch, die ungeordneten Baumscheiben in die richtige Reihenfolge zu bringen und dabei die Legende in eigenen Worten nachzuerzählen.

(MF)

Glitzernde Martinskarten

Mal- und Bastelarbeit

Material

Glitzerkarton (DIN A4), Fotokartonreste, halbierte Styroporkugeln (Ø 3–4 cm), Bastelfedern, bunte Ölkreiden, goldener Lackmaler, Bleistift, Klebstoff, Cutter, Schere

Altersstufe
ab 3 Jahre

Zeit
Einzelarbeit
ca. 25 Minuten

So wird's gemacht

Die Gans ist ein bekanntes Symbol zur Martinszeit. Glitzernde Einladungen zum Martinsfest oder Grußkarten sehen mit einer plastischen Martinsgans besonders hübsch aus.

Zunächst falten die Kinder einen Glitzerkartonbogen der Breite nach zur Mitte und streichen die Faltstelle glatt, sodass eine Klappkarte entsteht.

Anschließend bringen sie ihre Karte mit einer Schere rund um die Faltstelle in die gewünschte Form. So kann die Karte beispielsweise wellenförmig, zackig oder gerade, ganz nach den Vorstellungen der Kinder, ausgeschnitten werden.

Um den Körper der Martinsgans darzustellen, betupfen sie die flache Seite einer halben Styroporkugel mit Klebstoff und kleben diese mittig auf der Vorderseite des Glitzerkartons auf.

Kopf und Hals der Gans werden auf weißem Papier mit Bleistift vorgezeichnet, ausgeschnitten und direkt am Körper auf den Glitzerkarton geklebt.

Aus Fotokartonresten können Sterne oder kleine Schilder ausgeschnitten werden. Kinder, die schon mit der Schrift vertraut sind, schreiben mit goldenem Lackmaler Bezeichnungen wie „Martinsgans", „Martinsfest" etc. auf die Fotokartonstücke. Wer möchte, kann die Sterne oder die Schriftbilder auch mit Ölkreiden direkt auf den Glitzerkarton malen oder schreiben.

Der Schnabel, das Auge sowie die Beine des Tieres werden mit Ölkreiden aufgemalt.

Um der Gans ein naturgetreueres Aussehen zu verleihen, kleben die Kinder noch einige weiße Federn auf den Gänsekörper auf. Auch der Schwanz besteht aus einer einzelnen weißen Feder. Sehr dekorativ wirkt es außerdem, wenn die Karte selbst mit einigen bunten Federn beklebt wird.

Erfahrung

Diese Karten sind sehr rasch hergestellt und erzeugen durch die aufgeklebte, halbe Styroporkugel einen dreidimensionalen Effekt.

Das Krümeln beim Schneiden der Styroporkugel kann mit einem sehr scharfen Messer (Cutter) reduziert werden. Noch besser klappt das Schneiden, wenn man ein Styroporschneidegerät mit Heißdraht verwendet. *(KW)*

Tipp
Wunderbar lässt sich diese Karte auch als Einladung zum Laternenfest einsetzen. Hierfür können Sie den Einladungstext auf dem Computer schreiben und auf farbigem Papier ausdrucken. Danach kleben die Kinder dieses Blatt in die Karte hinein.

Adventskranz als Tischschmuck

Bastelarbeit

Material

Grüner und roter Tonkarton, grünes Glanzpapier, bunte Weihnachtsfolie, Käseschachteln (Ø 11 cm), kleine Kerzen, Motivlocher „Stern“ oder Stern-Sticker, Bleistifte, Prickelnadel, Klebstoff, Schere

So wird's gemacht

Zunächst werden die einzelnen Bestandteile des Adventskranzes gefertigt.
Aus grünem Tonkarton entstehen mithilfe der Vorlagen auf dem Motivbogen für jedes Kind acht Tannenzweige sowie ein Kreis (ca. Ø 14 cm), auf dem die spätere Platzierung der vier Adventskerzen markiert wird.

Auf rotem Tonkarton wird der Adventsstern, der ebenfalls auf dem Vorlagebogen zu finden ist, aufgezeichnet.

Im Anschluss daran schneiden die Kinder alle Einzelteile aus und prickeln mit einer Prickelnadel die Kreise zur Platzierung der vier Kerzen aus.

Tipp

Wer einen großen Adventskranz für den Gruppenraum herstellen möchte, kann diesen als Gruppenarbeit gestalten. Hierzu einfach die Vorlage für die Tannenzweige mit dem Kopierer auf die doppelte Größe vergrößern und ausschneiden.
Aus einem Fotokartonstreifen (ca. 5 x 70 cm) wird ein Ring hergestellt, indem man die beiden Enden des Streifens übereinanderlegt und miteinander verklebt. Klebt man auf diesen Ring einen Fotokartonkreis (etwa Ø 24 cm), der rundum etwas überlappt, ist der Korpus des Adventskranzes gefertigt.
Auch der Adventsstern für die Mitte wird doppelt so groß angelegt und ausgeschnitten. Die weitere Vorgehensweise entspricht der des kleinen Kranzes. Für diesen großen Kranz können Adventskranz-Stumpenkerzen verwendet werden.

Nun erhalten sie eine Käseschachtel, deren Rand mit grünem Glanzpapier beklebt wird. Den grünen Kreis mit den ausgeprickelten Kerzenöffnungen kleben sie mittig auf die offene Seite der Käseschachtel. Damit ist das Grundgerüst für den Adventskranz fertiggestellt.

Die acht Tannenzweige werden jetzt leicht schräg und überlappend auf den Rand des grünen Tonkartonkreises aufgelegt. Wenn den Kindern die Lage des Zweigenkranzes gefällt, kann er mit Klebstoff fixiert werden.

Der rote Adventsstern findet in der Mitte des Kranzes Platz. Die Kinder stanzen aus bunter Weihnachtsfolie viele bunte Sterne aus und kleben sie verteilt auf dem Adventskranz auf. Alternativ können hier auch Stern-Sticker verwendet werden.

Erfahrung

Wir haben die Arbeit auf mehrere Tage aufgeteilt, da das Ausschneiden der acht Zweige viel Geduld und Konzentration erforderte. Beim überlappenden Aufkleben der Zweige benötigen manche Kinder die Unterstützung eines Erwachsenen. *(EvH)*

3 Vorlagen siehe Motivbogen

Altersstufe
ab 4 Jahre

Zeit
Einzelarbeit
ca. 180 Minuten

Nikolaus mit Überraschung

Bastelarbeit

Vorlage siehe Motivbogen

Altersstufe
ab 4 Jahre

Zeit
Einzelarbeit
ca. 25 Minuten

Material

Rechteckige Faltschachteln (ausgedientes Verpackungsmaterial, z.B. von Cremetuben), hautfarbene Tonkartonreste, roter Bastelfilz, rote Pfeifenputzer, Wattekugeln (pro Nikolaus je zwei Kugeln Ø 20mm und eine Wattekugel Ø 10mm), weiße Märchenwolle, roter und schwarzer Fasermaler, roter Faden, Nadel, Klebstoff, Schere

So wird's gemacht

Die Kinder stellen die Faltschachtel hochkant vor sich und schneiden an der oberen Öffnung die Verschlusslaschen ab. Die unteren Laschen bleiben unversehrt, so kann der Nikolaus später mit kleinen Süßigkeiten befüllt werden.

Nun soll die Faltschachtel ummantelt werden. Hierzu schneiden die Kinder aus rotem Bastelfilz ein Rechteck passend zum Umfang der Schachtel aus. Sie bestreichen die vier Seitenflächen mit Klebstoff und kleben den Filz rundum an. Der Boden mit der funktionstüchtigen Verschlusslasche bleibt dabei frei.

Der obere, offene Schachtelrand wird flach zusammengedrückt und mit Klebstoff zugeklebt. Die Schachtel läuft an dieser Stelle danach spitz zu. Dadurch wirkt die später gestaltete und aufgeklebte Kopfpartie hübscher als wenn die Schachtel am oberen Ende eckig wäre.

Bevor der Kopf gestaltet wird, befestigen die Kinder die Arme des Nikolaus an der Schachtel. Dazu bohren sie im oberen Drittel der Schachtel je rechts und links durch die Seitenteile mit einer spitzen Schere ein Loch und schieben einen ca. 15cm langen Pfeifenputzer hindurch.

Die Hände entstehen aus Wattekugeln, die mit etwas Klebstoff versehen und auf die beiden Enden der Pfeifenputzerarme gesteckt werden.

Nun schneiden die Kinder mithilfe der Vorlage auf dem Motivbogen aus hellem Tonkarton den Umriss des Kopfes aus. Die Nikolausmütze wird dazu passend aus rotem Bastelfilz ausgeschnitten und auf den oberen Teil des Tonkartons geklebt.

Die Nase entsteht aus einer rot bemalten, kleinen Wattekugel, die mittig in das Gesicht geklebt wird. Mit einem schwarzen Stift malen die Kinder die Augen dazu. Die Haare und der Bart werden aus Märchenwolle zurechtgezupft und angeklebt.

Den so gestalteten Kopf fixieren die Kinder nun an der Vorderseite des zusammengedrückten Schachtelteils. Mit Nadel und Faden wird oben an der Mütze noch eine Aufhängung angebracht. Zum Schluss rollen die Kinder eine kleine Kugel aus Märchenwolle, die als Bommel an der Spitze der Mütze aufgeklebt wird.

Erfahrung

Beim Durchschieben des Pfeifenputzers für die Arme des Nikolaus und beim Umgang mit Nadel und Faden benötigten die Kinder Hilfestellung durch einen Erwachsenen. *(HT)*

Kuschlige Weihnachtsbäume
Bastelarbeit

Material
Styroporkegel (ca. 20 cm hoch), Goldfolie, grüne Märchenwolle, goldener Bouillondraht, Stecknadeln, Metallicperlen (Ø 6 mm), Filznadel (Stärke 32–36), evtl. Filznadelhalter, Schaumstoffunterlage, Klebstoff, Schere

So wird's gemacht
Die Styroporform wird auf die rutschfeste Schaumstoffunterlage gelegt und die Kinder beginnen, den Kegel mit einer dünnen, aber blickdichten Lage Wollvlies zu umkleiden. Dazu zupfen sie von der grünen Wolle ein längliches Stück ab. Sie drehen und rollen die grüne Märchenwolle mit den Händen zu einem festeren Strang und wickeln sie rundum von unten beginnend nach oben um den Kegel. Mit der Filznadel wird durch wiederholtes Einstechen die Wolle mit dem Styropor verbunden.

Auf diese Weise verkleiden die Kinder den Styroporkegel nach und nach mit mehreren Strängen Wolle, die an den Ansatzstellen mithilfe der Nadel mit der Grundform verbunden werden. Die Nadel, kreuz und quer eingestochen, sollte dabei immer gerade geführt werden, da sie sonst leicht abbrechen oder sich verbiegen kann. Ein Filznadelhalter, in den eine oder mehrere Filznadeln gesteckt werden können, erleichtert dabei diesen Arbeitsschritt.

Sichtbare Löcher, die durch die groben Nadeln entstehen können, verschwinden, wenn die Kinder vorsichtig mit den Fingern über die entsprechenden Stellen reiben.

An durchscheinenden Flächen kann problemlos ein zurechtgezupftes Stück Wolle aufgelegt und angenadelt werden.

Ist die Grundform mit Wolle ummantelt, wird der Golddraht um den Kegel gewickelt. Eine Hilfestellung für die Kinder ist es, wenn der Anfang des Drahtes von einem Erwachsenen an eine Stecknadel geknotet und seitlich in den unteren Rand des Kegels gedrückt wird. Nun lässt sich der Draht leichter um den Kegel wickeln. Wer möchte, fädelt in einem Abstand von ca. 3–4 cm zusätzlich Perlen mit auf den Draht, die dann rundum mit eingewickelt werden und in der fertigen Gestaltung wie Weihnachtsbaumkugeln wirken. Das Drahtende wird wieder um eine Stecknadel gewickelt und oben in den Styroporkegel gesteckt. Etwas Wollvlies darüber ziehen, schon sind die Nadelköpfe verschwunden.

Zum Schluss schneiden die Kinder aus Goldfolie einen kleinen Stern aus, der an die Spitze des dekorativen Weihnachtsbäumchens geklebt wird.

Erfahrung
Nach kurzer Zeit wollten sich auch jüngere Kinder an dieser Gestaltungsarbeit beteiligen. Da der Umgang mit den spitzen Filznadeln für diese aber schwierig ist, begannen wir, die Wollstränge mit Seifenwasser zu formen und diese rund um den Kegel mit Klebstoff aufzukleben, was wunderbar gelang. *(HT)*

Altersstufe
ab 5 Jahre

Zeit
Einzelarbeit
ca. 40 Minuten

Die Krippe von Bethlehem
Bastelarbeit

Altersstufe
ab 4 Jahre

Zeit
Einzelarbeit
ca. 20 Minuten
(ohne Trockenzeit)

Material
Pappröhren, bunter Fotokarton, gelbe oder goldene Wellpappe, Kokospapier, Goldfolie, blauer Müllsack, Naturbast, Korken, Märchenwolle, Moosstücke, kleine Tannenzapfen, ggf. Motivlocher Stern oder Stern-Sticker, braune Acryl- oder Schulmalfarbe, Glitterglue, goldener Lackmaler, Fasermaler, Buntstifte, Pinsel, Klebstoff, Schere

So wird's gemacht
Zunächst wird der Stall hergestellt, in dem die heilige Familie Zuflucht suchte.
Die Säulen des Stalls bestehen aus zwei gleich langen Pappröhren, die zunächst mit brauner Farbe bemalt und zum Trocknen beiseitegelegt werden.

Nun skizzieren die Kinder mit einem Buntstift auf braunem oder beigefarbenem Fotokarton den Boden für ihre Krippe. Die Umrissform kann hierbei frei gewählt werden, allerdings sollte sie nicht zu klein ausfallen, da hierauf später die Krippenfiguren Platz finden sollen.

Ebenso schneiden sie aus einem Stück Kokospapier das Dach für die Krippe großzügig in beliebiger Form zurecht.

Sobald die Farbe auf den Pappröhren getrocknet ist, können diese mit etwas Abstand zueinander auf den Fotokartonboden geklebt werden.

Aus zwei gleich großen Korken werden Maria und Josef und aus einem kleineren Korken das Jesuskind gestaltet. Wer keinen kleineren Korken zur Verfügung hat, schneidet einfach von einem normalen Korken ein Stück ab. Das Gesicht der Figuren wird dazu mit Fasermalern aufgemalt. Die Haare entstehen aus zurechtgezupfter und aufgeklebter Märchenwolle.

Auf einem Stück eines blauen Müllsacks kleben die Kinder Sterne aus Goldfolie auf. Die Himmelskörper können ebenso mit einem goldenen Lackmaler auf den Müllsack gemalt oder in Form von Stickern aufgeklebt werden.

Dieser Sternenhimmel stellt den Hintergrund dar und wird auf die Rückseite der Säulen geklebt. Hierzu die Säulen am Rücken mit Klebstoff bestreichen, den Sternenhimmel etwas spannen und aufkleben. Das Spannen und Aufkleben des Folienhimmels funktioniert am besten zu zweit. Zuletzt den überstehenden Rand des Müllsacks mit einer Schere abschneiden.

Das vorbereitete Dach aus Kokospapier legen die Kinder auf die Pappröhren und kleben es dort fest. Damit es wie ein echtes Strohdach wirkt, werden einfach einige Baststücke an der Dachoberseite mit Klebstoff befestigt.

Nun können die Krippenfiguren im Stall arrangiert werden. Maria und Josef werden zwischen den Säulen aufgestellt. Damit das Jesuskind auf Stroh gebettet ist, kleben die Kinder zuerst einige Naturbaststücke am Boden auf und

Tipp
Die Gaben der Heiligen Drei Könige (Gold, Weihrauch und Myrrhe) sind für die Kinder häufig recht abstrakt. Großen Spaß macht es ihnen, sich eigene Geschenke auszudenken, die das Jesuskind heutzutage vielleicht zur Geburt von den Königen bekommen würde.

legen den Korken darauf. Dabei schieben sie die Figuren so lange hin und her, bis ihnen das Arrangement gefällt und fixieren erst dann alles mit Klebstoff an den gewünschten Stellen.

Den Stern von Bethlehem schneiden die Kinder freihand aus einem gelben oder goldenen Wellpappe- oder Fotokartonstück aus und verzieren ihn mit Glitterglue. Nach dem Trocknen biegen sie die Spitze einer Sternenzacke um und bringen den Stern mit dieser Klebelasche am Dach der Krippe an.

Die Kinder können noch Bäume aus Fotokarton gestalten und aufkleben. Auch kleine Tannenzapfen oder Moosstücke wirken schön.

Wer dann noch Platz in seiner Krippe hat, kann zudem noch einen Ochsen sowie einen Esel fertigen. Auch mit den Hirten oder den Heiligen Drei Königen, die ihre Gaben bringen, kann die Krippe bereichert werden.

Erfahrung

Wird der Sternenhimmel mit einem Müllsackstück dargestellt, scheint das Licht von hinten stimmungsvoll durch die transparente Folie hindurch. Allerdings ist das Aufkleben der instabilen Folie für kleine Kinderhände recht schwierig. Wird stattdessen blauer Fotokarton als Himmel verwendet, gelingt das Aufkleben auch jüngeren Kindern ohne Hilfe.

Wenn die Kinder im Anschluss mit der Krippe spielen wollen, ist es sinnvoll, die Korkfiguren nicht am Krippenboden festzukleben, sondern diese frei stehen zu lassen. *(KW)*

Vorlage siehe Motivbogen

Gipsengel

Modellierarbeit

Material

Kegel aus Styropor oder Pappe (ca. 20 cm hoch), Wattekugel (Ø 6 cm) mit Bohrung, dünne Pappe, Gipsbinden, flache Plastikschalen, bunte PLAKA-Farbe, goldene Metallicfarbe, Pinsel, Bleistift, Kreppklebeband, Schere

So wird's gemacht

Als Grundgerüst für den Engelskörper dienen der Kegel sowie die Wattekugel, die mit ihrer Öffnung fest auf die Kegelspitze gesteckt wird. Wer keine Wattekugel zur Verfügung hat, kann auch eine Styropor- oder Holzkugel mit Bohrung verwenden.

Damit die Körperkonstruktion stabiler wird, befestigen die Kinder die beiden Teile zusätzlich noch mit Kreppklebeband aneinander.

Nun kann das gesamte Grundgerüst mit Gipsbinden umwickelt werden. Hierzu schneiden die Kinder die Gipsbinden in etwa 5 cm lange Stücke und halten diese in einer Plastikschale bereit.

Altersstufe
ab 5 Jahre

Zeit
Einzelarbeit
ca. 60 Minuten
(ohne Trockenzeit)

Sie tauchen ein Gipsbindenstück kurz in eine Wasserschale, streifen die Binde am Behälterrand ab, legen die feuchte Gipsbinde um das Grundgerüst des Engels und drücken sie fest. Das Gipsgewebe muss unmittelbar nach dem Befeuchten verarbeitet werden, da es schon nach wenigen Minuten aushärtet. Auf diese Weise gehen die Kinder weiter vor, bis das Grundgerüst mit ein bis zwei Lagen Gips versehen ist.

Sobald der Gips am Engelskörper nach kurzer Zeit zu trocknen beginnt, streichen die Kinder die Oberfläche glatt und drücken dabei eventuell überstehende Ecken an.

Während der Gips vollständig trocknet, können die Engelsflügel vorbereitet werden. Dazu zeichnet man die Flügel freihand oder nach der Vorlage auf dem Motivbogen mit Bleistift auf dünne Pappe auf und schneidet sie aus.

Die Kinder umwickeln die Flügel ebenfalls mit feuchten Gipsbinden und streichen sie glatt, bevor sie diese von hinten am Rücken des Engels befestigen. Hierfür benötigt man mehrere zurechtgeschnittene, feuchte Gipsbinden, die über den Flügel gelegt und dabei auch an den Körper gedrückt werden. Sollten die Flügel abrutschen, kann man diese einfach kurz festhalten, bis die Gipsbinden angetrocknet sind.

Die Haare des Engels entstehen aus ca. 15 cm langen, angefeuchteten Gipsbinden, die über den Kopf gelegt und nach Belieben geformt werden. Möchten die Kinder eine bestimmte Frisur gestalten, genügt es, die Gipsbinden in dieser Position einfach kurz festzuhalten und antrocknen zu lassen. Zusätzliche Stabilität erhält der Engel, wenn die Haarenden fest an die Flügel und den Körper gedrückt werden.

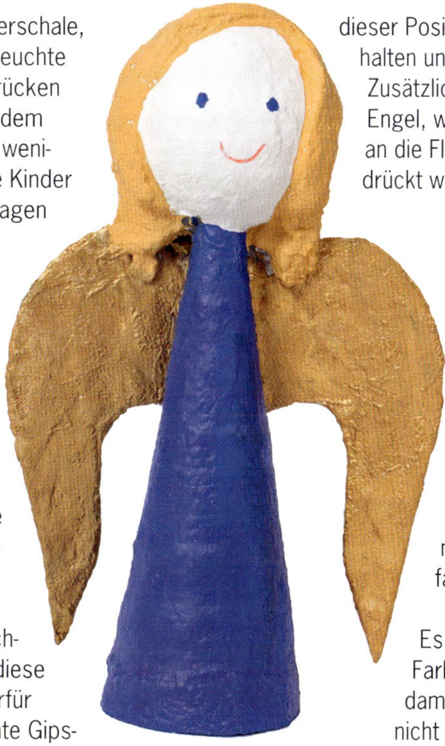

Am nächsten Tag, wenn die Figur ganz getrocknet ist, kann der Engel bemalt werden. Neben PLAKA-Farben eignen sich ebenso auch Abtön-, Acryl-, Schulmal- oder Plakatfarben. Besonders schön wirkt es, wenn die Engelsflügel mit goldener Metallicfarbe gestaltet werden.

Es hat sich bewährt, die Farben dosiert anzubieten, damit die Form des Engels nicht durch eine zu bunte Bemalung an Wirkung verliert.

Tipp

Werden immer vier Engel in der gleichen Farbe bemalt, eignen sie sich auch wunderbar als überdimensionale Spielfiguren. Mit großen, bunten Moosgummikreisen ist im Gruppenraum schnell ein Spielfeld nach dem Vorbild des Mensch-ärgere-Dich-nicht-Spiels aufgebaut und es kann mit den selbst gemachten Engelsfiguren gespielt werden. Beim Spiel mit den Engeln ist es ratsam, die Spielfigur nicht am Kopf oder den Flügeln, sondern stets am Kegel festzuhalten, damit nichts abfällt.

Erfahrung

Einige Male benutzten die Kinder zu viel Wasser, was die Gipsbinden rutschen ließ. Abhilfe schaffte ein trockenes Stück Gipsgewebe, das darübergelegt und verstrichen wurde, um das überschüssige Wasser aufzusaugen.

Beim Verbinden der Einzelteile, wenn beispielsweise die Flügel am Körper befestigt werden sollten, waren manche Kinder auf etwas Hilfestellung durch einen Erwachsenen angewiesen. Einige Kinder wollten die Schablone für die Flügel nicht benutzen und entschieden sich für eigene Flügelformen. Beim Aufzeichnen und Übertragen der Formen auf Pappe benötigten sie etwas Unterstützung. *(HT)*

Altersstufe
ab 2 Jahre

Zeit
Einzelarbeit
ca. 30 Minuten
(ohne Trockenzeit)

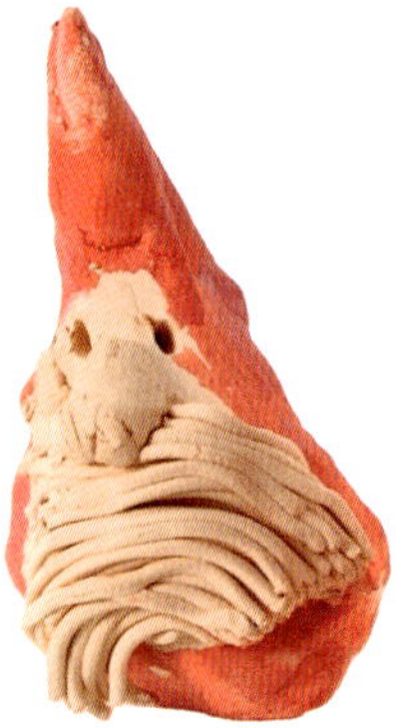

Modellierte Weihnachtswichtel

Modellierarbeit

Material

Lufttrocknende Modelliermasse, Schaschlikstäbe, rote Deckfarbe, Pinsel, Knoblauchpresse

So wird's gemacht

Jedes Kind erhält ein Stück Modelliermasse von der Größe einer kleinen Kartoffel. Die Kinder kneten es in den Händen, bis die Masse weich ist, und modellieren eine längliche Eiform. Nun werfen sie die Masse mit Schwung auf die Tischplatte, damit sich am unteren Ende eine stabile Standfläche bildet.

Das obere Ende der Modelliermasse wird nun zwischen den Fingern zu einer langen Mützenspitze geformt. Viel Spaß macht es den Kindern, mit nassen Händen die Spitze immer länger zu ziehen.

Mit einem Schaschlikstab wird nun angezeichnet, bis wohin die Mütze reichen und an welcher Stelle das Gesicht platziert werden soll. Für jüngere Kinder zeichnet dies ein Erwachsener vor. Um die Augen darzustellen, stechen die Kinder den Schaschlikstab an den gewünschten Stellen ein.

Die Nase entsteht aus einem etwa erbsengroßen Stück Modelliermasse, das zu einer Kugel gerollt und unterhalb der Augen platziert wird.

In einer Knoblauchpresse wird ein kleines Stück Modelliermasse zu einem Büschel langer Fäden gedrückt. Kleinere Kinder brauchen etwas Hilfe beim Zusammendrücken der Knoblauchpresse. Das Fadenbüschel wird als Bart vorsichtig unterhalb der Nase angebracht. Wer möchte, kann zusätzlich ein längliches Büschel als Haare am Mützenrand beziehungsweise als Bommel an der Mützenspitze fixieren.

Nach dem Trocknen werden der Korpus der Figur sowie die Mütze mit roter Deckfarbe bemalt. Wer einen stärkeren Kontrast erzielen möchte, kann den Bart, die Haare und den Bommel mit weißer Farbe hervorheben – fertig sind die Weihnachtswichtel!

Erfahrung

Die Kinder sind fasziniert von der Produktion der Bartfäden. Wir ließen sie dieses Erlebnis auskosten, indem sie eine Weile lang größere Stücke Modelliermasse durch die Knoblauchpresse drücken konnten. *(SH)*

Tipp

Ältere Kinder haben Spaß daran, ihren Weihnachtswichtel zu einem richtigen Weihnachtsmann auszugestalten. Dafür versehen sie ihre Figur noch mit Armen und Händen oder mit einem Sack. Im Anschluss daran können mit brauner Deckfarbe auch noch ein Gürtel und Schuhe aufgemalt werden.

Gedruckter Tannenwald

Collage

Material

Bunter Tonkarton (DIN A3), braune Wellpappe, weißes Papier, Tannenzweige, dünne Korkplatte, Tannenzapfen, Perlen, dünner Basteldraht, braune Pfeifenputzer, grüne Fingerfarbe, Glitterglue, Buntstifte, Pinsel, Klebstoff, Schere

So wird's gemacht

Für die Baumstämme können ausgeschnittene Kork- oder Wellpappestücke, aber auch Pfeifenputzer verwendet werden. Die Kinder schneiden diese in die gewünschte Form und Länge und befestigen sie mit Klebstoff auf dem quer liegenden Tonkarton.

Als Nächstes folgt die Gestaltung der Zweige. Hierzu bemalen die Kinder ihre Tannenzweige mit grüner Fingerfarbe und drucken diese auf das Papier. Wer nicht direkt auf den Tonkarton drucken möchte, kann den Zweigdruck auch auf weißem Papier vornehmen. Sobald die Farbe getrocknet ist, werden die gedruckten Zweige ausgeschnitten und auf den bunten Tonkarton gelegt. Wenn die Kinder mit der Anordnung zufrieden sind, kleben sie die einzelnen Stücke an.

Nun kann man den Tannenbaum noch mit kleinen, grünen Perlen, die auf einen dünnen Draht aufgefädelt wurden, verzieren. Auch mit grünem Glitterglue lassen sich schöne

Effekte erzeugen. Kleine Tannenzapfen, die zwischen den Bäumen aufgeklebt werden, verleihen der Collage einen naturnahen Charakter.

Wer einen Rahmen gestalten möchte, kann Korkstreifen zuschneiden und diese am Rand des Tonkartons entlang aufkleben.

Kinder, die sich schon mit Schriftbildern auseinandersetzen, haben in der Regel große Freude daran, ihre Collage zum Schluss mit Buntstiften mit den Wörtern „Tannenbaum" oder „Tannenwald" zu beschriften.

Erfahrung

Das Arbeiten mit Naturmaterialien stellt immer einen besonderen Reiz dar. Beim nächsten Waldspaziergang hielten unsere Kinder gezielt nach weiteren Naturmaterialien Ausschau, die sie zum Gestalten von Bildern verwenden konnten. So sammelten sie eifrig Rindenstücke, Ästchen, Blätter und Moosstücke für weitere Bilder. *(KW)*

Weihnachten

Altersstufe
ab 3 Jahre

Zeit
Einzel- oder Gruppenarbeit
ca. 30 Minuten
(ohne Trockenzeit)

Altersstufe
ab 4 Jahre

Zeit
Einzelarbeit
ca. 35 Minuten

Zauberhafte Weihnachtsengel

Bastelarbeit

Material

Muffin-Papierförmchen in zarten Farben, Wattekugeln (ca. Ø 15 mm), bunte Märchenwolle, Watte, Eisstiele oder Bastelhölzer, Zahnstocher, Pailletten, Sternchen, Perlen, goldener Bouillondraht, ggf. Deckfarben und Deckweiß, Fasermaler, Glitter-Liner, Pinsel, Klebstoff, Schere

So wird's gemacht

Jedes Kind erhält ein Muffin-Papierförmchen in der gewünschten Pastellfarbe. Wer nur weiße Papierförmchen zur Verfügung hat, kann diese mit Deckfarbe, die mit viel Deckweiß vermischt wurde, im gewünschten Pastellton selbst bemalen und zum Trocknen beiseitelegen.

Anschließend schneiden die Kinder ihr Muffin-Papierförmchen in zwei Hälften. Ein Erwachsener klebt mit Klebefilm für jedes Kind einen Zahnstocher so auf den Eisstiel oder das Bastelholz, dass die Spitze des Zahnstochers oben etwa einen halben Zentimeter über den Eisstiel bzw. das Bastelholz hinausragt.

Die Kinder stecken die kleine Wattekugel mit etwas Klebstoff auf den Zahnstocher. Nun zupfen sie für die Haare etwas Märchenwolle in der gewünschten Farbe ab und rollen sie zwischen beiden Handflächen zu einer Kugel. Sie betupfen die Wattekugel mit Klebstoff und drücken die runde Wollkugel mit kreisenden Bewegungen so darauf, dass sie sich als Frisur um den Kopf legt.

Um die zarten Engelsflügel darzustellen, zupfen die Kinder einen weiteren, farbigen Wollstreifen von der Märchenwolle ab und knoten diesen direkt unter dem Kopf um den Eisstiel herum fest.

Jetzt kleben sie die beiden Hälften des Muffin-Papierförmchens passend auf die Vorder- und Rückseite des Eisstäbchens oder des Bastelholzes auf. Etwas Klebstoff an den Seiten der Papierförmchen befestigt die beiden Kleiderhälften wieder aneinander.

Der untere Rand des Kleides kann mit Sternchen, Pailletten oder Perlen beklebt oder mit Glitter-Liner verziert werden. Auch die Mitte des Kleides kann mit einem Stern, mit einer Paillette oder Perle weiter ausgestaltet werden.

Mit einem dünnen Fasermaler werden die feinen Gesichtszüge des Engelchens auf die Wattekugel getupft.

Zum Schluss klebt ein Erwachsener auf der Rückseite des Engels ein Aufhängeband an oder legt einen vorbereiteten Draht um den Kopf herum.

Erfahrung

Sehr schön sieht es auch aus, wenn man den Engel in ein Stück Styropor oder etwas Modelliermasse steckt. Wird das Styroporstück bzw. die Modelliermasse noch mit weißer Watte umkleidet, wirkt es, als befände sich das kleine Engelchen direkt auf einer weißen Wattewolke. *(EvH)*

Glitzersterne

Bastelarbeit

Material

Feste Pappe oder Fotokarton, dünne Weihnachtsfolien, Alufolie, Bastelfilzreste, Pailletten, Garn, Nadel, Prickelnadel, Nudelholz, Lackmaler, Klebstoff, Schere, ggf. große Stern-Ausstechform

Vorbereitung

Ein Erwachsener malt für die Kinder mithilfe der Sternenvorlage auf dem Motivbogen einige Sterne auf feste Pappe oder Fotokarton auf.

So wird's gemacht

Die Kinder schneiden die Sterne aus der Pappe oder dem Fotokarton aus.
Nun drücken sie die Weihnachts- oder Alufolien mit den Händen fest zusammen, sodass sie knittern. Ziehen sie die Folie danach wieder auseinander und rollen mit dem Nudelholz langsam darüber, weist die Folie eine schöne Oberflächenstruktur auf.

Zunächst bekleben die Kinder eine Sternenseite mit der Folie und schneiden die überstehenden Ränder ab. Diesen Vorgang wiederholen sie bei der Rückseite des Sterns.

Ein Erwachsener legt eine vorbereitete Sternenschablone auf den mit Folie versehenen Stern und malt den Innenkreis mit einem dünnen Lackmaler von beiden Seiten auf. Diesen Innenkreis prickeln die Kinder mithilfe einer Prickelnadel heraus.

Die Kinder schneiden lange, schmale Filzstreifen zu und kleben diese von der Lochmitte bis zu den Sternspitzen auf. Auf diese Weise gestalten sie beide Seiten des Sterns mit Filzstreifen und schneiden zum Schluss die überstehenden Filzenden ab.

Nun werden die Sternspitzen und die Filzstreifen mit farblich passenden Pailletten verziert.

Zum Schluss bohrt ein Erwachsener ein Loch in den Stern und fädelt einen Aufhängefaden hindurch. Wer möchte, kann den Faden auch einfach durch das Loch in der Mitte führen.

Erfahrung

Für die Kinder war es sehr interessant, die Folie zu knittern und mit dem Nudelholz wieder eine glatte Fläche zu bekommen.
Manche Kinder hatten Schwierigkeiten, die Filzstreifen selbstständig herzustellen, hier griff dann ein Erwachsener mit einer großen Schere helfend ein. *(EvH)*

Tipp

Wer Sterne in mehreren Farben gestalten möchte, schneidet für jede Seite zwei unterschiedlich große Folienkreise zu und klebt diese übereinander auf den Stern, wobei der große Kreis direkt auf den Stern geklebt und der kleinere darauf platziert wird.
Nun schneiden die Kinder die überstehenden Folienkreise entlang der Sternzacken ab und prickeln die mit Lackmaler vorgezeichnete Kreismitte heraus.
Sollen die Spitzen noch in einer weiteren Farbe gestaltet werden, klebt man einfach kleine Folienschnipsel in der gewünschten Farbe zuletzt von beiden Seiten auf die Sternspitzen.

Vorlage siehe Motivbogen

Altersstufe
ab 4 Jahre

Zeit
Einzelarbeit
ca. 40 Minuten

Altersstufe
ab 3 Jahre

Zeit
Einzelarbeit
ca. 60 Minuten
(ohne Trockenzeit)

Weihnachtswichtelmützen zum Spielen

Bastelarbeit

Material

Bunter Fotokarton (DIN A3), Schellen, Dekorationsmaterial (Wattepads, Pompons, Sterne, Sternendraht, Schleifenband), Schwamm, bunte Fingerfarbe, ggf. goldene Acrylfarbe, schwarzer Fasermaler, Buntstifte, Tacker, Lochzange, Klebstoff, Schere, Motivschere

So wird's gemacht

Die Kinder erhalten einen bunten Fotokartonbogen und wählen eine passende Fingerfarbe aus.
Sie tauchen einen feuchten Schwamm in die Farbe und versehen den bunten Fotokarton mit verschiedenen Schwammtupfern. Hübsch wirkt es, wenn der Schwamm mehrmals auf den Fotokarton gedrückt wird, ohne Farbe nachzugeben. Auf diese Weise entstehen Drucke in unterschiedlichen Schattierungen. Mit älteren Kindern kann die Gestaltung mit goldenen Acrylfarbentupfern weihnachtlich ergänzt werden.

Nach etwa vier Stunden Trockenzeit malen die Kinder auf der ungestalteten Seite des Kartons eine dreieckige Mützenform auf, wobei der untere Mützenrand etwa 15 cm breit sein sollte.

Als Halterung für die Wichtelmütze zeichnen sie ein langes Rechteck (ca. 40 x 5 cm) auf dem Fotokarton vor. Die Kinder schneiden die Mützenform sowie den vorgezeichneten Streifen mit der Schere oder mit einer Motivschere aus.

Im Anschluss daran wird mit dem Kartonstreifen am Kopf des Kindes Maß genommen

und dem Kopfumfang passend zugeschnitten. Der Streifen wird nun mit dem Tacker am unteren Rand der Mütze befestigt und zu einem Ring geschlossen.

Beim Befestigen des Fotokartonringes mit dem Tacker ist es wichtig, darauf zu achten, dass die Enden der Tackerklammern an der Außenseite der Mütze liegen, damit sich später beim Tragen keine Haare verfangen oder die Mütze kratzt.

Tipp

Möchten Sie die Mützen mehrmals für verschiedene Kinder zum Beispiel für einen Weihnachtstanz verwenden, ersetzen Sie die Papierstreifen durch Hutgummi. Auf diese Weise werden die Größen variabler.
Wer die Mützen von beiden Seiten schön gestaltet haben möchte, fertigt einfach zwei Dreiecksformen an, befestigt diese an der Kopfhalterung und gestaltet beide von außen in ähnlicher Weise.

Unsere Kinder haben die Mützen auch als Feenhüte oder Zwergenmützen verwendet. Der Fantasie waren hier keine Grenzen gesetzt.

Mit den Schellenmützen spielten sie gerne das Spiel „Lautloser Wichtel“. Hierbei versucht ein Kind, seine mit Schellen versehene Wichtelmütze so ab- und wieder aufzusetzen, dass die Schellen schweigen. Die anderen Kinder sitzen im Kreis und lauschen mit geschlossenen Augen, ob dies wirklich gelingt. Bimmelt doch eine Schelle, ist großes Gelächter die Folge.

(MF)

Danach schmücken die Kinder ihre Kopfbekleidung mit bunten Schleifenbändern, Sternen und/oder weihnachtlichem Drahtschmuck. Hierbei kleben sie gezielt auch Sterne oder Bänder auf die Stellen, an denen die Tackerklammern liegen, um diese zu verdecken. Auch Wattepads oder Kreise aus weißem Fotokarton sehen an der Mützenspitze als Bommel sehr hübsch aus.

Wer möchte, kann auch seinen Namen mit Fasermaler aufschreiben. Um die Schellen zu befestigen, stanzt man mit einer Lochzange mehrere Löcher in den Fotokarton und zieht Schleifenbänder hindurch, auf die einige Schellen aufgefädelt wurden.

Erfahrung

Fallen die Wichtelmützen zu hoch aus oder wurden reichlich mit schwereren Materialien verziert, kann es sein, dass sie nicht mehr gerade nach oben stehen, sondern sich etwas nach vorn oder hinten neigen. Deshalb ist es ratsam, die Dreiecksform nicht allzu hoch anzulegen. Alternativ kann sie auch mit stabiler Pappe oder einem zweiten, farblich passenden Fotokartonbogen hinterklebt werden.

8. Naturwissenschaften

Kinder sind kleine Wissenschaftler. Mit wachen Augen betrachten sie ihre Umwelt, die voller physikalischer, chemischer und biologischer Phänomene ist. Sie beschäftigen sich intensiv mit den Dingen, die sie umgeben und untersuchen sie genauer. Gerne ordnen und sortieren sie diese nach bestimmten Kriterien wie Farbe, Größe, Form oder Funktion. Wie viele rote Perlen liegen da und wie viele blaue? Bin ich größer oder kleiner als du? Wie viele Kerzen darf ich dieses Jahr auf meinem Geburtstagskuchen auspusten? Was bedeuten die Augen auf einem Würfel?

Der Umgang mit geometrischen Figuren wie Dreiecken, Vierecken und Kreisen schult die Formwahrnehmung und macht obendrein großen Spaß. Man kann die Formen malen, aus Papier falten, sie befühlen und sogar hübsche, wiederkehrende Muster damit legen.

Das Zählen und Ordnen von Gegenständen nach bestimmten Merkmalen, das Nachlegen von Figuren sowie das Fortsetzen von Mustern fördert spielerisch das Erkennen elementarer mathematischer Prinzipien.

Auch physikalischen Phänomenen gehen Kinder tagtäglich auf den Grund. Warum gleitet ein Spielzeugmännchen mit einem Fallschirm langsamer zu Boden als ohne Fallschirm? Was schwimmt im Wasser und was geht unter? Warum sausen Spielzeugautos einen steilen Hang schneller hinunter als einen flacheren? Kinder sind offen für die Phänomene dieser Welt und wollen alles, was ihnen begegnet, genau unter die Lupe nehmen, berühren, ausprobieren und alle Eigenschaften in zahlreichen Situationen erfahren. So kommen sie bei vielen Spielanlässen im Alltag mit Naturgesetzen wie Schwerkraft, Fliehkraft, Magnetismus, Elektrizität etc. in Berührung und erforschen diese im eigenen Tun. Dabei experimentieren sie spielerisch und übertragen gewonnene Erkenntnisse auf andere Bereiche.

Da das freie Forschen im Alltag nicht immer und überall möglich ist, ist es besonders wichtig, den Kindern einen Raum zu schaffen, in dem sie selbst tätig werden dürfen, um das, was sie umgibt, ausprobieren und erleben zu können. Die Kinder stellen Fragen, experimentieren und erfahren so spannende Aspekte, die ihr Interesse an den Naturwissenschaften wecken.

Mathematische Grunderfahrungen ***Seite 264***
Physikalische Phänomene ***Seite 273***

Zahlensäckchen

Bastelarbeit

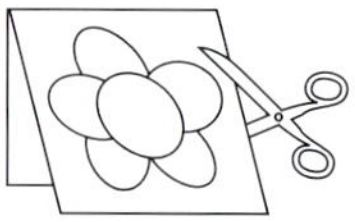

10 Vorlagen
siehe Motivbogen

Material

Je Zahl ein Baumwollsäckchen mit Zugband (Schuhbeutel oder Brotbeutel, 11 x 16 cm), Velours-Papier, weitere Materialien mit deutlich fühlbarer Oberfläche (Wellpappe, Tapetenreste, Bastelfilzreste, Pfeifenputzer, selbstklebende Filzzahlen), BLANKI-Spielkarten, BLANKI-Memo-Karten, weiße Faltschachteln in unterschiedlichen Größen, Markierungspunkte, Buntstifte, Bleistift, Schere, Klebstoff, Zeitungspapier

Altersstufe
ab 3 Jahre

Zeit
Gruppenarbeit
ca. 30 Minuten

So wird's gemacht

Mit diesen schnell vorbereiteten Materialien können die Kinder durch vielfältige Spielangebote die ersten Zahlen und auch die dazugehörigen Mengen kennenlernen.

Zuerst wird die Zahlenvorlage auf Velours-Papier übertragen und ausgeschnitten. Passend zur Ziffer schneiden die Kinder die entsprechende Anzahl von ca. 3 cm großen Kreisen aus Velours-Papier aus.

Bevor die Einzelteile auf das Baumwollsäckchen geklebt werden, wird eine Lage Zeitungspapier in das Säckchen gelegt, damit der Stoff an Vorder- und Rückseite des Säckchens nicht zusammenklebt. Auf diese Weise entstehen so nach und nach alle Zahlensäckchen im Zahlenraum von 1 bis 10.

Danach können je nach Wunsch weitere Materialien zum Spielen und Kennenlernen der Zahlen vorbereitet werden. So wird zum Beispiel ein Pfeifenputzer als Zahl zurechtgebogen und auf eine gefaltete Schachtel oder auf eine Spielkarte geklebt. Filzzahlen und Markierungspunkte oder aus Bastelfilz ausgeschnittene Kreise, die auf BLANKI-Memo-Kärtchen geklebt werden, eignen sich sehr gut für Zuordnungsspiele. Wer möchte, kann bei diesen Karten noch den Hintergrund farbig ausmalen. Die jeweilige Zahlenkarte und die dazu passende Mengenkarte sollten dann als zusätzliche Orientierungshilfe dieselbe Hintergrundfarbe aufweisen.

Zahlenspiele

- Die Kinder spuren zunächst die jeweilige Zahl mit den Fingern in Schreibrichtung nach und benennen diese dabei. Diese Zahlen prägen sich dann nicht nur akustisch und visuell ein, sondern festigen sich auch taktil im Gedächtnis.

- Jedes Kind bekommt ein leeres Zahlensäckchen und sammelt die jeweils richtige Anzahl von verschiedenen Materialien oder Gegenständen dazu: 2 kleine Autos, 3 Bauklötze, 4 Knöpfe usw. Auch Zahlenkarten, Zahlen aus Holz, Moosgummi oder auf Papier gestempelte Zahlen, gesammelt in den Schächtelchen, können dazugepackt werden.

- Die Säckchen liegen auf dem Tisch und die Kinder führen Aufträge durch: Lege eine Perle/Knopf in die Schachtel mit der Zahl 1 und stecke sie in das passende Säckchen. Hole die Zahl 3 und stampfe genauso oft auf den Boden. Stecke alle Kärtchen mit der Zahl 2 in das passende Säckchen. Setze dich auf das Säckchen mit der Zahl 6. Wie alt bist du? Hole die passende Zahlenkarte usw.

Erfahrung

Die Spiele mit den Zahlensäckchen wurden von den Kindern sehr gerne angenommen, umgesetzt und auch auf fantasievolle Weise erweitert. So sammelten sie zum Beispiel alle Zahlen, die sie aus Zeitungen ausgeschnitten hatten, in diesen Säckchen, malten die Zahlen auf oder druckten diese mit Zahlenstempeln. *(HT)*

Bunter Abakus

Mal- und Bastelarbeit

Material

Holzbilderrahmen ohne Glas (Größe beliebig, allerdings nicht zu klein), Fotokarton, Tafelfolie, bunte, dünne Schnüre (z. B. Scoubidou-Bänder), verschiedene Holzperlen, Moosgummimotive, Reißzwecken, bunte Acryl- oder Schulmalfarbe, Lackmaler, Kreide, Pinsel, Lineal, Hammer, Motivlocher, Klebstoff, Schere

So wird's gemacht

Kinder, die schon zählen können, gehen spielerisch mit Zahlen um. Kleinere Additionen und Subtraktionen bereiten ihnen große Freude. Mit einem Abakus lassen sich Zahlen und Mengen auf einen Blick erfassen. Die Kinder zählen die Perlen, schieben welche hinzu oder weg, zählen erneut und stellen so einfache Rechenoperationen dar.

Um diesen Abakus herzustellen, bemalen die Kinder zunächst ihren Holzbilderrahmen mit bunten Acryl- oder Schulmalfarben und lassen ihn einige Zeit trocknen.

Nach dem Trocknen unterteilt ein Erwachsener mithilfe eines Lineals und eines Lackmalers die Längsseite des Rahmens auf der rechten und linken Seite in zehn gleiche Teile, indem er diese mit einem Punkt markiert. Die rechte und linke Seite wird an den markierten Punkten mit je zehn Reißzwecken versehen. Diese sollten allerdings nicht zu fest in das Holz gedrückt werden, da daran später die Enden der Perlenschnüre verknotet werden.

Als Nächstes schneiden die Kinder zehn bunte Schnüre so zu, dass sie der Breite des Holzbilderrahmens bis zum äußeren Rand entsprechen. Nun verknoten sie ein Ende der Schnur an einer Reißzwecke des rechten Holzrahmens und drücken diese ganz in das Holz hinein. Bei Bedarf kann ein Erwachsener mit einem Hammer nachhelfen.

Anschließend fädeln die Kinder nacheinander zehn Holzperlen auf die Schnur, spannen diese fest und verknoten das andere Ende an der gegenüberliegenden Reißzwecke. Zuletzt wird auch diese in den Holzrahmen gedrückt bzw. geschlagen.

Haben die Kinder alle zehn Perlenschnüre am Rahmen angebracht, ist dieser bereits funktionstüchtig.

Wer möchte, kann seinen Rahmen noch mit aufgeklebten Moosgummimotiven oder kleinen Rechenaufgaben, welche auf Fotokartonstücken aufgeschrieben wurden, verzieren. Aus einem größeren Fotokartonstück, welches mit Tafelfolie beklebt wird, können die Kinder beispielsweise eine Krone oder ein anderes Motiv ausschneiden und am oberen Rand auf der Rückseite des Rahmens festkleben. Mit Tafelkreide lassen sich Rechenaufgaben oder der Name des Rechenkönigs aufschreiben.

Um die Rechentafel aufhängen zu können, einfach mit einem Locher, beispielsweise am aufgeklebten Fotokarton, ein Loch stanzen oder am oberen Rand der Rechentafel eine Schnur verknoten.

Erfahrung

Das Auffädeln der Perlen erforderte sehr viel Ausdauer von den Kindern und daher ist dieses Angebot sehr gut als Gruppenarbeit geeignet. *(KW)*

Altersstufe

ab 6 Jahre

Zeit

Gruppenarbeit
ca. 60 Minuten
(ohne Trockenzeit)

Fühlwürfel

Modellierarbeit

Material

Selbsttrocknende Modelliermasse, Fotokartonstücke, kleine Fühlutensilien wie Kieselsteinchen, Mosaiksteine oder Mosaikblumen, Perlen, bunte Reißzwecken, bunte Deckfarbe, Lackmaler, Klarlack, Pinsel, Fasermaler, Klebstoff, Spielwürfel als Anschauungsmaterial

Altersstufe
ab 4 Jahre

Zeit
Einzelarbeit
ca. 30 Minuten
(ohne Trockenzeit)

So wird's gemacht

Die Kinder formen aus einem faustgroßen Modelliermassestück einen Würfel. Um die Würfelflächen gleichmäßig zu gestalten, werden diese an eine gerade Fläche gedrückt und so geebnet.

Haben die Kinder ihren Würfel in Form gebracht, überlegen sie, mit welchen Materialien sie die Würfelaugen gestalten möchten. Da dieser Würfel vor allem den haptischen Sinn stimulieren soll, werden den Kindern Materialien angeboten, die durch ihre Struktur interessant wirken. So werden beispielsweise Mosaik- oder Kieselsteine, Mosaikblumen, kleine Perlen oder Reißzwecken zur Verfügung gestellt.

Anschließend drücken sie ihre Wunschmaterialien in die Würfelflächen. Als Unterstützung für die Anordnung der Würfelaugen erhalten die Kinder einen Spielwürfel als Anschauungsmaterial und Vorlage. Im Anschluss daran muss der Würfel etwa zwei Tage lang trocknen.

Nach dem Trocknen widmen sich die Kinder der farblichen Gestaltung ihres Würfels. Dafür bemalen sie ihren Würfel mit bunten Deckfarben, lassen dabei die Würfelaugen aber frei.

Um auch eine Verbindung zum Schriftbild der Zahlen herzustellen, können die Kinder mit einem Lackmaler die jeweiligen Zahlen direkt zu den Würfelaugen schreiben oder diese auf kleinen Fotokartonstücken notieren und mit Klebstoff fixieren.

Zuletzt wird der Würfel nach einer weiteren Trockenzeit rundum mit Klarlack besprüht.

Erfahrung

Beim Formen des Würfels benötigten die Kinder etwas Unterstützung, da es für manche Kinder schwierig war, eine solch regelmäßige Form zu modellieren. *(KW)*

Tipp

Wer seinen Würfel im Anschluss nicht bemalen möchte, kann die rohe Modelliermasse auch im Vorfeld mit Lebensmittel- oder Eierfarbe färben. Dafür wird das Pulver mit etwas Wasser verdünnt, auf die Knetmasse aufgetragen und fest geknetet, bis alles bunt gefärbt ist.

Messen mit dem Maßband

Mal- und Bastelarbeit

Altersstufe
ab 5 Jahre

Zeit
Einzelarbeit
ca. 30 Minuten
(ohne Trockenzeit)

Material

Transparente Mobilefolie, Fotokarton, Pailletten, Schmucksteine, Bastschnüre, große Holzspatel (ca. 15 cm lang), ausgedrucktes oder kopiertes Maßband, Buntstifte, bunte Acrylfarbe, Lackmaler, Zahlensticker, Fasermaler, Pinsel, Lineal, Klebstoff, Schere

So wird's gemacht

Wie lang ist der Buntstift? Ist mein Fuß größer als deiner? Kinder messen und vergleichen gern. Mit einem selbst gestalteten Maßband beschäftigen sie sich mit dem Längenbegriff und vergleichen Längen und Zahlenwerte spielerisch miteinander.

Zunächst schneiden sie aus einer transparenten Mobilefolie etwa 5 cm breite Streifen zurecht. Die Länge der Streifen orientiert sich am Wunsch der Kinder, wie lang ihr Maßband ausfallen soll. Soll das Maßband länger sein, einfach mehrere Streifen jeweils an den Enden mit Klebstoff aneinander fixieren, bis die gewünschte Länge erreicht ist.

Als Nächstes unterstützt ein Erwachsener die Kinder dabei, den transparenten Streifen mithilfe eines Lineals und eines Lackmalers in jeweils 10 cm große Abstände zu unterteilen und diese Abschnitte mit einer waagrechten Linie zu markieren. Im Anschluss daran werden die markierten Linien mit der jeweiligen Maßangabe beschriftet.

Die Kinder drehen ihr Maßband um, bemalen die Rückseite sowie einen Holzspatel mit der gewünschten Acrylfarbe und lassen alle Teile trocknen.

Währenddessen malen die Kinder mit Buntstiften oder Fasermalern die gewünschten Dekorationsmotive auf weißem Fotokarton auf und schneiden diese mit der Schere aus.
Hierbei sollte darauf geachtet werden, dass die Motive nicht größer als die Breite des Maßbandes ausfallen. Nach dem Ausschneiden werden diese mit Klebstoff am Maßband fixiert.

Der Holzspatel dient als Stabilisierung und Befestigung des Maßbandes. Das Maßband wird am oberen Rand mit Klebstoff bestrichen und am quer gelegten Holzspatel fixiert.

Auf dem bisherigen Maßband wurde eine Skala in 10-cm-Schritten notiert. Für jüngere Kinder reicht dies aus. Ältere Kinder können zusätzlich ein kopiertes oder ausgedrucktes Zentimetermaßband in derselben Länge wie das andere Maßband zur Verfügung gestellt bekommen. Wer möchte, kann auch auf diesem Maßband die Zehnerschritte mit Buntstiften farblich gestalten. Dieses Maßband wird ebenfalls neben dem anderen Maßband am Holzspatel festgeklebt.

Zuletzt verzieren die Kinder ihren Holzspatel beispielsweise mit bunten Pailletten, Schmucksteinen, aufgemalten Motiven oder aufgeklebten Zahlenstickern.

Um das besondere Maßband auch aufhängen zu können, einfach an den Enden des Holzspatels je ein Ende einer Bastschnur verknoten.

Erfahrung

Beim Schneiden der transparenten Mobilefolie benötigten manche Kinder etwas Unterstützung. Alternativ kann ebenso Laminierfolie oder bunter Fotokarton verwendet werden. *(KW)*

Figuren aus geometrischen Formen

Bastelarbeit

Altersstufe
ab 4 Jahre

Zeit
Einzelarbeit
ca. 40 Minuten

Material

3-D-Bastelwellpappe in geometrischen Formen, bunte Pfeifenputzer (Ø 8 mm, 50 cm lang), bunte Bastelfedern, Wollreste, Konfetti, bunte Fasermaler, Klebstoff, Schere, ggf. Seitenschneider

So wird's gemacht

Durch den Umgang mit geometrischen Formen tauchen die Kinder in einen elementaren Bereich der Mathematik ein, der weitere Fähigkeiten fördert. Die Kinder erleben, dass man Gegenstände durch ihre Gestalt unterscheiden kann. Sie erkennen die verschiedenen Formen und benennen diese. In dieser Anregung erhalten sie die Möglichkeit, die gelernten Formen selbstständig zu finden und gezielt fantasievoll in der Bildgestaltung einzusetzen.

Die klaren Formen der vorgestanzten Wellpappe sind sowohl optisch als auch haptisch gut zu erkennen. Benennt ein Erwachsener während der einzelnen Arbeitsschritte häufiger die jeweilige geometrische Form, festigen sich die Bezeichnungen und die Kinder können die Begriffe sehr bald korrekt zuordnen.

Männchen: Für den Körper ihrer Figur suchen die Kinder zunächst zwei gleich große Rechtecke oder Kreise aus. Danach werden je Figur zwei Kreise in der gleichen Größe für den Kopf und zwei Dreiecke in der passenden Größe für den Hut ausgewählt. Arme und Beine der Figur entstehen durch zwei Pfeifenputzer, die in der Mitte auseinandergeschnitten werden. Ein kürzeres Stück eines Pfeifenputzers wird für den Hals verwendet. Arme, Beine und das Halsstück kleben die Kinder nun passend so zwischen die zwei Rechtecke, dass die Enden dabei herausstehen.

Nun werden die beiden Kopfkreise so zusammengeklebt, dass das Ende des Pfeifenputzers, welches den Hals darstellt, dazwischen liegt. Auf diese Weise wird der Körper mit dem Kopf verbunden. Damit das Gesicht später besser gestaltet werden kann, achten die Kinder darauf, dass hier die glatte Seite der Wellpappe außen liegt.

Der Hut entsteht aus zwei Dreiecken, zwischen die eine Feder und ein Stück Wolle als Aufhänger gelegt und fixiert werden, bevor die beiden Formen von vorn und von hinten am Kopf festgeklebt werden.

Das Gesicht wird mit farblich passenden, kleinen aufgeklebten Papierkreisen, z. B. Konfetti, gestaltet. Mit einem roten Stift malen die Kinder noch einen Mund dazu. Wird diese Figur mitten im Raum aufgehängt, kann das Gesicht von beiden Seiten aufgemalt werden. Zum Schluss biegen die Kinder die jeweiligen Enden der Pfeifenputzer so zurecht, dass Hände und Füße entstehen.

Lokomotive: Für die Waggons und die Lokomotive werden rechteckige Formen benötigt. Die Lok erhält zusätzlich ein Quadrat als Führerhaus. Am unteren Ende von Lok und Waggon stellen Kreisformen die Räder des Gefährts dar.

Um Waggon und Lok miteinander zu verbinden, kann man ein schmaleres Rechteck von hinten zwischen die beiden Teile kleben. Einige dunkle Kreise übereinander aufgeschichtet und hinter dem Waggon-Rechteck aufgeklebt, stellen die Güter dar, welche auf dem Waggon transportiert werden.

Tipp

Aus Faltpapieren lassen sich im Handumdrehen geometrische Formen darstellen. In der Regel liegen die Faltpapiere als Quadrate oder als Kreise vor. Damit lässt es sich nun herrlich experimentieren. Schneidet man ein Quadrat der Länge oder Breite nach durch, entstehen zwei Rechtecke, halbiert man ein Quadrat diagonal, erhält man zwei Dreiecke. Wird ein Kreis in der Mitte durchgeschnitten, ergeben sich zwei Halbkreise etc. Solche Spielereien machen Kindern den Aufbau geometrischer Formen deutlich.

Vogel: Der Kopf des Vogels wird durch ein rechteckiges Element gestaltet. Große Kreise im oberen Drittel der Form stellen die Augen dar. Dreieckige Formen, spitz am Kopfende angeordnet, symbolisieren die Kopffedern. Ein weiteres Dreieck, mit der Spitze nach unten aufgeklebt, wird im Nu zum Schnabel. Wer möchte, kann die Pupillen aufmalen oder mit kleinen Halbperlen oder bunten Konfettikreisen darstellen.

Erfahrung

Die Kinder hatten viel Spaß an der Bastelpackung mit den vorgestanzten geometrischen Elementen. Das Arbeiten mit den bunten, großen und griffigen Formen motivierte sie zum Ausprobieren und Experimentieren. Vor der eigentlichen Bastelarbeit wurden die einzelnen Teile am Boden ausgebreitet, sortiert und nach eigener Fantasie angeordnet. Während schöne Legebilder entstanden, lernten die Kinder ganz nebenbei einige geometrische Grundformen kennen und benennen.

Auch Fensterfolie ist oft in geometrischen Formen erhältlich. Damit lassen sich fantasievolle Bilder auf Fensterscheiben, Spiegel oder sonstigen glatten Oberflächen gestalten. Die Kinder können die einzelnen Formen immer wieder nach Wunsch hinzufügen oder entfernen. Dabei erkennen sie, wie man durch kleine Veränderungen im Arrangement die Gestaltung komplett variieren kann. *(HT)*

Klein und groß

Collage

Material

Tageszeitungen, Zeitschriften, Prospekte, bunter Fotokarton, Fasermaler, Dekorationen zum Aufkleben (Sterne, Blumen, bunte Bastelhölzer, Papiermosaike), Klebstoff, Schere

Altersstufe
ab 3 Jahre

Zeit
Einzel- oder Gruppenarbeit
ca. 60 Minuten

So wird's gemacht

Zunächst werden die Begriffe „größer", „kleiner" und „gleich groß" besprochen. Die Kinder vergleichen ihre eigene Körpergröße sowie die Größe unterschiedlicher Gegenstände miteinander und benennen die Größenverhältnisse, z. B. das Buch ist kleiner als der Schrank, aber größer als die Briefmarke.
Spielerisch sortieren sie Bausteine, Papierstücke, Stofftiere, Bücher etc. der Größe nach auf dem Boden.

Nach dieser Vorbereitung setzen sich die Kinder auf den Boden und schauen sich die Zeitungsausgaben, Illustrierten und Prospekte genauer an. Jedes Kind entscheidet sich für eine Sammelkategorie, z. B. Menschen, Tiere, Obst und Gemüse, Gebäude, Autos oder Buchstaben.

Anschließend werden alle Fundstücke ausgeschnitten. Haben die Kinder etwa zehn Bilder gesammelt, sortieren sie diese nach der Größe. Sie beginnen mit dem kleinsten oder dem größten Bild und legen alle Bilder sortiert auf einen bunten Fotokarton.

Danach schauen sich die Kinder nach der Reihe die Bilder an und überprüfen die Größenreihenfolge. Ist alles richtig, klebt jedes Kind individuell seine Reihenfolge nach der Größe sortiert auf das Papier.

Ältere Kinder können das Bild mit Namen, Pfeilen oder Benennungen (klein/groß) beschriften und den Rand mit Dekorationen wie Blumen, bunten Hölzern, Papiermosaiken oder Sternen bekleben.

Erfahrung

Nachdem sich die Kinder für eine Kategorie ihrer Sammlung entschieden hatten, entdeckten sie beim Suchen häufig auch Bilder, die für andere Kinder interessant waren. Wenn die Kinder ihre Materialien tauschen oder anderen Kindern bei ihrer Suche behilflich sind, stärkt dies ganz nebenbei das Gemeinschaftsgefühl. *(MF)*

Tipp

Als Alternative zu Ausschnitten aus Zeitungen und Zeitschriften können die Kinder die Gegenstände in unterschiedlichen Größen auch auf ein separates Blatt malen, ausschneiden und der Größe nach aufkleben.

Großen Spaß macht es den Kindern auch, Bilder oder Formen am Computer zu erstellen und mit der Skalierungsfunktion in der Größe zu verändern. Wird die Seite später ausgedruckt, können sie ihre Bilder ebenfalls ausschneiden und sortieren.

Der lange Weg zur Blüte

Collage

Material

Weißes Papier (DIN A3), bunte Wellpappe, schwarzes Tonpapier, schwarze Pfeifenputzer, weiße Wachsmalkreide, blaue und grüne Deckfarbe, Schwamm, Klebstoff, Schere

So wird's gemacht

Erste mathematische Grunderfahrungen vollziehen sich bei Kindern in erster Linie durch praktisch angewandte Aktivitäten. Schon die Kleinsten können bei dieser Gestaltungsarbeit das Vergleichen und Abmessen üben und Längen spielerisch erkunden.

Die Kinder legen das weiße Papier hochkant vor sich hin und gestalten zunächst den Hintergrund. Dazu nehmen sie mit einem feuchten Schwamm etwas blaue Farbe auf und malen damit den Himmel im oberen Teil des Papiers.

Nachdem der Schwamm wieder gesäubert wurde, stellen sie mit grüner Farbe den Wiesenhintergrund dar und legen das Bild kurz zum Trocknen zur Seite.

In der Zwischenzeit schneiden die Kinder aus grüner Wellpappe drei unterschiedlich lange Blumenstängel aus und ordnen diese mit etwas Abstand am Bild an. Dabei vergleichen sie die verschiedenen Längen miteinander und kleben sie der Länge nach auf. Welcher Blumenstängel ist am längsten? Ist dieser Stängel genauso lang wie der andere? Welches ist der kürzeste Blumenstängel?

Aus bunter Wellpappe schneiden die Kinder nun die gewünschte Form ihrer Blüten aus, ordnen die Einzelteile am oberen Ende des Stängels an und kleben die Blüte auf.

Für den Käfer benötigen die Kinder einen ausgeschnittenen Kreis aus schwarzem Tonpapier (Ø 3–4 cm) und einen entsprechend kleineren Kreis mit ungefähr Ø 2 cm aus roter Wellpappe.

Der rote Wellpappekreis wird in der Mitte durchgeschnitten und beide Halbkreise als Flügelform so auf den schwarzen Kreis geklebt, dass oben ein Teil des schwarzen Kreises als kleiner, schwarzer Käferkopf stehenbleibt.

Die Beine des Käfers entstehen aus drei ungefähr 6 cm langen Pfeifenputzerstücken, die von unten am Körper des Käfers festgeklebt und zurechtgebogen werden. Ein kürzeres Pfeifenputzerstück, in der Mitte geknickt und entsprechend festgeklebt, ergibt die Fühler.

Zum Schluss malen die Kinder noch mit Kreide die Augen auf – fertig ist das Krabbeltier!

Nun kann der Käfer an den Blütenstängeln nach oben krabbeln und sich auf den langen Weg bis zur Blüte begeben.

Welcher Weg ist besonders lang? Welcher Weg ist länger? Welche Strecke ist die längste? Welche Blume wächst besonders hoch? Welche ist noch höher?

Erfahrung

Das Vergleichen und Abmessen bereitete den Kindern großen Spaß. Außerdem lernten sie ganz nebenbei Steigerungsformen kennen und übten das Bilden von Vergleichssätzen mit „als" und „wie": „der Blumenstängel ist länger **als** dieser Blumenstängel", oder „der Stängel ist genauso lang **wie** dieser Stängel". *(HT)*

Altersstufe

ab 3 Jahre

Zeit

Einzelarbeit

ca. 30 Minuten

(ohne Trockenzeit)

Reihenfolgen-Mandala

Bastelarbeit

Altersstufe
ab 5 Jahre

Zeit
Einzelarbeit
ca. 30 Minuten
(ohne Trockenzeit)

Material

Keilrahmen (20x20 cm), Mosaik-Softglas, Bleistift, helle Acryl- oder Schulmalfarbe, dicker Pinsel, Lineal, Klebstoff

So wird's gemacht

Mandalas faszinieren Kinder. Sie haben Freude daran, Dinge gleichmäßig zu platzieren und zu einem wiederkehrenden oder symmetrischen Muster zu arrangieren. Die spielerische Auseinandersetzung mit den Formen, Mengen, Mustern und Reihenfolgen unterstützt die mathematische Frühförderung und sie lernen, nach unterschiedlichen Gesichtspunkten verschiedene Ordnungsstrukturen aufzubauen.

Der Keilrahmen dient als Grundlage für dieses Mandala. Dieser wird zunächst mit einer hellen Farbe grundiert und zum Trocknen zur Seite gelegt.

In einem nächsten Schritt sortieren die Kinder alle Glassteine nach Farben, Formen und Größe und legen diese als Häufchen vor sich hin. Im Umgang mit diesen Sortieraufgaben erfahren die Kinder bereits erste mathematische Grundlagen. Sie vergleichen, sortieren und zählen vielleicht schon mit.

Mit Bleistift zeichnet ein Erwachsener dünne Hilfslinien in Form von Strahlen auf, die von der Mitte des Bildes ausgehen.

Die Kinder legen nun auf diese Linien, ebenfalls in der Mitte beginnend, ihre Steine auf den Keilrahmen. Sie entwerfen dabei Muster und Reihenfolgen nach eigenen Vorstellungen. Welche Farben sie verwenden, entscheiden die Kinder spontan. Einzelne Steine können beliebig wieder ausgetauscht oder Reihenfolgen verändert werden. Erst wenn die Kinder mit ihrer Anordnung zufrieden sind, kleben sie die Steine nacheinander auf.

Erfahrung

Der Umgang mit dem bunten Material bereitete den Kindern sehr viel Freude. So legten und sortierten sie die Glassteine sehr sorgfältig und konzentriert.
Jüngere Kinder erhielten größere Steine, die sie in eine ausgerollte Platte aus Modelliermasse drückten oder in einer mit Sand gefüllten Schale zu Mustern anordneten.

(HT)

Tipp

Auch mit Naturmaterialien lassen sich wunderbare Mandalas legen. Werden auf einem Spaziergang Blätter, Kastanien, Äste, Eicheln, Bucheckern, Kieselsteine etc. gesammelt, kann daraus ein wunderbares Naturmotiv gelegt werden.

Die Fische werden nun einige Tage zum Trocknen beiseitegelegt. Wenn die Wassertiere nach einiger Zeit vollständig getrocknet sind, können die Kinder diese in fröhlichen Farben bemalen und eine Musterbeutelklammer durch das Loch am Fischmaul stecken.

Vorlage siehe Motivbogen

Aquarium: Dieses entsteht aus vier bunt bemalten Pappwänden, die durch Musterbeutelklammern miteinander verbunden werden.

Dafür die Vorlage (siehe Motivbogen) viermal auf Fotokarton oder Pappe übertragen und ausschneiden. Pro Wand werden vier Löcher an den eingezeichneten Stellen mit einer Lochzange ausgestanzt und jeweils die Verbindungskanten umgeknickt. Nun können die Kinder die Wände ganz nach Wunsch mit maritimen Motiven und Wellen in verschiedenen Blautönen verzieren.

Nachdem die Wände getrocknet sind, werden sie mithilfe von Musterbeutelklammern so aneinander befestigt, dass ein viereckiger Rahmen entsteht.

Angeln: Die Angeln entstehen aus Stöckchen oder kleinen Ästen, an denen ein Stück Drachenschnur verknotet und mit Klebeband fixiert wird. Am unteren Ende der Schnur wird ein kleiner Magnet mit Klebeband fixiert.

Jetzt können die Fische in das Aquarium gelegt werden. Die Musterbeutelklammern in den Fischmäulern werden von dem Magneten an der Angel angezogen. Petri Heil!

Magnetische Fische

Mal- und Bastelarbeit

Altersstufe
ab 3 Jahre

Zeit
Gruppenarbeit
ca. 60 Minuten
(ohne Trockenzeit)

Material

Lufttrocknende, leichte Modelliermasse, Fotokarton oder Pappe, kleine Magnete, Äste (ca. 25 cm lang), Drachenschnur, bunte Acryl- oder Schulmalfarbe, Klebeband, Nudelholz, Schaschlikstäbe, Musterbeutelklammern, Lochzange, ggf. Ausstechförmchen in Fischform

So wird's gemacht

Fische: Die Kinder rollen die Modelliermasse zu einem Fladen aus, der nicht dicker als 0,5 cm sein sollte. Mit den Plätzchenformen können daraus nun die Fische ausgestochen werden. Größere Kinder formen ihre Fische schon freihändig ohne Plätzchenformen. Dabei sollte ein Fisch etwa 8 cm lang und 0,5 cm dick werden. Größer und dicker sollten sie nicht sein, da sie sonst zu schwer werden.

Mithilfe von Schaschlikstäben bekommen die Fische nun Schuppen, Streifen, Punkte oder sonstige Ritzmuster. Außerdem wird ein Loch im Maulbereich gebohrt.

Erfahrung

Wichtig ist, dass die Fische nicht zu schwer für die Magnete werden. Daher sollte man darauf achten, möglichst leichte Modelliermasse zu verwenden und die Magnete nicht zu klein zu wählen. Wer auf Nummer sicher gehen möchte, knetet einen Probefisch und probiert aus, welche Magnetgröße am besten geeignet ist. *(SH)*

Draht-Geschicklichkeitsspiel

Werkarbeit

Altersstufe

ab 6 Jahre

Zeit

Gruppenarbeit
ca. 60 Minuten
(ohne Trockenzeit)

Material

Taschenlampenbirne (3,5 V, 0,2 A, E 10), Flachbatterie (4,5 V), Stegfassung, Brett (ca. 100 x 20 x 2 cm), 2 Kantholzstücke (ca. 30 x 2 x 2 cm), 1 Kantholz (ca. 20 x 2 x 2 cm) 3 Holzschrauben (4 x 30 mm), 1 Holzschraube (3 x 10 mm), Nagel (ca. 10 cm), Kupferdraht ohne Isolierung für Form (Ø ca. 2 mm, Länge ca. 2 m), Kupferdraht mit Isolierung für beweglichen Draht (Ø 1 mm, Länge ca. 1,5 m), bunte Acrylfarbe, Pinsel, Akkubohrer, Kreuzschraubendreher, Hammer, Cutter, Seitenschneider, Heißklebepistole

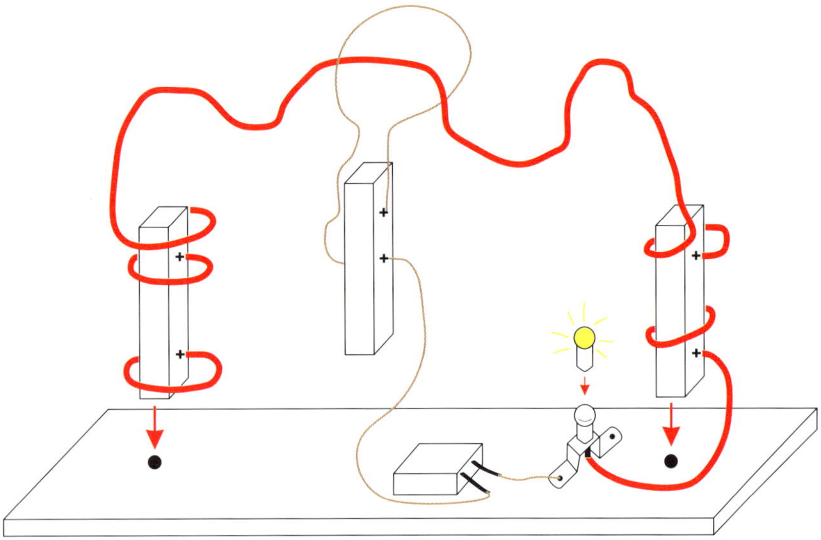

So wird's gemacht

Zunächst gestalten die Kinder das Holzbrett und die drei Kanthölzer mit bunter Acrylfarbe ganz nach Belieben und legen die Teile anschließend zum Trocknen beiseite.

Nach dem Trocknen bohrt ein Erwachsener auf der Unterseite der beiden längeren Kanthölzer ein Loch mit dem Akkubohrer (Ø ca. 2 mm, Tiefe ca. 2 cm).
Außerdem werden die beiden Kanthölzer etwa 5 cm vom oberen und 5 cm vom unteren Ende je einmal durchbohrt.

Nun wird das Holzbrett, das waagerecht liegt, ebenfalls mit zwei Löchern versehen. Diese liegen mittig, etwa 5 cm vom jeweiligen Rand entfernt.

Jetzt werden die Kanthölzer mit den vorgebohrten Löchern auf die Vorbohrung des Holzbrettes gehalten. Von der Unterseite des Holzbrettes her werden Holzschrauben mit dem Schraubendreher hineingedreht, bis die beiden Kanthölzer fest mit dem Holzbrett verbunden sind.

Durch das dritte Kantholz, das später als Griffelement für das Spiel dient, ebenfalls zwei Löcher (Ø 3 mm) bohren. Das erste Loch wird mittig ca. 3 cm vom oberen Rand entfernt und das zweite Loch durch die Mitte des Kantholzes gebohrt. Schon sind das Holzgerüst und die Halterung für das Elektrizitätsspiel und somit für das Durchfädeln mit dem Kupferdraht vorbereitet.

Anschließend mit einem Hammer und einem spitzen Nagel durch beide Kontakte der Flachbatterie ein Loch schlagen. Alternativ dazu kann man auch die beiden Löcher mit einem Stahlbohrer bohren. Als Unterlage dafür kann man ein Stück Holz verwenden. Damit ist die Vorarbeit an der Batterie erledigt und diese kann zunächst zur Seite gelegt werden.

Als Nächstes den dickeren Kupferdraht (ca. 2 m lang) mit einem Ende durch das untere Loch des rechten am Brett befestigten Kantholzes und anschließend durch das oben liegende Loch desselben Kantholzes fädeln. Den Draht so weit durch die Löcher ziehen, bis die Länge des Drahtendes ca. 30 cm beträgt. Das Ende dieser 30 cm mit dem Kontakt der Stegfassung, welcher an der Unterseite dieser zu finden ist, mit der vorhandenen Schraube fixieren. Dafür wird die Schraube gelockert, der Draht durchgesteckt und die Schraube wieder fest zugedreht. Anschließend diesen Draht sorgfältig entlang des Kantholzes und des Bretts biegen.

Nun den restlichen Draht am oberen Ende zweimal um das Kantholz wickeln, um eine bessere Stabilität zu erreichen. Danach den restlichen Draht in eine beliebige Form bringen (geschwungen, eckig oder auch einfach nur gerade) und bis zum gegenüberliegenden Kantholz führen.

Nun muss die Isolierung des übrig gebliebenen, dünnen Kupferdrahtes, der zwischen Batterie und Griffelement verläuft, mit dem Cutter teilweise entfernt werden. Ein Erwachsener entfernt ca. 5 mm der Isolierung mit dem Cutter von einem Ende des Drahtes und vom anderen Drahtende ca. 15 cm.

Jetzt soll das Ende des Drahtes, an dem die Abisolierung 5 mm beträgt, mit dem Batteriekontakt, welcher noch nicht in Verwendung ist, verbunden werden. Das heißt, das Drahtende wird durch das Loch geführt und umgebogen. Danach muss das andere Ende des Kupferdrahtes durch die beiden Löcher des dritten Kantholzes (Halterung) gefädelt werden. Zuerst durch das Loch in der Mitte und dann durch das andere Loch. Den Draht so weit durch das zweite Loch ziehen, bis die Isolierung beginnt. Der abisolierte Draht soll nun zu einer Schlaufe (Ø ca. 4 cm) geformt werden, wobei zu beachten gilt, dass diese den dicken Kupferdraht, welcher von einem Kantholz zum anderen verläuft, umschließt. Zur Fixierung der Schlaufe kann das Ende noch einmal in das Loch des Kantholzes gesteckt werden.

Hier muss der Draht ebenfalls zweimal am Kantholz am oberen Ende umwickelt und anschließend durch die beiden Löcher (zuerst durch das obere, danach durch das untere) geführt werden. Als letzten Arbeitsschritt wird der dicke Kupferdraht noch zwei- bis dreimal um das Kantholz am unteren Ende gewickelt. Den übrigen Draht kann man nun einfach mit dem Seitenschneider abschneiden.

Danach nimmt ein Erwachsener den dünnen Kupferdraht zur Hand, schneidet 10 cm mit dem Seitenschneider ab und entfernt dessen Isolierung ca. 5 mm weit an beiden Enden. Dieser Draht dient zur Verbindung der Stegfassung mit dem Batteriekontakt. Als Nächstes ein Ende des dünnen Drahts mit entfernter Isolierung mit dem Kontakt an der Stegfassung verbinden. Dabei den Kupferdraht durch eines der beiden Löcher der Stegfassung (links oder rechts) führen und das Drahtende (5 mm) umbiegen. Anschließend wird die Stegfassung mit der kleinen Holzschraube am Brett mithilfe des Kreuzschraubendrehers fixiert. Hierfür gibt es bei der Stegfassung noch ein nicht genutztes Loch.

Das andere Ende des Drahtes wird mit einem der beiden Batteriekontakte verbunden. Auch hier das Drahtende (5 mm) durch ein Loch des Batteriekontakts führen und umbiegen.

Abschließend noch die Taschenlampenbirne in die Stegfassung drehen und die Flachbatterie am Brett mittels Heißkleber fixieren.

Spielanleitung

Die Kinder führen die Halterung mit der Drahtschlaufe (dünner Kupferdraht) über den dicken Kupferdraht, wobei sich die beiden Drähte nicht berühren dürfen. Passiert dies trotzdem, beginnt die kleine Glühbirne zu leuchten.

Erfahrung

Die elektrischen Feinheiten bei der Herstellung des Spiels sollten vorrangig von einem Erwachsenen durchgeführt werden. Die Glühbirne aus Sicherheitsgründen erst als letzten Arbeitsschritt in die Fassung drehen. *(KW)*

Wir erproben die schiefe Ebene

Bastelarbeit

Altersstufe
ab 5 Jahre

Zeit
Einzelarbeit
ca. 50 Minuten

Material

Weißer Schuhkarton mit Deckel, weißer Fotokarton, Zahnstocher, Holzspatel, Korken, schwarze Wolle, Schnur oder Gummiband, Plastikringe (Ø 10 cm), blaue Deckfarbe, Pinsel, Cutter, Bleistift, Buntstifte, Klebstoff, Schere

So wird's gemacht

Vom Unterteil der Schuhschachtel wird von einem Erwachsenen eine Schmalseite abgeschnitten. Außerdem werden die seitlichen Banden diagonal mit dem Cutter so beschnitten, dass sie abfallend verlaufen. Legt man den Deckel darauf, ist eine schiefe Ebene entstanden. Wird der Deckel nun rundum mit etwas Klebstoff befestigt, ist der Berg fertig.

Dieser Berg kann nun in seiner Funktion als schiefe Ebene ausprobiert werden. Die Kinder lassen kleine Perlen etc. herunterkullern und beobachten, wie sich diese auf der schiefen Ebene verhalten.

Im Gespräch wird erörtert, wann die Kinder schon mit Hügel, Bergen und abfallenden Hängen konfrontiert wurden. Sicher werden Rutschbahnen, Murmelbahnen, Rampen oder Skipisten genannt. Im weiteren Verlauf der Anregung wird nun die Idee der Skipiste weiter vertieft.

Die Kinder zeichnen mit Bleistift die Umrisse der Skifahrer auf weißen Fotokarton. Je nach Größe der vorhandenen Schuhschachtel können die Figuren 12–15 cm hoch sein. Nachdem die Skifahrer ausgeschnitten sind, malen die Kinder sie mit Buntstiften auf der Vorder- und Rückseite an.

Die Skistöcke entstehen aus je einem Zahnstocher und zwei kleinen, ausgeschnittenen Scheiben, die schwarz bemalt werden. Nun in diese beiden Kreise mittig ein Loch bohren, die Zahnstocher durchschieben und mit etwas Klebstoff befestigen. Das andere Ende des Zahnstochers wird durch ein kleines, gebohrtes Loch an der Hand des Skifahrers geschoben und ebenfalls festgeklebt.

Das Ende der Beine knicken die Kinder unten etwa 1 cm nach vorn. Diese Lasche stellt die Füße dar, die an die Holzspatel, welche als Skier dienen, angeklebt werden.

Bevor die Skifahrer auf den Berg gehen, wird noch ein Lift gebaut. Dazu befestigen die Kinder oben und unten jeweils an der Seite der Schachtel einen Korken. Sie messen eine schwarze Schnur, Wolle oder ein Gummiband in entsprechender Länge ab und knoten Plastikringe als Griffe mit etwas Abstand hinein. Diese Schnur wird um die beiden Korken gelegt und die Enden miteinander verknotet.

Zum Schluss kleben die Kinder ihre Skifahrer so an den Berg, dass eine Figur nach unten fährt und der andere Skifahrer vom Lift nach oben gezogen wird. Dazu legen die Kinder dieser Figur einen Plastikring um den Skistock. Wer möchte, kann noch mit Pinsel und stark verdünnter blauer Deckfarbe die Fahrspuren im Schnee andeuten.

Erfahrung

Die Herstellung dieser Arbeit gab viel Anlass, über das Phänomen der schiefen Ebene nachzudenken und damit zu experimentieren. Die Kinder verstanden das Prinzip überraschend schnell. Wir bauten zum Beispiel einfache Rampen aus Karton und zogen Spielzeuglaster, Autos oder zusammengebundene Bauklötze hoch oder ließen sie herunterrutschen. Je nach Neigung der aufgestellten Rampe war der benötigte Kraftaufwand dazu unterschiedlich hoch. Der Arbeitsaufwand bleibt dabei derselbe, je nach Neigung lässt sich die Last jedoch leichter bewegen. Die schiefe Ebene gehört wie der Flaschenzug zu den einfachen Mechaniken der Arbeitserleichterung, die selbst schon im Altertum benutzt wurden. *(HT)*

Räder machen etwas beweglich

Bastelarbeit

Material

Ausgediente, kleinere Schachteln, bunter Fotokarton, Regenbogen- oder Buntpapier, dickere Strohhalme, Schaschlikstäbe, evtl. Zirkel, Klebeband, Klebstoff, Schere, ggf. Knetmasse

So wird's gemacht

Dass Räder Dinge rollen lassen, haben die Kinder in der Regel bereits erfahren. In der folgenden Anregung erstellen sie selbst ein rollendes Gefährt, so werden sie mit der Funktionsweise noch mehr vertraut.

Zunächst überlegen die Kinder, wie ihr Auto oder ihr Lastwagen aussehen soll. Sie suchen sich aus den zuvor gesammelten Schachteln die passenden Teile für ihren Wagen aus und verkleiden diese rundum nach Wunsch mit aufgeklebten Buntpapieren. Sie ordnen die einzelnen Schachteln anschließend zur gewünschten Grundform an und kleben dann, wenn ihnen das Arrangement gefällt, alles zusammen.

Nun halten die Kinder einen Strohhalm quer an die Unterseite des Wagens und schneiden mindestens zwei Stücke in der Breite der Schachtel ab. Diese Strohhalme werden als Führung für die Achsen mit Klebeband an der Unterseite des Lastwagens festgeklebt. Je nach Größe des gewünschten Wagens können zwei oder mehrere Strohhalme befestigt werden. Dabei muss auf einen ausreichenden Abstand geachtet werden, damit die Räder später genügend Platz haben, sich zu drehen.

Nun zeichnen die Kinder die Kreise für die Räder auf feste Pappe auf und schneiden diese aus. Der Durchmesser der Räder wird der Größe des Lastwagens angepasst.

Damit die Räder wirklich rund sind, kann ein Erwachsener bei diesem Arbeitsschritt mithelfen und eventuell einen Zirkel, eine Münze oder einen entsprechend großen Deckel als Hilfe verwenden. Alternativ können auch gekaufte Wellpappekreise verwendet werden.

Jetzt je einen Schaschlikstab durch die Strohhalme schieben und so mit der Schere kürzen, dass auf beiden Seiten jeweils ein etwa 5 mm langes Stück herausragt. An dieser Achse werden nun die Räder befestigt. Dazu in die Mitte der Pappscheiben ein kleines Loch stechen und auf die Enden der Stäbe stecken. Ein ungefähr erbsengroßes Stück Knetmasse, das zur Kugel gedreht und ebenfalls auf das Ende des Stabes gesteckt wird, verhindert, dass die Räder vom Schaschlikstab rutschen.
Auf diese Weise gestalten sie alle weiteren Achsen und Räder, bis das Fahrzeug fertig ist.

Erfahrung

Durch die Führungsschiene aus Strohhalmen scheuert und klemmt nichts, diese Lastwagen sind beweglich und lassen sich wunderbar herumschieben.
Manchmal fiel die Knetmasse ab und der Lastwagen wurde instabil, weil die Räder wegrutschten. Verbindet man die Teile mit etwas Klebstoff, kann die Fahrt schnell weitergehen. *(HT)*

Tipp

Durch die Herstellung dieser einfachen Wagen verstehen die Kinder schnell die Funktion von Achse und Rad. Neben Lastwagen könnten zum Beispiel auch Rennautos, kleine Seifenkisten, Puppenwagen oder ganze Züge entstehen.

Altersstufe
ab 5 Jahre

Zeit
Einzelarbeit
ca. 35 Minuten

Gruselschlösser mit Spiegelverzerrung

Mal- und Bastelarbeit

Altersstufe

ab 3 Jahre

Zeit

Einzelarbeit

ca. 60 Minuten

(ohne Trockenzeit)

Material

Weißes Tonpapier, heller Fotokarton (ca. 25 x 10 cm), gesäuberte, große Marmeladengläser mit Schraubverschluss, Dekorationsmaterial (Glitzerpailletten, glänzende Papiermosaike, Schmucksteine), bunte Acryl- oder Schulmalfarbe, Fasermaler, Pinsel, Schere, Klebstoff, Tacker

So wird's gemacht

Dass die Wasseroberfläche Dinge verzerrt, haben die Kinder in der Regel schon selbst erlebt. In der folgenden Anregung wird dieses Phänomen dazu eingesetzt, eine gruselige Stimmung in einem Schloss zu erzeugen.

Zunächst malen die Kinder mit Acryl- oder Schulmalfarbe eine rechteckige Schlossform auf das weiße DIN-A3-Blatt und nutzen dabei das ganze Papierformat. Oben am Blattrand malen sie die Zinnen (ca. 4 x 5 cm), unten in der Mitte einen Türbogen (etwa 6 x 10 cm) und platzieren die Fenster nach Belieben.

Danach bemalen die Kinder die Fassade des Schlosses mit einer einzelnen, ausgewählten Farbe. Im Anschluss werden mit einer weiteren Farbe Striche und Kästchen aufgemalt, die die Mauersteine darstellen. Nach Wunsch können Tiere, Grasbüschel oder besondere Torbogen bunt ergänzt werden. Mithilfe dieser konkreten Anweisungen ist es schon für dreijährige Kinder möglich, ein eigenes Schloss zu malen.

Nach etwa fünf Stunden Trockenzeit schneiden die Kinder das unbemalte Papier um die Zinnen und im Torbogen aus. Sie wählen ein Marmeladenglas aus und wickeln ihr Schloss darum. Hierbei muss der Torbogen bei ovalen Gläsern in der Mitte stehen. Werden die Papierränder übereinandergeklebt, erhält das runde Schloss die Größe des Glases und kann locker übergestülpt werden. Um mehr Stabilität zu erzielen, tackert ein Erwachsener zusätzlich zwei Heftklammern auf die Klebefläche.

Auf der gegenüberliegenden Seite des Torbogens wird ein weiterer Bogen in der gleichen Größe ausgeschnitten, um später durchschauen zu können. Die Kinder schmücken ihr Schloss mit zusätzlichen Applikationen und kleben Papiermosaike, Steine oder Pailletten auf.

Danach überlegen sie, welche unterschiedlichen Schlossbewohner wie Ritter, Könige, Burgfräulein, Drachen, Fledermäuse, Biester, Gespenster, Frösche, Zauberer oder Einhörner sie gerne auf ihrer Burg hätten. Zwei bis fünf Figuren malen sie nebeneinander mit Fasermalern auf einen separaten, hellen Fotokartonstreifen.

Nachdem das Glas mit Wasser gefüllt und mit aufgeschraubtem Deckel im Schlossinneren steht, kann der gruselige Tanz im „Spiegelverzerrkabinett" beginnen. Die Kinder schauen vorn durch das Tor und bewegen dabei mit den Händen hinten am zweiten Torbogen den Papierstreifen mit den Figuren. Sie schieben ihn langsam von einer Seite zur anderen, mal ganz nah am Glas, mal etwas weiter entfernt oder auch schräg. Die Figuren verändern sich je nach Abstand zum Glas, wirken gruselig und erinnern an ein Spiegelkabinett auf dem Jahrmarkt.

Erfahrung

Erklären Sie den Kindern mehrmals beim Spielen und Ausprobieren, warum die Figuren sich verändern: Im Wasser verlaufen Lichtstrahlen immer gebogen, in der Luft verlaufen sie immer geradeaus. Schauen die Kinder nun durch das Wasserglas, sind die Figuren verändert. Anders als nur in der Luft wirken sie mal schmaler, dicker, länger und verzerrt. *(MF)*

Statik erfahren

Bastelarbeit

Material

Wattekugeln in unterschiedlichen Größen, Zahnstocher, Schaschlikstäbe, Prickelnadel, dünner Handbohrer oder Ahle, evtl. Klebstoff, Schere

So wird's gemacht

Um etwas über Statik, Stabilität und Gleichgewicht zu erfahren, eignet sich die folgende Anregung wunderbar.

Die Kinder beginnen zunächst, einen stabilen Untergrund als Basis zu bauen. Dazu ist eine ausgedehnte Konstruktion mit drei oder vier zusammengesteckten, größeren Wattekugeln als Grundstruktur nötig, auf die weiter aufgebaut werden kann. Die Kinder stecken vorher ausgewählte Wattekugeln je nach Größe des Bauwerkes mit Schaschlikstäben oder Zahnstochern zu einer dreieckigen oder viereckigen Grundform zusammen.

Die Schaschlikstäbe oder Zahnstocher werden zuerst in das vorgebohrte Loch der Wattekugel gesteckt. Anschließend bohren die Kinder weitere Löcher vorsichtig mit einer Prickelnadel, einem Handbohrer oder einer Ahle vor. In diese neu gebohrten Löcher lassen sich weitere Kugeln mit Holzstäbchen zusammenstecken.

Der Umgang mit den spitzen Arbeitsgeräten sollte den Kindern vorher erklärt werden, jüngere Kinder benötigen hierbei auch die Unterstützung eines Erwachsenen. Sobald das Grundgerüst stabil steht, können die Kinder nach oben oder seitlich mit kleineren Kugeln weiterbauen, indem sie rundum in die Wattekugeln Löcher bohren und diese so mit den Holzstäbchen verbinden. Ein ausgewogenes Gleichgewicht ist nötig, um das Bauwerk stabil zu halten. Hier müssen die Kinder ausprobieren und experimentieren.
Wenn nötig, bauen die Kinder Einzelteile wieder um und bringen die Kugeln an einer anderen Stelle an, damit das Bauwerk nicht kippt oder wackelt.

Nach und nach wird so das gewünschte Gebilde aufgebaut.

Bei Bedarf können die Kinder auch die Holzstäbchen mit etwas Klebstoff bestreichen, bevor sie wieder in die Wattekugeln gesteckt werden. Sollten manche Holzstäbchen zu lang sein, können diese leicht mit einer Schere auf die passende Länge abgezwickt werden.

Tipp

Diese dekorativen Kugelbauwerke können danach auch noch von den Kindern bunt bemalt werden.

Erfahrung

Die Kinder tüftelten und probierten erstaunlich ausdauernd an ihren Bauwerken, um möglichst stabile Strukturen zu erhalten. Je nach Alter und Ausdauer der Kinder wurden die Bauwerke ausgearbeitet und sie experimentierten geduldig am Gleichgewicht, an der Größe und an der Stabilität.
Jüngeren Kindern waren wir behilflich, indem wir im Vorfeld an verschiedenen Stellen der Wattekugeln die Löcher vorbohrten. *(HT)*

Altersstufe
ab 5 Jahre

Zeit
Einzelarbeit
ca. 40 Minuten

Ein Schirm bremst den Fall

Mal- und Bastelarbeit

Altersstufe
ab 5 Jahre

Zeit
Einzelarbeit
ca. 30 Minuten
(ohne Trockenzeit)

Material

Papiertaschentücher, Korken, weißes Papier, Buntstifte, Fasermaler, bunte Deckfarbe, Pinsel, Nähgarn, Klebstoff, Schere

So wird's gemacht

Samen von Löwenzahn, Fallschirme und Paragleiter haben eines gemeinsam: Ein Schirm bremst die Wucht des Falls und führt zu einem segelnden Flug.

Wie sehr der Fall gebremst wird, können die Kinder mit dieser Anregung selbst spielerisch erfahren.

Um den Fallschirm zu gestalten, wird ein Papiertaschentuch auf allen Seiten aufgefaltet und die oberste Lage vorsichtig abgelöst.

Diese Lage wird zum Bau des Fallschirms verwendet und im nächsten Schritt bunt mit Deckfarben bemalt. Wichtig hierbei ist, dass die Kinder nicht zu viel Wasser verwenden, da das durchnässte Taschentuch sonst einreißen kann. Anschließend wird das Taschentuch zum Trocknen beiseitegelegt.

Nun gestalten die Kinder ihre Fallschirmmännchen. Hierzu erhalten sie zunächst vier gleich lange Nähgarnstücke (Länge 25–30 cm) und verknoten jedes Nähgarnstück mit einem Ende an einer der vier Ecken des Fallschirms. Die anderen vier freien Enden werden mit einem Klebeband in gleichmäßigem Abstand rund um den Korkzylinder fixiert.

Damit aus dem neutralen Korken nun ein richtiges Männchen wird, gestalten die Kinder dieses bunt. Sie nehmen weißes Papier und passen dies mit einer Schere der Größe des Korkens an.

Mit Buntstiften oder Fasermalern malen sie nun das Männchen mit Gesicht, Haaren und Kleidung auf das vorbereitete, rechteckige Papierstück. Dieses Papierstück wird zum Schluss rund um den Korken geklebt und schon ist das Fallschirmmännchen flugbereit.

Erfahrung

Manche Kinder verwendeten beim Bemalen des Fallschirms mit Deckfarben zu viel Wasser und somit riss das dünne Papier sehr leicht ein. Arbeitet man hier mit jüngeren Kindern, ist es ratsam, das Taschentuch mit allen Lagen zu bemalen und die obere Schicht erst nach dem Trocknen abzuziehen. *(KW)*

Tipp

Damit sich die Schnüre des Fallschirms beim Fliegen nicht verwickeln, können diese im Vorfeld vom oberen Ende nach etwa 15 cm miteinander verknotet werden.

Der Eisberg schwimmt im Wasser

Bastelarbeit

Altersstufe

ab 3 Jahre

Zeit

Einzel- oder Gruppenarbeit ca. 30 Minuten

Material

Verpackungsmaterial aus Styropor, Zahnstocher oder Streichhölzer ohne Kuppe, bunte Acryl- oder Schulmalfarbe, Pinsel, ggf. Plastikmesser, Wanne

So wird's gemacht

Was schwimmt, was sinkt? Dieser Frage gehen Kinder besonders gerne nach. In einer großen Wasserschüssel wird zunächst einmal ausprobiert, welche Elemente an der Wasseroberfläche bleiben und welche untergehen.

Die Kinder finden heraus, dass Eis schwimmt, ebenso wie Styropor – die optische Ähnlichkeit der beiden Materialien wird in der folgenden Anregung gestalterisch verarbeitet.

Die Kinder erhalten zunächst einige Styroporelemente, die in handliche, etwa bauklotzgroße Teile gebrochen werden. Da dieser Arbeitsschritt mit sehr viel Krümelei verbunden ist, ist es ratsam, große Lagen Zeitungspapier unterzulegen oder dies über einer größeren Wanne zu erledigen.

Für das Bauen empfiehlt es sich, mit einer flachen Grundplatte zu beginnen. Für den Zusammenhalt der einzelnen Teile sorgen Zahnstocher, die man in das Styropor bohrt und das nächste Styroporstück daraufsetzt. Auf diese Weise wird ein Eisberg mit Bergen, Türmen und Höhlen in verschiedenen Ebenen gefertigt. Herausstehende Zahnstocherspitzen sollte man durch Aufsetzen kleiner Styroporreststücke sichern, so entstehen ganz nebenbei noch Zacken, Zinnen und Spitzen. Alternativ kann man auch mit stumpfen Hölzchen, z. B. Streichhölzer ohne Kuppe, arbeiten.

Um die Bewohner des Eisbergs, die Pinguine, zu gestalten, nehmen die Kinder kleinere, längliche Styroporteile und bringen diese durch Rubbeln, Drücken, Abknapsen mit den Fingern oder durch rudimentäres Schnitzen mit einem Plastikmesser in die gewünschte Form.

Ideal ist es, wenn die Oberseite des Styroporstücks, die den Kopf des Pinguins darstellt, eine leicht abgerundete Form aufweist. Dieser Kopf kann nun mit ein wenig schwarzer Farbe mit dem typischen Federkleid sowie den Augen des kleinen Pinguins versehen werden. Ein orangefarbener Schnabel vervollständigt die Gestaltung. Wer möchte, kann auf diese Weise auch Robben, Eisbären oder Polarforscher gestalten.

Zum Schluss kann der Eisberg in einer mit Wasser gefüllten Wanne auf große Fahrt gehen.

Erfahrung

Achtung beim Nachhelfen mit Klebstoff: Manche Klebstoffe lösen das Styropor auf und hinterlassen nur tiefe Krater anstatt zu kleben. Spezielle Styroporkleber riechen oft unangenehm. Am besten ist es, wenn man ganz auf Klebstoff verzichtet und sich der Herausforderung stellt, das Gebilde nur durch geschicktes Platzieren von Steckverbindungen zusammenzuhalten. *(SH)*

9. Kunst, Musik und Kultur

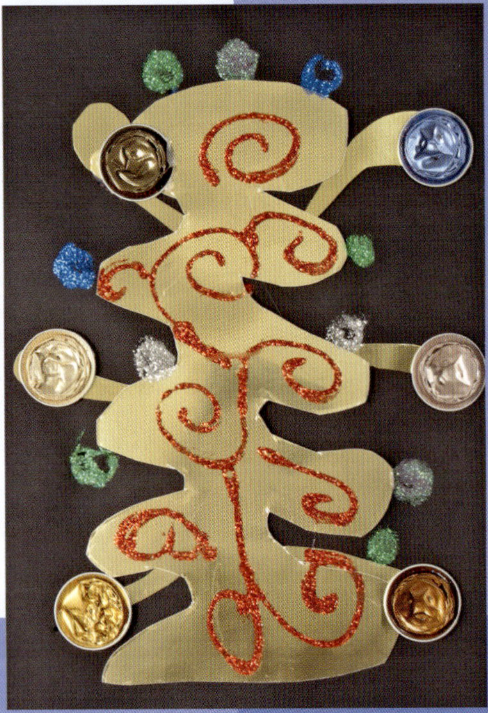

Der Umgang mit Musik, Kunst und Kultur ist bereits für Kindergartenkinder interessant und eröffnet neue Welten. Die Begegnung mit diesen Inhalten sollte dabei ganz nebenbei im Alltag erfolgen. Ziel ist es, die direkte Umgebung bewusst zu beobachten und dabei kleine und große Dinge neu zu entdecken. Durch das bewusste Wahrnehmen der Umgebung wird das Interesse geweckt und es werden Lernprozesse in Gang gebracht.

Um den Grundstein für den Umgang mit Kunst, Musik und Kultur zu legen, ist eine Mischung aus musikalischen, sprachlichen, gestalterischen und spielerischen Elementen ideal. Auf diese Weise können Kinder ihre Kreativität entwickeln und kulturelle Erfahrungen sammeln.

Spielerisch experimentieren sie mit Farben, schöpfen Papier, erstellen Collagen, lassen mit Murmeln, Schnüren, Sand oder Kleister bunte Werke entstehen und probieren verschiedene grafische Techniken aus.

Auch Kunstwerke können bereits mit jüngeren Kindern betrachtet und besprochen werden. Große Freude haben sie an den Werken von Paul Klee oder Hundertwasser, an abstrakten Bildern oder farbenfrohen Gemälden.

Auch architektonische Besonderheiten erfassen sie und können diese selbst gestalterisch umsetzen.

Ein Besuch im Museum oder Theater fasziniert die Kinder und erweitert deren Horizont. Spielerisch verarbeiten sie das Gesehene und Erlebte anschließend in Gesprächen und gebastelten Werken.

Der Umgang mit klassischer Musik, das Ausprobieren verschiedener Instrumente sowie der Bau eigener Klangmaterialien schulen die soziale Kompetenz, wecken das Rhythmusgefühl und lassen die Kinder Rhythmik und Musik aktiv begreifen und erfahren.

Mit vielen spielerischen Projekten können Kinder Kunst erleben und dabei auch selbst Künstler sein. Je früher Kinder mit diesen Inhalten vertraut gemacht werden, desto eher werden sie den Zugang auch in späteren Jahren finden. Egal, ob dies durch den Besuch eines Theaters oder Museums geschieht, beim Erlernen eines Musikinstruments oder mit eigenen, künstlerischen Projekten – kulturelle Bildung stärkt Kinder und ermöglicht ihnen, aktiv an der Gesellschaft teilzuhaben.

Experimente mit
Farbe und Papier — **Seite 284**
Kultur und Kunstwerke — **Seite 297**
Musik — **Seite 304**

Farbe mischen

Gestaltungsarbeit

Altersstufe
ab 2 Jahre

Zeit
Einzelarbeit
ca. 60 Minuten
(ohne Vor- und Nachbereitungszeit)

Material

Weißes Papier (mindestens DIN A2), bunte Fingerfarbe, Materialschälchen, ein Eimer mit Wasser, verschiedene Pinsel und Farbrollen, Materialien zum Hinzugeben (z. B. Spülmittel, Sägemehl, Konfetti, Erde, Sand, feiner Kies, Verpackungs-Chips, Laub), Folien für Malerarbeiten, Malerkreppklebeband, Schere

So wird's gemacht

Bevor die Aktion beginnt, wird der Raum mit Folie ausgekleidet, indem die Malerfolie mit Kreppklebeband auf dem Boden befestigt wird. Auch die Wände sollten halbhoch mit Folie versehen werden, damit später keine bunten Überraschungen verbleiben.

Für dieses Experiment sollten die Kinder Kleidung tragen, bei der eine Verschmutzung durch Farbe nicht weiter schlimm ist.

Gemeinsam mit den Kindern werden die Farben in den Schalen zunächst mit Wasser verdünnt (drei Teile Farbe und ein Teil Wasser). Nach dem ausgiebigen Befühlen und Erfassen der Materialien, die hinzugegeben werden können, werden auch diese in Schalen gefüllt und alle Farb- und Materialschalen in die Raummitte gestellt.

Jedes Kind sucht sich einen Platz im Raum. Es legt zwei bis drei Papiere vor sich und nimmt sich einen Pinsel sowie eine Rolle. Danach kann das Mischen und Malen beginnen. Die Kinder mischen nach Belieben Farben mit den vorhandenen Materialien und verteilen sie mit Pinsel, Händen und Rollen auf die Blätter.

Laden Sie die Kinder zu großen Bewegungen und Experimenten ein. Haben manche Kinder Startschwierigkeiten beim Experimentieren, können Sie als Vorbild dienen und selbst ein eigenes Papier mit Spaß und Freude bunt gestalten.

Geschieht das Aufräumen der Folien und Papiere am nächsten Tag, ist die Farbe bereits getrocknet und die Arbeit geht leichter von der Hand. Nach zehn Minuten sind alle Folien zusammengetragen und die Klebestreifen eingesammelt. Jeweils zwei Folien können zusammen in der Waschmaschine gewaschen und nach dem Trocknen wiederverwendet werden.

Erfahrung

Für diese Anregung kann man auch die Rückseiten von Plakaten verwenden. Fragen Sie in Druckereien nach Fehldrucken, bei Selbstabholung freuen sich beide Seiten. *(MF)*

Sonnenblumen aus Naturfarben

Mal- und Bastelarbeit

Material

Weißer Fotokarton, farbintensive Gewürzpulver, z. B. Kurkuma (gelb), Paprika (rot), Zimt (braun), Kaffee (dunkelbraun), Bambusstöckchen, Bleistift, Pinsel, Klebstoff, Tapetenkleister, Schere

So wird's gemacht

Zunächst werden die unterschiedlichen Naturfarben ausgiebig beschnuppert. Die Kinder riechen an den Gewürzen und Substanzen und versuchen, diese zuzuordnen. Wer weiß, wie das jeweilige Nahrungsmittel heißt? Wo wird es verwendet? Riecht es aromatisch, würzig oder eher stechend und unangenehm? Welche Farbe hat das jeweilige Pulver? Könnte man es vielleicht auch zur Herstellung einer Malfarbe verwenden?

In einem nächsten Schritt wird der Tapetenkleister nach Packungsanweisung angerührt. In einem separaten Plastiktöpfchen vermischen die Kinder nun ein wenig Kleister mit Gewürzpulver, bis sich ein farbintensiver Brei bildet. Das Verhältnis ist ungefähr drei Esslöffel Kleister auf einen Esslöffel Gewürzpulver, kann aber je nach Gewürz variieren. Weniger Gewürzpulver ergibt eine hellere, transparentere Mischung, mehr Pulver ergibt einen satteren, deckenderen Farbton.

Mit dieser Mischung kann jetzt frei drauflosgemalt werden. Die Kinder sollten zunächst auf einem Blatt Papier erste Malerfahrungen mit der ungewöhnlichen Farbe sammeln dürfen. Sie probieren aus, wie sich die Farbe verstreichen lässt, ob sie tropft, deckend malt, krümelt etc.

Erst danach beginnen sie mit der Gestaltung der Sonnenblumen. Dafür wird die Vorlage des Motivbogens pro Kind zweimal auf weißen Fotokarton übertragen. Die Kinder malen die Sonnenblumen mit den gewünschten Farben aus und lassen die Papiere über Nacht trocknen.

Nach dem Trocknen werden die Sonnenblumen ausgeschnitten und aufeinandergelegt, sodass die beiden gestalteten Seiten außen liegen. Kleinere Kinder brauchen Hilfe beim Ausschneiden oder man verzichtet auf die komplizierte Zackenform, sodass sie einfach auf runden Fotokartonstücken malen können. Zwischen die beiden Lagen wird ein Bambusstöckchen geklebt und im Nu entsteht eine herrliche Sonnenblumenwiese im Blumentopf.

Erfahrung

Für Kinder ist der attraktivste Teil das Anrühren der Farben, das Experimentieren, Mischen, Matschen und Schnuppern. Extrem scharfe Gewürze sollte man daher besser meiden, z. B. bei Paprika die milde Sorte wählen.

(SH)

Tipp

Wenn die Kleistermischung dick aufgetragen wird, kann man auf die eingekleisterte Fläche auch Körner, feine Steinchen oder Sonnenblumenkerne aufstreuen und so weitere interessante Effekte erzielen.

Vorlage siehe Motivbogen

Altersstufe

ab 3 Jahre

Zeit

Einzelarbeit,
Gruppenarbeit
ca. 45 Minuten
(ohne Trockenzeit)

Unter Wasser – Blubberfische

Collage

Material

Runde Pappteller, Glanzpapier (ungummiert) in verschiedenen Farben, Reste von irisierender Folie, evtl. Fasermaler, Klebestift

Altersstufe

ab 3 Jahre

Zeit

Einzelarbeit
ca. 60 Minuten
(ohne Trockenzeit)

So wird's gemacht

Zur Vorbereitung dieser Anregung betrachten die Kinder einige Bilder von Fischen in Sachbüchern oder in Tiermagazinen und thematisieren deren äußere Form sowie deren Lebensraum.

Zunächst erhalten sie Glanzpapier in unterschiedlichen Farben und reißen dieses als Vorbereitung in verschieden

große Schnipsel und Streifen. Die Papierstücke werden nach Farben getrennt, auf Häufchen oder in kleinen Schachteln gesammelt und sortiert.

Zeigen Sie den Kindern, wie beim Reißen mit diesem Glanzpapier unregelmäßige weiße Kanten entstehen können. Je nachdem, ob das gewünschte Papierstück nach vorn oder nach hinten herausgerissen wird, bildet ein weißer oder farbiger Rand den Umriss. Mit Papierresten können die Kinder diese Reißtechnik vorher ausprobieren. Dabei sollten sie auch lernen, mit dem Material sparsam umzugehen und es vermeiden, beispielsweise in der Mitte eines Blattes kleine Stücke herauszureißen, sondern eher am Rand zu beginnen.

Mit einem Klebestift streichen die Kinder einen Teil des Papptellers ein und drücken blaue Papierschnipsel darauf. Stück für Stück entsteht so der Hintergrund. Stehen dabei Papierstücke über die Ränder des Papptellers hinaus, können diese leicht an der Kante des Tellerrandes entlang weggerissen werden.

Die Fischform wird mittig mit kleinen, gerissenen Papierschnipseln ausgestaltet.
Damit jüngere Kinder Begrenzungen erhalten, an denen sie sich orientieren können, malt ein Erwachsener die Grundform des Fisches mit Fasermaler vor. Kontrastreiche Farben wie beispielsweise rotes, orangefarbenes oder gelbes Glanzpapier wirken besonders schön auf dem blauen Hintergrund. Abschnittsweise tragen sie Klebstoff auf und kleben die Schnipsel nacheinander auf.

Einzelheiten wie das Fischmaul, das Auge oder farblich kontrastierende Schuppen gestalten die Kinder nach Wunsch ebenso aus Glanzpapierresten. Die Blubberblasen entstehen aus kleinen Papier- oder Folienresten, die zusammengeknüllt nach oben hin angeordnet festgeklebt werden.

Anschließend suchen die Kinder passende Papierteile aus Glanzpapier für die Wasserpflanzen aus und kleben diese nach Wunsch am unteren Tellerrand dazu. Besonders schön wirkt das Bild, wenn über diese Formen noch gefaltete oder geknüllte Reste irisierender Folie befestigt werden.

zunächst mit einem Fasermaler einen kleinen Regenwurm auf ein braunes Fotokartonstück und schneiden ihn aus. Diesen Wurm kleben ihn auf einen kleinen Magneten und legen ihn nach einer kurzen Trockenzeit auf die Oberseite des Tellers.

Wer schafft es nun, mithilfe eines weiteren Magneten, der an der Tellerrückseite entlanggeführt wird, den Wurm an den dreidimensionalen Blubberblasen und den wogenden Wasserpflanzen vorbeizubugsieren und direkt in das Fischmaul zu befördern?
Dieses Spiel fördert die Feinmotorik und schult die Hand-Auge-Koordination.
(HT)

Erfahrung

Die irisierende Folie lässt sich nicht so leicht zielgerichtet reißen wie das Glanzpapier. Deshalb haben wir die Folie den Kindern bereits in Stücken vorbereitet angeboten.

Ältere Kinder können ihren Blubberfisch-Teller mit einem lustigen Spielelement ausstatten. Hierzu malen sie

Tipp

Sehr spannend ist es für die Kinder auch, nach Fertigstellung der Arbeit alle Fische nebeneinander anzuordnen. Meistens werden Fische so gestaltet, dass der Kopf links und das Schwanzende rechts ist, sodass es aussieht, als schwömmen sie nach links. Nur selten werden Fische anders herum gestaltet. Fällt den Kindern diese Besonderheit auf, wenn sie alle Fische nebeneinander sehen?

Folienbilder

Gestaltungsarbeit

Material

Saugfähiges, festes, weißes Papier, bunte Temperafarbe oder Deckfarbe, dicke Pinsel, Frischhaltefolie

Altersstufe
ab 3 Jahre

Zeit
Einzelarbeit
ca. 15 Minuten
(ohne Trockenzeit)

So wird's gemacht

Bei dieser spontanen Maltechnik spielt der Zufall eine große Rolle. Die Ergebnisse sind nicht vorhersehbar, aber gerade deshalb besonders reizvoll.

Zunächst befeuchten die Kinder mit einem dicken Pinsel das weiße Papier. Danach nehmen sie mit dem Pinsel eine Farbe nach Wahl auf und malen Tupfen oder Flächen auf das Papier. Soll der Farbton intensiver leuchten, mischen sie die Farbe mit weniger Wasser an.

Mit einer anderen Farbe malen sie nun weitere Tupfen oder Flächen daneben auf. Vor jedem Malvorgang wird der Pinsel in klarem Wasser ausgewaschen. Nun können die Kinder beobachten, wie die Farben ineinanderlaufen und sich mischen. Dabei entstehen zarte Farbübergänge mit feinen Strukturen.

In die noch nasse Farbe wird nun ein entsprechend großes Stück Frischhaltefolie gelegt, wobei die Farbflächen ganz bedeckt sein sollten.

Mit beiden Händen verschieben die Kinder diese Folie direkt auf dem Papier. So entstehen Falten und Luftblasen, in denen sich die Farbe sammelt. Diese Folie bleibt mindestens einen Tag auf dem Papier, bevor sie abgezogen wird.

Die so getrocknete Farbe lässt sehr effektvolle Formen und Muster entstehen, die auch an gesplittertes Glas erinnern.

Diese Papiere wirken als Wandbilder sehr dekorativ. Suchen Sie mit den Kindern zusammen den besten Bildausschnitt aus, der ausgeschnitten und auf farblich passendes Tonpapier geklebt wird.

Diese schön gestalteten Papiere können als ganz persönliche Bilder oder Grußkarten weiterverarbeitet werden. Auch als Hintergrund für eine Einladung zur Geburtstagsparty, zum Sommerfest, zur Theateraufführung etc. eignen sich diese wunderbar.

Werden die Papiere laminiert oder mit transparenter Buchbindefolie bezogen, werden sie sogar noch haltbarer und können auch als dekorative Tischsets Verwendung finden. Wird diese Technik auf großformatigem Papier angewandt, können farbenfrohe und individuelle Geschenkpapiere entstehen, die jedes Geschenk toll verpacken.

Erfahrung

Die Kinder konnten es am nächsten Tag kaum erwarten, die Folie vom getrockneten Bild zu ziehen. Von den Ergebnissen waren alle begeistert. In den so entstandenen Formen und Farbstrukturen entdeckten vor allem die älteren Kinder viele unterschiedliche Motive, wie zum Beispiel Blumen oder Fische. Diese wurden zum Teil nachgezeichnet oder ausgeschnitten und auf farbigem Hintergrund aufgeklebt. *(HT)*

Tipp

Zum Auftragen der Farbkleckse bewährte sich bei jüngeren Kindern der sogenannte „Schablonierzwerg", eine Art Pinsel aus dickem Schaumstoff mit großem Haltegriff. Zudem empfiehlt es sich, die Farben dosiert (zum Beispiel nur die Grundfarben Rot-Gelb-Blau) in großen Blöcken anzubieten.

Ein Buch aus selbst geschöpftem Papier

Gestaltungsarbeit

Altersstufe
ab 4 Jahre

Zeit
Gruppenarbeit
ca. 120 Minuten
(ohne Einweich- und Trockenzeit)

Material

(Alt)Papier (möglichst ungeleimt), farbiges Krepppapier zum Einfärben des Papierbreis, dünne Schnur oder Geschenkband, Schöpfrahmen, große Schüssel, saugfähige Küchentücher, Nudelholz, Locher, Pürierstab oder Mixer

So wird's gemacht

Die Kinder reißen das Papier in kleine Stücke und legen diese in einen Eimer, in dem sie über Nacht in Wasser eingeweicht werden können. Ungeeignet ist stark geleimtes Papier, wie Kopierpapier. Zeitungspapier kann gut verwendet werden, wird jedoch durch die Druckerschwärze stets grau. Weißes Papier erhält man durch Einweichen von Toilettenpapier oder Küchenkrepp. Dann wird Wasser aufgefüllt, bis die Papierschnipsel ganz bedeckt sind.

Am nächsten Tag werden die eingeweichten Papierschnipsel gründlich umgerührt und gegebenenfalls von einem Erwachsenen mit einem Mixer oder einem Pürierstab zu einem gleichmäßigen Papierbrei verarbeitet. Ist die Masse zu fest, kann man etwas warmes Wasser nachgießen.

Eine Plastikschüssel wird mit Wasser und Papierbrei im Verhältnis 4 zu 1 gefüllt. Die Schüssel sollte so groß sein, dass der Schöpfrahmen hineinpasst und sich gut bewegen lässt. Je mehr Papierbrei man verwendet, desto dicker wird das Papier. Neben der Schöpfwanne bereitet man eine dicke, saugfähige Unterlage aus Zeitungspapier, Küchentüchern oder Filzmatten vor.

Zum Schöpfen taucht nun ein Kind den Schöpfrahmen senkrecht in die Wanne. Unter Wasser, also unter der oben schwimmenden Papierbrei-Schicht, dreht es den Rahmen in die Waagerechte und hebt ihn aus der Wanne heraus. Auf dem Gitternetz des Rahmens sammelt sich nun eine Schicht des Papierbreis. Man lässt den Rahmen kurz abtropfen, breitet dann ein saugfähiges Küchentuch über das Gitter, dreht den Rahmen um und legt ihn mit dem Küchentuch nach unten auf eine saugfähige Unterlage. Dies geht am besten in Partnerarbeit.

Nun rollt man einige Male mit dem Nudelholz über den Rahmen und löst ihn dann vorsichtig von der Unterlage ab. Auf dem Küchentuch bleibt die Papiermasse zurück. Jetzt legt man ein saugfähiges Tuch darüber und rollt kräftig mit dem Nudelholz darüber, um überschüssiges Wasser aus der Papiermasse herauszupressen. Diesen Vorgang nennt man Gautschen.

Schließlich kann der Papierbogen mitsamt dem Küchentuch zum Trocknen auf die Heizung gelegt oder am Wäscheständer aufgehängt werden. Im Laufe des Trockenprozesses löst sich die Papierschicht von der Unterlage – fertig ist ein selbst geschöpftes Blatt Papier.

die Einzelseiten und etwa 7 cm breit, um die Stapelkante legt und ebenfalls locht. Durch die Lochungen wird nun ein buntes Bändchen gezogen und verknotet. So erhält man ein leeres Büchlein, das beliebig weitergestaltet werden kann.

Erfahrung

Die Kinder experimentierten sehr gerne mit den verschiedenen Farben der Krepppapierschnipsel. Wir haben daraufhin das Verzieren der Papiere ausgebaut, indem wir gepresste Blätter, Streuglitter o. Ä. angeboten haben, sodass die Kinder beim Schöpfen verschiedene Dinge in das Papier einarbeiten konnten. *(SH)*

Farbige Akzente können die Kinder durch Krepppapierschnipsel erreichen. Dem Papierbrei vor dem Schöpfen zugesetzt, bewirken die stark färbenden Schnipsel eine einheitliche Grundfarbe. Wenn die Kinder die Schnipsel auf eine frisch geschöpfte Seite streuen, ergeben sich farbige Zufallsmuster.

Um ein selbst gestaltetes Büchlein zu binden, sammeln die Kinder die fertigen Papiere, legen sie übereinander und schneiden sie gegebenenfalls zu, um ein einheitliches Format zu erhalten. Die Seiten werden Kante an Kante gelegt und gelocht. Wer möchte, gestaltet einen Buchrücken, indem er ein weiteres Stück Papier, so hoch wie

Tipp

Im Fachhandel erhält man fertige Schöpfrahmen in verschiedenen Größen. Preiswerter ist es, wenn man sie selbst baut, indem man einen Holzrahmen mit Fliegengitter aus Plastik oder Draht bespannt. Die simpelste Variante ist ein ausgeschnittenes Stück Fliegengitter, dessen spitze Kanten man mit Gewebe-Klebeband abgedeckt hat. Die Innenfläche des Rahmens bestimmt die Größe des Papiers.

Kleisterpapiere

Mal- und Bastelarbeit

Material

Saugfähiges, festes Papier, Pappereste, bunte Fingerfarbe, verschiedene Gegenstände zum Herstellen der Muster (Schwämme, ausgediente Kämme, kleine Plastikdosen, zugeschnittene Pappestreifen oder -kämme, Spachteln), Borstenpinsel, dicke Pinsel, Eimer, Kochlöffel oder Schneebesen, Gläser mit Schraubverschluss, großer Löffel oder Schöpfkelle, Tapetenkleister, Schere, Bügeleisen

Altersstufe
ab 3 Jahre

Zeit
Einzel- oder Gruppenarbeit
ca. 60 Minuten
(ohne Trockenzeit)

So wird's gemacht

Die Kinder rühren den Tapetenkleister nach Vorgabe (normale Stärke, nicht extrastark) in einem Eimer mit kaltem Wasser an. Der Kleister muss kurze Zeit aufquellen und wird dann nochmals mit einem Kochlöffel oder Schneebesen kräftig durchgerührt und in Gläser gefüllt. Den Kleister pro Glas nun mit der gewünschten Fingerfarbe einfärben und gut verrühren.

Mit einem dicken Pinsel tragen die Kinder diese Kleisterfarbe auf einen Bogen Papier auf. Der jeweilige Farbton kann verändert werden, indem zusätzliche Farbtropfen

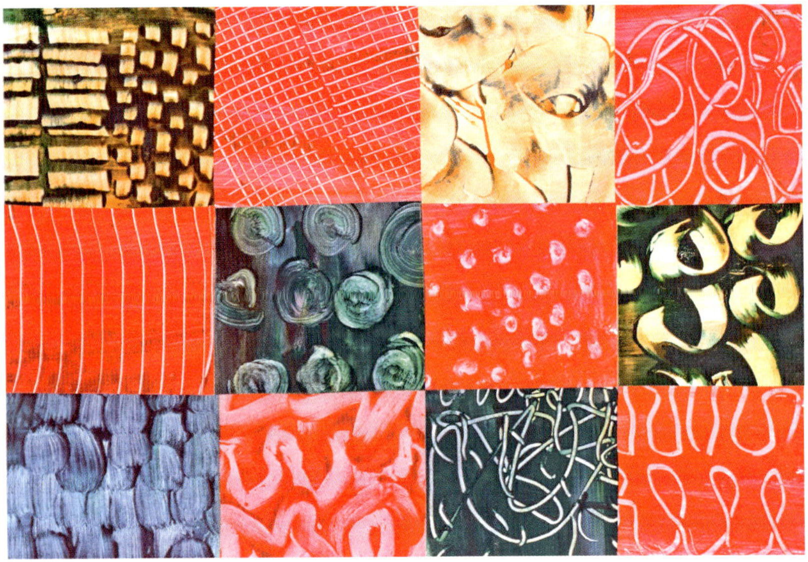

Tipp

Auf dem Tisch oder am Boden einen großen Bogen Papier auslegen und mit Kleisterfarbe großzügig bemalen. Danach wird eine dünne Plastikfolie auf die Farbmasse gelegt und die Farbe mit den Händen verstrichen. Regen Sie die Kinder an, mit rhythmischen Bewegungen beidhändig zu malen oder barfuß über das Bild zu laufen! Die Fußabdrücke sind deutlich zu sehen, wenn genügend Farbmasse aufgetragen wurde. Verschiedene Farbspuren und interessante Strukturen werden auch durch das Verdrängen der Farbmasse sehr deutlich, wenn die Kinder mit Spielzeugautos über die Folie fahren.

direkt aus der Tube auf das Papier gespritzt und mit der übrigen Masse verstrichen werden.

Wird auf diese Weise eine weitere Farbschicht auf die noch feuchte Farbe aufgetragen, so vermischen sich die Töne und es entstehen interessante Farbmischungen.

Nach dem Farbauftrag können die Kinder zunächst ganz spontan und beliebig mit den Fingern oder je nach Alter mit Schwämmen, Pinselstielen, zugeschnittenen Pappekämmen oder Plastikdosen verschiedene Muster in die noch nasse Farbmasse ziehen oder ritzen.

Auch Collagen aus verschiedenfarbigen Kleisterpapieren wirken sehr dekorativ.

Erfahrung

Der direkte Körperkontakt mit Kleister und Farbe bereitete selbst den Kleinsten sehr viel Freude. Da wurde viel gematscht und die glitschige Masse mit den Händen nicht immer nur auf dem Papier verteilt. Um den Kindern dieses sinnliche Vergnügen anbieten zu können, ist eine gute Vorbereitung wichtig. Schützen Sie die Kleidung mit Schürzen, den Boden mit Folie oder ausgelegtem Papier und stellen Sie einen Eimer Wasser und Lappen bereit – wünschenswert ist ein Wasserhahn in der Nähe. *(HT)*

Werden in ein Stück Pappe z. B. Kerben eingeschnitten und der so entstandene Kamm in Wellen- oder Zickzacklinien, im Kreis oder kreuz und quer über das Papier gezogen, ergeben sich die schönsten Muster und Spuren in der Farbe.

Mit einem Schwamm oder geknülltem Papier können die Kinder die Farbschicht sogar noch weiter bearbeiten. Kreisförmige Muster entstehen, wenn sie eine kleine Plastikdose auf dem Papier drehen. Mit einem zugeschnittenen Pappestreifen oder mit den Fingern lassen sich breite und schmale Linien ziehen – viele interessante Muster entstehen durch Ausprobieren und Experimentieren.

Die fertigen Schmuckpapiere müssen mindestens einen Tag trocknen und anschließend gebügelt werden, bevor sie weiterverarbeitet werden können.

Solche Papiere eignen sich wunderbar für Buchbindearbeiten. Aus kleineren Ausschnitten und Reststücken können ausgefallene Grußkarten, Lesezeichen oder Geschenkanhänger hergestellt werden.

Größere Kleisterpapiere können zu Tüten, Umschlägen oder zu Geschenkpapieren weiterverarbeitet werden.

Schmetterlinge in Murmeltechnik

Mal- und Bastelarbeit

Material

Murmelbilder: *Weißes Papier (DIN A4), Schachteln mit Deckel (z.B. ausgediente Schuhschachteln, Käseschachteln), bunte Deckfarbe, Pinsel, Farbpalette, Löffel, Murmeln in unterschiedlichen Größen*
Schmetterlinge: *Bunte Pfeifenputzer, glänzende Perlen (Bohrung Ø ca. 1,5 mm), Klebstoff, blauer Tonkarton (DIN A4), Schere*

Altersstufe
ab 3 Jahre

Zeit
Einzelarbeit
ca. 30 Minuten
(ohne Trockenzeit)

So wird's gemacht

Murmelbild: Der Boden der Schachtel wird zuerst mit einem passenden Papier ausgelegt. Wenn nötig, kann man das Papier vorher zurechtschneiden.

Nun die gewünschte Farbe im Farbkasten mit etwas Wasser verdünnen, eine Murmel hineinlegen und diese rundum mit dem Pinsel bemalen. Mithilfe eines Löffels legen die Kinder die Murmel in die Schachtel. Anfangs genügt es, mit nur einer bemalten Murmel zu beginnen.

Die Kinder nehmen nun den Karton in die Hände und bewegen diesen hin und her. Dabei rollt die Murmel von einer Seite zur anderen und hinterlässt ein Netz aus Farbspuren. Sind die Kinder mit der Technik vertraut, können mehrere Murmeln, die in unterschiedliche Farben getaucht wurden, gleichzeitig eingesetzt werden.

Für jüngere Kinder kann direkt ein Klecks Farbe auf das Papier im Karton getropft werden. Die Kugel wird in die Schachtel gelegt und diese mit dem Deckel anschließend verschlossen. So hüpft die Murmel auch bei heftigeren Bewegungen nicht aus der Schachtel und erzeugt im Inneren der Schachtel hübsche Spuren. Sobald die Murmel keine Farbspuren mehr hinterlässt, betrachten die Kinder ihr Papier. Möchten sie weitere farbige Linien darauf

haben, bestreichen sie die Kugel wieder mit Farbe und beginnen erneut mit dem Rollvorgang. Gefällt ihnen das Ergebnis, nehmen sie das Papier heraus und legen es zum Trocknen beiseite.

Schmetterlinge: Die getrockneten Murmelbilder werden nun für die Schmetterlingsflügel zurechtgeschnitten. Dazu quadratische Stücke (ca. 10x10cm) ausschneiden und einmal mittig falten, sodass ein Rechteck entsteht. Das Papier wird nun trapezförmig ausgeschnitten, indem von der Faltkante aus zwei Schnitte schräg zu den offenen Ecken führen. Die Ecken können je nach Wunsch der Kinder noch abgerundet werden. Falten die Kinder nun das Papier auseinander, erhalten sie symmetrische Flügel.

Der Körper des Schmetterlings entsteht aus einem Pfeifenputzerstück (ca. 8cm lang), das zur Hälfte gebogen mittig von vorn und hinten um die Flügel gelegt wird. Beide Enden werden danach oben als Kopf einfach miteinander verdreht.

Zum Schluss ziehen die Kinder je rechts und links eine Perle durch ein Pfeifenputzerende und biegen die beiden Fühler in Form.

Aufgeklebt auf blauen Tonkarton oder als Collage weiterverarbeitet, wirken diese einfachen Schmetterlinge sehr dekorativ.

Erfahrung

Anfangs verschlossen wir für die jüngeren Kindern bei der Herstellung der Murmelbilder die jeweiligen Schachteln mit passenden Deckeln. Damit aber auch die Kleinen den Malvorgang mit der Kugel beobachten konnten, haben wir später diese Schachteln mit durchsichtiger Frischhaltefolie verschlossen.

(HT)

Tipp

Auch größere Gummibälle oder Tischtennisbälle eignen sich in entsprechend großen Schachteln für diese Technik. Geben Sie einen großen Klecks Farbe auf das Papier in der Schachtel und legen sie einen Ball hinein. Nun halten zwei Kinder zusammen diese Schachtel und versuchen, den Ball gemeinsam zu steuern.
Verwendet man Transparentpapier statt des normalen Papiers für die Murmelspuren, kann man die Schmetterlinge dekorativ am Fenster befestigen. Dort leuchten die durchscheinenden Papiere mit den bunten Spuren besonders schön.

Altersstufe
ab 5 Jahre

Zeit
Einzelarbeit
ca. 60 Minuten
(ohne Trockenzeit)

Schnurbilder

Gestaltungsarbeit

Material

Sperrholzplatte (29 x 40 cm, 4 mm stark), weiße Servietten oder Papiertaschentücher, dicke Schnur (z. B. Jute-Knüpf-Garn, Ø 3,5 mm), Streuglitter und Mosaiksteinchen, bunte Deckfarbe, weicher, dicker Pinsel, dünnere Pinsel, Tapetenkleister, Schere

So wird's gemacht

Zunächst erhalten die Kinder die Gelegenheit, mit der dicken Schnur zu experimentieren. Sie legen sie in Kreisen, Wellen, Spiralen, Schleifen oder gerade vor sich auf den Tisch, bilden mit mehreren Schnüren parallele Linien und Karomuster. All diese Muster und Formen können spielerisch entstehen und immer wieder neu arrangiert werden.

Wenn die Kinder die Beschaffenheit der Schnur ausgiebig erkundet haben, erhalten sie eine Sperrholzplatte und streichen mit einem dicken Pinsel den angerührten Tapetenkleister großzügig darauf. Eine Unterlage aus Zeitungspapier schützt dabei den Arbeitsplatz und ein Malerkittel die Kleidung.

Jetzt legen die Kinder ein Stück Schnur in die Klebefläche und drücken diese mit den Fingern an. Dabei können die Schnüre als gebogene, gerade oder gekrümmte Linien aufgeklebt werden. Je nach Wunsch der Kinder können sich die Linien überschneiden, nebeneinander liegen oder sich kreuzen. Die Schnur muss dabei auch nicht in einem Stück verlegt werden, auch Einzelstücke können abgeschnitten oder hinzugefügt werden. Die Kinder versuchen dabei, die vorgegebene Fläche möglichst formatfüllend zu nutzen. Da der Kleister nur langsam anzieht, sind Veränderungen noch eine Weile möglich.

Wenn die Schnur schon etwas festklebt, bestreichen die Kinder das ganze Bild nochmals mit Tapetenkleister und legen die Servietten oder Papiertaschentücher darauf.

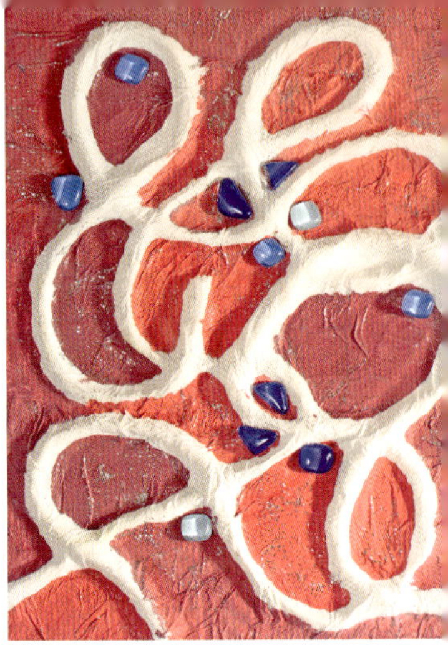

Mit einem sehr nassen Pinsel, der immer wieder ins Wasser getaucht wird, drücken die Kinder das Papier fest. Dabei achten sie darauf, dass es auch gut in den Vertiefungen zwischen den Schnüren liegt, damit die Linien deutlich als grafisches Element sichtbar werden. Sollte das Papier reißen, einfach eine zweite Schicht darüberlegen und mit viel Wasser im Pinsel andrücken.

Bevor das Bild mit Farbe versehen werden kann, sollte es mindestens einen Tag trocknen. Beim Malen werden nur die Flächen zwischen den Schnüren mit Farbe versehen. Die Schnüre selbst bleiben weiß. Besonders schön wirken die Bilder, wenn sie nicht zu bunt gestaltet werden. Jedes Kind könnte beispielsweise seine Lieblingsfarbe mit Weiß mischen und so verschiedene Farbnuancen erhalten.

Wer möchte, kann die bemalten Farbflächen zusätzlich mit Mosaiksteinen oder Glitter dekorieren. Der Glitter wird dafür einfach in die noch nasse Farbe gestreut. Nach dem Trocknen der Farbe die Mosaiksteinchen nach Wunsch anordnen und mit etwas Klebstoff befestigen.

Erfahrung

Beim Aufkleben der dünnen Papiere reißt manchmal eine Schicht, vor allem, wenn die Kinder versuchten, die Servietten oder die Papiertaschentücher mit den Fingern anzukleben. Wir legten dann einfach ein Stück neues Papier darauf, das, mit einem nassen Pinsel angedrückt, durch den vorher aufgestrichenen Tapetenkleister sehr gut antrocknete. Einigen jüngeren Kindern fiel es beim Bemalen schwer, die Begrenzungen durch die Linien einzuhalten. Sie malten ihr Bild einfach ganzflächig aus. Auch dieses so gestaltete Relief zeigte eine überraschend schöne Wirkung. *(HT)*

Malen nach Paul Klee

Gestaltungsarbeit

Material

Weißes Papier, Abbildungen einiger Bilder von Paul Klee (z. B. aus Kunstkalendern, Büchern oder dem Internet), Bleistift, Ölpastell-Kreiden (besonders geeignet sind Ölpastell-Riesen), Wattebausch oder Malschwämmchen

So wird's gemacht

Kinder fühlen sich von den farbenprächtigen Bildern des bekannten Malers Paul Klee (1879–1940) sehr angesprochen. Eines der elementaren Prinzipien seines Kunstschaffens war der Bildaufbau mit geometrischen Formen. So entstanden viele abstrakte Kunstwerke, denen oft die Natur als Vorbild diente. Besonderen Wert legte Paul Klee auf eine stimmige Farbauswahl in seinen Bildern.

Zunächst betrachten die Kinder Bilder von Paul Klee. Welche Formen finden sie? Sind dort Quadrate, Rechtecke, Kreise, Dreiecke oder Punkte zu entdecken?

Welche Farbauswahl traf der Maler? Leuchtende, kräftige, helle, dunkle oder zarte Farben? Welche Farben sprechen die Kinder besonders an? Welche Farben sehen wir, wenn wir aus dem Fenster schauen?

Danach zeichnen die Kinder mit Bleistift ausgewählte Grundformen als grobes Raster auf das weiße Papier, um das Bild zu strukturieren. Die Kinder drücken dabei mit dem Bleistift nur leicht auf, damit diese Linien später nicht zu sehen sind.

Sie entscheiden selbst, mit welchen Farben die einzelnen Flächen ausgemalt werden. Die Kreiden können deckend, hell oder kräftig aufgetragen werden. Für jedes Feld wird eine andere Farbe benutzt, dabei können sich Farben aber auch überlagern und einzelne Flächen mit zwei unterschiedlichen Farben ausgemalt werden.

Wenn die Kinder mit dem Bild fertig sind, wischen sie je nach Wunsch kräftig mit einem Lappen, Schwämmchen oder Wattebausch über einzelne Farbflächen. Dadurch erzielen sie interessante Wirkungen, weil sich die Ölkreiden mischen und stärker glänzen.

Erfahrung

Der Umgang mit den farbintensiven Ölpastell-Kreiden faszinierte die Kinder. Sie arbeiteten damit besonders konzentriert und gaben sich sehr viel Mühe mit der Ausgestaltung der Bilder. Alle Werke wurden gerahmt und wie in einer Galerie ausgestellt. *(HT)*

Altersstufe
ab 5 Jahre

Zeit
Einzelarbeit
ca. 50 Minuten

Abstrakte Klecksbilder

Gestaltungsarbeit

Material

Weißes Papier (DIN A4), Acrylplatte, bunte Linoldruck- und Cromarfarbe, Farbwalze oder Schaumstoffwalze

Altersstufe
ab 3 Jahre

Zeit
Einzelarbeit
ca. 15 Minuten
(ohne Trockenzeit)

So wird's gemacht

Zunächst betrachten die Kinder einige abstrakte Kunstwerke expressionistischer Maler und besprechen die Bilddarstellungen in der Gruppe. Wie wirken die Farben, die Formen? Kann man etwas auf dem Bild erkennen? Welche Stimmung entsteht durch die Bildgestaltung?

Ein solches abstraktes Kunstwerk wollen wir nun auch selbst einmal herstellen. Damit der Arbeitsplatz und die Kleidung geschützt werden, ziehen die Kinder einen Malerkittel an und legen großzügig den Tisch mit Zeitungspapier aus.

Auf der glatten Acrylplatte wird wenig Linoldruckfarbe gleichmäßig und dünn ausgewalzt. In diese Farbfläche klecksen die Kinder nun direkt aus der Flasche Cromarfarbe als Punkte, Linien, Kurven oder weitere abstrakte Formen und Strukturen auf. Besonders schön wirkt der spätere Abzug, wenn dabei passend zur Untergrundfarbe kontrastreiche Farben gewählt werden.

Anschließend legen die Kinder ein Blatt Papier auf die gefärbte Acrylplatte und drücken es mit der Handfläche an. Die Richtung der fließenden Farbe kann durch Kippen, Schwenken oder Drehen der Flasche beeinflusst werden.

Dabei entstehen zielgerichtete, gelenkte oder zufällige Farbverläufe und dekorative abstrakte Formen.

Ziehen die Kinder danach das Blatt vorsichtig beginnend an einer Ecke wieder ab, erhalten sie einen sehr schönen Abdruck der vorher gestalteten Farbfläche.

Nach dem Abziehen des ersten Blattes kann sofort ohne neuen Farbauftrag ein zweiter Abdruck mit denselben Farbspuren erzeugt werden.
Der zweite Abdruck ist dabei natürlich etwas blasser, aber meist entsteht auf diese Weise das wirkungsvollere Bild, weil beim ersten Abzug oft durch zu viel aufgetragene Farbe die Konturen verschwimmen.

Erfahrung

Diese einfache, aber doch sehr wirkungsvolle Technik faszinierte alle Kinder und sie stellten viele Bilder her, die wir später auch als Schmuckpapiere, z. B. für Buchumschläge, weiterverarbeitet haben.

Jüngere Kinder mussten dazu angehalten werden, die Cromarfarbe nicht zu großzügig auf die vorher eingewalzte Acrylplatte zu geben, damit die aufgetragenen Farbstrukturen erhalten bleiben und nicht zu einer einzigen Farbfläche verliefen.
Die Bilder benötigten je nach Menge der verwendeten Farbe ungefähr einen Tag zum Trocknen. *(HT)*

Gaudí-Säulen

Mal- und Bastelarbeit

Material

Pappröhren, transparente Mobilefolie, Alufolie, goldener und silberner Fotokarton, Metallfolie, bunter Glitterglue, Styroporkugeln (Ø ca. 6 cm), Mosaiksteine, schwarze und goldene Lackmaler, bunte Acrylfarbe (auch goldene und silberne), Pinsel, Klebstoff, Heißklebepistole, Cutter, Schere

So wird's gemacht

Antoni Gaudí (1852–1926) war ein Künstler, dessen Werke das Stadtbild von Barcelona prägten. Er verwendete klare, kräftige Farben, Formen aus der Natur, gerundete Steine und verzierte viele seiner Gebäude mit bunten, gebrochenen Keramikplatten, die er mosaikartig anordnete.

Die Kinder betrachten zunächst Bildmaterial, das den Stil des Künstlers zeigt und stellen dann solche Bauwerke in diesem Stil selbst her. Hierzu erhalten sie zunächst transparente Mobilefolie und bringen sie mit einer Schere in die gewünschte Form.

Sie können diese entweder wellenförmig oder eckig zuschneiden oder mit einem Lackmaler Kuppeln aufmalen, die sie anschließend ausschneiden können, sodass eine hübsche Silhouette entsteht.

Danach bemalen sie die Mobilefolie mit den gewünschten Acrylfarben und gestalten diese mit einem goldenen Lackmaler weiter aus. Hierbei können Vierecke oder Spiralen aufgemalt oder einzelne bunte Flächen damit umrahmt werden. Um das gemalte Werk besonders hervorzuheben, verzieren die Kinder dieses zusätzlich mit Glitterglue. Wer dies möchte, kann aus Metallfolie Kuppeln oder Vierecke ausschneiden und diese auf die Mobilefolie kleben.

Wenn die Malarbeiten beendet sind, wird die Folie zum Trocknen zur Seite gelegt.

Als Nächstes machen sich die Kinder an die Gestaltung der Säulen, die das bunte Kunstwerk tragen. Dazu bemalen sie zwei Pappröhren mit Acrylfarben, umwickeln sie mit Alufolie oder bekleben sie mit Mosaiksteinen.

Mit einem Cutter schneidet ein Erwachsener Styroporkugeln in zwei Hälften, welche die Kinder mit goldener oder silberner Acrylfarbe bemalen. Nach dem Trocknen werden diese mit der flachen Seite von einem Erwachsenen mit Heißkleber auf das obere Ende der Pappröhre geklebt. Ebenso können auch gefaltete, goldene Fotokartonstreifen oder zu Kugeln geformte Alufolie mit Klebstoff fixiert werden.

Zuletzt werden die Säulen mit Heißkleber an den beiden Seiten der bemalten Folie fixiert. Wenn alles getrocknet ist, kann das Kunstwerk aufgestellt werden.

Altersstufe
ab 4 Jahre

Zeit
Einzelarbeit
ca. 30 Minuten
(ohne Trockenzeit)

Erfahrung

Friedensreich Hundertwasser wurde von Gaudís Architektur inspiriert. Einige Werke ähneln sich daher deutlich. Betrachtet man mit den Kindern vor und nach dieser Aktion Werke der beiden Künstler, ist das Interesse besonders hoch. *(KW)*

Tipp

Möchte man das Kunstwerk aufstellen, müssen die Enden der Säulen mit dem Rand der Mobilefolie abschließen.

Altersstufe
ab 5 Jahre

Zeit
Einzelarbeit
ca. 20 Minuten

Hundertwasserbäume

Mal- und Bastelarbeit

Material

Bunter Fotokarton (DIN A4), bunte Metallfolie, bunte Kaffeekapseln (z. B. Nespresso), Glitterglue, Lackmaler, Hammer, Klebstoff, evtl. Marvin-Bastelkleber, Schere

So wird's gemacht

Zur Einführung in das Thema betrachten die Kinder gemeinsam einige Werke des Künstlers Friedensreich Hundertwasser (1928–2000) und besprechen, was sie sehen. Haben sich die Kinder mit dem Stil des Künstlers etwas vertraut gemacht, beginnen sie mit der Gestaltung ihrer Bäume.

Als Vorbereitung werden bereits verwendete, bunte Kaffeekapseln gut ausgespült und mit einem Hammer flach gedrückt.

Danach zeichnen die Kinder mit einem Lackmaler auf bunter Metallfolie eine Baumform auf.

Möchte man sich an den Werken Hundertwassers orientieren, so sehen die Bäume nicht wie herkömmliche Bäume aus, sondern sind oftmals sehr schlicht gehalten. Die Äste verlaufen leiterähnlich, also waagrecht vom Stamm bis zur Krone oder sind zu Spiralen geformt. Für die Kinder ist es besonders einfach, diesen Stil zu treffen, wenn sie den Stamm und die Äste einzeln ausschneiden und erst auf dem Fotokarton anordnen. Doch auch andere Formen können hier umgesetzt werden.

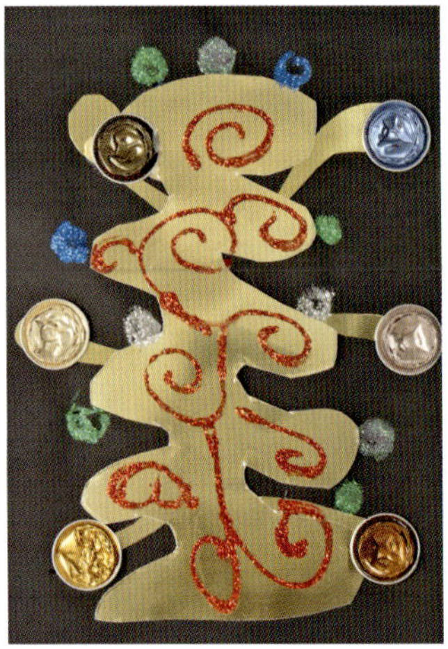

Die aufgezeichneten Bäume werden im Anschluss mit der Schere ausgeschnitten und auf einen farblich harmonierenden Fotokartonbogen geklebt.

Nun gestalten die Kinder ihr Kunstwerk mit den bunten, flach gedrückten Kaffeekapseln, welche sie beliebig am Baum aufkleben. Hierfür sollte ein etwas dickflüssigerer Klebstoff verwendet werden, der einen guten Halt gewährleistet (z. B. Marvin-Bastelkleber).

Um den Baum noch interessanter und prunkvoller zu gestalten, verzieren ihn die Kinder mit Glitterglue. Wer möchte, kann auch die vom Künstler gerne verwendeten Spiralformen einbauen.

Wird dieser Baum nach dem Trocknen als Bild an die Wand gehängt, regt es den Betrachter mit Sicherheit zum näheren Hinschauen an.

Erfahrung

Manchen Kindern fällt es schwer, den Baum in der richtigen Größe anzulegen. Daher ist es sinnvoll, wenn die Kinder zugeschnittene Metallfolienstücke erhalten, die sie formatfüllend nutzen können. Auf diese Weise haben sie eine gute Orientierung, wie groß ihr Baum maximal ausfallen darf, damit dieser im Anschluss gut auf dem Fotokarton Platz findet. *(KW)*

Tipp

Die Metallfolie sollte beim Schneiden straff gehalten werden, damit sie sich nicht einrollt. Am besten funktioniert das, wenn die Kinder zu zweit arbeiten.

Ballerina
Modellierarbeit

Material
Lufttrocknende Modelliermasse, Drahtfedern aus alten Kugelschreibern, Baumscheiben (Ø 8 cm), Bastelfedern, Stoffreste, Schleifenbandreste, bunte Acryl- oder Schulmalfarbe, Fasermaler, Dekorationsmaterial (Glitzersterne, -blumen, Streuglitter, Pailletten), Pinsel, Klebstoff, Schere

Altersstufe
ab 4 Jahre

Zeit
Einzelarbeit
ca. 60 Minuten
(ohne Trockenzeit)

So wird's gemacht
Die Kinder betrachten Bilder einer Ballerina und versuchen im Anschluss daran, einige Tanzfiguren selbst szenisch nachzustellen. Sie heben das Bein an, die Arme, setzen zum Sprung an und erleben so am eigenen Leib, wie sich eine Tänzerin fühlt. Eine solche Ballerina in der Bewegung stellen die Kinder nun im Folgenden plastisch dar.

Hierzu erhalten sie jeweils ein größeres Stück Modelliermasse (etwa die Menge eines gefüllten Esslöffels) für die Figur und ein kleineres Stück Modelliermasse (etwa die Menge eines halben Esslöffels) für den Sockel und kneten beide Teile gründlich durch.

Anschließend werden aus dem größeren Teil ein Körper mit Kopf, Rumpf, Armen und Beinen geformt. Dazu wird die Masse zunächst zu einer Kugel geknetet. Mit den Fingerspitzen werden dann vorsichtig die Extremitäten herausgearbeitet.

Die Kinder entscheiden, ob ihre Tänzerin die Arme elegant zur Seite oder über den Kopf strecken und die Beine z. B. in einem Spagat halten soll.

Aus dem kleineren Teil entsteht eine Halbkugel als Sockel. Der Ständer und die Ballerina werden mit einer Drahtfeder verbunden. Das eine Ende der Feder wird dazu in den Körper der Tänzerin gesteckt, der untere Teil in den Sockel gedrückt.

Nach etwa drei Tagen Trockenzeit bemalen die Kinder die Ballerina mit hautfarbener Acryl- oder Schulmalfarbe. Sobald alles getrocknet ist, gestalten sie das Trikot und die Haare der Tänzerin. Zusätzlich bemalen sie den Sockel sowie die Baumscheibe nach Belieben.

Nach einem weiteren Trockentag kleben die Kinder den Sockel auf die Mitte der Baumscheibe und verzieren die Scheibe mit Dekorationsmaterialien. Sie können Sterne oder Blumen aufkleben, Glitter daraufstreuen oder Schleifenbänder um die Scheibe wickeln.

Die Tutus der Tänzerinnen werden aus Stoffresten, Bastelfedern oder Schleifenbändern zurechtgeschnitten und aufgeklebt. Zusätzlich kann jeweils ein Stern oder eine Blume den Kopf der Ballerina schmücken. Zum Abschluss malen die Kinder noch Augen, Nase und Mund mit Fasermalern auf.

Erfahrung
Für die Kinder ist es einfacher, nicht zu schlanke Figuren zu formen. Motivieren Sie die Kinder im Sinne eines gesunden Körperbewusstseins dazu, auch rundliche Tänzerinnen zu formen, denn Tanzen bringt allen Menschen Freude. *(MF)*

Altersstufe
ab 3 Jahre

Zeit
Einzelarbeit
ca. 180 Minuten
(ohne Trockenzeit)

Theater im Schuhkarton

Bastelarbeit

Material

Schuhkartons, Stoffreste (in der Größe des Schuhkartondeckels), weißer Fotokarton, Korken, gerade Äste (ca. 6 cm länger als die Schuhkartondeckel), Schleifenbandreste, Stoffreste, Bastelfedern, Dekorationsmaterial (Perlen, Goldsterne, Glitter, Borte), Fasermaler, Goldstifte, bunte Schulmalfarbe, Goldfarbe, nachtleuchtende Farbe, Pinsel, Prickelnadel, Cutter, Klebstoff, Schere, Stoffschere

So wird's gemacht

Die meisten Kinder haben schon einmal ein Theater besucht. Egal, ob es sich dabei um ein Puppentheater, ein Kasperl- oder ein Schattentheater handelt, es gibt immer einen Vorhang, eine Bühne mit Requisiten und einen Zuschauerraum.
Diesen Aufbau halten sich die Kinder vor Augen, während sie im Folgenden das Theater gestalten.

Je dunkler der Hintergrund ist, desto besser kommen die Figuren und die weiteren Requisiten zur Geltung. Die Kinder bemalen zunächst das Innere des Schuhkartons mit zwei bis drei Schichten schwarzer Farbe, sodass die gesamte Fläche lückenlos schwarz ist.

Währenddessen schneidet ein Erwachsener den Deckel mit einem Cuttermesser zurecht. Hierfür wird im Deckel ein Rechteck ausgeschnitten, sodass ringsherum ein Rahmen von ca. 3 cm entsteht.

Diesen Deckelrahmen setzen die Kinder auf ihren Karton und bemalen die äußeren Kartonflächen nach Belieben mit Schulmal- und Goldfarbe. Das Theater kann flächig bemalt oder mit Streifen, Sternen, Ornamenten oder Punkten verziert werden.

Nach einem Tag Trockenzeit prickeln die Kinder zwei Löcher für die Vorhangstange in den Karton. Hierfür wird das Theater seitlich gekippt und jeweils ein Loch an jeder Seite durch Karton und Deckel gebohrt. Die Größe des Lochs orientiert sich an der Dicke des Astes, der als Vorhangstange verwendet werden soll.

Sind die Löcher auf gleicher Höhe gebohrt, schieben die Kinder den Ast so hindurch, dass dieser auf jeder Seite etwa 3 cm herausschaut.

Danach schneiden sie ein Stoffstück in der Breite des Kartondeckels zu und halbieren dieses mit der Schere nochmals in der Mitte. Nun werden beide Stoffteile als Vorhang mit einem Umschlag von ca. 3 cm an den Ast geklebt.

Damit der Vorhang für das Spiel geöffnet ist, wird er mit dem unteren Stoffrand seitlich mithilfe eines Schleifenbandes an den herausstehenden Aststücken verknotet.

Jetzt malen die Kinder mit Goldfarbe die Kulisse auf den schwarzen Kartonboden. Auf diese Weise können Schlösser, Stühle, Tische, Kronleuchter, Gärten, Wälder oder Tanzsäle entstehen.

Nach einem weiteren Trockentag malen die Kinder die goldenen Kulissenelemente mit nachtleuchtender Farbe nochmals nach. Zusätzlich malen sie auf weiße Fotokartonstücke (ca. 15 x 15 cm) etwa zwei bis vier Figuren mit nachtleuchtender Farbe. Je nach Belieben können Prinzessinnen, Drachen, Könige, Mädchen, Jungen oder alle anderen Ideen verwirklicht werden.

Nach der dritten und letzten Trocknungsphase schneiden die Kinder die Figuren aus und kleben sie jeweils auf einen Korken, damit sie beim Spielen stabil stehen. Nun können die Figuren mit Goldstiften und Fasermalern sowie mit Stoffresten weiter ausgestaltet werden. Röcke, Umhänge oder Kronen werden gemalt oder geklebt. Jüngere Kinder können schnell und einfach Kleider aus bunten Bastelfedern herstellen.

Bevor nun das Spielen beginnt, schmücken die Kinder das Theater von außen. Mit Perlen und weiteren zur Verfügung stehenden Materialien bekleben sie den Karton und machen ihn so zu einem besonderen Schmucktheater.

Erfahrung

Denken Sie sich mit den Kindern gemeinsam kleine Geschichten zu ihren gestalteten Figuren aus. Dies können auch bekannte Lieder, Kurzgeschichten oder Witze sein. Nach einem gemeinsamen Probedurchlauf können die Kinder im Morgen- oder Abschlusskreis den übrigen Kindern der Gruppe ihr Stück präsentieren. *(MF)*

Noten im Kartondruck

Gestaltungsarbeit

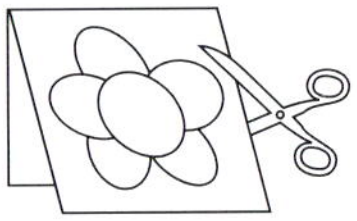

3 Vorlagen siehe Motivbogen

Altersstufe
ab 5 Jahre

Zeit
Einzelarbeit
ca. 60 Minuten
(ohne Trockenzeit)

Material

Grundplatte aus Pappe (DIN A4, z. B. Rücken von Zeichenblöcken), dünne Kartonreste (z. B. Aktendeckel, ausgediente Verpackungen), weißes Papier (mindestens DIN A4), bunte Linoldruckfarbe, Bleistift, Folie oder Plastikplatte zum Auswalzen der Farbe, Gummi- oder Schaumstoffwalze, evtl. ein Notenheft, Klebstoff, Schere

So wird's gemacht

Die Notenschrift ist eine ganz besondere Form der grafischen Fixierung bestimmter Parameter. Einige Kinder spielen vielleicht ein Instrument oder haben bereits Noten kennengelernt. Sie finden es sehr interessant, dass man anhand der Noten genau sehen kann, wie ein Lied gespielt oder gesungen werden muss und beschäftigen sich gerne mit der schriftlichen Darstellung von Noten und Notenschlüsseln.

Die Noten dieser Anregung werden im Kartondruckverfahren hergestellt. Die Grundformen werden aus dünnen Kartonresten einzeln ausgeschnitten, auf der Grundplatte aus Pappe (Druckstock) angeordnet, geschichtet und festgeklebt. Die einzelnen Kartonteile dürfen auch übereinandergeklebt werden, so entstehen geringe Höhenunterschiede, die beim späteren Abdruck eine interessante Wirkung erzielen.

In einem ersten Schritt werden fünf 15–20 cm lange, dünne Pappstreifen für die Notenlinien zurechtgeschnitten. Wer eine Papierschneidemaschine zur Verfügung hat, kann diese Pappstreifen schnell für die Kinder vorbereiten, aber auch mit der Schere lassen sich diese Streifen gut herstellen.

Die verschiedenen Noten werden entweder mithilfe der Vorlagen auf dem Motivbogen oder freihand ebenfalls auf dünnen Kartonresten vorgezeichnet und ausgeschnitten. Dabei kann der ovale Notenkopf, der seitlich angebrachte Notenhals, mit oder ohne Fähnchen, je nach gewünschtem Notenwert, auch vom Erwachsenen vorgezeichnet und eventuell schon ausgeschnitten den Kindern angeboten werden.

Die Kinder kleben nun die fünf Notenlinien im gleichen Abstand (passend zur Größe der Noten) waagrecht auf die Grundplatte.

Die Notenzeilen dienen als Raster für die Noten. Die Kinder kleben nun die zuvor ausgeschnittenen und ausgewählten Noten auf eine Notenlinie oder in den Zwischenräumen der Notenlinien seitenverkehrt auf, da beim Abdrucken der Motive das Bild spiegelverkehrt erscheint.

Am wirkungsvollsten ist eine abwechslungsreiche Zusammenstellung weniger Einzelteile. An den Stellen, an denen die Einzelteile übereinandergeklebt wurden, heben sich die Schichten durch eine nicht abgedruckte Stufe ab, die als helle Fläche oder Linie beim späteren Abdruck zu sehen ist.

Bevor die Kinder mit Farbe arbeiten, wird als Unterlage Zeitungspapier ausgelegt.
Anschließend rollen sie auf einer Plastikplatte oder Folie mit der Gummi- oder Schaumstoffwalze die Linoldruckfarbe gleichmäßig aus.

Eine schöne Farbmischung kann zudem erzielt werden, wenn zwei Farben auf der Platte nicht bis zur vollständigen Mischung ausgerollt werden. Die so eingefärbte Handwalze wird nun über den Druckstock, also die beklebte Grundplatte aus Pappe, gerollt. Da der Karton anfangs noch viel Farbe aufsaugt, muss vor dem ersten Drucken mehrmals Farbe aufgetragen werden, um ein sattes Farbergebnis zu erhalten.

Nun können die Kinder ihr erstes Bild fertigen, indem sie ein weißes Papier auf ihren Druckstock legen und mit der Handfläche fest darüberstreichen. Das Papier wird danach an einer Ecke angehoben, abgezogen und zum Trocknen beiseitegelegt.

Dieser Druckstock kann mehrmals verwendet werden, bevor die Pappe durch die Feuchtigkeit der Farbe aufquillt. Sollte sich beim Drucken einmal ein aufgeklebtes Einzelteil ablösen, kann dieses auch wieder festgeklebt werden, wenn die Farbe etwas angetrocknet ist.

Erfahrung

Nachdem wir den Kindern die vorbereiteten Noten und Notenlinien fertig ausgeschnitten angeboten haben, beteiligten sich an dieser unkomplizierten Drucktechnik auch deutlich jüngere Kinder. Ein weiterer Vorteil dieser Drucktechnik liegt in dem günstigen und leicht zu beschaffenden Ausgangsmaterial. Altes Verpackungsmaterial, wie z.B. Schachteln oder Kartons, finden sich überall.
Die Kinder benötigten anfangs etwas Zeit, um ein Gefühl für den Farbauftrag und die richtige Farbmenge zu bekommen. Manchmal trugen sie zu viel Farbe auf und das Bild wirkte verschwommen. Dann empfiehlt es sich, sofort ohne neuen Farbauftrag ein zweites oder drittes Bild abzuziehen. Da beim Druck das Motiv spiegelverkehrt erscheint, brauchten die Kinder entsprechende Hinweise beim Aufkleben der Noten. *(HT)*

Tipp

Vor Beginn der Arbeit schauten wir mit den Kindern zusammen ein Notenheft für Anfänger an, um sie an das Notensystem heranzuführen. Dabei ging es nicht darum, die Notenschrift zu erlernen, die Kinder sollten diese Zeichen als Notenschrift insgesamt kennenlernen. Sehr spannend fanden sie die Erkenntnis, dass diese Noten auf der ganzen Welt gleich geschrieben und umgesetzt werden. Das bedeutet, dass beispielsweise ein Kind aus Amerika, Afrika oder Asien mithilfe eines Notenblattes dasselbe Lied spielen kann wie die Kinder hier.
Jedes Kind konnte ein eigenes Notenheft gestalten, in dem die im Kindergarten gelernten Lieder gesammelt werden. Dazu wurden Schnellhefter angeschafft und ein passendes Bild zurechtgeschnitten und aufgeklebt.

So tanze ich

Gestaltungsarbeit

Altersstufe
ab 2 Jahre

Zeit
Gruppenarbeit
ca. 45 Minuten
(ohne Vor- und Nachbereitungszeit)

Material

Weiße, große Papiere (mindestens DIN A2), bunte Fingerfarbe, Pinsel, kleine Farbrollen, CD-Player, anregende Trommelmusik, Malerfolie, Kreppklebeband, Schere

So wird's gemacht

Bevor die Aktion beginnt, wird der Raum mit Folie ausgekleidet, indem die Malerfolie mit Kreppklebeband auf dem Boden befestigt wird. Auch die Wände sollten halbhoch mit Folie versehen werden.
Für dieses Experiment tragen die Kinder Kleidung, bei der eine Verschmutzung durch Farbe nicht weiter schlimm ist.

Nun verteilen die Kinder großzügig weiße Papiere auf der Folie. Die Farbe wird in Farbschalen bereitgestellt und die Kinder bemalen ihre Füße mithilfe von Rollen und Pinseln mit bunter Farbe. Je nach Kindergruppe sollten Regeln aufgestellt werden: Jeder bemalt seine eigenen Füße oder die Kinder helfen einander auf Anfrage. Auch sollte besprochen werden, dass sich die Kinder untereinander nicht schubsen etc.

Beim Einsatz der Musik beginnen die Kinder, sich zu bewegen. Das Tempo kann über die Musik gesteuert werden. Starten Sie mit mitreißender Trommelmusik. Werden die Kinder sehr wild, wird ruhigere Musik eingesetzt.

Geschieht das Aufräumen der Folien und Papiere am nächsten Tag, ist die Farbe bereits getrocknet und die Arbeit geht leichter von der Hand.
Nach zehn Minuten sind alle Folien zusammengetragen und die Klebestreifen eingesammelt. Jeweils zwei Folien können zusammen in der Waschmaschine gewaschen und nach dem Trocknen wiederverwendet werden.

Erfahrung

Informieren Sie die Eltern der Kinder rechtzeitig mit einem Info-Plakat oder einer Einladung über die Aktion. Verwenden Sie unbedenkliche, allergiefreie Farben, die auch für die Kleinsten geeignet sind. *(MF)*

Tipp

Die gefüllten Farbschalen sollten nach dem Bemalen der Füße in die Ecken gestellt werden, damit sie beim Tanzen nicht stören.
Bei dieser Aktion sollten die Farben nicht verdünnt oder gemischt werden, da es die Rutschgefahr für die Kinder erhöht. Sehr wichtig ist auch ein gründliches Schütteln der Farben vor dem Gebrauch.

Malen nach klassischer Musik

Gestaltungsarbeit

Altersstufe
ab 4 Jahre

Zeit
Einzelarbeit
ca. 30 Minuten
(ohne Trockenzeit)

Material

Weißes Papier (DIN A3), bunte Fingerfarbe, große Pinsel, CD-Player, klassische Musik (z. B. Feuerwerksmusik von Händel), Farbschalen

So wird's gemacht

Zu Beginn der Aktion lauschen die Kinder der klassischen Musik und bewegen sich zu den Klängen im Raum. Mit den Armen machen sie Bewegungen, welche die Melodien unterstreichen. Weiche, harmonische Melodien können mit langsamen Kreisen oder Wellenlinien, spitze, schnelle Klänge mit Punktgesten der Arme und Hände untermalt werden.

Wenn die Kinder auf diese Weise ein Gefühl für die Musik erhalten haben, bekommen sie weißes Papier, große Pinsel und Fingerfarbe in Farbschalen.

Die Kinder legen die Papiere auf den Tisch oder auf den mit Zeitungspapier ausgelegten Boden.
Die Musik wird erneut abgespielt. Die Kinder lauschen der Musik und lassen ihren Pinsel ganz nach ihrem Gefühl zur Musik tanzen und malen dabei großflächig auf dem Papierbogen. Je nach Stimmung der Musik kann ruhig, wild, klopfend, drehend, spritzend etc. gemalt werden.

Hilfreich ist es, wenn ein Erwachsener bei dieser Aktion ein eigenes Bild im Takt zur Musik gestaltet, um den Kindern die Scheu zu nehmen. Viele Kinder genießen das Malen und beenden die Aktion selbstständig, wenn das Bild ihren Vorstellungen entspricht.

Es sollte ausreichend Zeit eingeplant werden, damit jedes Kind das eigene Tempo bestimmen kann.

Erfahrung

Die Kinder können sich besser auf die Musik einlassen und auf die gestalterische Umsetzung konzentrieren, wenn während dieser Aktion nicht gesprochen wird. *(MF)*

Tipp

Wird die Farbe mit Wasser oder Kleister gemischt, lässt sich diese einfacher im Takt der Musik verstreichen und wird kostengünstiger. Das ideale Mischverhältnis erhält man mit drei Teilen Farbe und einem Teil Wasser oder einem Teil Farbe und einem Teil Kleister.

Regenmacher

Mal- und Bastelarbeit

Altersstufe
ab 4 Jahre

Zeit
Einzelarbeit
ca. 45 Minuten

Material

Papprröhre (z. B. Versandröhre oder Teppichrohr), weißes Papier, Kaninchendraht, Kieselsteinchen, Textilklebeband, bunte Acryl- oder Fingerfarbe, Pinsel, Klebstoff, Seitenschneider oder Zange, Schere

So wird's gemacht

Ein Rohr, in dem rieselnde Steinchen wie ein leichter Regenschauer klingen – Kinder lieben dieses Klangerlebnis.

Zunächst muss die Papprröhre an einem Ende verschlossen werden. Versandröhren haben ihre eigenen Verschlussdeckel, bei anderen Röhren verschließt man die Öffnung mit stabilem Textilklebeband.

Ein Erwachsener schneidet dünnen Maschendraht, wie er für Kaninchenställe verwendet wird, mit dem Seitenschneider oder der Zange auf die Länge der Papprröhre zu. Er rollt diesen so eng wie möglich und steckt ihn in die Papprröhre.

Nun füllen die Kinder eine Handvoll Kieselsteinchen ein. Die zweite Öffnung in der Röhre wird zunächst provisorisch verschlossen und der Klang des Regenmachers ausgetestet. Rieseln die Steinchen gleichmäßig durch die Drahtmaschen? Sollten es etwas mehr oder weniger sein? Sind sie vielleicht zu groß oder zu klein? Wie klingen andere Materialien, etwa Perlen oder Tongranulat für Hydrokulturpflanzen?

Tipp

Je länger die Papprröhre ist, desto länger ist auch der Regenschauer. Kurze Pappdosen wie z. B. von Chipsverpackungen eignen sich weniger gut, da die Steinchen nur eine kurze Rieseldauer haben.

Sind die Kinder mit dem Regenklang zufrieden, wird die zweite Öffnung dauerhaft verschlossen. Ist die Röhre braun, kann sie mit weißem Papier umklebt werden, sodass die anschließende Gestaltung besser zur Geltung kommt.

Der Regenmacher kann nun auf der Außenseite nach Wunsch gestaltet werden. Hierzu können die Kinder die Röhre beispielsweise durch Farbkleckse rollen oder mit Fingertupfen ein Regentropfenmuster nachempfinden.

Im Anschluss an die Gestaltung experimentieren die Kinder mit ihrem Regenmacher. Sie erforschen, wie es klingt, wenn er langsam oder schnell umgedreht wird. Welche Geräusche entstehen, wenn der Regenmacher geschüttelt, gedreht oder im Kreis gewirbelt wird? Wird der Regenmacher auf dem Boden gerollt, ergeben sich wieder neue Klänge.
An dieses freie Experimentieren kann sich ein Spiel anschließen. Ein Kind bewegt den Regenmacher in einer der oben beschriebenen Weise. Ein anderes Kind lauscht mit geschlossenen oder verbundenen Augen. Erkennt es am Klang, welche Bewegung mit dem Regenmacher ausgeführt wurde?

Erfahrung

Da das Schneiden des Maschendrahtes Kraft erfordert und die Schnittkanten spitze Enden aufweisen, sollten alle Arbeitsschritte mit dem Draht von einem Erwachsenen durchgeführt werden. *(SH)*

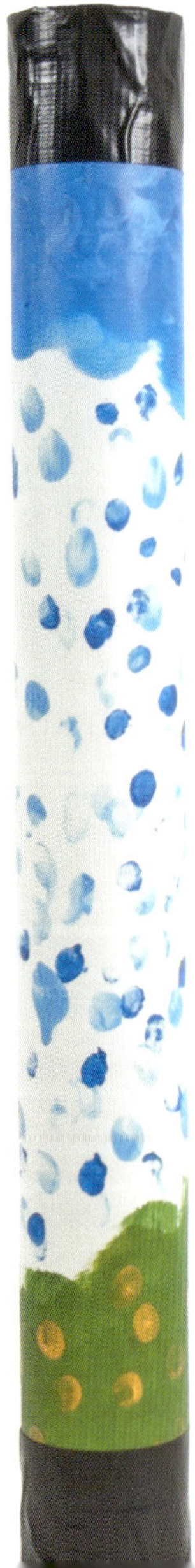

Igelinstrument
Werkarbeit

Material
Holzscheibe (ca. 3–4 cm dick), Kartonreste (z. B. von Verpackungen), Fasermaler, bunte Acryl- oder Schulmalfarbe, Rundstab, Laubsäge, Schmirgelpapier, Pinsel, Schere

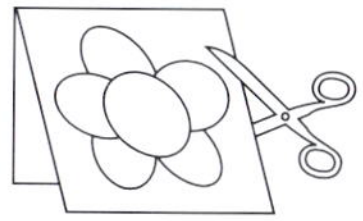

Vorlage siehe Motivbogen

Altersstufe
ab 6 Jahre

Zeit
Einzelarbeit
ca. 30 Minuten

So wird's gemacht
Die Kinder zeichnen auf einem Stück Karton die Umrisse eines Igelkörpers in Seitenperspektive auf. Dies kann freihand oder mithilfe der Vorlage auf dem Motivbogen geschehen. Der Körper und die Stacheln sollten dabei nicht zu klein ausfallen. Sie schneiden die Igelform anschließend mit einer Schere aus, legen sie auf eine Holzscheibe und umfahren den Umriss mit einem Fasermaler.

Anschließend wird die Holzscheibe mit Unterstützung eines Erwachsenen in einer Werkbank eingespannt und der aufgezeichnete Igelkörper mit einer Laubsäge ausgesägt. Bei diesem Arbeitsschritt benötigen die Kinder die Unterstützung eines Erwachsenen, der ihnen zeigt, wie die Säge sicher geführt wird.

Der herausgearbeitete Igelkörper wird nun an den Flächen mithilfe der Säge mit mehreren Einkerbungen versehen, welche der Klangerzeugung dienen. Dieses Instrument wird wie ein Guiro gespielt. Wenn man mit einem Holzstück über die Rillen des Igelkörpers streicht, entstehen die typischen schabenden Geräusche.

Das Holzstück, mit dem über die Rillen gestrichen wird, entsteht aus einem zurechtgesägten Rundstab. Hierzu einfach mit einer Laubsäge ein etwa 10 cm langes Stück absägen.

Im Anschluss daran bearbeiten die Kinder die Igelfigur sowie das Holzstück mit Schmirgelpapier, um herausragende Splitter zu beseitigen.

Nun kann der Igel mit Acryl- oder Schulmalfarben an der Vorder- und Rückseite nach Belieben bunt gestaltet werden. Nach dem Trocknen ist das Instrument einsatzbereit.

Erfahrung
Dieses einfache Instrument lässt sich wunderbar als Rhythmusinstrument einsetzen. Sein dezenter Klang eignet sich besonders gut für Klanggeschichten. *(KW)*

Konzertinstrumente

Mal- und Bastelarbeit

Altersstufe
ab 3 Jahre

Zeit
Einzelarbeit
ca. 90 Minuten
(ohne Trockenzeit)

Material

Feste, dicke Pappe (z. B. von großen Kartons, etwa 120 x 30 cm), braune oder schwarze Wolle oder Goldschnüre, Dekorationsmaterial (Knöpfe aus Metall, Perlen, Glitzerband), Buntstifte, Fasermaler, braune, gelbe und schwarze Acryl- oder Schulmalfarbe, Goldfarbe, Klarlack zum Sprühen, Pinsel, Elektromesser, Klebstoff, Schere

So wird's gemacht

Die Kinder schauen sich im Vorfeld einige Instrumente an und beschäftigen sich intensiv mit deren Aussehen. Dann malen sie freihand ein großes Instrument auf ein Stück Pappe mit Buntstift vor. Dieses schneidet ein Erwachsener mit Sicherheitsabstand zu den Kindern mithilfe des Elektromessers aus.

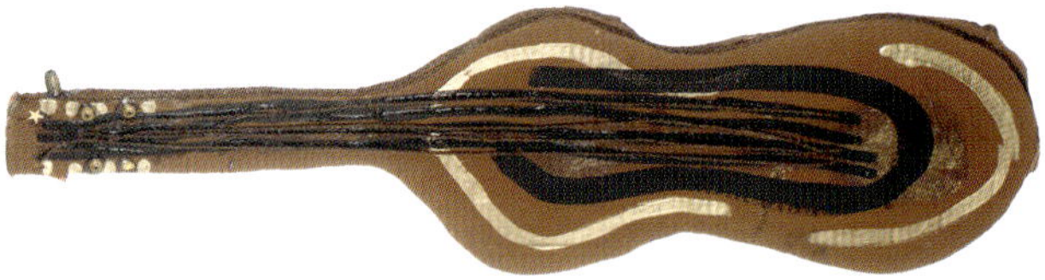

In einem nächsten Schritt verwenden die Kinder ihr ausgeschnittenes Instrument als Schablone, malen damit ein zweites auf die Pappe und auch dieses wird von einem Erwachsenen ausgeschnitten.

Mit viel Klebstoff werden beide Pappinstrumente deckungsgleich aufeinandergeklebt und unter einem schweren Gegenstand einige Stunden zum Trocknen beiseitegelegt und gepresst.

Wird ein Geigenbogen hergestellt, kann ein Wollstück zwischen die beiden Pappteile geklebt werden. Dieses stellt die Rosshaare dar, mit denen man über die Saiten der Geige streicht.

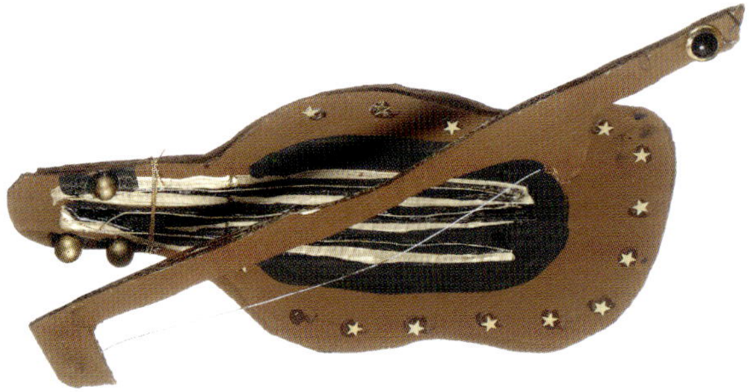

Nach dem Trocknen malen die Kinder von beiden Seiten ihre Instrumente an und achten dabei besonders auf die Ränder. Auch diese sollten mit viel Farbe bestrichen werden, damit die Pappe nicht durchscheint. Je nach Instrument werden schwarze oder goldfarbene Saiten aufgemalt, ebenso auch Applikationen, Knöpfe oder Löcher.

Nach einer kurzen Trockenzeit von ca. 15 Minuten besprüht ein Erwachsener das gesamte Instrument im Freien oder in einem Nebenraum mit Klarlack, damit es stabiler wird und die Kinder länger damit spielen können.

Nach einem Tag Trockenzeit dekorieren die Kinder ihre Konzertinstrumente festlich weiter aus, indem sie golden bemalte Halbperlen, Knöpfe oder schimmernde Bänder aufkleben.

Erfahrung

Bevor wir mit der Umsetzung dieser Anregung begannen, besuchten wir mit den Kindern ein Kinderkonzert. Dort wurden Fotos von Musikern beim Spielen der Instrumente gemacht und die Kinder schauten sich die Details der Tonwerkzeuge und der Handhabung derselben an. Auch die Körperhaltung der Musikanten wurde genau unter die Lupe genommen. Auf diese Weise erhielten die Kinder einen guten Bezug zu diesen Instrumenten und hatten große Lust, selbstständig welche herzustellen. *(MF)*

Riesenrasseln

Bastelarbeit

Material

Großer Luftballon (Umfang ca. 80 cm), dünne Pappröhre (ca. 30 cm lang), Zeitungspapier, rotes Glanzpapier, bunte Tonpapierreste, bunte Pfeifenputzer, Schellen, spitzes Messer, kleine Kieselsteine, Sand, Holzperlen, Kreppklebeband, Kleister, evtl. Heißklebepistole, Klebstoff, Schere

So wird's gemacht

Die Grundform dieser Rassel entsteht aus einem aufgeblasenen Luftballon, dessen Ende so verknotet wird, dass genügend Material stehenbleibt, um den Rest des Mundstücks über eine dünne Papprolle streifen zu können. Damit dieser Stiel auch beim Bekleben stabil hält, werden die beiden Teile mit Kreppklebeband zusätzlich noch fest verklebt. Bei diesem Arbeitsschritt benötigen die Kinder die Hilfe eines Erwachsenen.

Danach reißen die Kinder Zeitungspapier in kleine Stücke, tauchen diese in den vorher angerührten Kleister und umkleben die Grundform der Rassel, also Ballon und Röhre in mindestens zwei Schichten. Je mehr Schichten aufgetragen werden, desto stabiler wird die spätere Rassel. Die letzte Papierschicht entsteht aus rotem Glanzpapier. Diese Grundform muss nun einige Tage trocknen.

Nach der Trockenzeit kann die Rassel gefüllt werden. Dazu schneidet ein Erwachsener in das Rasselgehäuse oben mit einem spitzen Messer ein kleines Loch und befüllt die Rassel mit dem ausgewählten Material, z. B. Sand, Kieselsteinchen oder kleinen Holzperlen. Um einen schönen Klang zu erhalten, ist nicht viel Material nötig. Der verknotete Luftballon im Inneren der Rassel verhindert, dass die Materialien in die Pappröhre fallen. Selbst wenn die Luft ganz entwichen ist, klebt der verknotete Gummirest durch den Kleister und das Kreppklebeband noch an der Pappröhre fest.

Wurde etwas Material eingefüllt, führen die Kinder eine Schüttelprobe durch. Wenn ihnen der Klang gefällt, wird das Loch wieder mit Papier und Kleister verschlossen. Nach einer weiteren kurzen Trockenzeit wird die Rassel ausgeschmückt. Dazu kann man oben als Haare einige Pfeifenputzer so ankleben, dass die Enden seitlich abstehen oder sie zu Locken biegen. Wenn ein Erwachsener mit Heißkleber nachhilft, halten die Teile besonders gut. Zusätzlich an den Haaren eingearbeitete Schellen lassen weitere Klänge beim Schütteln ertönen. Aus Tonpapier schneiden die Kinder zum Schluss noch die Gesichtsmerkmale wie Augen, Nase und Mund aus und kleben diese passend an – fertig ist ein originelles Musikinstrument.

Erfahrung

Zum Verschließen des Loches (nach dem Befüllen der Rasseln) haben wir später Kreppklebeband in mehreren Schichten genommen und das rote Glanzpapier mit Klebestift darübergeklebt. So mussten die Kinder keine zweite Trockenzeit abwarten und konnten gleich weiterarbeiten. *(HT)*

Altersstufe
ab 4 Jahre

Zeit
Einzelarbeit oder
Gruppenarbeit
ca. 45 Minuten
(ohne Trockenzeit)

Altersstufe
ab 3 Jahre

Zeit
Einzelarbeit
ca. 20 Minuten
(ohne Trockenzeit)

Peppige Psalter

Bastelarbeit

Material

Rechteckige, schmale Schuhschachteln mit Deckel, Kreppklebeband, bunte Deck- oder Acrylfarbe, Pinsel, Haushaltsgummiringe (Ø 8–10 cm), Bleistift, Schere

So wird's gemacht

Ein Psalter (auch Psalterium genannt, von griechisch psallo, „eine Saite zupfen“) war ein mittelalterliches

Saiteninstrument, das als Urform von Zither, Hackbrett und auch der Harfe gilt. Je nach Bauart wurde das mittelalterliche Musikinstrument gezupft oder mit einem Bogen gestrichen.

Der Resonanzkörper unseres Zupfinstruments entsteht aus einer Schuhschachtel. Die Kinder schneiden in die Mitte des Deckels eine Schallöffnung. Dazu zeichnet ein Erwachsener mit Bleistift zuerst ein entsprechend großes Oval mittig in den Deckel. Die Größe des Schallloches hängt von der Größe der vorhandenen Schuhschachtel ab.

Um später einen guten Klang zu erreichen, sollte die Öffnung nicht größer als ungefähr ein Drittel des Deckels sein.

Nachdem die Kinder das Schallloch ausgeschnitten haben, wird der Deckel mit Klebeband seitlich fest mit der Schachtel verklebt und alles mit einer Farbe nach Wahl bemalt. Befinden sich auf der Schachtel viele Aufdrucke, kann es sinnvoll sein, das Ganze zunächst mit weißer Farbe zu grundieren, damit die spätere Farbe kräftiger leuchtet.

Wenn der Korpus getrocknet ist, werden etwa drei Gummibänder straff über den Karton gespannt, sodass die Saiten mit etwas Abstand über der Schallöffnung liegen.

Mit kleineren Streifen Klebeband kleben die Kinder nun die Gummiringe jeweils rechts und links am Schallloch fest. Wer möchte, kann das Klebeband noch farbig bemalen. Nun können die Kinder mit den Fingern zupfen und mit ihrem Psalter spielen.

Erfahrung

Je straffer das Gummiband um die Schachtel gespannt wird, desto höher klingt der Ton. Werden also Gummibänder mit unterschiedlichen Durchmessern benutzt, können auch variantenreiche Töne erzeugt werden.
Die Herstellung des einfachen Instruments war auch für jüngere Kinder gut zu bewältigen. *(HT)*

Tipp

Auch Plastikbehältnisse, über die Gummibänder gespannt werden, erzeugen einen guten Klang. Hierzu eignen sich große Joghurt- oder Quarkbecher besonders gut. Damit die Gummibänder nicht herunterrutschen, schneidet man in den Rand des Bechers einander gegenüberliegend je zwei Kerben, in die man je einen Gummiring einlegen und um den Becher spannen kann. Die Gummibänder werden anschließend am Boden des Behältnisses mit Klebeband fixiert. Durch gezieltes Straffen oder Lockerlassen der Gummibänder an den Randkerben können verschiedene Töne erzeugt werden.

Herausgegeben von Ten Speed Press,
eine Tochter von Penguin Random House LLC, New York

Originaltitel What we see in the stars

Übersetzung: Maria Bonilha, Leipzig
Lektorat: Anja Neudert, Leipzig
Gestaltung: Betsy Stromberg
Druck: Westermann Druck Zwickau GmbH

ISBN 978-3-7843-5543-6